WIZARD

スイングトレード大学

Alan S. Farley
アラン・ファーレイ［著］
長尾慎太郎［監修］ 山下恵美子［訳］

あらゆる状況にも対応できる
低リスクの戦略とテクニック

The Market Survival Guide

The Master Swing Trader Toolkit

Pan Rolling

The Master Swing Trader Toolkit : The Market Survival Guide by Alan S. Farley

Japanese translation rights aranged with the McGraw-Hill Companies, Inc. through
Japan UNI Agency, Inc., Tokyo

監修者まえがき

本書はアラン・ファーレイの著した『The Master Swing Trader Toolkit : The Market Survival Guide』の邦訳である。ファーレイの手による相場書の邦訳としてはすでにベストセラーの『**スイングトレード入門――短期トレードを成功に導く最高のテクニック**』（パンローリング）がある。これは1990年代後半以降のマーケットへの個人投資家の直接的な参加とそれに対応したマーケット自身の変化の過渡期にあって書かれたものだが、本書はこの10年ほどのマーケットの変化を踏まえて書かれており、より地に足が着いた内容となっている。

さて、本書にも繰り返し書かれているが、『**スイングトレード入門**』が書かれたころと現在で大きくマーケット環境が異なっている理由の一つはアルゴリズム・トレーディング・プログラムの出現とその隆盛である。ここで言うアルゴリズムトレーディングとは収益を上げることを目的にヘッジファンドやブローカーのプロップが走らせるプログラムだけではなく、単に執行の最適化や効率化を目的にして使われる発注エンジンに至るまでさまざまなものがあるが、あらかじめ組まれたアルゴリズムに基づいて、マーケットをウオッチすると同時に自動で板を出し入れし、目的にかなった適切な執行を行うという点では共通している。

こういったプログラムは10年前はまだ非常に珍しいものであったが、その後急速に普及し、今では日本の市場でもきわめて一般的になった。これらは過去のマーケットデータに基づいて常に統計的に最適な行動を取るために、結果としてそれまでに存在したアノマリーやバイアスのかなりの部分は消えてしまったのである。このため、それらに依拠していたトレーディング手法はことごとく陳腐化し役に立たなくなってしまった。このため、以前はあれほど個人投資家にもてはやされていたデイトレードもファーレイはもうやらないと書いているし、それまででも論拠が怪しかった旧来のテクニカル分析のたぐいは完全に博物館入りしてしまい、もはや省みられることは永久にないと思われる。

本書はそういった新しい環境下において生き抜くすべが説かれている。詳細については目次や本文を参照していただきたいが、一つ一つが日本のマーケットに関する私の個人的な感覚や問題意識とかなり一致している。環境の変化は日本のマーケットでもまったく同様であり、私たちは自分たちの市場の現状についてもより詳しく知る必要があるはずだ。しかるにこれまでのところ、日本人で本書に書かれたような内容の相場書を書いた方は一人もいないようだ。その意味でも本書は貴重であり自信をもって薦められる相場書のひとつである。

翻訳に当たっては以下の方々に心から感謝の意を表したい。翻訳者の山下恵美子氏は丁寧な翻訳を実現してくださった。そして阿部達郎氏にはいつもながら丁寧な編集・校正を行っていただいた。また本書が発行される機会を得たのはパンローリング社社長の後藤康徳氏のおかげである。

2011年２月

長尾慎太郎

目次

第2部　サイクル、ショック、季節性

第3部　収益性の再発見

CONTENTS

妻であり、母であり、真実を語らせる達人でもあるドナへ

序文

アラン・ファーレイは『**スイングトレード入門**』（パンローリング）の著者として、また TheStreet.com のコラムニスト、トレーディング教育の第一人者としてもよく知られた人物だ。彼のホームページ（http://www.hardrightedge.com/）は、インターネット上でトレーディングに関する幅広い情報、教育、分析を提供するパイオニア的存在であり、創設から10年たった今でも、プロやアマのトレーダーたちに貴重なツールを提供するポータルサイトとして絶大な人気を誇っている。

ほかの個人投資家と同様に私がファーレイを初めて見かけたのは、ITバブルたけなわのトレードエキスポでだった。当時、彼はCNBCにもよく登場していたので顔は知っていた。その後2000年になってついに、アリゾナ州で開催されたある小さなセミナーで個人的に面識を持つことになった。それから３年後、スコッツデールで開催された大きなトレーディング会議に出席したのを機に、親しい付き合いが始まった。

それ以来、ときにはビジネスパートナーとして、ときには互いの教育者として、付かず離れずの関係が続いている。この間、教育者、そしてトレーダーとしての彼に直に触れる多くの機会を得たが、市場を見つめる彼の鋭い目と、狂信的とも言えるほどのリスク管理への取り組みは尊敬に値するものがある。空前絶後のボラティリティの高まりと市場の混乱のなかで脱落していくほかのトレーダーたちを尻目に、彼が生き残ることができたのは、まさに彼の持つこの哲学のおかげと言ってもよい。私の知るファーレイは単なる卓越した著者ではない。彼はトレーディングの達人であり、エリートトレーダーなのだ。そして、もちろん、良き友人でもある。

2008年の大暴落から数年たった今、トレーダーも投資家も金融市場に対する自らのアプローチを見直し始めている。過去10年は、「バイ・アンド・ホールド」の投資家たちにとっては冬の時代であったのに対して、ファーレイのような「スイングトレーダー」たちにとっては輝ける栄光の時代であった。大衆はいつも間違った思い込みで失敗する。これは歴史が証明するところだ。この10年にわたってファーレイが提唱してきた市場戦略に注目しマスターする時期として、今ほどの好機があろうか。

ファーレイの最新作である本書は、前著**『スイングトレード入門』**を含むトレーディングの古典と並ぶ傑作として位置づけられることになるだろう。トレーディングを真剣に考えるトレーダーにとって貴重な参考書になるはずだ。**『スイングトレード入門』**の続編として待望された本書を、私の書棚は両手を広げて迎える準備が整っている。

ケリー・ジマンスキー（http://www.harmonicedge.com/）

はじめに

『スイングトレード入門』（パンローリング）を著した2000年以降、市場を激震させるさまざまな出来事が起こった。マンハッタンのダウンタウンを襲った9.11同時多発テロ攻撃、２回の大きな下げ相場、信用危機、IT・不動産・エネルギーバブルの崩壊、デイトレードルール、レギュレーションNMS、マーケットメーキング制度の終焉、呼び値の小数点化、マーサ・スチュワートのインサイダー取引疑惑、バーナード・マドフの投資詐欺事件、ダークプール、中国の台頭、トレーディングロボット（自動売買プログラム）などなど。そして、忘れてはならないのがジム・クレイマーだ。

こうした事件が起こるたびに、トレーダーたちは黙示録的世界の到来を予感させる変化への対応を強いられた。システムの変更、ルールの変更､収益性への道を阻む電子化の壁を乗り越えるべく､彼らは並々ならぬ努力をもって自らの戦略をさまざまな変化に合わせて変えてきた。しかしこの10年にわたる人間の手による市場環境から電子的市場環境への革命は、トレーディングコミュニティーの住人たちから有り金のすべてを奪い去った。その結果、彼らの大部分は夢を捨て、安全な趣味に逃避するはめになった。

『スイングトレード入門』で述べた概念がこの10年の状況にぴったりと一致するのには、私自身正直言って驚いている。1980年代の終わりから、私は同書で述べるテクニックを使ってトレーディングを行ってきた。だから、同書で述べるテクニックが価値のあるものであることは分かっていた。しかし、トレンド－レンジ軸、パターンサイクル、市場のクロス分析といった中核となる原理が、マッドマックスの近未来世界を読み解き、自分のプレーを現代の市場で日々繰り広げられる狂騒に対抗すべく調整するためのツールとなり得ることなど、予想すらしなかった。

この10年、テクニカル分析は、トレンドライン、移動平均線、ローソク足をことごとく崩壊させるソフトウエアプログラムに打ち負かされてきた。だが驚くべきことに、われわれの食卓に食事を運んできてくれるテクニカルシステムやパターン、ワークフローを葬り去るための方法をトレーディングロボットが見つけだすたびに、新たな非効率への扉が開かれるのである。市場で生計を立てようとする真剣なトレーダーにとって、このもぐらたたきゲームは、物事をシンプルにしてくれると同時に、イライラの原因にもなる。一言で言えば、われわれは「今機能するもの」でプレーせざるを得ないということである。

『スイングトレード入門』は、古典的な市場原理に基づいて概念や戦略をマネジメントする際のトレーダーの役割に焦点を当てた。本書は概念そのものは変わらないため、**『スイングトレード入門』**を読んでいない読者でも困ることはない。しかし、本書は**『スイングトレード入門』**の単なる焼き直しではなく、新しいパターンや指標をただやみくもに並べただけのものでもない。実は私は近年になってシンプル路線に舵を切り直し、用いる指標の数を極力減らし、常識をトレーディングに取り入れるようになった。

『スイングトレード入門』を読んでいない読者にも理解しやすいように、本書では必要に応じて**『スイングトレード入門』**の概念を繰り返し説明するが、**『スイングトレード入門』**をお持ちの読者はそれを参考書代わりに本書を読み進めてもらえば、理解度は高まるはずだ。中級トレーダーであれば本書を読むのにほとんど苦労はいらないはずだ。本書は**『スイングトレード入門』**よりもはるかに読みやすいものになっているのではないかと思う。これはこの10年、締め切りに追われながら TheStreet.com でコメントを書いてきた成果かもしれない。

本書は主として次の２つのテーマに焦点を当てている。

●『**スイングトレード入門**』が書かれた穏やかな時代とは打って変わって、市場はこの10年で激変し、それに合わせて私の戦略も大きく進化した。それを受けて、本書では『**スイングトレード入門**』で登場した概念以外の新たな概念も紹介する。また、『**スイングトレード入門**』では取り上げなかったり、触れるにとどめたリスクマネジメント、マーケットエクスポージャー、テープリーディングについては、徹底した議論を展開する。
●現代の電子化された市場で機能するディフェンシブ（防御的）な戦略について詳しく議論する。トレーディングロボットによってもたらされる大きなリスクに対抗できない戦略は失敗する運命にある。こうしたリスクに対抗するための手段が「ディフェンシブ」な戦略だ。プログラムのアルゴリズムとそれが指数先物やETF（上場投信）に与える影響を理解することは、現代の電子化された市場でプレーするうえで不可欠だ。

『**スイングトレード入門**』が概念重視であったのに対し、本書は応用に重点を置いた。各部の終わりに「現実世界」と題したケーススタディーを紹介しているのはそのためだ。『**スイングトレード入門**』では、そこで紹介されるパターンや観察がどういった市場シナリオにどう応用できるのかを示す実例が少ないというお叱りを受けた。そこで本書はその点を反省し、応用に重点を置いた。

この10年で私自身トレーダーとして大きく進歩した。そのため、私の現在の市場戦略には、基本的な原理は変わらないにしても、『**スイングトレード入門**』には含まれていないまったく新しい要素がたくさん含まれている。こうした私の考え方や行動の変化は、『**スイングトレード入門**』を読み、そこで紹介された概念を今の市場環境にどう応用すればよいのかを知りたいと思っている読者にとって、大きなヒントになるはずだ。

私が本書を書いたのは2008年の信用危機の余波の真っただ中であるが、今後５年から10年の間に、世界市場は幾度となく変化するだろう。こうした変化にさらされても生き残れるような概念や戦略であるためには、ある程度の一般化は避けられない。その点はご了承いただきたい。

本書は６部構成である。

第１部では、この10年間に起こった市場構造の大きな変化について見ていく。激動の市場で生き残るためにはトレーディングエッジを持つことが重要になる。トレーディングエッジとは何なのだろうか、そしてそれをこの現代の電子化された市場で生かすにはどうすればよいのかについて詳しく述べる。もうひとつ重要なのが「サバイバリストトレーダー」という概念だ。本書の全編にわたって登場するこの重要な概念についても詳しく説明する。

第２部は、『**スイングトレード入門**』でも述べたマーケットにおける時間について詳しく見ていく。日中のサイクル、日々のサイクル、週ごとのサイクル、月ごとのサイクルをはじめ、決算発表期、オプションの満期、FRBの発表日、決算対策、市場カレンダーを構成する季節性の高いイベントといった具合に、市場には市場の時計というものが存在する。市場の季節性やそれが相場に与える大きな影響を完全に理解することなくして、今日の市場でトレードすることなど不可能だ。

第２部のもうひとつのテーマはレラティブストレングスという概念だ。市場の強弱サイクルは、トレードの執行やマネジメントの向上に欠かせない概念であり、ここ数年の私の最大のテーマでもある。これまで使ってきた指標の代わりに、チャートを見るときに私が今最も注視するのは５－３－３ストキャスティックスだけである。

第３部と６部は関連性が高い。第３部では、勝ちの本質について考える。長期的収益性、短期的収益性、さらにこれらの目標を達成するために必要な戦略について詳しく解説する。一方、第６部では、負けの本質、ドローダウン、自己破壊について見ていく。トレーディングの暗部をランダムに歩き回れば、「ゲームにとどまる」ために必要なものはおのずと見えてくる。リスクマネジメントとカラーリングテクニックは市場で生き残るための二大要素である。

第３部では、私が最近特に注目しているコンバージェンス－ダイバージェンス関係という概念も紹介する。市場データと市場の全体的な動きにおけるどの２点間においても、有効なコンバージェンス－ダイバージェンス関係が存在する、と話していたリンダ・ブラッドフォード・ラシュキの言葉を今でも思い出す。私はこの言葉の意味をずっと考え続けてきた。この一見単純な概念は、今では私のトレーディングと市場分析の中核をなすものになっている。

第４部は世界市場、トレーディング口座、資産配分について詳しく見ていく。『**スイングトレード入門**』ではすっぽり抜け落ちていたこのテーマを、本章では詳しく解説する。われわれは価格チャートだけを見てトレードしがちだが、市場で長く生き残るにはリアルタイムのティッカーテープを超えた構造的な意思決定が必要になる。ここでは、この厄介な作業に効率的に取り組む方法を紹介する。

第５部では、時間前戦略と時間後戦略、および独特の癖を持つ「日中のマーケット」について説明する。何にでもすぐに飛びつく大衆トレーダーや市場に取り付かれたトレーダーにとっては価値ある情報が見つかるはずだ。もちろん、私自身もこの分野の熱狂的なファンである。ギャップ、ニュースショック、トラップ、ミッドデイノイズ、ボラティリティをプレーするのに必要な戦略が見つかるはずだ。

第５部を読み進めていくと、あることに気づくはずだ。実は本書はテクニカル分析の本ではなく、テープリーディングの本である。市場がどんなに変化しようと、市場という空間で唯一、操作、解体、制御、細分化できないものがティッカーテープである。ティッカーテープは収益性を目指すわれわれの熾烈な戦いのなかで最もパワフルなツールなのである。

読者のみなさんが本書から利益につながる新しいことを何かしら学びとってくれたなら、それ以上の幸せはない。本書の内容について疑問のある方は遠慮なく問い合わせてもらいたい。私はいつも扉を開けて待っている。

謝辞

『スイングトレード入門』（パンローリング）の続編である本書は、多くの人々の長年にわたる温かい支援の賜物である。

まずは、この10年にわたって、私の市場に関する考え方とテクニカルアプローチを紹介する場を与えてくれたTheStreet.comに感謝したい。同サイトからスイングトレーディングについてのニュースレターとコラムの執筆を依頼されたのは、くしくも9.11同時多発テロの3日後だったことを考えると複雑な思いがする。同サイトにはこれまで多くの偉大な人物がかかわってきた。ジョージ・モリアーティ、ミシェル・ドンリー、グレチェン・レンバッハ、デビッド・モロー、エリック・ハーディング、ダン・フィッツパトリック、ヘレネ・マイズラー、ハリー・シラー。そして、忘れてはならないのが同サイトの創始者であるジム・クレイマーだ。この場を借りて感謝の意を表したい。

『スイングトレード入門』は多くの言語に翻訳され、世界中のトレーダーたちに読んでいただいた。これはその作業に忍耐強く精力的に取り組んでくれた人々のおかげだ。アンドレ・マルペルとバレリー・コルネリウスおよびその家族、デビッドとジャッキー・クラーク、ピーター・モーホーシック、ジャン・R・スブリエール、ジャック・リー、パトリック・ストコワスキー、クライブ・コルコラン、パトリック・クリスティアソン、エバ・ディアスに心より感謝する。

トレーダーや仕事仲間からも大きな励ましをいただいた。ケリー・シマンスキー、ジョン・パーソン、ラリー・ペサベント、チャールズ・カーク、マーク・ダグラス、ロバート・マイナー、ジョー・ディナポリ、プライス・ヘッドリー、デーブ・ランドリー、スティーブ・デマレスト、ロス・ディットラブ、バディム・グライファー、クリス・シューマッハ、ボー・ヨーダー、デロン・ワゴナー、ジョディー・コスタ。あなた方のご協力に感謝する。

執筆の最中、私を現実世界につなぎとめておいてくれた友人たちにも感謝する。ジム・デボワー、トリッシュ・トビン、ジョン・グランディー、リック・ベイルファス、ジム・ハリソン、ケリー・マントロップ、トニー・ハンソン、ボブ・バーン、ジョン・レイ、カーク・ノーシントン、エリック・ガスタフソン。あなた方の友情に感謝する。

最後に、ミナ・デルガドとイーシグナル社に、長年のお付き合いと、本書でチャートの使用を許可してくれたことに感謝する。

第1部

現代の市場の解説

PARSING THE MODERN MARKETS

第1章 PROSPERING IN THE POSTCRASH ENVIRONMENT

大暴落後の市場環境を生き抜くためには

市場が心地よい場所であったためしはない。17世紀のチューリップバブルに巻き込まれたオランダのトレーダーに聞いてみるとよい。不動産バブルなど、チューリップバブルに比べればかわいいものだ。何せチューリップの球根ひとつに、現物を見ずして、今の金額に換算して１万ドルもの大金を払ったのだから。司法長官やSEC（証券取引委員会）の職員は、一体どこで何をしていたのだろうか。彼らは必要なときには姿を現さない。

市場は私にとっては生きる場であり、正直言って、私はその長所も短所も含めてありのままの市場が好きだ。市場は資本主義にとっても重要な役割を果たしていると思っている。もし午前９時半から午後４時（ニューヨーク時間）までの間に悪い意思決定を下す場所がなかったならば、世界の資本主義はもっとひどいことになるに違いない。だから私は、政府高官や州の検察官がわれわれのこの神聖なる場所に踏み込んでくるたびにうんざりしてしまうのだ。

ご存知のように、われわれはわれわれ以外の間抜けな連中が高値で買って安値で売ってくれることで暮らしを立てている。われわれのような人間は橋を作るわけではなく、スーツを売るわけでもなく、人々を救済するわけでもない。事実われわれは、流動的であることと、アグレッシブであること以外に、社会にはまったく貢献していない。これは仕方のないことだ。というのも、われわれトレーダーはこれ以外に社会に貢献する方法がないのだから。トレーディングは世界の金融システムの機械言語と直接やりとりし、私の知るかぎり、上司、会社、経済に依存しない唯一の職業だ。われわれの従事するトレーディングというビジネスは、基本的に市場からの余剰物を食い物にするという独特の特徴を持ち、操作、ガセネタ、いんちきがあるからこそ成り立つ商売だ。

昔の投資家の多くは、今の金融市場を嫌い、トレーディングや投機で富を得ている人間を苦々しく思っている。聖書を信じる彼らにとって、市場を堪能し、市場から富を得る貪欲な人間たちはみな罪びとなのだ。市場が大混乱に陥るたびに、こうした独善的な評論家たちは彼らの好みとするニュース番組やインターネットのポータルサイトで、今の市場やトレーダーや投機家たちを批判する。これには驚くばかりである。偽善とはまさにこのことを言うのである。

私はトレーディング、資本主義、現代の市場を信じる人間だ。私がこの信念のために苦しめられているとき、人々の反応はほとんど同じだ。「金融ニュースを読んで腹が立つのなら、なんでトレーディングなんてやってるんだ？　そんなの時間の無駄だろう。編み物とか政治活動とかやったほうがいいんじゃないの？　貧乏暮らしのほうがまだましだと思うけどね。それに君が毎日参加しないほうが、市場さんももっとやさしい紳士になると思うよ」

ある有名な架空トレーダーの言葉を借りれば、欲は良いことだ。請求書を払い、子供を大学にやってくれるのは欲である。欲はコミュニティーでも重要な役割を果たしている。間違った情報を得た者から余分な資産を取り上げ、それをその資産を所有するにふさわしい人物に与える。事実、純粋なる欲は世界市場の非効率というエンジンの潤滑油になる。そして、21世紀のトレーダーは強欲でなければ、この現代の電子化された市場で富を得るのに必要な略奪スタイルを身につけることはできない。人生のこの厳しい現実は、歯の妖精やロビンフッドを信じる者たちには受け入れがたいものかもしれないが、勝者がいれば必ず敗者がいる。金融市場のプレーヤーたちは、食うか食われるかのいずれかなのだ。

パラドックス

次に述べる２つの意見はそれぞれ個別に見ると正しいが、完全に矛盾している。「市場は、①今も100年前も変わらず、時代を超えた原理が相場を動かしている、②この10年間で市場は劇的に変化し、もはやこれまでの原理は通用しない」。これは、2010年以降、われわれトレーダーには大きな試練が待ち受けていることを示唆するものだ。これまでありとあらゆるテクニカル分析の本を読み、セミナーに参加し、マーケットのグルや語り手たちの話に耳を傾けてきたわれわれだが、眼前に広がる超現実的なSF（サイエンスフィクション）の世界に対しては何ひとつ準備できていないのである。

まずは、トレーディングロボット（自動売買プログラム）だ。1990年代、午後３時から４時にかけて暗躍するトレーディングロボットを目の当たりにしたとき、プログラムトレーディングが拡大してゆくであろうことをわれわれは予感した。しかし、それからわずか10年後に、心を持たないアルゴリズムが日々の価格を動かす決定的な力を持つことになることなど、一体だれが予期し得たであろうか。コンピュータートレーディングは大きな流動性をもたらすため、市場にとっては偉大な貢献者だ。しかし、これらのアルゴリズムには、われわれがこれまで株式、先物、通貨のフリッピング（大引けで仕掛け、翌日の寄り付きで手仕舞ったりすること）で当てにしてきた自然の力というものが欠落している。アルゴリズムは、コインの両面ともいえる欲と恐れという双子の感情を持たないのだ。

　だから、トレーディングロボットは市場の間違った側にいることに気づいてもパニックに陥ることはないだろうし、良いニュースによって思いがけない利益を手に入れても有頂天になることはないだろう。つまり、彼らは金融市場に対して、あなたや私や隣人たち、あるいはウォール街のスーツを着たエリートたちと同じような反応はしないということである。彼らは冷酷で計算高く、市場を自分に有利に動かすというただひとつの目的を達成することしか考えない。もし市場に過去に存在したような重心が存在し微妙なバランスが取れていたならば、最先端のアルゴリズムといえども、そういった悪魔のような精密さを持つことは不可能だっただろう。1990年代にもNYSE（ニューヨーク証券取引所）のスペシャリストやナスダックのマーケットメーカーはトレーディングロボットを使っていた。われわれはこれを不公平だと感じていたが、トレーディングロボットは市場に精通したこうした仲介者たちによってしっかりと制御されていたため、われわれ生身の人間プレーヤーも不安定な平和のなかで共存することができた。

　しかし2005年ごろを境に、こうした仲介者たちは電子執行システムに完全に取って代わられ、秩序正しい市場を維持するという彼らの仕事も、コンピュータースクリーン上に光の速さで流れる買い気配値と売り気配値に置き換えられた。そのときから、あなたや私のような個人トレーダーは、荒廃したマッドマックスの近未来世界の住人に組み込まれたのである。荒廃したマッドマックスの近未来世界――21世紀のオークション場を形容する言葉としてこれ以上の言葉があるだろうか。

　物事が本当にそれほど制御不能になったのであれば、トレーディングなんてさっさとやめて、ポーカーとかレース編みとか、お金を稼げるほかの趣味を見つければよいではないか、と思うかもしれない。結局は、現代の市場に噛みつけば、噛みつき返されるだけなのだから。しかし、相場がゆがめられたり、操作されたり、人造的に作り上げられたりすれば、例えばNYSEのサーキットブレーカーのように、需要と供給という自然の力がギアをトップに入れて、再び統制力を取り戻してくる。テクニカル分析はこれまで何度もたたかれ、打ちのめされ、無数のミクロ粒子に分解されてきたが、いまだに健在なのはこのためだ。トレーディングロボット、不十分な規制、重心をなくした市場――こうした新たな要素が加わった新世紀になっても、コンフリクトゾーンや機会水準を示す価格チャートの威力は衰えることはない。

あなたや私のような現代のトレーダーにとって重要なのは、値動きを制御する市場の鯨たちと平和的に共存しながら、テクニカル分析と鋭い観察眼を駆使して市場の非効率を見つけだし、それを安定的な利益につなげていくことである。このバランスをいかに取るかが成否の分かれ目になる。もちろんこれは口で言うのは易しいが、実行するとなるとそれほど簡単にはいかない。長期的に安定した利益を得るためには、狂信的なまでの熱心さで独自の技術を編み出さなければならないからだ。上げ相場にお金を投じれば定期的に利益を確保できた甘い時代はすでに終わった。手ごわい群衆がひしめき合う大暴落後の市場環境に、間の抜けた怠惰な人間のいるスペースはもはやないのだ。

山のような障害をものともせず、困難な作業に果敢にチャレンジしようという人は、まずは、次に述べる３点を完全に自分のものにする必要がある。これら３点は、市場について知っておくべきことと、日々の戦略についての要点をまとめたものであり、私が一種独特の目で市場を見るときの眼目点でもある。

●市場の声に耳を傾けよ――市場はあなたのバイアスや考え方を支持するような動きをしているだろうか
●正しいタイミングと正しい価格を見極めよ――今はリスクをとるべきときなのか、それともサイドラインから静観すべきときなのか
●鋭い目で効率よくリスクを管理し、リアルタイムのハードライトエ

ッジで勝算を見直せ

最後に、規律について一言述べておきたい。『**スイングトレード入門**』で何度も述べたように、失敗するマーケットプレーヤーのほとんどは、知識がないから失敗するのではなく、規律がないから失敗する。これは動かしがたい事実だ。にもかかわらず、われわれはこんなことを言われるとあまり良い気持ちがしない。なぜなら、われわれは規律のない人間であるにもかかわらず、自分を規律のある人間だと思い込んでいるからだ。一言でいえば、市場にアプローチするとき、常に規律を守らなければ、本書で述べる戦略や観察など何の役にも立たないということである。私がどんなに頑張ってもあなたを規律のあるトレーダーにすることはできない。規律のあるトレーダーになるには、自分で意識してそうなるしかないのである。本書では、当たり前のことをちょっと愉快に述べたり、個条書きにしたり、恐ろしくなるような実例を取り上げたりと、あの手この手で規律の重要性を説いているが、市場での生死の分かれ目となる規律については、自力で修得するしかないのである。

悪魔のような市場

次の文は、市場で生き長らえるために重要なので、よく読んでもらいたい。「現代の電子化された市場を動かしているものは、ワナと人をワナにはめようとする振る舞いである」。このひねくれた力が意味するもの——それは、市場はトレーダーやトレーディング戦略を痛めつけるような動きをするということである。さらに危険なのは、こうしたブルトラップやベアトラップは、大衆が市場に大挙して押し寄せるときや潮が引くように引き上げるとき、つまり、強い上げ相場や連鎖的に売られているときにはあまり発生しないということだ。

価格が付くためにはそこに板がある必要があり、そのときには値が大きく飛ぶこともある。市場が人に最大の痛みを与える方向に向かって動くのはそのためであり、注意深く置いたストップロスや合理的なリスクに基づくポジションはこうした市場の動きによってことごとくつぶされる。つまり、多数派は懲らしめなければならないというわけであり、市場はこれを悪魔のような価格力学によって成し遂げようとする。この自然の力が特に強く働くのは、現在の期待を裏切るようなイベント（経済ニュース、FRB［連邦準備制度理事会］の会議、決算発表）が発生したあとである。イベントによって価格は上下に振動しながら、やがては市場のどちらかのサイドをワナにはめる。そのサイドと逆サイドにつけばよいものを、ほとんどトレーダーはニュースを深読みしショッキングなデータにすぐに反応してしまうのだ。

ところで、価格は最大の痛みが存在する場所をどうやって「知る」のだろうか。これは比較的簡単だ。なぜなら、ほとんどのトレーダーはやり口がまったく同じだからだ。例えば、個人トレーダーの大多数は、スマートマネーや彼らの操る無感情なマシンによってすでに使い物にならなくなったモメンタム戦略を使って、過剰にポジションを建てる傾向がある。その結果、価格は古典的な戦略に対して以前よりも効率良くワナを仕掛けることができる。幸いにも、トレーダーは市場のこの悪魔的な力に対抗すべく、悪魔的思考を使って市場の正しい側につく力を持っている。悪魔的思考とは、大衆に対して仕掛けられる可能性のあるあらゆるワナに鋭く目を光らせることを意味する。そのためには、ショッキングなイベントが市場で発生したときには必ず次の質問を自らに投じてみる――「今この瞬間」、市場の標的になっているのはどちらの側か？　この質問に正しく答えることができれば、有利な立場に立てる。**図1.1**はこの悪魔的思考がリアルタイムで効果的に使われる様子を示したものだ。

６月22日、取引前に発生したショックな出来事に反応して、フェデ

図1.1

フェデックスのギャップ

ックスはギャップダウンで寄り付く。しかし、下降の勢いが続いたのは取引時間帯の最初の45分だけ（1）で、その後は終日狭いレンジで推移した（2）。その大きな下方へのギャップに最初に捕まったのはオーバーナイトした買いポジションであるのは明らかだ。ところが、株価が1ポイント以上下落したという「理由だけで」、寄り付きと同時に愚かな空売り筋が一挙に押し寄せたため、ブルとベアの対立が始まる。現実世界では、愚かなトレードが報われることはない。したがって、こういった安易な空売りは罰せられなければならない。こうしたことを念頭に入れて相場の観察に余念のないトレーダーには、その日の朝、2つの対立するグループが市場の標的になっていることがは

っきりと分かる。ワナに落ちた買いポジションを振るい落とすには十分に下げる必要があるが、寄り付きと同時に無用心に参入してきた空売り筋に対しても彼らの思いどおりにさせるわけにはいかない。これが相場の考えだ。

こうした両側性シナリオにはブレイクアウト・ブレイクダウン戦略が有効だ。つまり、取引時間帯の最初の60分における高値と安値を記録し、一方のグループがギブアップするのを待つのだ。次に、悪魔的思考を発動して相場に鋭く目を光らせる。やがて空売り筋の敗色が濃くなる。なぜなら、トレーディングレンジが下方にブレイクアウトするのを拒否しているからだ。この単純なテープリーディングには、信頼のおけるシグナル（買いか売りか）を得るための要素がすべて含まれており、これに基本的な執行戦略を組み合わせれば、有利なリスク・リワード比でトレードを執行することができる。

６月22日、フェデックスは終日にわたってファースト・アワー・レンジで推移。引け間際の数分間で株価が朝方の安値まで下落したため、翌日の寄り付きでブレイクダウンすることを期待した空売り筋を引きつける。ここで悪魔的市場は待ってましたとばかりにギアを入れる。翌日、市場は前日のレンジを大幅に上回るギャップアップで寄り付く（**図1.1**の３）。この買い圧力は２つの重要な機能を果たす。ひとつは、空売り筋をワナにはめること。もうひとつは、リスクを意識した買い方にこの新たな上昇トレンドで簡単に仕掛けさせないことである。この大きなギャップはもっと悪魔的なもうひとつの目的を持つ。それは、両方の側に大きな嫌悪感を与え、すべてのトレーダーをギブアップするように仕向け、みんながギブアップしたら最高の仕掛け位置（４）をセットアップすることだ。価格がレンジの支持線まで下落し、しばらくそこにとどまったあと、上昇トレンドに乗って一気に３ポイント急上昇する。ここがその瞬間だ。

市場が紡ぐ悪魔のキルトのなかで一瞬だけ現れる非効率、それがこの瞬間なのだ。要するに、対立する力を正確に読み取り、理想的なトレード機会が訪れるまで忍耐強く待つ者に対しては、市場は欲しいものを与えてくれる、ということなのである。日々あふれんばかりのデータに埋もれたわれわれにとって、これは言うは易く行うは難しである。では、悪魔的思考で利益を得るにはどうすればよいのだろうか。まず初心者は、ブルとベアのバランスがシフトするボラティリティの高い市場では多くのワナが発生することを認識することが重要だ。頻繁に発生するこの過渡期を見つけだすための最も信頼のおける「手掛かり」となるのが、陰線と陽線が交互に現れること、そして方向の異なるギャップが毎日交互に現れること――である。こうした活発な悪魔的状況でうまく機能するディフェンシブな仕掛け戦略が２つある。

●振るい落としのゲームが終わるまで、サイドラインから支持線－抵抗線の両端をしっかり観察する。そして、振るい落としのゲームが終わったら仕掛ける。
●ストップロスの幅は狭く、ポジションサイズは小さく保ちながら、有利なトレンドが形成されるまで複数回に分けて仕掛ける。

　動きの少ない静かな相場でも悪魔は顔を出す。数週間にわたって狭いレンジ相場で動いていた銘柄が、ダマシのブレイクアウトやブレイクダウンでトレーダーを振るい落とすケースがそうだ。ボラティリティの高い市場と同じように、動きの少ない静かな市場でも、真のトレンドが形成されるのは、大衆が狭いレンジに安心して居眠りしているときや、多くの負けを喫したあとにサイドラインで傷をいやしているときだ。こうした大規模なイベントにおいても予想外の力が現れるのはフェデックスの例と同じだが、この場合はフェデックスのケースのように数時間で現れることはなく、数カ月かかってようやく現れることもある。

市場は人々の心理や値動きを通して常に巧みな絵を描く。われわれの仕事は、大衆がその幻想を信じ、餌食になる瞬間を忍耐強く待つことである。しかし、この悪魔的思考は、たかだか数ドル稼ぐのにかなりの労力を要するようにも思える。確かに、それはある程度は当たっている。フェード戦略——つまり、ワナを利用する戦略——は独特の技術を要するが、大きく儲けたいのであればこの方法を用いるしかない。

古い相場格言に、「ブルでもベアでも儲かるが、ピッグ（豚）は儲からない」というものがある。現代の電子化された市場では受身的アプローチは毎日お金をかすめ取られるだけである。この理由だけでも、最も愚かな者をいち早く見つけだし、スマートマネーと冷酷なマシンに歩調を合わせてポジションを取るのが賢いやり方であることは分かるはずだ。

21世紀の非効率

2008年の大暴落には大部分のトレーダーや投資家は不意を突かれ、茫然自失となった。それも無理からぬことだ。テクニカル分析の古典には、CBOEボラティリティ指数（VIX指数）が50を超えたと思ったらいきなり急落して、２カ月以上もその状態が続いたときにどうすればよいかなど、どこにも書かれていないのだから。この歴史的な大暴落で人々が被ったダメージは、金銭面だけでなく、心理的なダメージも相当に大きかった。なぜなら、**それ以降オーバーナイトのトレーディングが実質的に不可能になった**からだ。それまで、ほぼ毎年エキサイティングなバブルが新たに生みだされるという豊かな環境でトレードしてきたトレーダーにとって、この大暴落後の余波は二次的なショックを生むこととなった。その利益を生むサイクルが、すべての値動きは比較的狭い買いと売りの境界線の内側で発生するという壮大な幻想をトレーダーたちに植えつけていたからだ。今となっては、これが単なる幻想にすぎなかったことは周知のとおりである。

値動きは常に非効率を生み、トレーダーはその非効率によって日々の利益を得る。非効率は、5分足から月足まで、どの時間枠でも発生する。すべての非効率は、源泉は違っていても、ひとつだけ共通点を持つ。それは、反対の力を生むということであり、非効率によって生まれた利益機会はこの反対の力によっていずれは消滅する。1999年から2000年にかけてのITバブルは大きな興奮を生みだし、ウエートレスから靴磨き少年、缶ビールを半ダース飲み干すジョーに至るまで、市場の知識がまったくない一般大衆にさえ株を買わなければという気にさせ、彼らは高値で株を買い続けた。この後追い行動によってついには買い手がいなくなり、過剰な買われ過ぎ状態になったとき、非効率は消えた。これをスマートマネーは新たな非効率ととらえ、高騰した株をアグレッシブに売り始めた。そのため株価は暴落し、これによって近視眼的な愚か者たちは巨額の損失を被って市場を追われることとなった。

基本的には、2008年の大暴落の標的となったのは、ウォール街は否定するかもしれないが、過去20年間で最も乱用された市場の非効率であるバイ・アンド・ホールドのみである。2008年の大暴落では、われわれ一般トレーダーはひどくやられた。日和見主義のトレーダーと言われるならまだしも、まるでピエロになったような気分だった。トレーダーのほとんどは実際には単に市場をトラックする投資家だ。だからこっぴどくやられた。大衆投資家は利益を生む市場力学を理解していなくても許されるが、トレーダーは許されない。ああいった荒れた市場では、市場力学を理解していなければ生き残ることはできないのである。

つまり、この現代の市場で生き残るには、今機能するものを使ってプレーするしかないということである。最低でも、トレンド相場、横ばい相場、安全な相場、危険な相場で機能する戦略は必要だろう。そのためには、戦略、保有期間、リスク管理に関する幅広い知識が必要になる。プロもアマも含めて、トレーダーは基本的に怠け者で、多様な市場で利益を得るのに必要なことをやろうとしない。大胆なトレーディングトリックをたくさん詰め込んだツールキットを持つ者こそが、未来を制する者になるのだ。

例えば、ちゃぶついた相場で無意味なスイングをトレンドととらえ、それにお金を投じるようなトレーダーは少なくない。このこらえ性のなさは確実に資産を食いつぶし、自信を喪失させる。自分の足元しか見ないこうした近視眼的思考に陥らないためには、一歩下がって大局を見据え、市場が今トレンド－レンジ軸のどの位置にあるのかを見極めることである。トレンド－レンジ軸は『**スイングトレード入門**』の主要な概念のひとつで、価格はトレンド相場とレンジ相場を交互に繰り返すことを述べたものだ。この現象は、１分足から月足まで、すべての時間枠に当てはまる。また、この軸には一定の比率があり、全時間帯のおよそ80％はレンジ相場で、およそ20％がトレンド相場である。当然ながら、市場の効率性はこのトレンド－レンジ軸に左右される。したがって、横ばい相場でモメンタムトレードを行ったり、急上昇しているときにブレイクアウトでフェードする（逆張りする）のは、あまり良いやり方とは言えない。大局を見据えることの重要さはまさにここにある。一言でいえば、自分は今トレンド－レンジ軸のどこにいるのか、つまり市場が今どのフェーズ（段階）にあるのかを正確に見極めることができれば、それを利用した戦略を使ってお金を儲けることができるということなのである。

形を変幻自在に変えるつかまえどころのない「市場の非効率」を見つけだすには、用意周到にトレーディングプランを練り、その変数の１つひとつを確実にマスターすることが求められる。変数には、保有期間、オーバーナイト・エクスポージャー、フェードの手順、タイム

図1.2

トレンドーレンジ軸はスイングトレーディング戦略で成功するための重要な概念で、株式から先物、通貨、確定利付債市場に至るまで、すべての金融市場は、すべての時間枠で、方向感のあるトレンド相場と方向感のないレンジ相場を交互に繰り返すことを述べたもの。トレンド相場（上昇トレンドまたは下降トレンド）に比べると、レンジ相場のほうが持続時間は長い。損をする方法として、レンジ相場でトレンド戦略を使ったり、トレンド相場でレンジ戦略を使う以上に優れた方法はない。

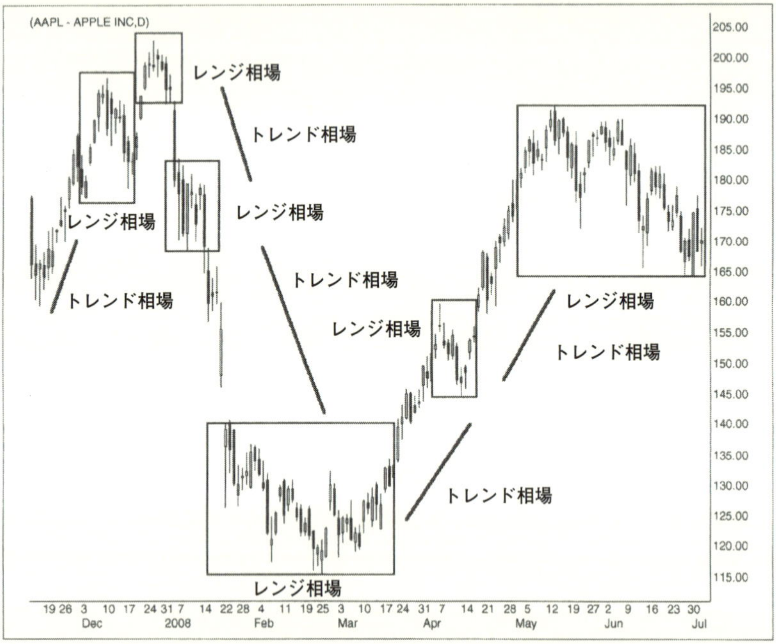

トリガーとフィルター、スケーリング、ポジションのカラーリングなどが含まれる。このあとの11章ではこれらについて議論する。

サバイバリストトレーダー

本書では全編にわたって「サバイバル」という言葉が頻繁に出てくるが、これが本書のメーンテーマである。この現代の市場環境においては、利益を追求するよりも、あるいは実現不可能な高いリターンを追求するよりもはるかに重要なのは、方程式のリスクサイドに取り組むことだ。もちろんティッカーテープは頭を垂れた果実を提供してくれることもときにはある。しかし、順行する時間帯に蓄積した資産を、逆行によって盗み取られないようにするためにわれわれが用心しなければならないのは、「方向感のないどっちつかず」の時間帯である。

市場が難局を迎えたり、ブラックホールに陥ったときに使える５つのサバイバリストテクニックを紹介しておこう。

1. **魔法の瞬間がほっぺたをぴしゃりとひっぱたいてくるまで待て**
方向感のない危険な市場で思うことはみんな同じだ。大きな買い機会や、数十年来の空売り機会への扉が開くような変化を待っているのだ。しかし、トレーダーたちはキャッシュもひとつのポジションであることを忘れている。そこで、次のことをやってみてもらいたい。過去数年間を思い起こし、トレードしていなければ失うことのなかったお金の額を勘定してみよう。
2. **チャートの威力を忘れるな**　一呼吸ついて、週足チャートや月足チャートをじっくり観察してみよう。高いボラティリティが集中力を鈍らせ、自分の戦略に疑問を抱かせるときのチャートはどうなっているだろうか。支持線や抵抗線のところに大きなパターンが形成されていることに気づくはずだ。チャートはじっくり観察すれば、再びアグレッシブに仕掛けるまでにはどれくらい待たなければならないかも教えてくれる。
3. **ハンターのような鋭い目を持て**　正気を失ったサルのように市場を追いかけ回すのはやめ、冷静な目で、数日間、必要なら数週間、自分のトレーディングパターンをじっくり観察してみよう。ビッグチャンスを逃しても冷静でいられるように自分を訓練することが必要だ。失敗したら、立ち上がってペットの頭でもなでて、次の機会を待つ。次の機会は「必ず」訪れるのだから。

4．**不確実性とボラティリティを受け入れよ**　トレーディングとは、次に何が起こるのかを知ることではない。勝算が見えたときにリスクをとることがトレーディングである。市場が動き始めたら、たとえそれが自分のポジションとは逆方向であったとしても喜ぶべきである。なぜならボラティリティによって活気が生まれ、それによって機会が生まれるからだ。価格がある水準から別の水準に動くとき、それは新たなくじ引きゲームの始まりなのである。

5．**まず生き残ることを考えよ。そうすれば万事うまくいく**　困難な市場でまずやらなければならないことは、損失を出さないことだ。大きな危機が市場を襲ったとき、内なる声に耳を傾けよ。そうすれば、やるべきことと、やってはならないことはおのずと分かってくる。暗雲が通り過ぎるのを待ってプレーを開始せよ――それが、生き残る者に聞こえてくる内なる声だ。

2008年、平均的な年金ファンドは35％を超える資産を失った。大暴落前、活況に沸く市場でわれわれは、IRA（個人退職年金勘定）、SEP（簡易従業員年金制度）、キーオ（自営業者退職年金制度）を受動的に保持することでリスクをとりすぎるという愚を犯した。これに懲りて、将来はこうした現金口座の運用を妄信することは二度とないだろう。しかし、これによって信用口座のパフォーマンスが下がるのは避けられない。こうした投機的資金プールについては一般論を述べるのは難しい。2008年の歴史的大暴落でも、ショートサイドでプレーしていた人々は、一握りとはいえ、巨額の利益を得たからだ。その利益で大きなリスクをとるだけの力を得た彼らは、将来的にもアグレッシブに動ける立場にあると言えよう。

大暴落後の市場環境では、信用取引の利用と管理は一層重要性を増す。不利な状況下でリスクをとりすぎれば大損をするが、有利な状況下で信用取引を有効利用しなければ利益を最大化することはできない。

したがって、信用取引はもろ刃の剣とも言える。一般則として言えることは、現代の市場の厳しい要求に十分に順応できたことを資産曲線によって確認できるまでは信用取引は控えるのがよい。大きな利益を出したかと思えば大きな損失を出すヨーヨートレーダー（詳しくは第５章で定義する）は特に注意が必要だ。ヨーヨートレーダーにとって信用取引はタブーである。

サバイバリストトレーダーはどんな市場状態でも太刀打ちできるように多様な戦略を詰め込んだツールボックスを構築する必要がある。また目先の利いた観察者であり、人の行かない道を行く者でなければならない。あらゆる価格スイングを疑い、行間を読むことで、人よりも一歩早く市場が実際に行っていることを見抜く目が必要だ。こうした技術が身につけば、今の市場状態に合った戦略を正しく選択することができるようになる。

競争相手よりもうまく相場を読むことは、サバイバリストトレーダーにとって必要不可欠な要素だ。そのためにはまず、優れたテクニカル分析の本とうまく引いた何本かのトレンドラインさえあれば金融市場で勝者になれるという幻想は捨てなければならない。どういったパターンでも結果がただひとつに決まるということはない。市場が投げてくるいかなる変化球にも対応できるほどのテクニカル分析の腕を持つまで、進歩は望めない。これから５年、10年、あるいは15年先までゲームを続けたいと思うのであれば、まずは自分の意見は捨て、方向性バイアスをゴミ箱に捨てることから始めよう。市場はあなたが何を考えているかなど気にすることはなく、やりたいことをやるだけだ。あなたの仕事はただひとつ――その瞬間を巧みに利用した自分に合った戦略を使って、この厳しい現実に立ち向かうだけである。

自分のトレーディングエッジを見極めよ

あなたは自分のトレーディングエッジを持っているだろうか。持っていないのであれば、それを得るためにどういった取り組みをしているだろうか。利益の大部分を一握りのトレーダーが手にする現代の市場で暮らしを立てるのは生易しいことではない。このエリート集団が大部分の利益を手にできるのは、彼らが自分だけのトレーディングエッジを持っているからだ。彼らは考え方、手法、攻撃プランにおいて、あなたや私を含めただれよりも優れている。これが彼らと愚かな大衆との違いを生むのである。彼らは独自の戦略を自力で開発する。一般的な戦略では、人気のある少数の手法に大勢が群がるからだ。大勢が同じ方法を使う戦略ではエッジ（優位性）など得られるはずもない。

人気のあるテクニカル分析はエッジを提供してはくれない。だからといって、それを窓から捨てろと言っているわけではない。あなたの好みのパターンや指標の行間には、パワフルなトレーディングスタイルや手法や戦略的な利点が隠されているのだ。そこから宝を掘り出すには、一人旅に出ることだ。その宝箱を日々のトレーディングに応用する方法を自分の手で探りだすのだ。そのためには、まずは市場の力学を注意深く観察することから始める。自分の目に留まった価格スイングを記録し、それを分析する。価格スイングはどこで、どのように始まったのだろうか。チャートとの関係は？　こうした動きは以前にも見たことがあるのだろうか。あるとすれば、そのときはなぜトレードから手を引かなければならなかったのだろうか。それは戦略的な決断だったのだろうか、それとも身動きできなくなったからだろうか。こうした小さな発見が、生涯のトレーディングエッジを構成する基本的要素になるのである。

エッジを見つけるのにメカニカルなシステムを用いるトレーダーは多い。もちろん、大手機関投資家は複雑な自動化システムを使ってエッジを見つけることに成功しているし、個人トレーダーでも大手のやり方を模倣して、システムを使ってエッジを見つけだすことはできる。しかし、個人トレーダーは自由裁量トレーディングにこだわり、比較的あいまいなルールを使ってポジションを取るというスタイルが圧倒的に多い。自由裁量アプローチで成功するためには、大きな自己責任が求められる。その日の終わりに穴にはまっても責める相手は自分以外にはいないからだ。

自分は優れたエッジを持っていると思っているトレーダーは多いが、残念ながら、エッジなどまったく持っていないか、持っていたとしても時の試練に耐えられるようなエッジではないケースがほとんどだ。1990年代を席巻したバイ・アンド・ホールドのプレーヤーやロングサイドのモメンタムプレーヤーたちは、ITバブル、不動産バブル、エネルギーバブルと、バブルが次々と崩壊するたびにエッジを失っていった。トレーディングエッジにとって最も重要なことは何か。それはバブルが崩壊するたびに明らかになっていった。エッジにとって最も重要なことは、どういった市場状態においても使えるエッジであるということである。

ちょっとした準備と良いソフトウエアツールが一式あれば、ほとんど準備しない人よりはエッジを持つことはできるだろうし、リアルタイムの気配値システムや素早い執行は、処理速度の遅い端末しか持っていない人からお金をかすめとることはできるかもしれないが、最先端のテクノロジーといえども、悪いトレーダーを良いトレーダーに変えることはできないし、永遠のエッジを与えてくれることもない。それよりも、事前に決めたルールに基づいて先を見越した意思決定を行うポジション管理のほうが信頼のおけるエッジを提供してくれる。しかし、この制御メカニズムが機能するのは、リスク・リターン特性をあなたに有利なようにゆがめることができるときだけである。つまり、良いトレードではより多くの利益が得られ、悪いトレードでは損失がなるべく出ないようにしなければならないということである。そのためには、レバレッジやポジションサイジングについての実務知識が必要になるが、こうした知識を身につけるのは想像以上に難しい。

仕掛けと手仕舞いの水準にマニアックとも言えるほどにこだわることは、結果に直接的に結びつくため、ほかのテクニックや手法よりも優れたエッジになる。逆に言えば、利益や損失に直結する特定の水準よりも、大局や大きなトレンドに固執するトレーダーがいかに多いかということである。一方、仕掛け価格や手仕舞い価格を冷酷な目で凝視するトレーダーは、正しくあることよりもお金を稼ぐことに興味のある人々だ。

トレーディングの入門書を読めば、とりあえずトレーディングへの旅に出発することはできるかもしれないが、金融市場を生き抜くために必要なエッジを得ることはできない。金融市場を生き抜くには、険しい一人旅を長く長く続けなければならないのである。自分のエッジが何なのかを知らないあなたは、残念ながら、エッジは持っていない。トレーディングエッジとは、一言でいえば、ほかのトレーダーよりも市場の方向性をいち早く見極めて動けるようにしてくれるものである。もちろん、そうした観察をうまく利用するためには優れた戦略が必要であり、仕掛けたあとのリスクを管理する技術も必要だ。優れた戦略と優れたリスク管理技術は、あなたのトレーディングキャリアを支えてくれるトレーディングエッジに磨きをかけるうえで重要な要素である。

テクニカル指標はトレーディングエッジにどうつながっていくのだろうか。本書は、価格パターンとテープリーディングについて書かれたものだ。難しい数学を使って何百ページにもわたってテクニカル指標を説明した本は、テクニカルアナリスト協会受けはするだろうが、私はこうして導き出した数値が安定的な利益につながるとは思わない。これまで、市場の非効率について私が知りたいと思うすべてのことを教えてくれたのは、パターンとティッカーテープである。事実、鉄板のエッジをよく観察すればするほど、複雑すぎるテクニカル指標やシステム検証には興味がなくなっていった。

もちろん今でも指標はいくつか使っているが、指標はこの10年間ほとんど進化していない。例えば、ストキャスティックスは今の売り－買いサイクルを把握するのに不可欠のツールだし、オン・バランス・ボリューム（OBV）は、市場が以前の高値や安値に近づいたときに面白い話をしてくれる。また『**スイングトレード入門**』でも指摘したように、移動平均線は、機関投資家が市場に参入してほかの者たちをおとしめるようなビッグな戦略を含め、多くのトレーディング戦略に必要なものだ。一方、MACD、回帰分析、真の値幅の平均（アベレージトゥルーレンジ）、変化率（ROC）といった、そのトレードの良し悪しを知るのに価格の足のみに依存するような指標は完全に捨てた。数学の呪縛から解き放たれ、永遠に繰り広げられる買い手と売り手のデスマッチに集中するようになった今、大きな解放感を感じている。

新しいチャートを取り出した瞬間から最終的に損益が確定するまでの作業の流れ、つまり、アイデアから結果までの一連の作業の流れのなかには、『**スイングトレード入門**』で紹介した次の３つの要素が織り込まれている。これら３つの要素は私のトレーディングエッジを構成する基本的要素であり、この20年間変わっていない。こんな大事な秘密を暴露すると、私の魔法のトレーディングシステムから魔法が解けてしまわないかって？　そんな心配は一切していない。私のトレーディングエッジは、システムの実行から生みだされるわけではなく、特定の非効率を利用することで生みだされるわけでもない。絶えず変化する市場状態を読み解くための市場の観察こそが私のトレーディングエッジを生みだす源泉なのである。私のトレーディングエッジを構成する３つの要素は以下のとおりである。

●**パターンサイクル**　スタン・ウエンスタインの**『テクニカル投資の基礎講座』**（パンローリング）で紹介されているフェーズ分析の古典的原理

●**コンバージェンス－ダイバージェンス**　市場における２つのデータ点を比較し、それらのデータ点が今のトレンドを支持するものなのか、否定するものなのかを評価することで将来予測に役立つ情報を収集する

●**レラティブストレングス**　複数の時間枠で買いと売りの勢力の強さを比較する

本書で述べるテクニックや戦略を理解するには、パターンサイクルの性質を直観的に理解できるようになることが不可欠だ。この概念は簡単に言えば、新たな安値で底値形成パターンが形成されたあと、そこからブレイクアウトして上昇し、天井形成パターンが形成されて上昇トレンドが終了すると、今度は天井形成パターンからブレイクダウンして下降トレンドになり、最後に持続的底値圏が形成されるまでの値動きのサイクルを追ったものだ。

パターンサイクルはトレンド－レンジ軸に従って形成される。つまり、価格は上昇トレンド、下降トレンド、横ばいを交互に繰り返しながら発展していく傾向があるということである。こうしたサイクルは、１分足から月足まで、どの時間枠でも発生する。同じ商品を複数の時間枠で観察し、それぞれの時間枠で現れるサイクルの相互作用を正しく解釈することでトレード機会が生まれる。最大の利益機会が発生するのは、ボラティリティの低いレンジ相場から、ボラティリティの高いトレンド相場へと移り変わるときの過渡期においてである。

市場構造に関するいくつかの基本的な概念から生涯のトレーディングエッジを得られると思うのは早計だ。神は細部に宿るのである。パターンを正確に読み取ることができるようになるには、数多くのチャ

図1.3

パターンサイクルを使って市場が現在どのフェーズにあるかを見極めよう。長期的な安値水準で底値形成パターンが形成されて底を付けると、ブレイクアウトして新しいトレンドが始まる。その上昇トレンドは長期的な高値水準まで行くと終わり、天井形成パターンが形成されたあと今度はブレイクダウンして下降トレンドに入る。異なる時間枠間におけるパターンサイクルの不一致は非効率を生み、それが利益の出るトレーディング機会につながる。

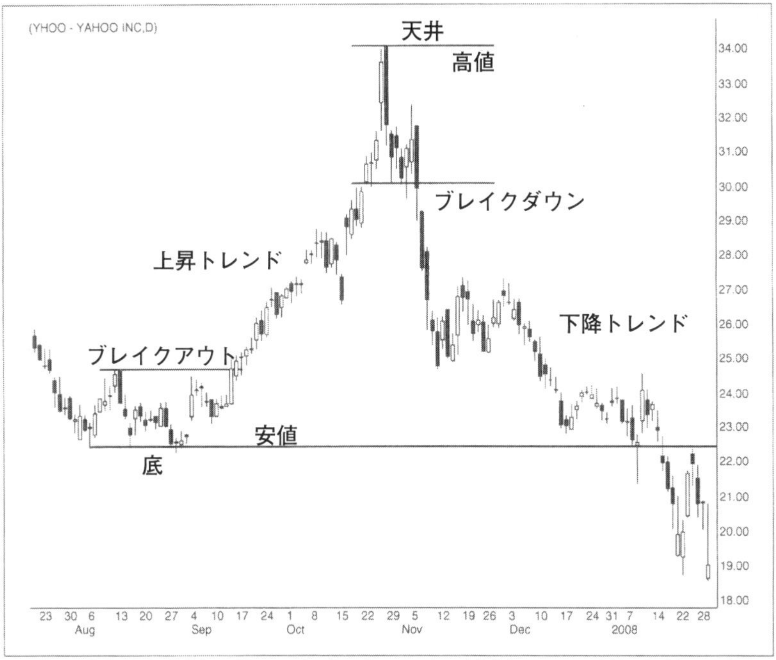

ートを見て、市場がひとつのフェーズから別のフェーズに移り変わるとき価格がどういった動きをするのかを注意深く観察することが必要だ。ただし、チャートの解釈は視覚的要素が強いため、これはだれにでも簡単にできるわけではない。賢明な人なら、ギャップ、トライアングルパターン、トレンドライン、フィボナッチリトレースメントなどを使ってリスクをとる前に、指標やスプレッドシートについて学び、タブレットPCを用意し、投資セラピーを受けるだろう。

しかし、残りのわれわれは彼らのように遠回りする必要はない。われわれが生涯のトレーディングエッジを構築するには、市場の構造と、それが値動きとどう結びつくのかを徹底的に調べるだけで十分だ。エドワーズとマギーの例を見てみよう。彼らは、上昇トレンドや下降トレンドが形成されるときには３種のギャップが発生することが多いことに気づいた。ブレイクアウエーギャップは、底値形成パターンや天井形成パターンをブレイクして新しいトレンドが始まるときに発生する。コンティニュエーションギャップは、トレンドが勢いを増し、急上昇・急下落する途中で発生する。そしてエグゾースチョンギャップはトレンドが終わりに近づいたときに発生するギャップで、反転の間近で愚か者たちはギブアップする。

コンティニュエーションギャップは、チャートを見ればだれでも気づくパターンであるため、それだけではトレーディングエッジを生まない。しかし、注意深く観察すると、価格がこのギャップの発生水準まで押したり戻したりするとき、逆行の動きは一定の規則に従うことに気づくはずだ。利益を生む仕掛けを生むのは、パターンサイクルというパズルのこのほんの小さな部分なのである。特に注目すべき点は、ギャップを埋めようとする押し（戻り）は、ギャップを埋める前に大きく反転するという点だ。そして再びギャップを埋める向きに押して（戻して）くるが、それも途中で反転して最初のカウンタートレンド波の少なくとも38％を戻す水準まで戻る。私はこの小さな観察を基に仕掛け戦略を練ったが、これは非常にうまくいく。なぜなら、大部分のプレーヤーは時間をかけて「３手先を読む」ということをしないからだ。これはどのトレーディングエッジについても言えることだ。ほとんどのトレーダーは予測する（先を読む）よりも、すぐに反応する（市場を追っかけ回す）傾向が強い。これは怠慢以外の何物でもない。予測は、パターンが機会を生むポイントに近づいたときに事前に決められたルールに基づいてリスクをとるという行為を伴うため、何も考えずに反応するよりも努力を要する。

図1.4

強力なトレーディングエッジは、例えば価格はコンティニュエーションギャップで反転する傾向が強い、といった単純な観察から生まれる。マッセイ・エナジーは9ポイント上昇したあと、コンティニュエーションギャップ近辺まで売られる。コンティニュエーションギャップが数セント埋まったところで買いが入り29.50まで上昇したため、買い手には大きな利益が転がり込む。

ひとつのパターンやその観察からだけでも複数のトレーディングエッジが生まれる。例えば、コンティニュエーションギャップは、３つのギャップによって５波動トレンドが形成されたあとでは簡単に特定することができるが、発生後２～３本の足が経過した第４波の途中でも特定することが可能だ。エリオット波動は、上昇トレンドでも下降トレンドでも、３つの推進波と２つの調整波からなる。コンティニュエーションギャップは２番目の推進波の途中で発生する。したがって、あるギャップを見つけたら、ギャップ後の動きがギャップ前と同じ方

図1.5

繰り返し発生する価格パターンは、利益を生む市場の非効率の発見につながる。この例は、コンティニュエーションギャップを利用して、第３上昇波（２番目の推進波）から第４波（調整波）に進行した直後に、エリオットの５波動上昇をとらえることに成功した例である。エリオット波動をとらえられれば、レンジ内で仕掛けて第５上昇波（３番目の推進波）に乗って利益を出すことは比較的簡単。

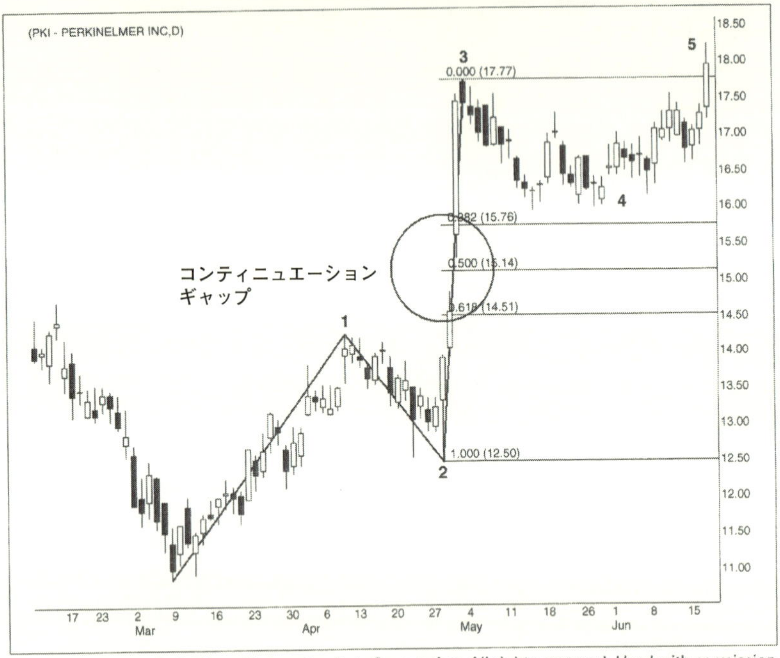

向で２倍に拡張していれば、おそらくそのギャップはコンティニュエーションギャップだ。これは非常に重要な情報になる。なぜなら、波動構造からは、トレンドが終わる前に最後にもう一度上昇するのか、売られるのか（３番目の推進波）を知る手掛かりが得られるからだ。

３番目と５番目の推進波の発生を予測することができれば、ギャップに続く横ばい相場で仕掛けのチャンスが生まれる。私は過去20年にわたってこの比較的簡単なプレーがうまくいくのを何度も経験してきただけに、これを理解しているトレーダーがほとんどいないのには驚くばかりだ。もちろん、このプレーを成功させるためには、そのあとで発生する最後の大きなトレンドを待ってそこで立ち往生することがないように、横ばいパターン内の価格構造を理解することが重要だ。

トレーディングエッジの多くは、準備不足の競争相手のリアクションによって生みだされる。例えば、**『スイングトレード入門』**で述べた狭いレンジ戦略は、ブレイクアウト水準近くの小さな足でポジションを取る戦略だが、これは市場の動きにすぐに反応するトレーダーたちの興奮によってもたらされる利益を狙ったものだ。あるいは、彼らの無計画さを利用することもできる。ブレイクアウト（またはブレイクダウン）が勢いを失ったとき、無計画の彼らは手仕舞いプランを持たない。したがって、これもまたわれわれの利益につながる。こうした愚かなトレーダーたちがヘッドライトで照らされたシカのように身動きできなくなったときに使える手がいくつかある。１つ目は、レラティブストレングスが逆転したときに空売りして、彼らと逆のポジションを取るという方法だ。２つ目は、価格がどんどん下がり、彼らがギブアップした直後に押したところで買うという方法だ。

トレーディングエッジを持っていないときや、失敗することが目に見えているとき、サイドラインに下がることは非常に重要だ。市場は、価格と時間が絶妙なタイミングで交差するときに良い機会を生む非効率というエンジンで動いている。こうした光りの当たる交点以外では、トレーディングは不安定でちゃぶつきやすく、うまくいかない。われわれトレーダーは、市場がご馳走をふるまってくれるときとくれないときのサイクルに慣れることが必要であり、そうしなければ、無駄な戦いをして敗れるだけである。トレーディングエッジを持たずにトレーディングしても必ずしも大きな損失を被るわけではないが、規律を失い、感覚は鈍り、奈落の底への階段を下り始めることになるのは必至だ。エッジを持たなければ、チャンスがやってきたときに軽やかに動くことができないことだけは確かだろう。

第2章 THE CROOKED PLAYING FIELD

不公平な競争環境

それは1990年代後半に発生した買い気配値と売り気配値のスプレッドの崩壊から始まった。1990年代の中ごろ、１日に200万株から400万株取引されている時価総額が中程度の標準的な株式の平均的スプレッドを25セントから50セントと高く設定するという談合を行ったとして、ナスダックのマーケットメーカーたちが告訴された。不正を認めたマーケットメーカーは大規模な改革に同意し、1997年、SEC（証券取引委員会）は注文処理ルールを改定した。これを機に、アーキペラゴやアイランドといったECN（電子証券取引ネットワーク）に扉が開かれ、ECNは執行注文を主要取引所と同じ土俵で競えるようになった。

次が、2001年初期の株価表示の小数点化である。それまで株価は買い気配値と売り気配値のスプレッドの範囲内で分数表示されていた。こうした価格表示方式は取引所の仲介者が不当な利益を得ることに貢献する不公平なシステムであるとする少数点化の提案者たちの主張が認められ、株価表示のルールは変わり、流動性の高い株式のスプレッドは１セント、ときにはそれ以下で表示することができるようになった。ルール改定後、売買の意思決定は時間単位や日単位ではなく、秒単位や分単位に変わったため、出来高は爆発的に増え、2003年にはルール改定前のおよそ３倍にまで増加した。もちろん、こうした細かい注文を行うのはわれわれ人間ではなく、光の速さで動く新世代のコンピューターだ。

ECNがシェアを伸ばしてきたことで、取引コストと買い気配値と売り気配値のスプレッドに革命が起こり、ナスダックの完全電子化にも拍車がかかった。ご存知のとおり、電子化の波に乗り遅れていたNYSEは、2003年にディック・グラッソ会長が強制辞任に追い込まれ、ジョン・セインがCEOに就任してようやく、電子化取引所との合併が実現し電子化が達成されることになった。大手取引所がシェアを取り戻すために選んだ道は、ECNと競うことではなく、買収するという方法だった。2005年４月20日、NYSEはアーキペラゴを買収し、そのわずか２日後にはナスダックが合併したばかりのアイランド・インスティネットを買収した。

この２つの吸収合併は仲介者の死を意味した。何十年にもわたって市場のボラティリティを調整してきたマーケットメーカーやスペシャリストは、その役割を終えたわけである。それまで市場の「秩序」を維持してきたのは、需要と供給の流れに逆らってポジションを取ることを義務づけられた嫌われ役の彼らだった。しかし、電子市場には市場の安定を保つ仲介者はもはやいない。オーダーフローを道理にかなうように導く適切なルールをSECが設けてくれれば、問題はなかっただろう。ところが、そうはならなかった。規制当局はまったく逆のことをやった。秩序を保つ今のルールを撤廃して、市場を混沌に陥れるようなルールを設けたのである。

2007年７月６日、SECは時代に大きく逆行するルール改定を行った。アップティックルールの撤廃である。それまでの３年間、10％半ばで推移してきたVIX指数（CBOEボラティリティ指数）は、このルール改定からわずか２週間で急上昇し、元に戻ることはなかった。このボラティリティの急騰を招いたものは何だったのだろうか。簡単に言えば、オーダーフローを調整していた仲介者のいなくなった市場で、プログラムアルゴリズムが数時間にわたって売りを繰り返したために、供給が需要を上回ったからである。そして、もうひとつのルール改悪が、レギュレーションNMS（特に、注目されるものが「トレードスルールール」）のルール改定である。2007年８月から10月にかけて、主要取引所をはじめとするマーケットセンターはレギュレーションNMSを段階的に導入し始めた。ジョージ・オーウェルの世界を彷彿とさせるこの悪夢のようなルール改定によって、最良気配値を提示する市場以外では売買できなくなった。これは理論的には良いように思えるが、事実上は注文の執行に大きなダメージをもたらすものだった。レギュレーションNMSの規制改革は金融市場に市場を不安定に陥れる大きな力を注ぎ込んだと言ってもよい。このルール改定によって、オーダーフローはミクロ単位に細分化されるようになった。機関投資家が山のような気配値の一番上に最小サイズの注文を入れ、それを次々と更新するため、市場プレーヤーたちは永遠に続くいんちきゲームのなかで翻弄されることになった。

ミリ秒単位で動く現代のコンピューターシステムは、こうしたつかみどころのない注文を取り下げる力も持っていた。つまり、現れたら瞬時に消してしまうのである。現れた注文を瞬時に消去するというこの行為によって、価格形成の影響力はこれもまたプログラムアルゴリズムによって支配され、比較的少数の取引で簡単に操作されていた先物市場へとシフトした。S&P500指数先物がほんのわずか下落するだけで、NYSEやナスダックの無数の銘柄に対する指値が消えてしまうのはそのためだ。注文が短期的な価格形成にほとんどあるいはまったく影響を及ぼさない昔ながらのマネーマネジャーや一般投資家のようなごく普通の人間が、こうしたいかさままがいの電子的市場環境で互角に戦えるはずがない。要するに、実質的な供給も、実質的な需要もないのである。注文の細分化はさらに驚くべき結果をもたらした。ひとつは、寄り付きや大引けの際のオーダーブックの実質的な崩壊である。もうひとつは、クロスマーケット環境でより速く、人の手を一切介さずに自動的に注文を執行するための新世代のプログラムアルゴリズムが生まれたことだ。

機関投資家が手口を明かさずに受発注できるダークプールなどの非公開の取引システムの急速な発展も、トレードスルールールによるところが大きい。こうした複雑なシステムによる大きな取引は、事後報告、オプション、ETF（上場投信）を介して株価や指数価格に影響を及ぼしている。また、ETFやレバレッジのかけられたETFは、流動性やレバレッジ効果が高く、株式固有リスクに対するエクスポージャーが少ないことから、プログラムアルゴリズムの好みの執行ルートになった。つまり、潤沢な現金を持つ一握りの裕福な機関投資家が、指数先物や比較的小規模の株式ファンドを操作する絶対的な力を持ってしまったということである。

元々は株式リスクのエクスポージャーを低減することを目的として設計された現代の株式デリバティブは、今では証券価格を完全に支配している。これは狂気のさたとしか言いようがないが、電子市場環境がこれほどワイルドになってしまった今、当然の結果と言えるだろう。金融市場における価格発見の最後の裁定者としての需要と供給が、ワイルドな電子市場環境と完全に置き換えられてしまった今の現状は、非常に危険でもある。

指数先物

昔（1995年ごろ）は先物市場にアクセスできるホームトレーダーはほとんどいなかった。当時、先物取引は場立ちによって執行され、S&P500やナスダック100の電子取引である「Ｅミニ」も存在しなかった。しかし、2000年、この人気商品の導入と世界中から24時間取引可能なCME（シカゴ・マーカンタイル取引所）グローベックスの開発とによって、すべてが変わった。それと同時に、ITバブルの崩壊によって株式から先物への集団大移動が始まった。これには理由が2つある。ひとつは、ビッグフィッシュが下げ相場で売りを浴びせる（アップティックルールが撤廃されたので可能になった）ことで株式相場がさらに下がったことと、指数先物の流動性の高さに魅力を感じた彼らのマネーが指数先物に流れたことだ。もうひとつは、株式取引口座の最少額を2万5000ドルと定めたデイトレードルールによって多くの個人口座が凍結され、稚魚集団が指数先物市場に流れ込んできたことだ。ビッグフィッシュと稚魚という奇妙なカップルが市場に変革の波を生みだした。

指数先物は株式市場に先行して動くが、両者の相関が今ほど強まったことはない。指数先物が、株価と先物価格との間の非効率の利用を唯一の目的とするアルゴリズムプログラムの普及とともに発展してきたことを考えるとうなずける話だ。そのため、先物相場がスイングするたびに、株式相場でも相応の大きさのスイングが発生する。トレーダーの多くは、株式の売買のタイミングを図るのに指数先物のブレイクアウト、ブレイクダウン、反転を利用するが、両者の間に強い相関があることを考えれば、まったく理にかなった方法だと言えるだろう。指数先物と個別株式とが逆の動きをする、いわゆる乖離も発生しない。これを一歩進めて考えるならば、アウトパフォームしている株式は、先物価格の変化率が同じ向きに増えているかぎり、そのままアウトパフォームし続ける、といった予測も可能になるということである。

CMEグローベックスの指数先物は夜間も含め24時間取引されているため、翌朝の米国市場の寄り付きに大きな影響を及ぼす。米国のトレーダーはニューヨーク時間で午前9時半に始まり午後4時15分に終了する日中の取引だけを重視する傾向があるが、それよりも、24時間チャートと日中のチャートのコンバージェンス－ダイバージェンス関係を追跡したほうがよい。24時間チャートからは高値－安値の値幅が分かり、その値幅は米国取引時間の早い時間帯の値幅になることが多

図2.1

ナスダックEミニ先物は、夜間取引を含めたチャートと日中だけのチャートとではまったく異なる様相を見せている。寄り付きから30分後、ナスダックEミニ先物は15分足チャートの5－3－3ストキャステッィックスを見ると買いシグナルを出しているが、夜間取引を含めたチャートのストキャスティックスを見ると売りシグナルを出している。こうした不一致は米国では朝方の取引時間帯によく見られる。この時間帯における指標の不一致（ダイバージェンス）は警告を促すサインとなり、逆に一致（コンバージェンス）はさらにアグレッシブに動くことを促すサインとなる。

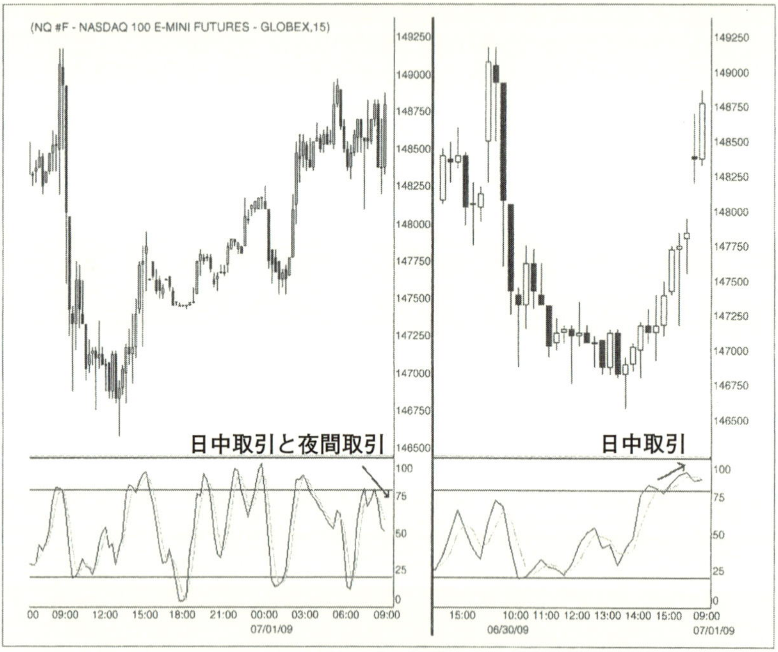

い。また5－3－3－ストキャスティックスからはレラティブストレングスサイクルが把握できる。日中のパターンと24時間パターンが一致しないときは、まず日中のパターンで高値と安値を確認し、次に24時間パターンでストキャスティックスのクロスオーバーを探す。日中と24時間のレラティブストレングスの間に強い相関（コンバージェンス）があれば、それは株式市場が強いトレンド相場になることを示すサインとなり、逆に2つのパターンが一致しないで乖離すれば（ダイ

バージェンス）、株式市場はレンジ相場になり日中のちゃぶつきが予想される。注意しなければならないのは、これらの短期シグナルはトレンドパズルの１ピースにすぎないという点であり、この情報だけで市場の方向性を判断してはならない。

機関投資家は、アルゴリズム戦略の主な対象として指数先物とそのETFを選ぶ。なぜなら、こうした市場ではトレンドを作るのにそれほど大きな資金を必要とせず、市場参加者の持つ同調効果を利用すればよいからだ。つまり、プログラムはこれに便乗しようとするほかのトレーダーからのマネーを引きつけることができるということである。こうした方向性をもったプログラム関連の動きはいち早く察知することが重要だ。なぜなら、こうした動きによって生みだされるトレンドには各セクターが次々と反応して追随するため、ドミノ効果が発生するからだ。このドミノ効果をより一層強めるのが、ほかのトレーダーやマーケットメーカーたちの動きだ。彼らは自分の指値を置くことは差し控え、プログラムと逆のポジションは手仕舞い、短期モメンタムの方向に新たなポジションを建てるのである。

先物関連のプログラムトレーディングが株式市場に広範にわたって最も大きな影響を及ぼすのは、大衆がサイドラインにいるときだ。一方、大衆が株価を押し上げたり、急落でポジションを投げるとき、逆張りプログラム（下降トレンドで買い、上昇トレンドで売る）はあまり効果的ではない。何回かのバブル崩壊のあと、一般のトレーダーや一般の投資家たちは株式ポートフォリオを重視するようになったため、この傾向は近年になってますます高まってきた。

指数先物やそのETFが終わりのない綱引きを続けているなか、株式市場は自然な支持線や抵抗線をどのように維持しているのだろうか。実は、株式市場の支持線や抵抗線は過去ほどには維持されていない。この10年～15年、パターンの失敗戦略なくして市場での生き残りが難しくなった背景には、こうした事情があったのだ。大量のマネーが指数先物に流れたことで、株価の動きにはチャネリングという現象が見られるようになった。この現象からは、指数先物は個別の株価に対して長期パターンよりも短期パターンに及ぼす影響のほうがはるかに大きいことが分かってきた。株価の強力なトレンドは、時間ごとに異なるボラティリティには打ち勝つことができる。しかし、価格スイングは過去よりも確実に大きくなった。その結果、日足のパターンや60分足のパターンではチャネルパターンが頻繁に発生するようになった。

長期ポジションで利益を得るには、リスク・リワード比を考慮しながら、ボラティリティの高いこうしたチャネル領域の外側にストップを置く必要がある。ストップロスは、直近の安値のすぐ下や移動平均線のすぐ上に置くのがこれまでの習慣だ。しかし、今はスイングの大きさが、少なくとも短期的には、個別パターンのテクニカル指標ではなく指数先物の振幅に一致するようになった。つまり、日中の指数先物の相場によって引き起こされる株式非固有のボラティリティの影響を予測することなくして、正しい位置にストップを置くことはほとんど不可能ということである。

幸運なことに、このボラティリティの予測はそれほど難しくない。スクリーン上に２つの主要先物のチャートをそれぞれ追加表示すればよい。私がお勧めしたいのは、**50期間と200期間の指数移動平均線と５－３－３ストキャスティックスを表示した15分足チャート**だ。そのチャート上にありとあらゆるトレンドラインを引く。トレンドライン、移動平均線、ピボットハイ、ピボットローといったラインを引いたら、あとはチャートをじっくり観察するだけだ。ボラティリティはブレイクアウト、ブレイクダウン、そして指数先物が魔法のコンフリクトゾーン――つまり、ギャップ――に移行するときに急上昇するはずだ。

指数先物には短期戦略が有効だが、逆行を恐れて１～３週間といった長い保有を避けるのは間違いだ。詳しくは第４部で述べるが、テクニカル分析が最も機能するのは、時間スペクトルの端の部分、つまり短期のパターンやトレード機会を発見するときである。したがって、保有期間が数時間や１日といった短期ではなく、数週間のように長期になる可能性があるときには、先物市場のくねくねとした動きを見るよりも、レラティブストレングスを見たほうがよい。

プログラムトレーディング

プログラムアルゴリズムは市場に大きな流動性を生みだした。だが、それは人間側の大きな代償を伴うものだった。コンピューターには欲と恐れという双子の感情はないが、人間にはあるからだ。だから何なんだと思うかもしれないが、これまで発生した市場危機が解決された経緯を知れば、それほど悠長なことも言ってはいられないはずだ。過去に発生したどの市場の危機も、まず人々の不安が高まり、それによって売り圧力が徐々に強まり、最終的に人々がギブアップすることで沈静化したのである。今の市場の動きのほとんどは、この一連の流れで説明できる。プログラムを動かす機関投資家にとって、こうした大衆の動きほど好都合なものはない。大衆の「後追い行動」によってポジティブフィードバックループが形成され、価格はひとつの水準から次の水準、そしてまた次の水準へと次々と移行していく。機関投資家たちがスイッチひとつで短期の方向を制御できるような状況が、大衆によって作られるわけである。

プログラムトレーディングが強力な影響を及ぼし始めたのは、2001年に価格の小数点表示が導入されてからだ。不明瞭な戦略はコンピューターによって細かく切り刻まれるため、平均的な取引サイズというものはなくなった。これによって、買い圧力と売り圧力のそれまでの流れは崩壊し、知覚されたボラティリティも低下した。

「知覚された」ボラティリティと言ったのは、プログラムアルゴリズムが台頭してからVIX指数は急上昇したからだ。しかし、新時代の戦略はVIX指数の内部コードを解読し、知覚されたボラティリティのパターンに頼らずとも市場を思いのままに動かす能力を身につけたようだ。

欲と恐れが価格発見を安定化させる自然のメカニズムであることを考えると、これは市場の将来にとってゾッとするようなシナリオだ。400ポンドもあるマーケットのゴリラたちが、比較的低い金銭的リスクで、指数先物価格や株価をいつでも思いのままに操れるとしたら？

何という恐ろしい世界だろうか。ナシーム・ニコラス・タレブの『ブラック・スワン――不確実性とリスクの本質』（ダイヤモンド社）によれば、われわれはこれまで、市場で発生した大きな出来事が市場に与える影響をきちんと解き明かそうとせずに無視してきた。タレブのブラックスワン理論は、市場で悲劇的な出来事が発生する確率は、一般に考えられている以上に、あるいはウォール街や投資にまつわる神話を広める人々が思っている以上に高いことを述べたものだ。もし彼の理論が正しいとするならば、21世紀の冷酷なトレーディングマシンによって、2008年のような惨事はこれから先も繰り返されることになる。

オプション取引所やETFの電子化によって、株式のプログラムトレーディングはその威力をより一層増しつつある。アルゴリズムの多くは、買い、売り、ニュートラル戦略の多様性を図るために、さまざまなデリバティブ市場を通じてヘッジする。こうしたクロスマーケットの影響は株式市場の方向性に大きなインパクトをもたらすため、プログラムのパフォーマンスと逆行することもある。これは、ダブルトップや移動平均線の交差を注視するテクニカル指向のトレーダーにとっては悪いニュースだ。なぜならわれわれは、複数の市場を動き回るアルゴリズムがオーダーフローを阻害し、方向性バイアスを隠蔽しようとも、チャートは供給と需要の自然法則に従うはずだと思っているからだ。厄介なことに、機関投資家のバイアスと彼らのコンピューター プログラムはいつも同じ経路をたどるとは限らない。例えば、機関投資家が一般大衆に知られることなく資産の再配分を行うとき、彼らは逆張りアルゴリズムをいつも以上に多用する。こうした内密行動によって、本当の売りは買いに見せかけられ、本当の買いは売りに見せかけられる。

こうしたプログラムトレーディングの圧倒的な影響力に、トレーダーがどう立ち向かうべきなのかははっきりしている。彼らと真っ向から戦っても勝ち目はない。トレーディング「ボット」を操る機関投資家たちと協調性を持って動けるように、日々の戦略を変えるしかない。そのためには、思考プロセス、トレードプラン、ポジション管理に対する考え方を変える必要がある。主な変更点は以下の３つだ。

- 機関投資家のマネーフローと同じ向きにトレードすること
- 自分たちに不利なプログラムが登場したら、事前に考えておいた脱出プランを実行すること
- 方向感のない相場はプログラムが小利を稼ぐのに懸命なときだ。こんなときは、サイドラインから静観するか、売買のサイズを減らすこと

利益を出したいのなら、機関投資家のマネーフローに従わなければならない。プログラムトレーディングは通常のテクニカル分析のルールに従う、という根強い信仰が残っている現実世界では、これを実行するのはかなり勇気のいることだ。しかし、プログラムトレーディングがテクニカル分析のルールに従うというのはまったくの誤解だ。プログラムアルゴリズムは、一般常識やポピュラーなトレーディング戦略とはかけ離れた複雑な数学を駆使する。アルゴリズムの権威と言われるジェームズ・サイモンの経歴を見てみるとよい。元数学教授の彼

はベトナム戦争中に軍の暗号解読に従事し、のちに金融の世界へと転身した。つまり、『ウォール街』のゴードン・ゲッコーがジョン・ナッシュの『ビューティフル・マインド』をもって、市場を動かすトレーディング戦略を作ったらどうなるかということである。これこそが今の電子市場の現実なのである。何十億ドルというオペレーションのコントロールルームで、ダブルボトムやトライアングルパターンが議論されることなどあり得ないのである。

コンピューターの支配する市場でうまく立ち振る舞うためのもうひとつの方法は、指数先物が大きなピボット点の間で振動している間はサイドラインに下がっていることである。本章で前に述べたように、プログラムは指数先物に狙いを定めて活動する。なぜなら、株式プレーヤー、後追い戦略、アービトラージメカニズムは先物の振動にすぐに反応するからだ。この共益効果が、クオンツやファンド、機関投資家たちに、短期的な方向に影響を与えるためのコスト効率のよい手段を与える。しかし、人間トレーダーとシリコントレーダーの利害は、大きなサイクルの支持線や抵抗線で一致する傾向がある。広いレンジの天井近くで売ったり、底値近くで買うことが依然として機能するのはこのためだ。問題は、抵抗線では強気になり、支持線では弱気になるという人間の心理面にある。コンピューターにはこうした感情がないため、自分の仕事を淡々とこなすだけだ。もちろんだれかが正しいボタンを押す必要はあるが。トランジスタの持つこの優位性こそが、マン・マシン・インターフェース、つまりコンピュータープログラムの強みなのである。血肉を持つ人間とは違って、プログラムはシグナルが出たときにトリガーを引き損なうことはない。

最後に、プログラムトレーディングは投機家や一般大衆が市場でアクティブに活動しているときにはあまりうまく機能しない点を指摘しておきたい。価格の対立水準近くでアルゴリズムは圧力をかけ続けるが、人間トレーダーたちの感情によって方程式のバランスが保たれ、通常の支持線や抵抗線が強固に維持されるからだ。果物が頭を低く垂れるこの時期は、われわれにとっては絶好の収穫期となる。

プログラムトレーディング――観察と戦略

コンピューターアルゴリズムを用いる組織は秘密主義だ。その内部に通じた者が暴露本を書くまで、ベールに覆われたクオンツの世界は秘密のままだ。しかし、トレーダーは、ブラックボックスを解析し、それと同調するような戦略を作りだすことができるパワフルなツールを持っている。それがテープリーディングである。市場の長い歴史のなかで、この伝説的技術に勝るツールは存在しない。

トレーディングロボット（自動売買プログラム）とそれが日中の値動きに及ぼす影響について分かっていることを思いつくままに書きだしてみよう。

●市場はランチタイムにその日の高値と安値を付ける傾向がある。
●指向性を持つプログラムが暗躍する時間帯は、ファーストアワー(寄り付きからの1時間)、午後2時15分近く、最後の30分。
●騰落出来高レシオが80：20より高いか20：80より低いとき、チャネリングを伴うトレンド日になることが予想される。
●支持線や抵抗線は、前日の引け時の勢いと逆方向にギャップを発生させるワナの多発地帯。
●日中だけ有効で夜間は無効になる、寄り付きから引けまでのその日かぎりの日替わりプログラムが主流。
●日替わりプログラムが主流であるため、銘柄組み換えは毎日行われる。これは通常のテクニカル分析では予測はほとんど不可能。
●日替わりプログラムが主流になったため、日中のトレンド反転は5年、10年、15年前に比べると少なくなった。

図2.2　ナスダック100のトレンド日

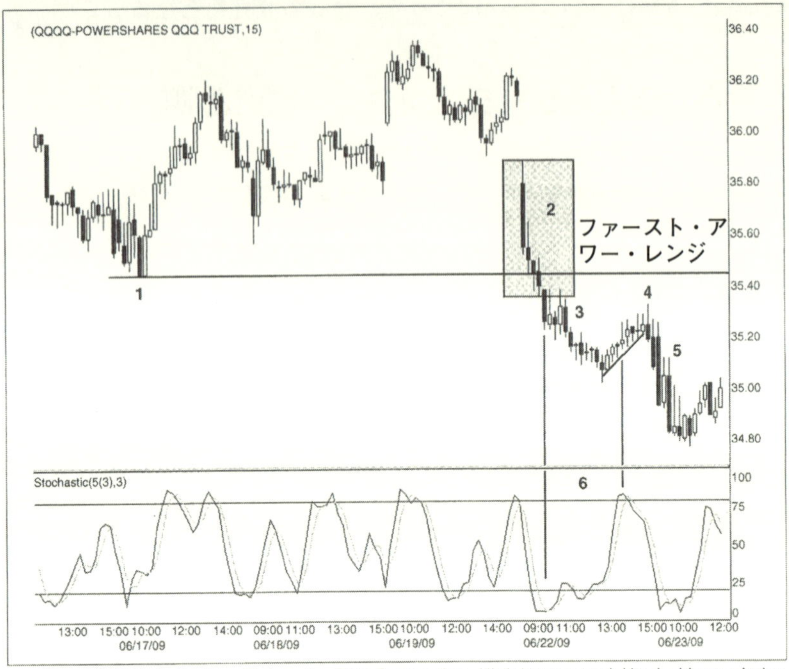

これらの観察事項は見てお分かりのように、これまでの市場の常識を覆すものばかりだ。逆に言えば、こうした観察によってわれわれには新境地が開けてくるということになる。例えば、われわれはトレンド相場で高く引けたとき、翌日も高値で寄り付く（フォロースルー）ことを期待しがちだが、このポピュラーな戦略は現代の電子環境ではことごとく打ち負かされてきた。これを逆手に取れば、取引時間帯内の早い時間帯の値動きは、上昇、下降、レンジのどの状況であろうと、その取引時間帯の間は持続する傾向があるため、これをうまく利用すればよいのである。例えば、日中のカウンタートレンドでポジションを建てる、15分足のブレイクアウトやブレイクダウンで売買する、方

向感がつかめない場合はリスクを避けるためにサイドラインに下がる、といった具合だ。

図2.2はナスダック100トラスト（昔のパワーシェアーズQQQトラスト）のトレンド日を示したものだ。６月22日、ナスダック100トラストはギャップダウンで寄り付いたあと、ファーストアワーの終わりには支持線の35.45まで下げる（１）。２つのテープリーディングによって、下降トレンド日の寄り付き時の特徴が見えてくる。ひとつは、ファーストアワーの終わりまでにギャップ内に戻らない、あるいはまったく反発しない。もうひとつは、ギャップダウンから下げ続けた相場は大きな支持線を下抜き、同期間内にその水準を再び上抜いて戻ってくることはない。ファースト・アワー・レンジ（２）が、その日最初のトレードを設定する場所になる。午前10時半から10時45分にかけて、最初の日中の安値に達し、それからのおよそ１時間にわたる調整（３）で、ブレイクしたレンジの境界が試される。抵抗線に向かう戻しで空売りし、ストップロスをグレーのボックス内の位置に置くか、小さな横ばいパターンからのブレイクダウンを待って空売りする。ランチタイムに２番目の日中の安値を付けるころには、５－３－３ストキャスティックスは上昇し始めている（６）ため、空売りは早いほうがよい。次のトレード機会が訪れるのは、下降フラッグ（４）で上昇するその日最後の１時間だ。結局相場は下降フラッグのあと下方にブレイクする。下降フラッグの一番上の35.40近くまで上昇する小さなローソク足は、トレンド日のスイングハイやスイングローになる典型的なローソク足だ。悪魔の精密さを持つ日中の相場は、コントロールサイド（この場合は下降フラッグでの買い手）が行動を起こすまで方向を変えることはまずない。そして、彼らは行動を起こした途端に罰せられる。

この遅くに仕掛けたほうの空売りは、直ちにひとつの決断を迫られる――オーバーナイトするかどうかである。プログラム戦略は１日の終わりには姿を消すため、これは判断が難しいが、判断材料として使える重要な観察がある。それは、トレンド日の日中の安値は市場が反転する前に試されるかブレイクされるということだ。チャートを見ると分かるように、最後の１時間の安値である35はクロージングベルまでに試されていない。したがって、翌日の早い時間帯には売り圧力がさらに強まる可能性が高い（５）。

この例では、例えば、寄り付き直後の下落の勢いに乗って空売りするといった具合に、もっと有利な仕掛け方法もあるが、プログラムアルゴリズムの戦略的な足跡が見えてくるまでには時間がかかるため、早い時間帯にそういった仕掛けを正当化するだけの確実な情報は得られない。また、市場の幅や騰落出来高などのマクロデータも少ない。例えば、NYSEとナスダックの下落銘柄が1800～2000で、下落した銘柄の出来高が全体の80％といった具合に大きく偏った数字であれば、下落トレンド日であることが分かる。

ここで、プログラムアルゴリズムがレベル２スクリーン（市場の深さ）に与える影響を考えてみよう。まず、これまでに存在していた仲介者が排除された市場では、マーケットメーキング自体、プログラムトレーディングの特殊な形態になったことを認識しよう。加えて、レギュレーションNMS、つまりトレードスルールールによって、「最良価格」を常に表示することが求められるようになったことによる影響もある。その結果どういうことになったかというと、コンピューター化された買い気配値と売り気配値のスプレッドが光の速さで変化するようになったのである。コンピューターは、あなたが執行ボタンを押すよりも速く気配値を消すことができるため、気配値の大きさなど今では退化した臓器も同然だ。さらに今では、注文は多くのマーケットセンター間で細分化することができるため、目に見える気配値の下に本当のサイズ、関心、意図が隠されている。また、悪名高いダークプールのようなサードパーティーの流動性センターが急増した今、レベル２スクリーン上の情報が本当の供給と需要を表すものでないことは明らかである。

しかし、サバイバリストトレーダーはレベル２スクリーンを見るのをやめることはない。なぜなら、このスクリーン上に電子で描かれた絵は、ウソがあるとはいえ、貴重な話をしてくれるからだ。レベル２スクリーンの観察を有効活用するための方法を３つ紹介しよう。

1. **寄り付きは真空地帯**　秩序ある市場を保証してくれた仲介者のいなくなった市場では、寄り付きは流動性のない不毛の地となった。実際、１日の平均取引量が200万株を超える銘柄の買い気配値と売り気配値のスプレッドがドル単位ということも珍しくない。この真空状態は、電子的マーケットメーカーたちが何もせずにただ風向きを見守るだけで売買価格を提示しないため、動きがまったくない朝方に特によく発生する。観察力の鋭いトレーダーは寄り付き前の２分間にわざと安い価格で注文を入れる。そうすれば大概は執行され、即座に利益を得ることができる。NYSEでは最初の気配値が決まるのが５分から15分遅いため、スペシャリストの時代に戻ってこの略奪戦略を一歩進めた戦略を用いることができる。例えば、安い価格で買い注文を出したあと、高い価格で売り注文を入れることで即座に利益を得る、といった具合だ。これが不可能な場合は、買い気配値と売り気配値のスプレッドが狭まるのを待ち、仕掛けた価格のすぐ下にストップを置く。
2. **ステップダウン、ステップアップ**　大きな買いプログラムや売りプログラムが指数先物に仕掛けられると、買い気配値と売り気配値のスプレッドは小さな振動を繰り返しながら徐々に上昇するか、下落していく。売りプログラムの場合、価格はまず下落する。その直後にアップティックになるも、前の安定水準まで上昇しなければ、この現象が発生したと思ってよい。そのあとは「２歩下がって1歩戻る」パルス波モードに入る。この現象に遭遇したときのトレーディングのコツは、プログラムが作業を終えて市場を去ると同時に仕掛けることだ。そのタイミングを見極めるには、価格がその前の安定水準まで100％戻すかどうかを見ればよい。前の安定水準まで100％戻したら、次のインパルスでプログラムと同じ向きに仕掛ける。

表2.1　プログラム売りされているときの株価のパルス波的動き

1	38.01～37.80	
2	37.85～37.65	
3	37.70～37.55	
4	37.65～37.30	
5	37.68～37.45	ここで買いを仕掛ける

表2.1の例では、価格は15セント～35セントの下げ幅でパルス波状に徐々に下がっている。3番目のインパルスのあと、37.65まで上昇したあと、37.30まで下落する。このあと37.68まで上昇している。これが、次の下降波で買えという合図だ。買うと同時に、4番目のインパルスの安値である37.30のすぐ下にストップロスを置く。

3．ポップトップ、ポップボトム　この戦略は、1990年代のレベル2時代によく使われたテープリーディング戦略の21世紀版だ。この戦略では、まずトレーディングロボットが隠された流動性プールの所在を探し当てることができるものと仮定する。長期的観察によれば、価格はレンジの広い足で形成されるこのマグネット水準まで上昇したあと反転する傾向があることが分かる。しかし、この戦略が成功するためには、価格はレンジ相場ではなく、最終的なスパイク（突出した価格）が発生する向きのトレンド相場になっていなければならない。こうしたマグネット水準に引き寄せられる動きを利用して逆張りで仕掛ける（スパイクと逆方向にポジションを建てる）か、オープンポジションを利食う。短期トレンドが明確な支持線や抵抗線に達し、そのまま勢いに乗ってその水準を突き抜けたとき、この逆張り戦略はより効果を発揮する。これは古典的なテクニカル分析の原理に反するように思えるかもしれないが、日中の価格が抵抗線を突き抜け、興奮したトレーダーが大挙して押し寄せた途端に反転し、彼らをワナにはめるといったケースをこれまでどれほど見てきたか考えてみてほしい。このマグネット水準を突破して反転する動きを解明するための鍵を握るのが、隠された流動性プールの存在だ。要するに、電子的マーケットメーキングは最大の出来高を生む方向に動いていくということである。アウトサイダーの立場から言えば、これはトレーディングロボットに課された「探索と破壊を繰り返せ」ミッションと言ってもよい。トレーディングロボットはわれわれ個人トレーダーのストップロス、仕掛け・手仕舞いシグナル、大きな注文を見つけだしてはことごとく叩きつぶすのが仕事なのだ。

電子的マーケットメーキング活動と大規模の買いや売りのプログラムが手を携えたとき、オープンポジションはより一層大きなリスクにさらされる。小規模のヘッジファンドがプログラムの動きに対して便乗するか手を引くかの選択を迫られるように、市場が巨大なトレーディングロボットの完全コントロール下にあるとき、われわれも選択を迫られる。われわれの傾向としては、嵐に巻き込まれないようにストップ幅を広く取るというのが最も多い。アルゴリズムが日中のボラティリティに対する恐ろしいまでの適応能力を持っているという現代の電子市場の持つ悪魔的特徴を除けば、われわれの選択は完全に理にかなっている。しかし、幅の広いストップは通常の買いや売りのインパルスに対しては生き残れるが、プログラムが稼働しているときには驚くほどの確率で仕留められてしまう。さらに悪いことに、プログラム駆動の戦略は、われわれから完璧に良いポジションを奪い去った瞬間、消える。

そこでもうひとつの選択肢が登場する。その戦いから手を引くことだ。もちろん、これは心理的に難しいのは確かだ。それまでボットを「打ち負かす」べく全力でがんばってきたのだから。しかし、取引コストがほとんどかからない現代の市場では、とりあえず手仕舞いボタンを押し、嵐が去ってから再び仕掛け直すほうが賢明だ。

アクション－リアクション－レゾリューション

本当はこの議論を始める前に、指数先物やプログラムアルゴリズムについてそれぞれ個条書きにまとめたほうがよいのかもしれないが、21世紀の市場はそれほど単純なものではない。先物、債券、通貨、デリバティブなど、さまざまな市場間での流動性が高まってきた今日、従来の需要と供給のメカニズムとは異なる複雑な流れが、ポジションの選択から最終的な損益に至るまで、トレーディング活動のあらゆる側面に影響を与えるようになった。市場がこのように複雑化しているにもかかわらず、テクニカルトレーダーの多くは、パターンこそがトレンドの方向、拡張、長さについて自分たちの知りたいことをすべて教えてくれるものであるといまだに信じている。残念ながら、こうした考え方では彼らに勝ち目はない。今や、株式市場と世界のさまざまな市場間のコンバージェンス－ダイバージェンスの動きのほうが値動きよりも貴重な情報を与えてくれるのだから。

実際、クロスマーケットの力は、極めて強気のパターンで連続的な下落を発生させたり、極めて弱気のパターンで放物線状の上昇を発生させたりすることもできる。パターン分析はもう時代遅れなのだろうか。やめてしまったほうがよいのだろうか。そんなことはない。しかし、トライアングルやボックスなどのパターン、トレンドラインのみ

図2.3

ブレイクアウトとブレイクダウンはアクション－リアクション－レゾリューション（1－2－3）サイクルのなかで発生する。セルネは4カ月にわたる値固めのあと、40ドルの抵抗線を抜けて上昇。このブレイクアウトがアクションフェーズに当たる。そのあと何度かちゃぶつくが、これはリアクションフェーズによく見られる特徴。1週間ほど低ボラティリティが続いたあと、リアクションフェーズの高値を抜いてそのまま上昇。ここからが待ちに待ったレゾリューションフェーズの始まりだ。ここは最初のブレイクアウトが成功したことを確認する時点になると同時に、短い時間枠の1－2－3フラクタルサイクルの開始点にもなる。

に依存し、外部の支配的な力をまったく考慮することなくトレーディングの意思決定を行えば、損をすることは目に見えている。

ここで、『**スイングトレード入門**』の中心的テーマのひとつであるパターンの失敗という概念を振り返ってみることにしよう。同書が出版された2000年、古典的なテクニカル分析はそれまでの威光をすでに失い始めており、トレーダーたちは厳しい試練のときを迎えようとしていた。ITバブル崩壊後、テクニカル分析は機能停止に陥った。なぜなら、インターネットで鍛えられたテクニカル分析の信奉者たちが多数派となり、罰せられる立場になったからだ。使われすぎた非効率が消滅するのと同じように、テクニカル分析も利益への扉が閉じられたのである。

今までトレーダーたちは、パターンの失敗が結果に打撃を与えることもあることを認識することなく、一見簡単に見えるブレイクアウトやブレイクダウンを追いかけ回してきた。実はこの問題は、ワークフローにたったひとつだけ簡単なプロセスを追加するだけで解決することができた。それは、ブレイクアウト、ブレイクダウン、ちゃぶつき、パターンの失敗を３段階構造に分解してみる――ということである。私はこの３段階構造を、アクション－リアクション－レゾリューション・サイクル、あるいは簡単に１－２－３サイクルと呼んでいる。

ブレイクアウトやブレイクダウンは３段階で達成されることが多い。まず、価格が出来高を伴って支持線または抵抗線を突き抜ける。これを「アクションフェーズ」という。支持線または抵抗線を突き抜けたあと、価格は数ティックまたは数ポイントだけ上昇したり、下落して、反転する。ここからが「リアクションフェーズ」の始まりだ。反転後、価格はトレンドと反対方向に動いてから、再び元の方向に戻る。これは、サイドラインにいたプレーヤーにとって、支持線や抵抗線の近くで売買する「セカンドチャンス」となる。すべてのシステムが意図されたとおりに動いているのであれば、２番目のインパルスが始動し、価格は最初のスイングハイまたはスイングローを突き抜ける。ここからが「レゾリューションフェーズ」で、このフェーズに入ればブレイクアウトやブレイクダウンは成功したことになる。

ちゃぶつきは、ダマシのブレイクアウトやブレイクダウンと同じく、需要と供給のバランスが崩れたときに発生する。ちゃぶつきとは、支持線や抵抗線近辺で方向感のないスイングを繰り返すような動きのことを言う。ちゃぶつきはブルとベアの綱引きによって発生することがほとんどだが、出来高を生むためにストップが集中した水準をターゲットにするトレンドニュートラル戦略を用いたプログラムアルゴリズムによって発生することもある。発生源が何であれ、ちゃぶつきが発生すれば、通常のトレーディングポートフォリオは損失を被る。ブレイクアウトやブレイクダウンのあとリアクションフェーズが正しい構造で生成されなければ、ちゃぶつきというこの極めて効率的な破壊エンジンによって市場は支配される。

ちゃぶつきが消滅すれば、すぐにレゾリューションフェーズが始まる。ボラティリティの低下によって価格はいったん収縮する。ここで、このあとの新たな仕掛けシグナルの波を生むための力がためこまれる。次にポジティブフィードバックが作動し、価格は一定の方向に勢いよく動き始め、最初のスイングハイまたはスイングローを突破する。このスイングハイまたはスイングローの突破でブレイクアウトまたはブレイクダウンが完成する。それと同時に、この突破は小さい時間軸の１－２－３サイクルの始点にもなる。

パターンの失敗が発生するのは、最初のブレイクアウトシグナルやブレイクダウンシグナルに反応して動いた側がワナにはまったときだ。大衆はポピュラーなテクニカル戦略を使ってこうした転換点でポジションを建てるが、フォロースルーするかどうかは、次のテクニカルシグナルを見た大衆が彼らのあとを追って仕掛けてくるかどうかにかかっているため、盤石とは言えない。このような状況下ではダマシのブレイクアウトやブレイクダウンが発生しやすくなる。理由は２つある。第一に、２番目の大衆がスケジュールどおりに現れるとは限らないということ。第二に、これらのインパルスを解析した略奪プログラムや略奪トレーダーはアグレッシブに逆張りポジションを取るということだ。トレンドに反する２つの力が同時に発生したときのカウンタースイングは非常に大きいため、トレンドフォローのポジションは壊滅的な被害を被る。

この１－２－３サイクルはサバイバリスト・トレーディング・テクニックと密接な関係があるため、本書を通じて繰り返し登場する。このパターンは結果に直結する重要なパターンなので、今ここでしっかりと脳裏に刻んでおこう。そして、勇気のある人は、自分の過去のトレード結果を見直して、１－２－３サイクルに注意しながら大きな負けトレードを調べてみよう。このサイクルに注意していれば、その負けトレードはおそらくは防げたはずだ。

クロスマーケットの影響

クロスマーケット分析は、オープンポジションだけでなく、これから行おうとしているトレードに対しても、１－２－３サイクルの各セグメントにおけるリスクを測定するのに役立つため、強力なトレーディングエッジを提供してくれるものだ。われわれのシグナルと同じ向きのトレンド市場では、利益の出るレゾリューションフェーズが発生する確率は高くなるが、カウンタートレンドの市場では、利益の出るレゾリューションフェーズが発生する確率は低くなる。例えば、アジア市場がちゃぶついている場合、ウエブポータル、製鋼、農業飼料生産業者の非米国株ポジションはニューヨーク市場でちゃぶつく可能性が高い。

トレード日にはどういったクロスマーケットを観察する必要があるだろうか。まずは、CMEグローベックス指数先物データのリアルタイム表示（有料）から始めるのがよいだろう。お金に余裕のない人は、指数関連のETFを見てもよい。ただし、こちらは24時間のアクセスは不可能だ。リアルタイムデータの表示リストに次に加えたいのは、さまざまなエネルギーおよび商品市場のデータだ。この場合もETFで代替できるが、2008年に米国石油ファンドが暴落したときに判明したように、ETF先物はしっかりとトラッキングされていないので注意が必要だ。たとえ原油や貴金属を直接トレードするつもりがなくても、エネルギーや商品の先物データに支払うお金は、千金にも換えがたいほどの価値がある。

株式トレーダーはニュースの金融関連の見出しに注意するだけで、欧州市場やアジア市場、債券、通貨ペアといった、そのほかの世界市場の値動きも追跡することができる。特に通貨は世界経済の変化に敏感だが、直接トレードする気がなければ、EUR/USDの気配値だけ気にすればよく、そのほかのクロス通貨は無視しても構わない。動きの最も活発な世界市場の動きを観察するにはカントリーETFを見ればよいが、カントリーETFは海外市場については米国の取引所時間以外の動きは追跡しないため、トレードの最中はあまり使えない。リアルタイムデータの表示リストにはそのほかの海外市場を加えてももちろん構わないが、購読料が大変高いものもある。

一般論として言えることは、世界市場のボラティリティが異常に高いとき、あるいは予測不可能なときには、長期ポジションは持たないことだ。加えて、オーバーナイトショックが発生したことに気づいたときにすぐに対応できるようにプランを練っておくことも重要だ。こうした激震的な価格変動が発生したときや、発生を予知したときには、リスクを軽減するためにニューヨーク市場が開く前の時間前取引を積極的に活用する必要がある。これについては第10章で詳しく解説する。あるいは、オーバーナイトショックが発生したときには冷静になって頭の中を整理することだ。軽率な行動を取れば、略奪トレードの餌食になるのがおちだ。例えば、夜間に作られたワナに反応したトレーダーは一瞬のうちに振るい落とされるのが普通だが、彼らの降伏によってカウンターリアクションが発生し、それによってモーニングギャップが埋まるか、カウンターリアクションに乗ったモメンタムトレーダーたちが次のワナにはまり、その取引時間帯の遅い時間に餌食にされる。

経済指標の発表とFRBの会議は多くの市場に同時に影響を及ぼすため、価格発見は極めて難しくなり、そのためリスクは増すが、同時に絶好のトレード機会も発生する。当然のことながら、大きな経済ショックのあとの値動きは、１－２－３サイクルのなかのアクション－リアクションに似た動きをする。そのショックがブル的性格かベア的性格かによって値動きの向きはおのずと決まってくるが、トレーダーたちがその動きを追いかけることによってサイクルがスタートする。次に、カウンターインパルスが発生し、そのイベントによって新たに生みだされた境界を試す。そして、市場はそのニュースを織り込んで新たな価格水準に向かって動き出し、ある者には報酬が与えられ、ある者は罰せられる。

世界の主要な市場間には一定の関係がある。また、主要な市場と特定の経済分野との間にも一定の関係がある。したがって、株価の長期的な動きや短期的な動きはその関係に基づいて予測することができる。株価の動きを予測するのに使える６つの最も一般的な関係は以下のとおりだ。

●商品と債券価格は逆相関の関係にある
●米ドルと商品（特に、金）は逆相関の関係にある
●株式と債券は正の相関関係にある
●銅は産業活動の代理になる
●金はインフレ－デフレの代理になる
●原油は経済の成長－縮小の代理になる

最近、われわれのトレーディング戦略に重要な影響を及ぼすようになったのがエネルギー市場と商品市場だ。原材料が広範囲にわたる関連株式と直接的な関係を持つときには特にそうだ。もっと重要なの

は、こうした市場は、忠実な子犬のようにS&P500やナスダック100指数に従わずに、自分たちのやりたいようにやるということだ。エネルギー市場や商品市場が主要な指数と独立した動きをするということは、主要な指数の値動きがわれわれの好みの戦略に一致しないときには、エネルギー市場や商品市場が代替収益源を提供してくれるということになる。しかし、商品先物とその原株の関係は複雑なので、動きが完全に一致することはほとんどないことに注意する必要がある。例えば、エネルギー複合体の場合、精製、探鉱、流通、掘削、あるいはこれらのうちのいくつかの事業を行っているが、こうした専門事業のそれぞれは、原油価格や天然ガス価格の日々の変動に相対依存している。

原油価格の上昇を利用してエネルギー株をトレードする場合、①先物をアウトパフォームしている銘柄、②ほかのエネルギー株をアウトパフォームしている銘柄を選ぶのが一番よい。一般原則としては、小型株は投機的ポジションに向き、石油の配当トラストや総合石油会社は安全トレードに向く。トレーダーは掘削会社やパイプライン会社を好む傾向がある。なぜなら、こういった銘柄のパフォーマンスは、高い人気を誇るオイルサービスHOLDRSトラストと逆の動きをするため、トレーダーにとって追跡しやすいからだ。また、ブラジルのペトロブラスのような国営石油会社は、石油埋蔵量の価値で取引されるため、原油価格の代理として使える。

貴金属についても、似たような動きが見られる。金先物は、恐れ、インフレ、ヘッジング、アジア需要と密接な関係を持つ感情的商品であるため、貴金属のなかでも独特の特徴を持つ。また、金のブルベア・サイクルは長く持続する傾向があり、トレンドは月単位や年単位というよりも、10年単位で測定される。したがって、貴金属株の日々の動きが主要な指数と連動することはほとんどない。

貴金属株の値動きが金、銀、プラチナ価格に連動するという間違った考え方で貴金属株をトレードすれば失敗することになる。金、銀、プラチナ採掘業者株の長期トレンドは商品先物に連動するのが一般的だが、週間パフォーマンスはその企業のヘッジ活動、確定埋蔵量、新たな鉱山への投機とより密接な関係がある。これはもろ刃の剣とも言える。なぜなら、これらの採掘業者のうち、原資産となる商品をアウトパフォームしているのはほんの一握りにすぎず、大部分はアンダーパフォームしているからだ。

ほかのセクターと同じように、貴金属グループにおいても、長期ポジションには強い銘柄を選び、短期ポジションには弱い銘柄を選ぶのがよい。相対パフォーマンスを調べる最も効果的な方法は、現在価格を200日EMAと比較してみることだ。これは非常に重要な測定ツールで、詳しくは第４章で説明する。

トレーディングとテクニカル分析

現代の市場におけるテクニカル分析には大きな問題がひとつある。価格チャートの解釈は比較的簡単だが、それをお金を稼げる戦略に結びつけるのが非常に難しいのである。トレーダーの多くは怠慢で、市場のさまざまな癖やニュアンスを学ぼうとはせず、チャートを読むことだけに傾注する傾向がある。結局、金融市場を動かすさまざまな力を理解するよりも、支持線や抵抗線を引くほうが楽だからだ。そのため、最近では儲かっているトレーダーはひとりもいない。１年分の利益を確保するためには、パターンを読むこと以外のこともする必要があるのだ。

だれも彼もが机上のテクニカルアナリストになり下がっている。そのほうが楽だし、覚悟もいらないからだ。しかし、自分のお金を毎日危険にさらすとなると話は別だ。リアルタイムでトレーディングするためには、詳細な執行プランが必要だし、強い胃腸と相当な忍耐力も必要だ。オンライン上の友だちに、山のようなトレンドライン、フラッグ、ダブルボトムパターンで感銘を与えるよりもはるかに大変な作業だ。実を言うと、私も山のようなチャートを毎日見ている。しかし、私がチャートを見るのは、ほかのテクニカルトレーダーがワナにはまったり、非合理的になったり、自分の信念システムにつまずくと思われる、価格と時間の交点を見つけることが主な目的だ。つまり、彼らのチャートに対する過剰依存を逆手に取ろうというわけである。しかしこれは、ポピュラーなテクニカル分析をその最も熱心な信奉者に対して不利にする数ある極悪非道な戦略のひとつにすぎない。

チャートをぱらぱらとめくりながら、ここでアクションを取っていれば正しかったのにな、と思えるような上昇や下落をただ見ているだけの人は、パフォーマンスの向上に何の貢献もしない空想的思考を強化しているだけである。なぜならそれは、無意識のリスク回避にすぎないからだ。もちろん、ノイズを除去したり、より良いトレーディングの意思決定を行うためにチャートを利用するのはまったく問題はない。事実、これは収益性への道に不可欠な要素だ。しかし、注意しなければならないのは、価格パターンには人を間違った認識に導くようなワナがたくさん隠されているため、間違った情報が現実味を持つこともあるということである。

ここでいくつか質問に答えてもらいたい。正直に答えて、自分が本物のトレーダーなのか、単なる相場おたくなのかどうかをチェックしてみよう。

- チャート上で見たことを、市場、その時間枠、自分の財布のために役立つプランに変換できるか
- 価格が目標値に達する前にストップに引っかかるようなワナやちゃぶつきをすべて認識できるか
- プログラムアルゴリズムがデータフローを支配し、市場が自分と逆

方向に動いてしまったことでパニックに陥ったとき、それにどう対処するつもりか

市場の鯨たちは市場を自分たちの思いどおりに描くことができるが、近ごろでは、古典的テクニカル分析にとっての脅威は、彼らの持つこの絶対的な力だけではないことが分かってきた。前にも述べたように、チャートにのみ依存するプレーヤーたちが多すぎるため、テクニカル分析ではもはやエッジを得ることはできないのが実状だ。現代の市場は現実の幻影をたくさん作り出す。だから、見えるものはどう見るかによって違ってくる。皮肉にも、長期的収益性を達成するには、チャートやパターンが偽の情報を生みだすさまざまな手口を詳しく知る必要がある。また、価格チャートが日々発してくる振るい落としやフェイント、露骨なウソをかわすことのできる適応型トレーディング戦略も必要だ。

テクニカルアナリストはマーケットコールで名声を得るが、マーケットコールは利己的であり、過大評価されていることが多い。しかも、これはスポーツ賭博的思考を助長するだけであり、安定した収益にはつながらない。さらに、物事がうまくいかないときに非難すべき人物を大衆に提供するという、よく使われるダマシのテクニックでもある。ちょっと奇妙に聞こえるかもしれないが、利益を出すことは正しいか間違っているかとはほとんど無関係だ。市場で長く生き残るのに必要なのは、リスク管理能力と勝算をリアルタイムで正確に計算できる能力である。さらに、突然現れる無秩序やダイバージェンスやダマシと、平和的に共存することも必要だ。

要するに、あなたが注意を払うべきものは、あなたの大好きなチャート上に引かれた空想的なトレンドラインではなく、市場の悪魔的な考え方をもっとよく知る必要があるということである。

現実世界——狂気に気づけ

アジアと欧州市場は夜間に大暴落。３つの買いポジションをオーバーナイトしていたあなたは、その対処方法を考えなければならない。

上昇した日も終わりに近づき、そろそろオーバーナイトするポジションを決めなければならない時間だ。今日はかなり強い動きを見せたため、翌朝も買い圧力が継続することを予想して、あなたはエクスポージャーをもっと増やそうと考えている。これはチャンスだ！　そう思ったあなたは、２つのオープンポジションに増し玉したうえ、１ドルたりとも利益を取り損なわないようにと、おまけの「宝くじ券」まで付けた。結局、その日の終わりの保有株は、アップル500株、ゼネラル・ミルズ1000株、中国のインターネットサービス大手である網易（ネットイーズ）1500株になっていた。

翌朝は早起きし、トレーディングスクリーンが緑色に輝くのを今や遅しと待った。強い寄り付きになることを信じて疑わなかった。ところが、一夜にして状況は一変していた。市場の暴落を受け、世界中のトレーダーたちはパニック売りに走っている。あなたのオーバーナイトポジションは、いまや一列に並んで売り手に打ち落とされるのを待つアヒルさながらだ。胃がキリキリ痛む。意思決定を一歩間違えれば、何千ドルという大きな損失を出しかねない。一体どこから手をつければよいのだろうか。動く列車からどうすれば無事に飛び降りられるのだろうか。

そのとき、あなたは暴落はアジアから始まったことに気づく。アジアの主要な指数は５％も下落している。あなたにとってこれは大問題だ。なぜなら、最も大きなリスクをとった網易の取引はすでに始まっており、この大暴落によってさらに大きな影響を受けるかもしれないからだ。しかも、網易は比較的静かな日でも2、3、ときには4ポイントもスイングするという、元々ボラティリティの高い銘柄だ。ほかのポジションはひとまず置いておいて、まずはこの潜在的リスクの大きなポジションから手をつけるのが妥当だろう。

アップルは市場のロールモデルのような銘柄であり、良い面も悪い面もある。ナスダック100銘柄なので、ひとたび売りプログラムがこの指数の先物に仕掛けられれば、大損を出すこともあるため、初心者にとっては注意を要する銘柄だ。また、ヘッジファンドにとっては、一極集中的に売り圧力をかけて市場全体を下落させるのにうってつけの銘柄だ。しかし、これはもろ刃の剣でもある。ショートスクイーズを仕掛けたい同じくらいパワフルな力によって価格がつり上げられ、買い圧力がテクノロジーセクター全体に波及することも少なくないからだ。

こうしたなか、唯一の救世主になってくれそうなのがゼネラル・ミルズだ。なぜなら、大幅下落は投資資産を食品、石鹸、コスメティックといったディフェンシブ銘柄にシフトさせることが多いからだ。しかし、こんな日に自分の大事な資産をリスクにさらそうとする買い手がいるか。したがって、ゼネラル・ミルズは「観察」銘柄としてしばらく見守ることにする。手仕舞いボタンに指をかけた状態で戻りを待つことにする。

S&P500やナスダック100にもっとウエートをおいておけば、この早朝クライシスにはもっと楽に対処できたはずだ。時間前にこれらの指数の先物を売って、ロングサイドのエクスポージャーを減らせばよいのだ。ただし、トレーディング口座のポジションは主要な指数と弱い相関しか持たないため、危機が発生したときには指数とは別に管理する必要がある。

今のこのひどい事態をちょっと考えてみよう。大量売りは単なる振るい落としにすぎないことが多い。愚かなトレーダーがギブアップして売った途端に価格が戻るのだ。これを調べる良い方法は、本章で前に述べたCMEグローベックス指数先物のオーバーナイトのトレーディングレンジを見てみることだ。下方にトレンドしているか、比較的狭いレンジで動いているかを見るのだ。朝の早い時間に一方向にのみ動いているときは、両方向に動いているときよりもはるかに危険だ。これはポジティブフィードバックループが発生した証拠であり、オープニングベルのあと指数価格はさらに下落して、ポジションに予想以上の打撃を与える可能性が高い。

時間前の気配値はあなたの悪い予感に一致する。アップルと網易は２％から３％下落していた。アップルは流動性が高く、時間前取引のスプレッドが狭いため、すぐに売ることもできるし、そのまま持ち続けることもできる。しかし、網易のほうは買い気配値と売り気配値のスプレッドが2.5ポイントと大きいため、判断に悩む。そこであなたは、寄り付き前の有利な手仕舞いポイントを探しつつ、様子を見ることにする。もしうまくいかなければ、痛みを覚悟でオープニングベル後に売るしかない。

アップルはナスダック100指数先物よりも強いのだろうか、弱いのだろうか。この簡単な比較をするだけで、実用的なコンバージェンスーダイバージェンスデータが手に入る。アップルのほうが強ければ、寄り付き後の下げ以上に戻す可能性が高いが、弱ければさらに下落する可能性が高い。とはいえ、強気のダイバージェンスになるという保証はなく、寄り付き後も下げ続ける可能性はある。これを念頭に入れて、あなたは寄り付き前の有利な手仕舞いポイントを探すことにする。心理的に折り合いがつく価格であればどんな価格でも構わないが、できればブレイクイーブンに近いほうがよい。この際、夜間に存在した利益のことは一切忘れることだ。「虎穴に入らずんば虎子を得ず」という言葉を気持ちの支えにして、新たな機会に向けて歩き出すことが重要だ。

維持するポジションと手仕舞うポジションが決まったら、自分のリスク評価が正しいかどうかを時間前の動きを見て確認する。安全銘柄を早めにトレードしたことが命取りになったり、危険銘柄が予想外に持ちこたえたりすることはよくあることだ。代替執行市場の一形態である電子証券取引ネットワークの多くは午前８時前（ニューヨーク時間）からオープンしているが、ディスカウントブローカーが時間前の動きを報告するのは午前８時からだ。この時間差は早起き者に有利に働く。なぜなら、多くのトレーダーのスクリーンには８時までは何も表示されないからだ。これに怠慢さを加えれば、あなたは多くの寝ぼけ眼の買い手集団を相手に、売りたい株を売ることができることになる。

売りを仕掛けるのは彼らが現れる８時より数秒前だ。なぜなら、彼らが参入することで時間前の動きが活発化するのは数分間だけだからだ。この時間帯では、前日の終値かその近辺のこの時間ウインドウで仕掛ければ、ポジションをうまく処理できることに驚くはずだ。なぜなら、彼らには世界の反対側で何が起こっているのか、見当さえつかないからだ。仕掛けたら、あとはゆっくりと動きを観察するだけだ。オープニングベルまで５分間隔でじっくり動きを観察するのだ。マーケットプレーヤーの多くはこの時間まで意思表示はしない。そして、この時間になると、彼らは一斉にゲームに乗り出し、大衆に対して意思表示する。これはレベル２スクリーンにはっきりと現れる。気をつけなければならないのは、寄り付きでは買い気配値と売り気配値のスプレッドが劇的に変化することがあることだ。ブレイクイーブンかリスク許容水準になるべく近い、自分にとっての最良価格で手仕舞うようにする。

オープニングベルが鳴り、まだ大量に残っているポジションがギャップダウンしたときには、頭をフル回転させなければならない。それぞれの銘柄について、次のことを問うてみる。ギャップダウンは支持

図2.4

アップルはギャップダウンで支持線をブレイクした。こんなときに完璧に手仕舞う方法はない。最も良いのは時間前か寄り付きで手仕舞うことだろう。しかし、数分間待ったほうがよい場合が多い。残念ながら、その戦略は今回はうまくいかなかったようだ。株価は寄り付きから10分間にわたって下げ続け、そのあと10分間にわたる調整局面に入ってしまった。調整局面に入ってもポジションを持っている場合は相場を観察し、寄り付きから15分間の間に付けた安値をブレイクしたら直ちに手仕舞うのが一番よい。

線手前で止まったのか、それ以上下げたのか。この答えによって、次の意思決定が決まる。寄り付きで支持線が維持された銘柄は、売り圧力が一段落すれば大きく上昇する可能性があるため、そのままにしておく。回復したあと、買ったときに思い描いていた理想のパターンになることもあるかもしれないからだ。支持線は寄り付きには維持されても、新しい取引日の最初の数分間でブレイクされることもあるた

め、この水準に十分注意しながら安全にプレーすることが重要だ。もし、ブレイクされたら直ちに手仕舞う。

寄り付きで支持線以上にギャップダウンした銘柄には注意が必要だ。一歩間違えれば巨額の損失につながりかねない。このような場合はすぐに売るよりも、1分ほど値動きを観察して、価格が下げ止まるかどうか見たほうがよい。寄り付き水準近辺をうろついているときは時間稼ぎできる。寄り付き水準以上に下がり続ける場合は、すぐに手仕舞う。戻りを期待して、何ペニーかでも取り戻そうなどと考えてはならない。確実に執行されて市場から退出できるように、市場の5、10、あるいは20セント下に売り注文を入れる。

最後は、寄り付きで支持線を維持したポジションだ。こうした銘柄は回復することもあれば、それ以上下げることもある。最も簡単な対処方法は、早い時間帯のスイングローを追跡して、その水準をブレイクしたら直ちに手仕舞うことだ。ダメージコントロールの開始から数時間たってもスイングローが見つからず頭が疲れてきたら、その水準の下にストップロスを置き、あとは市場に任せよう。

そして、外に出て気分転換する。やり方が正しく、少しばかりの運があれば、損失はクロージングベルが鳴るころまでには取り戻せるかもしれない。

第2部

サイクル、ショック、季節性

CYCLES, SHOCKS, AND SEASONALITY

第3章 REVISITING THE MARKET CLOCK

マーケットクロック

底値圏をブレイクアウトしたら、上昇トレンドに乗って上昇し、天井まで達したらブレイクダウンして、下降トレンドに乗って下落する。この終わりのないサイクルが繰り返されることでパターンは形成される。そして、これらのパターンはすべての時間枠で発生するため、トレンド間の一致・不一致といった興味深い現象が生まれる。こうしたトレンドの対立、不一致、収束は、われわれの戦略を損なうものではなく、むしろわれわれがトレード機会と呼ぶ非効率の源泉となるものだ。価格形成のこうした複雑なメカニズムは、市場を長く生き抜くためには効果的な時間管理が絶対必要条件であることを教えてくれる。つまり、金融市場でお金儲けをしようと思ったら、ブルとベアの終わりなきせめぎ合いによって生じる周期的インパルスにポジションを合わせる必要があるということである。

時間はトレード管理に４つの形で影響を与える。

●時間は、日中、日次、週次、月次価格パターンの間で対立するトレンドを生みだす
●価格がストップロスに引っかからずにどれくらいで利益目標に達するかは時間によって定義される
●時間は、相対的に強いサイクルか弱いサイクルかを識別する

●時間は、需要と供給の力を上回るカレンダーバイアスやクロックバイアスを生みだす

カレンダーバイアスやクロックバイアスは季節性とも呼ばれ、ティッカーテープに大きな影響を及ぼすものであるにもかかわらず、正しく理解されていない概念だ。カレンダーバイアスやクロックバイアス、つまり季節性とは、簡単に言えば、１週間のうちの特定の曜日、１カ月のうちの特定の週、１年のうちの特定の月に市場は一定の振る舞いを見せるというもので、これはテクニカル分析や常識さえも圧倒する。こうした市場の面白い癖の例としては、反転の火曜日（Turnaround Tuesday）、税金対策売り（tax-loss selling）、オプションの満期の週には株価は最も高い建玉の水準に近づく満期マグネティズム（expiration magnetism）、クリスマスから新年１月にかけて株価が上昇するサンタクロースラリー（Santa Claus Rally）などが挙げられる。日中でさえも、取引時間の最初と最後の時間帯ではボラティリティは上昇し、正午近くになると反転し、午前11時ごろにはカウンタートレンドが発生する、といった季節性が見られる。

それぞれのトレード機会には、リスクを低減し利益を最大化する最適な保有期間というものがある。こうしたマジックナンバーを発見し、ポジションをそれに合わせるのがわれわれの仕事だ。しかし、ポジションを最も有利となる保有期間に合わせたとしても、それがトレーディング戦略のなかで想定した保有期間に一致しないときには対立や失敗を生む。当然ながら、このような場合は月並みなパフォーマンスしか得られない。要するに、戦略とポジションが複数の時間的要素と正しく同期していなければ、そのトレードからは期待どおりの結果は得られないということなのである。残念ながら、マーケットプレーヤーの大部分は時間的要素を無視し、有利な時間やサイクルと調和することなく、無駄な努力ばかりしている。

まずは、情報インターフェースを徹底的に管理して時間的要素をマスターすることから始めよう。初心者は、まず気配値スクリーンとデータベースを意図した保有期間に合わせて設定する。次に、特定の時間とサイクルの特徴にマッチするチャートを選び出す。このためには、移動平均線などのテクニカル指標の設定値をこれに合うように調整すればよい。少し経験を積めば、さまざまなチャート要素をひとつのチャートに書き込んだマーケット地形を基にセットアップを探すことが習慣になるはずだ。ただし、これは時間管理プロセスの第１ステップにすぎない。これに加えて、レラティブストレングスをいろいろな角度から調べることも必要になる。レラティブストレングスというこの時間に敏感な要素は、長年にわたってワイルダーのRSI（相対力指数）のような有名なテクニカル指標と思われてきたため誤って誤解されている要素だ。実際には、レラティブストレングスとそれが価格の形成に及ぼす大きな影響を評価する方法はほかにもたくさんある。

またトレードを執行するときには、機会を生みだした時間枠より長い時間枠と短い時間枠のチャートをチェックしてタイミングを計ることが重要だ。これは3Dチャート分析という概念で、詳しくは『**スイングトレード入門**』で述べたとおりだ。念のためもう一度説明しておくと、3Dチャート分析とは、日中、日次、週次チャートに現れるそれぞれのトレンドは、複雑に交錯して市場力学を生みだし、それがあなたがトレードしたいと思っている特定のパターンのパフォーマンスを左右する――というものである。トレーディング戦略やプランを練るときには、複数の層で構成される市場活動を読み解き、そのトレードのリスク、リワード、時間的要素に与える相対的な影響を評価する必要がある。3Dチャート分析は正しく行えば、利益を最大化するとともに、短期的な危険性を驚くほどの精度で視覚的に把握することを可能にするものである。

そして最後に、時間を基準にしたストップロスを使って保有期間を管理する。これは、たとえ価格を基準にしたストップロスを使っても支障がない場合でも必要だ。なぜなら、これは機会費用の問題を解決するうえで重要だからである。つまり、最大保有期限が近づいても利が乗らないトレードはためらうことなく手仕舞え、ということである。このフィルターメカニズムは、利が乗らないトレードに投資された資金を別のトレード機会に振り向けることを可能にするため、失われた機会を取り戻すのに効果的だ。

トレンドの相対性

時間的要素を無視すれば、さまざまなトレンドの相対性エラーを生みだすことになる。つまり、ある時間枠では素晴らしいトレードセットアップであったとしても、別の時間枠では最悪の結果しか生みださないこともあるということである。シンプルな概念だが、これを理解することは市場で生き残るうえで極めて重要だ。悪いポジションを選択することで失われているあなたの富は、この概念を理解することで救済されるはずだ。さらに、トレンドの相対性というこの概念は、極めてパワフルなトレーディング戦略へとつながる２つの重要な市場観察の目を養うのに役立つ。ひとつは、どういった市場の動きも時間枠によって異なるという事実だ。そしてもうひとつは、すべてのトレンドは、長期的なインパルスが短期的なインパルスに優先するという、言ってみれば、上意下達的な特徴を持つという点だ。例えば、日次パターンが上昇トレンドになっていたとしても、週次パターンの値動きについては何も分からない。逆に、週次パターンは日次パターンに大きな影響を及ぼす。週次パターンのインパルスと日次パターンのインパルスが対立しているときには特にそうだ。２つのインパルスの対立は、スイングハイやスイングロー、支持線や抵抗線、埋まらないギャップといった週次チャートの重要水準に日次価格が達したときによく発生する。

トレンドの相対性エラーを防ぐには、そのトレードの存続期間を通じて重要となるチャートの特徴のみに基づいて仕掛けの意思決定を行うことである。そのためには、自分の「利益目標」を知ることが必要だ。利益目標とは、利益を確保してサイドラインに戻るときの理想の価格水準のことをいう。この水準には、特定のパターンと、特定の時間枠において克服しなければならないバリアとに基づいて、現実的な数字を設定しなければならない。これらのバリアは、そのトレード機会を生みだしたチャート上だけでなく、その次に長い時間枠のチャート上にも存在する。

利益目標を設定したら、そのポジションがアクティブである期間中に交わることのないトレンドライン、移動平均線、チャネルはすべて無視する。こうすることで、見つけだしたバリアと、ポジションがこれらのコンフリクトゾーンに近づいたときの値動きの質とに基づいてトレードを管理することができる。この点をよく理解できない人は、テープリーディング技術をもっと鍛える必要がある。加えて、こうしたキーポイント近くで形成される小さなパターンに注意しながら、もっと短い時間枠で価格がどう形成されていくのかをよく観察することも必要だ。

ところで、テクニカル指標はトレンドの相対性分析にどんな影響を与えるのだろうか。対象となる時間枠に合わない指標を使えば、効果は失われる。逆に、時間枠に合った指標を使えば、比較的簡単なデータでも大きな効果が得られる。一般原則として言えることは、チャート作成ソフトのデフォルト設定はブラックボックス化されているため、あなたの独特の戦略を反映しないかぎり、使用は避けることだ。このルールには例外もある。例えば、ほとんどのチャート作成用ソフトに実装されている標準的な20日２標準偏差のボリンジャーバンドはいじる必要はない。これは、大衆がどういった買いシグナルや売りシグナルを見ているのかを知るのに便利であり、私にとっては最も有利な仕掛けや手仕舞いを決めるうえで極めて貴重な情報源となる。

注意したいのは、指標の時間枠は、絶対的な長さではなく、相対的な長さを示しているという点だ。例えば、「短期」と言っても、スイングトレーダーにとっての短期と、投資信託保有者にとっての短期は異なる。したがって、自分のマーケット戦略を作成するときには、自分のトレーディングプランにとっての短期、中期、長期を明確に定義する必要がある。とは言っても、これは多くの思考と直観を必要とする、複雑なパズルのようなものではないのかと思った読者もいるかもしれないが、まさにそのとおりである。

電子化された市場における取引時間帯の特徴

『**スイングトレード入門**』の第６章では、午前９時半から午後４時（ニューヨーク時間）までの取引時間帯をいくつかに分け、各時間帯における需要と供給の力の特徴を詳しく調べてみた。現代の電子化された市場環境はこのオーダーフローに大きな影響を及ぼし、伝説のトレーダーとして知られるジェシー・リバモアが今生きていれば異国の地とも思えるような日中の環境を生みだした。しかし、今を生きるわれわれにとっては、好むと好まざるとにかかわらず、この異国の地こそが日々の戦いの場なのである。各時間帯が連なって長い波動を形成し、月曜日の朝から金曜日のクロージングベルまでのサイクルにおける値動きはその波動によって特徴づけられる。この波動は延々と続き、オプションの満期磁石効果や１月効果といった、特定の週や月が市場に特定の影響を及ぼすカレンダーバイアスを生みだす。これによってサイクルや季節性の閉鎖循環系が生まれ、価格パターンにプログラムアルゴリズムやFRBの会議に負けず劣らず大きな影響を及ぼす。

指数先物の波動は、サバイバリストトレーダーにとって、市場日における売りインパルスと買いインパルスを見るうえでの効果的なツールとなる。指数先物チャートからは、サイクルの長さ、つまり、買い手が市場をコントロールしている期間と売り手が市場をコントロールしている期間を知ることができるだけでなく、各取引時間帯における買い圧力と売り圧力の強さについての貴重なデータを得ることもできる。一般に、これらのインパルスは60分～90分間隔で交互に現れる。これらの波動と１日の特定の時間帯や各銘柄のパターンとを比較すれば、短期の機会とリスクを知るうえでの貴重なデータを得ることができる。

日中における買い手と売り手の力関係のシフトは、スポーツの試合における各チームの力関係に似ている。スポーツの試合では、ボールを支配して得点を入れるチームは交互に入れ替わる。しかし、攻撃の時間には制限がある。例えば、フットボールではフォースダウン（４回の攻撃権）で攻守が入れ替わり、野球ではスリーアウトで攻守が入れ替わる。攻守が入れ替わると、攻撃権を得た反対チームがパワーを得る。潮の干満を見ているトレーダーにとって難しいのは、彼らが打席に向かうとき、あるいはボールを相手に引き渡すとき、各サイドの相対的な強さを正確に見積もることである。

言い換えるならば、市場を支配しているほうのチームには価格を支持線や抵抗線をブレイクさせるだけの力があるのか、それとも彼らの努力は弱い波動にとどまり「市場を動かす」には至らないのか、ということである。ひとつの取引時間帯における支配権を得るための戦いは取引開始後の早い時間帯に発生することが多く、ブルとベアの力はそこで突然逆転することもある。動きが最も静まるのは昼ごろで、この辺りで最後の時間帯における動きのおおよその幅が決まる。引けに向けての値動きは勝者に王冠をもたらすとともに、市場プレーヤーたちが期待する、翌日の寄り付きまで継続する短期トレンドを生みだす。最良の結果を得るためには、日中のリスクテイキングは、オープンポジションの管理同様に、日中のインパルスの強さと方向に一致させる必要がある。もちろん、日中の動きが最も弱まったところで買い、強まったところで売りたくなるようなシナリオもたくさん発生するが、一般に、買いに偏ったトレーダーは、売りのインパルスが買いのインパルスより強いときには売り、買い手の力が短期的に強まり市場をコントロールしていることが証明されたときには買うのがよい

24時間市場であるCMEグローベックス指数先物は、翌朝の各市場に影響を及ぼすため、日中のサイクルはニューヨークが開く時間よりもかなり前にすでに始まっている。通常取引時間帯の早い時間帯では、オーバーナイトショックを織り込みながら、その日のテーマを設定するような値動きになる。昼ごろになると、その日のテーマによって設定された価格の境界が試され、最後の時間帯では、その日の供給と需要の総決算が行われる。つまり、取引時間帯の最初の時間帯で提案が出され、最後の時間帯でその提案に対する決着がつくというわけだ。全時間帯のおよそ80％においては、市場は短期のテーマによって決められた比較的狭いレンジ内で動き、20％の時間帯においては、レンジの広い価格の足によって生みだされるトレンドに沿って、ひとつの価格水準から別の価格水準に向かって大きく動く。利益や損失の大部分は、めったに起こらないこうしたトレンド日に発生する。電子市場時代になったとはいえ、買い手と売り手間の日中の支配権のシフトや、トレンド日とレンジ日の比率は、いまだに顕在だ。

しかし、トレーディングロボット（自動売買プログラム）の登場は、日々の買い－売りサイクルにさまざまな変化をもたらした。最も重大な変化は、われわれのリスクに、サイズ面・管理面の両方で大きな影響を及ぼす変化だ。時価総額の大小にかかわらず日中のスイングが非常に大きくなったのである。そのため、ストップをこれまでよりも頻繁に、アグレッシブに置かなければならなくなった。第２章で述べたように、プログラムアルゴリズムは流動性のあるところに引き寄せら

れる。古き良き時代には、これらの水準は、週の高値や安値、長期移動平均線といった、大きな支持線や抵抗線のすぐ後ろに置かれたストップ水準に一致していた。ところがミリ秒単位の執行が可能になった今日では、ストップを追いかけてはことごとくつぶしてしまうという、多くのプログラムアルゴリズムにコード化された腹立たしい機能にさらされる時間枠は次第に短くなりつつある。そしてこれはおそらくはドミノ効果という意図しない結果を引き起こす。つまり、最も注意深く置かれたストップロスを発見して除去するまで、プログラムアルゴリズムによるストップの追いかけつぶしは短い時間枠から長い時間枠へと拡大されて延々と続くということである。

日中の高値や安値を付けるのはランチタイム（ニューヨーク時間）の前後が多い。最もよく見られるシナリオは、上昇日の翌日、小さなギャップダウンで寄り付き、少しだけ戻す。それからの１～２時間、下向きの力がパワーを増すが、ランチタイムをはさんでその力は消滅し、午後には上昇してギャップは埋まり、その日の高値か前日の高値の辺りまで上昇する。そこから後半のサイクルがスタートし、その高値を上抜くか、プログラム売りによって昼ごろ付けた安値を下抜く。

もうひとつの日中のサイクルは、日中の取引が開始される前にスタートする。指数先物がスイングハイやスイングローを付けるのは午前８時、あるいは何らかの経済指標が発表される日は８時半（ニューヨーク時間）というのが多い。午前８時は、主要なディスカウントブローカーで時間前気配値システムが動き出す時間だ。つまり、早朝の動きをチェックしようとする一般トレーダー向けの高値や安値に向かって相場が動きだすのが午前８時ということである。このサイクルはニュースが発表される日は30分早まり、通常は高値を付けてから経済指標発表後に売られるか、安値を付けたときは上昇する。

近年、日中の市場は流動性が低下している。これは、あなたが買いボタンや売りボタンを押すよりも速く消える幽霊呼び値が日中の相場

図3.1

S&P500先物の８日間にわたる動きを見ると分かるように、寄り付き時のトレンドはランチタイム近くになると、同じ大きさの反対方向のスイングに取って代わられる。プログラムアルゴリズムは昼ごろいったん活動を中止して場を再評価し、午後は午前中の戦略をそのまま継続するか、逆方向に舵を切り直すかを決める。昼ごろの相場が大きく偏り、この時間帯に高値や安値を付けることが多いのはこのためだ。

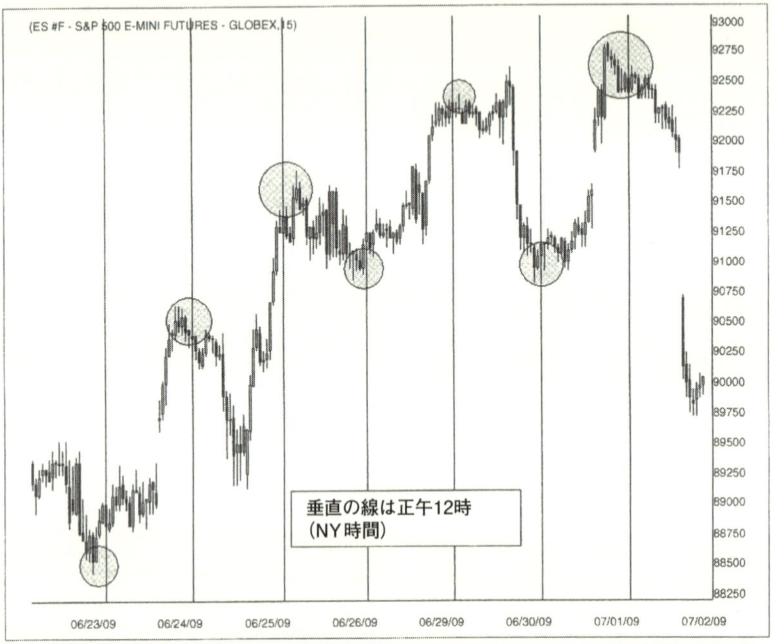

を支配しているためだ。現れては瞬く間に消える幽霊呼び値は、オープニングベル直後に最も多い。時間前にあなたがどんなにがんばっても、寄り付き直後には買い気配値と売り気配値のスプレッドが消えてしまうのだから、あなたに勝ち目はない。このいんちきゲームは、大衆の売買が活発になれば緩和されるが、過去10年間の市場を振り返ると、いんちきゲームが緩和される時間帯はほんのわずかしかなかった。また、NYSE（ニューヨーク証券取引所）のスペシャリストやナスダックのマーケットメーカーたちが姿を消してから、寄り付きの気配値

システムは崩壊した。市場の秩序を守る者がいなくなり、流動性を提供すれば自動的に有利になるというシステムが消えた今、ダウ銘柄が75セントから１ドルの買い気配値と売り気配値のスプレッドで取引を開始することも珍しいことではなくなった。

カレンダー危機

トレーダーたちは市場の方向性を知るためのヒントを常に探している。彼らは経済指標や決算発表といった短期的な影響を与えるものには敏感に反応するが、マーケットカレンダーも相場に大きな影響を与える重要な要素のひとつとして軽視できない。この現代の電子化された市場の時代にあって、季節性はますます影響力を失いつつある。ライバルを出し抜こうとする大手機関投資家たちの振る舞いによって、古典的通念がもはや通用しなくなってきたからだ。例えば、2000年から2002年にかけての下げ相場のあとの数年間は、大統領選挙の直後に１月効果が始まったため、新年を待っていた慎重な投資家たちは置いてきぼりを食らってしまった。言うまでもなく、この激しい買いの動きは１月効果の従来の開始日である新年１月になった途端に終了し、下落が始まったため、従来のマーケットカレンダーどおりに相場が動くのを期待していた投資家たちがその標的となった。

決算対策のウインドウドレッシングは従来は四半期末に行われていたものだが、近年になってその時期が大幅に拡大してきた。過去10年においては、ウインドウドレッシングはファンドマネジャーが投資家への運用報告時期に合わせて、それ以前の３カ月におけるパフォーマンスが高かった銘柄を買うことで、ポートフォリオを実質よりも良く見せかけるために四半期ごとに行われるのが普通だった。したがって、ウインドウドレッシングによる株価の上昇傾向も四半期ごとに見られた。ところが、ウインドウドレッシングは今では毎月行われるようになった。これはおそらくは、現在の市場のあらゆる部分に浸透してきた短期的思考によるものだ。パフォーマンス重視のファンドは、良い数字の運用報告書を四半期ごとではなく毎月発行するようになったため、最近では月末前の数日間にも株価の上昇傾向が見られるようになった。決算対策は、毎月行われるものよりも四半期ごとに行われるもののほうが影響力は強く、スケジュールどおりに行われる確率も四半期ごとに行われる決算対策のほうが多い。

月が改まったり新しい四半期が始まるとファンドは白紙の状態から心機一転してプレーを開始するため、月が改まってからの最初の取引日でも株価の上昇傾向は続く。ほとんど押すことなく上がり続けるのがこの取引日の特徴だ。その日の早いうちにこの特徴に気づき、クロージングベルが鳴るまでこの上昇に便乗し続ければ、大きな利益が狙える。１月効果が大統領選挙直後にシフトする最近の傾向についてはさきほど述べたとおりだが、大統領選挙後の期間がウインドウドレッシング期間の様相を呈してきているのは明らかだ。古い格言に「５月に売って逃げよ」というものがある。「永久に」逃げよ、と言っているわけではないことに注意しよう。６月～８月は夏の薄商いによってリスクが高まる時期で、９月と10月は税金対策売り圧力と歴史的パニックが発生することで有名だ。しかし、ファンドマネジャーはどこかの時点で市場に戻り、年末利益を計上しなければならない。この身勝手な仕事を達成するのにうってつけなのが、11月から12月にかけてのオプションの満期期間なのである。

それはつまりはこうだ。ファンドマネジャーたちは少しだけ買って、市場に堅調さを装わせる。大衆はこれに引きつけられ、パブロフの犬のようによだれを垂らしながら、いつものようにモメンタムプレーで買う。この火に油を注ぐのがファンドだ。11月のオプション満期のあとオプションのエクスポージャーを大幅に増やすのだ。年末ラリーの名残は12月のトリプルウイッチングまで続き、その後のクリスマス休暇から正月までは薄商いになる。ファンドや機関投資家は利益を確定するために、権利行使日が翌年になるプットオプションを購入してヘッジする。12月のトリプルウイッチングの直後にまったく機会がなくなるのはこのためだ。理論的には、彼らのプロテクティブ戦略によって指数価格は狭いバンド内にとどまる。そのバンド内の水準が彼らが目指すパフォーマンスを達成するのに必要な数字だ。ハゲタカのヘッジファンドが現れるのもこの時期だ。その前の４～６週間の間に仕掛けられた個人投資家の買いを標的にした逆張り戦略を仕掛けてくるのだ。

FRBは年８回FOMC（連邦公開市場委員会）を開いて政策金利を見直す。このほかにも緊急時には予定外の会議を開くこともある。例えば、2007年に始まった信用危機のときなどがそうだ。FOMCも緊急会議も、今では世界中のトレーディング業界にとっては主要な周期的イベントである。これはネット環境では特に顕著だ。政策金利の決定はリアルタイムで大衆に伝わるため、だれもが市場のリアクションに対して直ちに賭けを仕掛けることができる。FRBが会議を開くたびに必ずしも市場が動くわけではないが、午後２時15分（ニューヨーク時間）のFRBの発表の前後には狭いレンジで振動するのが一般的だ。これらのサイクルは過去20年ほとんど変わっていない。つまり、確実に市場に影響を与える要素として伝説的地位を確立しているということである。

FRBの発表前は、価格はちゃぶつきを伴いながら緩やかに上昇する（**図3.2**の１）。発表前と後のパターン形成はまったく無関係であるにもかかわらず、このちゃぶつきが大衆にリスクテイクを促す。これはテクニカル分析の効果が及ばないひとつの例だ。なぜなら、その取引日の遅い時間帯あるいはその週全体を通して、ビッグマネーがどう反応してくるかはテクニカル分析では予想できないからである。こういった場合の一般原則は、発表前にサイドラインに下がるか、予測

図3.2

FRB発表日のトレーディング

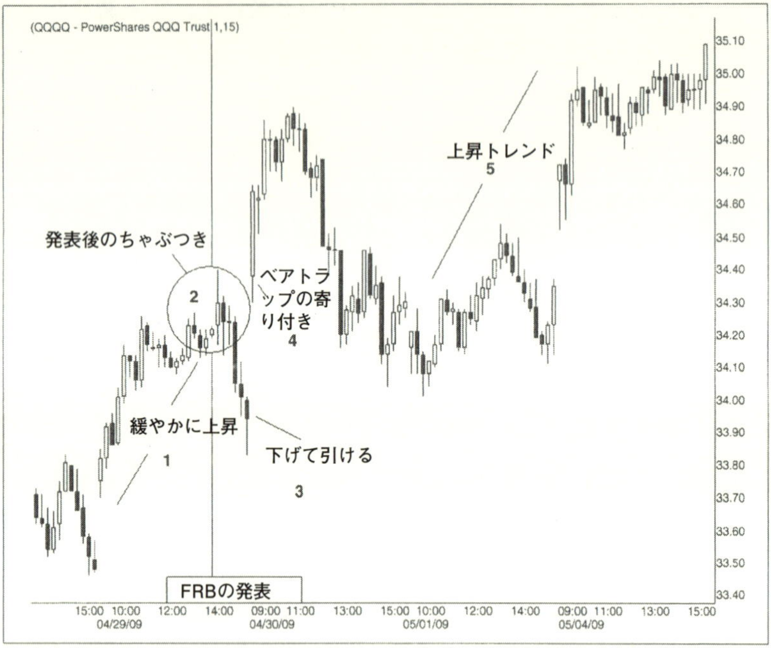

不可能な結果を受け入れる覚悟でそのまま市場にとどまるかのいずれかだ。発表前に売ったり、長期ポジションの買い戻しをする必要はないが、オプションを使えばボラティリティの上昇による影響を緩和することはできる。発表が全体的な市場心理に合わないようなものになることが予想される場合は、オプションによる保護策を取ったほうが賢明だろう。一方、市場のリアクションをプレーするために発表前に買ったり売ったりしたポジションは宝くじのようなものであり、分別のあるトレーディング戦略とは言えない。

発表後の値動きは、第２章で述べたアクション－リアクション－レゾリューション・サイクルをたどるのが普通だ。**図3.2**を再び見てみよう。アクションフェーズ（**図3.2**の２）では、15分足チャート上で上向きまたは下向きの大きな動きが発生するのが普通だ。このインパルスは、発表からクロージングベルまでの105分間の間に何度か弱められることもある。主要な指数の場合、この間に高値や安値を更新することもあるが、今はまだアクションフェーズの段階だ。このあと引けに向けて発生した方向感を伴った大きなインパルス（**図3.2**の３）が大衆マネーを吸い寄せる。その結果として、次の取引日で反転（**図3.2**の４）することが多く、大概はオープニングトラップの形で現れる。ここからリアクションフェーズに入る。リアクションフェーズはその取引日の間中、あるいは翌日まで続くこともある。このインパルスの最中に支持線－抵抗線が試され、そこからレゾリューションフェーズ（**図3.2**の５）の開始時期についての貴重な情報が得られる。最終フェーズは、FRB会議の週の金曜日の引け前に始まる可能性が高い。

この週の金曜日、機関投資家のマネーが市場に大量に流れ込み、主要な指数はトレンド相場になり、前の２つのフェーズの抵抗線や支持線を上回って上昇または下落する。これが最終フェーズの始まりだ。このフェーズに逆らうのは得策とは言えない。もちろん、この逆の場合もある。いずれにしても重要なのは、リアクションフェーズにおける試しのプロセスの質をしっかりと見極めることである。そうすれば、トレンドが発生する前に市場の正しい側で低リスクのポジションを建てることができるはずだ。

FRBの発表前と発表後の値動きは完璧な形で始まることが多いが、そうならないことも時折あるのが厄介な点だ。そうならない場合、テーマから完全に逸脱する動きをするというよりも、その変化形を取るのが普通だ。このような場合は、ダイバージェンスが発生していないかどうかを見る。例えば、発表のあと、どちらかに向かって動きだし、予想どおりに反転しない場合、ダイバージェンスが発生したことになる。あるいは、発表のあと市場が完全に死んだ状態になり、その取引日の引けまでに復活しない場合は、すべての賭けは中止する。ここはとりあえず現金化して、次の機会を待つのがよい。

オプションの満期日

オプションの満期日は新世紀になって新しい意味を持つようになった。毎月発生するこのイベントにおけるオーダーフローは、本格的なデスマッチの様相を呈してきた。何を期待できるのかを知ったうえで、最良の機会を待つ意志のあるトレーダーは、この季節性インパルスを有効に活用することができる。まずは、満期の週の前の金曜日までの全体的な市場心理を探る。強気派のほうが圧倒的に多いのだろうか。弱気が先行しているのだろうか。マーケットプレーヤーたちの間に漂っているのは、多幸感か、恐怖か、不安か、無力感か。こうしたことをヒントに市場心理を読み解く。満期の影響が最も大きいのは、いずれかの側の心理が市場を席巻して強いトレンド相場になっているときだ。これに対して、どちらの側も支配権を持たないときは満期の週の１週間にわたってちゃぶつくことが多く、こうした対立状態の下ではプレーヤーのほとんどはディフェンシブモードになる。しかし、いずれの状況においても、強いトレンド相場にある株や先物はいきなり反転したり、大きく動くこともあるので注意が必要だ。

満期の標的となるのは、そのときに市場が傾いているサイドだ。したがって、上昇しているときは強気派がリスクにさらされ、下落しているときは弱気派がリスクにさらされる。この期間中は、トレンドが持続することはほとんどない。このひねくれた動きは、マックスペインとして知られる市場力学を考えれば納得がいくはずだ。つまり、株価や指数はできるだけ多くのオプションが満期の金曜日を無価値で迎えるような向きに動くということである。このあまりよく理解されていないメカニズムは、マグネット水準と密接な関係がある。つまり、株価や指数価格は新規建玉をより多く誘発するマグネット水準に向かって動くということである。この磁力が働くのは、30、40、50といったちょうど切りのよい数字や、25、35、45といった真ん中の切りのよい数字だ。価格はそのマグネット水準にゆっくりと近づいていく場合もあれば、一気に達して、純真無垢な株式保有者にショックを与えることもある。

最も重要なのは、満期の週においては上昇や下落はそのまま持続することはないということである。隠れた力はそのトレンドに合わせて動くわけではなく、オーダーブックのバランスを取るために動くため、どんな動きも思わせぶりな動きになる。事実、この期間には急上昇する日と急落する日がそれぞれ1日ずつ発生することが多い。当然ながら、こうしたボラティリティの高い日のあとの指数価格は、狂気が市場を襲う前の水準に戻る。もうひとつ重要なのは、オプションや先物は原資産である株式や指数と関係があるということである。したがって、ある株式や指数のポジションが解消されれば、それはオプションや先物にも直接的かつ大きな影響を及ぼす。これは特に指数やETFのオプションで顕著だ。なぜなら、指数やETFは何百という銘柄で構成されているからだ。

満期の週の振るい落としゲームの影響を最も受けやすいのが、52週の高値や安値近辺で取引されている株だ。なぜなら、こうした株は大衆の興味を引きやすいため、コールやプットの買いを誘発するからだ。通常、株価は満期前に高値を更新し、強気の保ち合いパターンに入るが、満期の金曜日直前に何の前触れもなくいきなり下落する。そして、満期の金曜日には、買ったコールは無価値となる。満期前に安値を更新する株はこの逆で、この場合、プットの所有者が犠牲者となる。この満期マグネティズムに対抗するには、満期の期間は、株の保有者や空売り者はオプションを投機手段としてではなく保護手段として利用するのがよい。つまり、株式の買いポジションはプット、売りポジションはコールで保護することで、この月々の悪夢の影響は緩和できるということである。これに対して、一定の方向に対する賭けはのどを引き裂かれたい人にはお勧めだ。

満期の週は、マグネチック・ストライク・メカニズムをうまく利用すれば、最高の機会が得られる期間でもある。この期間に特にうまく機能する２つのアグレッシブな戦略を紹介しておこう。

●強い株が売られてマグネット水準まで下落したら、水曜日と金曜日の午後の間に買う。あるいは、マグネット水準まで上昇したら空売りする。
●その週の早い時期に、マグネット水準の上か下で取引されている流動性の高い銘柄を見つけだし、マグネット水準までの動きに乗る。

強い株の場合はマグネット水準が新高値の位置になく、弱い株の場合はマグネット水準が新安値の位置にないのが最もよい。なぜなら、マグネット水準が高値や安値の位置にあれば、それはトレンドを生むことになり、満期メカニズムにとって不都合だからだ。上昇トレンドにあるときの最も好ましいシナリオは、株価が高値から大きく下落したが、今回復モードにあって、安値が次々と切り上げられているという状況だ。例えば、28～29、38～39、あるいは48～49といった具合に８や９に向かって上昇している株はほぼ完璧で、この場合は利益目標をちょうど切りのよい数字に設定すればよい。これは好機に便乗したトレードだ。つまり、マグネット水準まで急上昇したらいきなり反転する可能性が高いため、アグレッシブに利食いすることが重要だ。そのためには、トレーリングストップを利用するのが一番だ。つまり、マグネット水準に20～30セントまで近づいたらすぐにストップロスの

図3.3

満期の週にマグネット水準に向かって下落する強い株は、大きなトレード機会を提供してくれる。シアーズ・ホールディングスは2009年３月の安値から力強く上昇し、５月の最初に60ドルを少し上回る水準で上げ止まる。その後の７日間で13ポイント以上下落し、満期の金曜日には50ドルのマグネット水準で引ける。その日の終わりに買った人は、その直後の７ポイントの上昇ですぐに儲けが出たはず。

位置を一定の大きさだけ引き上げるか引き下げるのである。

個々の銘柄や先物を追跡するよりも、S&P500、ナスダック100、ラッセル2000の代理となるそれぞれのETFの建玉を追跡したほうがよい。通常、これらの商品は30、35、あるいは40といったちょうど切りのよい数字や中間の切りのよい数字で、最も高い建玉の水準辺りに落ち着く。もちろん、建玉は満期の週は動く標的なので、若干の常識が必要になる。昔から、市場は満期の金曜日の前日である木曜日の午後２時15分に「将来を見据える」。つまり、そのときの数字がその商品の期待価格になるということである。

オプションの満期の週の真ん中辺りは、ボラティリティの高い振るい落とし日になるので注意が必要だ。このちゃぶつきはこれまでは水曜日に発生するというのが定説だったが、市場環境の大きな変化により、今では火曜日から木曜日の間に発生するようになった。このイベントは発生すればすぐに分かる。主要な指数の日中の値動きがのこぎり歯状になり、レンジが拡大したときがそのときだ。デイトレーダーでなければ、この危険な日を乗り切る最良の策は、本章でも述べたように、サイドラインに下がり、価格が大きなマグネット水準に達するのを忍耐強く待つことだ。

杓子定規的なテクニカルトレーダーは、マジックナンバーに対する思い込みが強すぎるため、満期の週は高いリスクにさらされる傾向がある。支持線や抵抗線は１カ月のうちのそのほかの時期にはブレイクされることはないが、このあまのじゃくな時期にはいとも簡単にブレイクされる。満期の週は、市場が絶対にあり得ないようなことをしないかぎり、反転は期待できないと思ったほうがよい。要するに、値動きはこの現代の市場の特徴とも言える「失敗の力学」に従うということである。

トリプルウイッチングは、株式先物、株価指数オプション、個別株オプションの満期日が重なることを言い、各四半期の最後の月に発生する満期日の特殊な形態だ。トリプルウィッチングデーには市場が荒れることが知られているが、その波乱が実際に始まるのは、満期の週の前の火曜日に指数先物が期先のポジションに乗り換えるロールオーバーが行われるときである。上昇トレンドの場合、S&P500とナスダック100の先物はロールオーバー日の前日に下落するのが一般的だ。長期プレーヤーにとっては先物を安く買えるので有利になる。下降トレンドの場合はこの逆で、指数先物価格はロールオーバー日の前日に高騰する。

市場の力は満期の週の影響を乗り越えることができるのだろうか。もちろんできる。毎年何回か、満期の週に驚くほどしっかりとしたトレンドが形成されるときがある。2008年のベアー・スターンズの大暴落はこの一例だ。しかし、ボラティリティの高いこの時期のたとえとしては、スーパーマンの話のほうが分かりやすいかもしれない。マンガ好きの人ならピンとくるかもしれないが、この無敵の鉄人が動かないものに遭遇したとき、不可抗力のパラドックスというものが発生する。満期の週もこれと同じである。つまり、十分な力が加われば、株や先物はマグネット水準をブレイクすることができるということである。しかし、十分な力とはどれくらいの力のことを言うのだろうか。これはだれにも分からないが、この引力を打ち破るには、現状を打破して今のパラダイムを変えてしまうほどの力が必要であることは確かだ。ベアー・スターンズの例にもあるように、これはいつでも起こり得るが、確率的には極めて低い。

満期の影響を避けるひとつの効果的な方法としては、オプションのない株をトレードすることだ。この場合、取引対象が小型株と米国の全取引所における流動株1200株のおよそ５％に限定されるため、機会は縮小する。もっとよいのは、売買量を減らすか、満期の週はサイドラインに下がって、喧騒が静まったら活動を再開することだ。いずれにしても、事前にカレンダーをチェックして、市場のこの荒波に背後から噛みつかれないようにすることが重要だ。

最後に、オプションの満期の週の特徴と対応策を簡単にまとめておこう。

- 市場の唯一の目的は、株式や指数を、オプションの大部分が無価値で満期日を迎えるような価格に向けて動かすことである。
- ブレイクアウトやブレイクダウンが成功することはないことを念頭に入れ、エクスポージャーを減らしておく。

●市場のどちらのサイドが最大の標的になっているのかを早い段階で見極めよ。
●高値や安値を新たに更新した株式は振るい落としゲームの犠牲に最もなりやすい。
●この期間はブレイクアウトやブレイクダウンに影響を及ぼしはするが、トレンドがガラリと変わることはめったにない。
●十分な力が加われば、株や指数はマグネット水準をブレイクすることもある。
●満期の月は、大部分の建玉は今の水準近くの切りのよい数字に引き寄せられる。
●トリプルウイッチングが実際に始まるのは、指数先物が期先に乗り換えられる、満期の週の前の火曜日。
●個々の銘柄や先物を追跡するよりも、大規模ETFの建玉を追跡せよ。
●最もボラティリティが高くなるのは満期の週の真ん中辺り。損失を出さないためにも、この時期には特に注意が必要。
●満期日の金曜までには振るい落としゲームはほぼ完了している。

決算時期

決算時期は、サバイバリストトレーダーにとっては機会到来の時期であると同時に、リスクが高まる時期でもある。残念ながら、われわれのほとんどはこの高ボラティリティの興奮に巻き込まれ、失敗することが多い。その一方で、事実や数字によって催眠術をかけられ、未知の恐怖に凍りつき、頭を垂れた果実を収穫しそこなう。決算時期に最も効果的な戦略は最も難しい戦略でもある。トレーディングゲームのギャンブル的側面に無防備な人は特にそうだ。つまり、決算発表が行われる数分前に仕掛け、数字が発表される直前に手仕舞え、ということである。そして、発表に対する大衆の反応をチェックし、邪魔者が消えたら再び市場に戻る。

決算発表の前に手仕舞え？　そう、けっしてあなたの読み間違いではない。これは、アナリストやチャットルームやストックボードのおしゃべりとはまったく逆だ。決算の数字が発表されたあとの値動きや方向を正確に予測できる人などいないのだ。アナリストやチャットルームやストックボードの根拠のないおしゃべりに従えば、手に負えないほどのリスクにさらされ、キャリアを終わらせるほどの損失を被ることになる。真剣なトレーダーはギャンブルなどしない。サイドラインに下がって、直前に仕掛けて最初の価格スイングにさらされるライバルたちを傍観する。トレーダーたちのほとんどは、市場はルーレットテーブルのようなもので、正しいタイミングで正しい数字を選ぶことで富は生みだされると信じているが、実際はこれとはまったく違う。リスクをとってもよいのは、それを数値化できて、その数値が常識に合致するときのみである。つまり、利用できるエッジがないときにはトレードはするな、ということである。われわれは決算発表を前にしてこのジレンマに陥る。

テクニカル分析は、決算発表後の方向性やボラティリティを予測するにはまったくの役立たずだ。これは**図3.4**に示された、2007年１月の決算発表後の激しいリアクションを見るとよく分かる。ナイト・キャピタル・グループは2006年７月から10月にかけて力強く上昇したあと下落して、切りのよい数字の20ドル近くを抵抗線とするきれいなカップ・アンド・ハンドルのブレイクアウトパターンを形成している。決算発表を６日後に控えた１月の初め、株価は急上昇し、抵抗線をブレイクした。そのまま21.70ドルまで上昇したあと、４日間にわたる調整期を経て、時間後の決算発表の前日には直近５年間の高値を更新した。その日のクロージングベルのチャートはエンジンフル回転の状態だ。古典的なアキュミュレーション－ディストリビューション指標であるオン・バランス・ボリューム（OBV）を見ても、高値のさら

図3.4

ナイト・キャピタルの悪夢

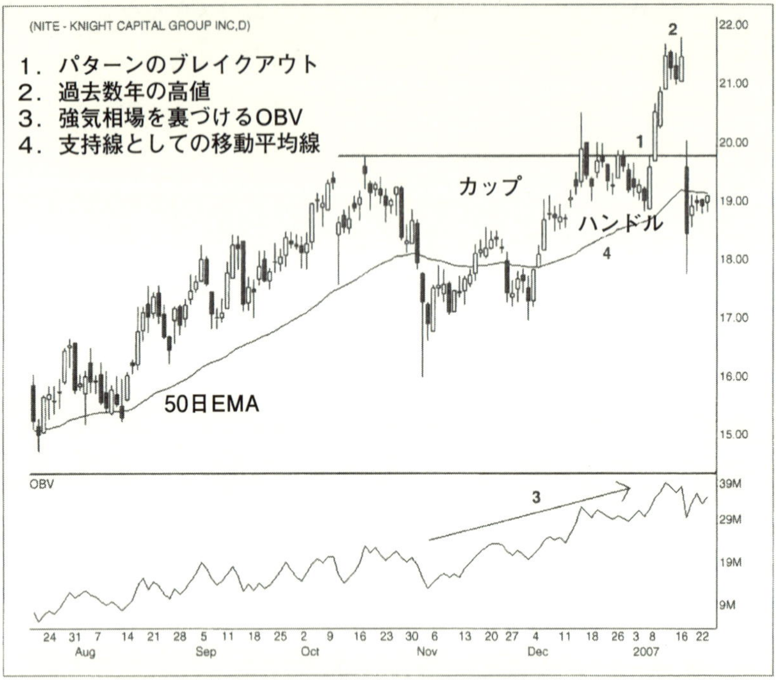

なる更新を感じさせる動きだ。

しかし、チャートから発せられるオーラもそこまでだった。決算発表後の朝、17％も暴落して、50日EMA支持線をも下回ってしまったのだ。皮肉なのは、前日の高値が、６カ月にわたる上昇トレンドのトップティックを記録すると同時に、その年末までには株価を半減させることになる暴落のスタート地点にもなってしまったことである。正直言って、ナイト・キャピタル・グループはアナリスト予測を上回ったのか、下回ったのか、あるいは的中したのかどうかは分からない。

いろいろな数字や収益の伸びがまことしやかに囁かれるアナリスト予測など、実はどうでもよい。決算結果とその後の市場の反応はまったく無関係なのだから。**図3.4**で絶句するほどの恐怖を目の当たりにした今、これに反論の余地はないだろう。上昇していた株が大暴落する。大赤字の会社が暴騰する。これもまた、われわれにストレスを与える悪魔的市場の一面なのである。

もちろん、ポジティブサプライズによって急騰すれば、サイドラインにいた人は儲け損なうことになる。しかし、こうしたイベントは思考を鈍らせることが多い。決算発表のあと、イーブンに持ち込むために負けポジションにしがみついた人は、数カ月間そのポジションを持ち続け、結局すべてを失うことになる。こういう人を、バッグホルダーという。これは純粋なる規律の問題だ。大きなスコアは大きな損失への扉にもなることを忘れてはならない。まだ信じられない？　だったら、自分がこれまで決算発表後まで持ち続けたポジションの勝ち・負けを集計してみるとよい。こうした高ボラティリティイベントのあとポジションを１～２年持ち続けた人の集計結果がプラスになることはまずない。

一方、決算発表前に仕掛けられるギャンブラーたちの愚かなポジションは、われわれに大きな機会を与えてくれる。われわれは、こうしたポジションによって生みだされる決算発表後の上昇や下落の波に乗ればよいのだ。この略奪戦略は至って簡単だ。まず、事前に決算発表日を確認し、最もボラティリティの高い銘柄をリアルタイムで選びだし、やみくもな投機や、良いトレード機会を生みだしそうな非効率を見つけだす。この戦略の成功率は絶大だ。決算発表前に市場を追いかけ回す愚か者がうようよいるからだ。欲と恐怖の渦巻く決算発表前、大衆の売買によって価格は極端な水準まで上昇または下落する。決算発表後により有利な価格で売買するために、大衆の欲や恐怖をあおり立てるのがインサイダーたちだ。この決算発表前のゲームが始まるのは、発表日のおよそ２週間前である。この間に株価がじりじりと上がり続けているときは、高値を更新するか、抵抗線を上抜くのを待つ。気の早い空売り者がここで買い戻すため、株価はさらに上昇する。決算発表前の上昇の勢いは発表直前まで続く。その日のカレンダーをチェックして、クロージングベル直前にあわてて仕掛けてくるギャンブラーたちがいるからだ。だから、あまり早く手仕舞いしすぎないようにすることが大事だ。

決算発表後も市場の両側にトレード機会がひしめきあっている。われわれは決算発表後のギャップにあまりにも注目しすぎるため、そのギャップはやがては埋まり、発表直後よりも良い機会が生みだされることを忘れがちだ。もちろん、発表から数日後の戦略的な仕掛けには忍耐力と、そのときが来るまで待つという強い意志が必要だ。方向感のある動きとボラティリティは、発表後の２～３日を消し去ってしまうのが普通だ。この観察は重要だ。例えば、決算内容が比較的良かった場合、投機ポジションの解消に伴って売り圧力が発生し、これは３日間続く。この浄化プロセスによって株価は中間的支持線まで下落するが、それを下抜くことはない。このあとの買いスパイクによって発表前の高値を上回る水準まで上昇することを期待して、60分足で底値パターンを探し、そこで仕掛ける。逆に、決算内容が悪くてもすぐに売るのはよくない。この場合、売りによって株価はテクニカル指標の売られ過ぎ水準まであっという間に下落し、そのあと大きく戻して、ショートスクイーズしたあと本格的な下降トレンドに入るからだ。こうした弱気シナリオでは、ギャップダウン日の寄り付き価格のように、抵抗線まで戻したときに売るのが一番よい。

決算期の長期ポジションや長期投資はどう扱うのがよいのだろうか。これはまったく別の話だ。特に投資家は短期的な価格スイングは気にしない。彼らのポジションはファンダメンタルに基づくものが多く、アーニングギャップは想定内のリスクにすぎないからだ。とはいえ、長期プレーヤーもただ黙って座している必要はない。発表後に価格がどちらかに大きく動いた場合の影響を少なくするためには、オプションのコンビネーション取引を使えばよい。こうすることで、ボラティリティとリスクは低減できる。

実際には、決算発表のときにあなたが必ずしもサイドラインにいるとは限らない。発表日のチェックを忘れたために、あるいは企業が予想外の業績予想を発表したために、発表前に仕掛けてぬかるみにはまるほうがむしろ多いだろう。残念ながら、SECの完全な情報開示規制は、テクニカル指向のトレーダーを大きな損失から守ってくれることはない。たとえ完全に情報開示されたとしても、悪いニュースが発表前にチャートに姿を表すことはないからだ。強気パターンにだまされたり、ネガティブサプライズに粉砕されたりしやすいのはこのためだ。

アグレッシブ－ディフェンシブ・サイクル

市場は、簡単に儲かる時期と10セントさえ儲からないような時期とを繰り返す。このサイクルのアグレッシブフェーズを特徴づけるのが、頭を垂れた果実、大衆の参加、買い手と売り手の均衡だ。一方、ディフェンシブフェーズは、ちゃぶつき、ワナ、非流動性、買い手と売り手の不在によって特徴づけられる。どちらかといえば、アグレッシブフェーズよりもディフェンシブフェーズのほうが長く続く傾向があるが、例外もある。例えば、2003年夏に発生した急騰や2008年の夏の終わりと秋に発生した急落などがそうだ。

サイクルのフェーズがシフトするときには、われわれのトレーディング戦略も素早くギアチェンジする必要がある。ところが、このフェーズシフトはフェーズが完全にシフトするまで認識するのが難しいので厄介だ。しかし、ほっぺをピシャリとたたいて、「物事が変わった」ことを教えてくれるものがひとつある。フェーズがシフトしたあとでも同じフェーズをプレーし続ければ、あなたのマーケットアプローチは完全に機能停止に陥るため、連続的に損を出す。こうした不可解な損失で何度か頭を殴られれば、おそらくは何かが変わったことを認識するはずだ。

毎年利益を出し、市場を長く生き抜くためには、アグレッシブフェーズで利益を出すことよりも、ディフェンシブフェーズを効果的にトレードすることのほうがより重要だ。ウソだと思うなら、試しに損失を出した年を振り返って損益をチェックしてみるとよい。負け月の損失のほうが勝ち月の利益を大きく上回っているはずだ。市場を出し抜こうとすれば、その結果はこうした形ではっきりと現れる。損失を出した最大の原因は、ほぼ例外なくトレードのしすぎだ。フラストレーションがたまると、何とか波をつかもうとして、あるいは自分で掘っている穴を埋めようとして、獰猛な市場に餌を与えてしまう。ディフェンシブフェーズは、8月の最も暑い時期のような季節性インパルスに対応していることが多いが、1年を通じていつでも起こり得る。例えば、1月効果のように、明確な季節性を持つアグレッシブフェーズがスケジュールどおりに発生しない場合、ディフェンシブフェーズがわが物顔に割り込んでくることがある。

アグレッシブフェーズとディフェンシブフェーズは、われわれのトレーディングプランの長所・短所にも一致する。トレーダーは多様な人種の集合体だ。モメンタムプレーヤーもいれば、トレンドフォロワーもいるし、逆張りのスペシャリストやスキャルパーもいる。いずれも、それぞれのスタイルの終身会員であり、自分の知的能力や心理に合った戦略に自然と引き寄せられる。空売りしかやらないトレーダーがいるのはこのためであり、彼らのこのやり方を見て別の方法に精通したプレーヤーは背筋を凍らせる。それぞれの戦略は、個別株や指数のパターンサイクル構造のほんのわずかな部分を利用しているにすぎない。戦略に完璧にマッチする期間の間に発生する「どっちつかず」

の期間は、そのトレーダーにとってはディフェンシブフェーズであり、これは戦略にとって好ましい次の期間がやってくるまで続く。それぞれのトレーダーにとっての個人的なアグレッシブ－ディフェンシブ・フェーズは、もっと大規模なアグレッシブ－ディフェンシブ・フェーズに一致したり、乖離したりする。この事実を踏まえれば、最も利益が出るのは、個人的なアグレッシブフェーズと大規模なアグレッシブフェーズが一致するときであることは理解できるはずだ。逆に、最も危険なのは、個人的なディフェンシブフェーズと大規模なディフェンシブフェーズが一致するときである。

表3.1　プレーヤー別に見たアグレッシブとディフェンシブフェーズ

プレーヤー	アグレッシブフェーズ	ディフェンシブフェーズ
モメンタム	急騰相場	チャネル相場
スキャルパー	高ボラティリティ	低ボラティリティ
空売り	下降トレンド	売られ過ぎからの反発
デイトレーダー	レンジ相場	トレンド日

ショックスパイラル

例えば、2008年９月と10月に発生したポールソンショックのように、大規模の市場崩壊はショックスパイラルを引き起こす。ボラティリティはうなぎ上りに上昇し、価格の足は長大化し、指数はまるで磁石に引きつけられるように大きな支持線や抵抗線に向けて急騰・急落する。ショックスパイラルを特徴づけるものは、（前日の引けた方向とは逆に空けた）トラップギャップと急激な反転で、株式口座は瞬く間に大きく膨れ上がるか崩壊する。トレーダーたちは、飛んで火に入る夏の虫のごとく、これらの期間に魅力を感じるが、その大半は巨大なリスクの存在に気づかずに、壊滅的な損失を被る。

荒れた市場には近寄らず、喧騒が静まるまでサイドラインで待つのがよい。しかし、このアドバイスは、市場のボラティリティが急激に変化しているときに大きな利益を確保しようとするリスク意識の強いデイトレーダーにとってはむしろあだとなる。ショックスパイラル期の価格パターンは中期トレーダーにとっては拷問そのものだが、短期トレーダーや長期トレーダーにとっては大きなチャンスとなる。つまり、ショックスパイラル期には、5分足、15分足、週足チャートでは有効なブレイクアウトパターンやブレイクダウンパターンが発生するが、60分足と日足チャートでは無秩序やリスクによって機会は消されてしまうということである。この二極性は保有期間が1日から3日のスイングトレーダーにとっては特に危険だ。なぜなら、高いボラティリティによって、値動きがスイングトレードのセットアップで利用される支持線－抵抗線間の狭いレンジを上回る動きになるからだ。したがって、ショックスパイラル期のスイングトレーダーは資産の保全に努めることが極めて重要になる。

シカゴオプション取引所（CBOE）がVIX先物の取引を開始したのは2004年3月のことだ。それ以来、デリバティブの犬たちがこの古典的指数にこびを売るようになったため、VIXのパターン構造は大幅に改善された。これは、トレーダーたちがボラティリティの拡大や収縮に大きく賭けるショックスパイラル期には、一層重要性を増す。市場間の相関はVIX先物をトレードするプログラムアルゴリズムによって高められるが、それによってVIXと主要株価指数は逆の動きをするようになる。

市場危機の時期にVIXの15分足と60分足のチャートを見ることは、市場で生き残るうえで不可欠だ。チャート上には50期間と200期間のEMAを描き、最も明確な支持線と抵抗線も引く。チャート下に5－3－3ストキャスティックスを加えたら、短期サイクルを観察する。VIXが抵抗線まで上昇したら、押しでの買いや空売りの買い戻しに絶好の機会となることが分かるはずだ。また、VIXが支持線に向かって

図3.5

ボラティリティパターンを使って、株価の上昇、下落、ショックスパイラルの動きを追跡してみよう。VIX指数が勢いよく上昇しているとき、株価は大きく下落していることが分かる。上昇途中でコンティニュエーションギャップが発生したとき（1）、50期間EMAで反発するとき（2）、33.08ドルで高値を付けるときのVIX指数の動きを見てみよう。高値を付けたあと株価は下落に転じ、2日間にわたって200期間EMAの支持線まで下落した（3）。次のブレイクダウン（4）は傍観者としての立場をやめて、戻って買えという明確な合図になる。

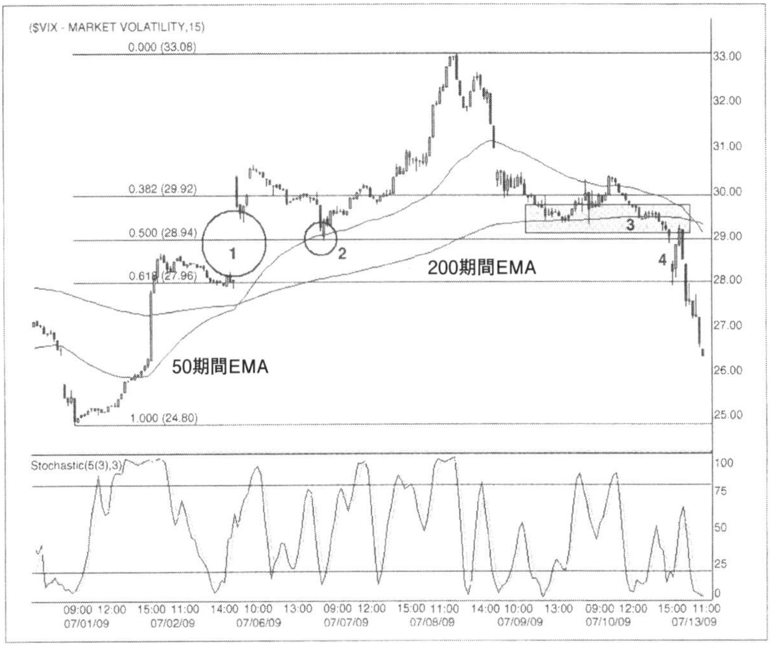

下落しているときは、買いポジションを利食いするのがよいことも分かるはずだ。VIXがトレード日の終わりに抵抗線辺りでうろつき、反転したがらないようなときは注意が必要だ。こうしたハイピボットは、間もなくブレイクアウトが発生する合図となることが多いからだ。これは、株価指数の大きなギャップダウンを意味する。VIXがブレイクアウトしたあと、新たな支持線で底値が形成されれば、前よりももっ

と高い水準まで上昇する可能性がある。これは株価の大幅な下落を意味する。2008年の第４四半期にはこれが何度も発生した。同様に、嵐雲が去り、主要な指数が上昇し、VIXがより長期の支持線（例えば、200日EMA）まで下落したときにも注意が必要だ。この水準から戻さないとき、これはVIXがブレイクダウンする予兆であり、これによって株式市場はそのまま勢いに乗って上昇し続ける。

価格水準を短期的に追跡するよりも、VIXの方向性を長期的に追跡するほうが重要だ。VIXは大きな伸縮サイクルを繰り返しながら動くが、これは株式市場の上げ相場と下げ相場にほぼ一致しているからだ。VIXはたとえ15で始まろうと45で始まろうと、横ばいパターンに陥ることもあり、それは長ければ数カ月から数年続くこともある。VIXがこうした圧縮フェーズにあるとき、株価指数では値固めが行われている。トレンド指向のトレーダーにはこれらのパターンを数カ月にわたって追跡してみてもらいたい。VIXが圧縮フェーズから上昇・下降波に移行するとき、株価指数は大規模の上昇・下降サイクルの最中にあるはずだ。当然ながら、VIXの長期スイングは指数のレラティブストレングスと密接な関係がある。これについては第12章で詳しく説明する。

ショックスパイラル期に主要な指数に形成されたトレーディングレンジは、数カ月続くこともある。1987年の株価大暴落のあと、ダウ平均がどうなったか思い出してもらいたい。10月19日に1616ドルでサイクルローまで下落し、翌20日に2164ドルまで戻したあとは、一度だけ瞬間的に2193ドルまで上昇した以外は、1989年の１月までこのレンジ相場が続いた。価格のこの圧縮は、歴史的な市場崩壊が需要と供給の関係を大きく変えることを示している。市場崩壊は、2008年10月の大暴落のあともそうであったように、注目すべき重要な水準を提示してくる。古参のトレーダーは否定するかもしれないが、2008年のショックスパイラルは1987年のそれよりもはるかに複雑なものだった。2008

年の大暴落のあと、流動性のある大型株のほうがその指数よりも明確なレンジが形成されていたのである。

ショックスパイラルの力学は、個別株のミニ暴落やバブルでも同じように働く。もちろん、個別株の場合、VIXはないため、各株式の価格パターンに依存せざるを得ない。こうした小規模イベントを分析する場合、決算発表などその会社独自のニュースによって発生することが多いギャップの水準が非常に重要になる。ギャップ戦略と日中のギャップ管理については第５部で詳しく説明する。

第4章 RELATIVE STRENGTH

レラティブストレングス

長期的収益性を達成するためには、優れたマーケットタイミングの技術が不可欠だ。マーケットのタイミングを計るうえで重要な要素は４つある――トレンドの相対性、保有期間、市場日、季節性。どの要素も、最高のタイミングかつ最高のプライスで売買するのに、同じくらい重要な要素である。トレードを執行するとき、価格と時間のいずれか一方のタイミングを計ることは比較的簡単だが、両方同時にタイミングを計ることは非常に難しい。逆に言えば、価格と時間の両方のタイミングを常に同時に計ることができれば、それは大きな利益を生むエッジ（優位性）につながるということである。

最高のプライスではあっても最高のタイミングではない場合、ストップは市場のノイズにさらされ、持久戦を強いられることになる。スイングトレーダーの場合、シグナルの大部分は特定の価格水準に達したら出されるため、仕掛けは価格ベースになる。このような場合、トレンドが形成されるのを待っている間、資産はそのトレードに縛りつけられ、ほかのトレードに振り向けることができないため、機会費用は時間とともに悪化する。もっと深刻な問題は、リスク・リワード特性が変化してくることだ。したがって、仕掛けたトレードは市場が有利に動き始めるころには最初に想定したものとは違っていることもある。一方、最高のタイミングではあっても最高のプライスではない場合、すぐに利益が得られる確率は上がる代わりに、タイミングが間違っていることが判明すれば大きな損失になる。モメンタムトレーダーの場合、パターンがトレンドモードになるまでシグナルは出ないため、仕掛けは時間ベースになる。このような場合、生みだされる利益は大きいが損失も大きいため、機会も費用も増大する。

熟練したマーケットタイマーが、すぐに自分たちに有利な方向に価格が動きだすような低リスク水準で仕掛けることができるのは、価格と時間の両方のタイミングを高精度で計る技術を持っているからだ。彼らは、さまざまなレラティブストレングスサイクルに注意深く歩調を合わせる。さまざまな時間枠間や商品間のレラティブストレングスを正確に読み解くには豊富な経験が必要だが、市場のこの複雑なパズルをマスターしたトレーダーには計り知れないほどの恩恵がもたらされる。

買い－売りサイクルとしても知られるレラティブストレングスにはさまざまな種類があり、変化形も多い。トレード管理にはこの二極性エネルギーに対する十分な知識が必要となる。したがって、日々の作業にはできるだけ多くの種類のレラティブストレングスを盛り込むことが重要だ。一方、テクニカル指標として最もよく使われているのはストキャスティックスとワイルダーのRSI（相対力指数）だが、この種の情報を集める方法とプロセスはほかにもたくさんある。例えば、各市場日ごとに、アウトパフォームセクターとアンダーパフォームセクターを洗い出し、上昇率と下落率で分類すれば、それもひとつのレラティブストレングスであり、その日は何を買い、何を売り、何を避けるべきなのかを知ることができる。

買い－売りサイクルは規則的に繰り返されることが多い。また、この繰り返し間隔は驚くほどの精度で予測することができる。さらに、これらのサイクルはあらゆる時間枠で発生し、さまざまなコンバージェンス－ダイバージェンス関係を生みだす。こうした複雑に絡み合うサイクルの解釈を厄介だと思うトレーダーが多いなか、この作業をトレーダーとしてのキャリアを支えてくれる収益源につながる重要な作業として認識している一握りの賢明なトレーダーもいる。

レラティブストレングスサイクルは継続的なフィードバックを提供してくれるものだ。つまり、情報収集はクロスオーバーや買われ過ぎ－売られ過ぎシグナルなどのポピュラーなものだけに限定すべきではないということである。レラティブストレングスは、２つの市場間の数字を比較することで得られる指標であるため、レラティブストレングスの一つひとつの動きはコンバージェンス－ダイバージェンスの力学によって決まってくる。また分析を長期的に行えば、長期的なグラフ、パーセンタイルランク、リーダーシップリストが得られる。一言でいえば、レラティブストレングスとはブルとベアの終わりなき戦いを描いたものであり、任意の時点においてブルとベアのどちらが市場を支配しているかを教えてくれるものなのである。

トレーディング戦略はレラティブストレングスの解釈によって決まると言ってもよい。これは非常に重要だ。なぜなら市場はさまざまなサイクルで構成され、各サイクルには一瞬のうちに値動きを支配するだけの力が秘められているからだ。一つひとつの振動をすべて追跡することは不可能だが、レラティブストレングスが自分のポジションに影響を及ぼすときには注意深く追跡する必要がある。そのためには、トレーディングスクリーン上のそれぞれのチャートの下に５－３－３ストキャスティックスを表示し、価格と200日EMAのようなデータベースツールを使ってウオッチリストを管理する。あとは、月々のサイクルをとらえるためのワイルダーの14期間RSIを７期間で平滑化したものと、日々の上昇・下落率をリアルタイムで見るためのETFセクターリストを加えれば、あなたのレラティブストレングスツールボックスは完璧だ。

3つのレラティブストレングスツール

ストキャスティックスはあらゆる時間枠における買い圧力と売り圧力の流れを追跡するためのツールだ。買われ過ぎと売られ過ぎの間を交互に行き来する周期的な動きは、球技に例えることができる。各チームは交互に得点する機会を与えられるが、時間に制約があるため時間の有効利用が重要になる。われわれの仕事は、スタンドに座って試合の経過を見守りながら、負けているほうのチームを食い物にすることだ。これが特に有効なのは、指数先物が60分～90分間隔で買い－売りサイクルを繰り返す日中の相場だ。これらのサイクルは直接トレードするのではなく、価格チャートで見つけたその取引日における機会のなかで買い、売り、利食い、損切りの最高のタイミングとなる機会の確認に用いられる。さらに、指数のパターンとそのストキャスティックスのサイクルとの間のコンバージェンス－ダイバージェンス関係は、その日の最大バトルの勝者と敗者を予測するのに役立つ。

個別銘柄のストキャスティックスからは、その銘柄、先物、通貨が市場全体と比べて、少なくともその取引日において強いのか弱いのかを知ることができる（コンバージェンス－ダイバージェンス関係）。さらに、その銘柄の買い－売りサイクルが市場全体のサイクルに先行しているのか、同期しているのか、遅行しているのかを知ることもできる。この種のデータは、指数と連動しながらも少し遅れて発生するセットアップの発見に役立つため、さまざまなトレーディング戦略に利用することができる。

ストキャスティックスは買われ過ぎ－売られ過ぎのオシレーターとして古くから使われてきた。しかし残念ながら、この指標が提供してくれる貴重な情報を正しく解釈する方法を知らないトレーダーが多い。例えば、最も最悪なのは、ストキャスティックスが極値に達した途端に仕掛けることだ。なぜなら、利益が最も確実に得られるのは、買わ

図4.1

ストキャスティックスのダブルトップからのブレイクダウンは信頼のおける売りシグナルになる。リサーチ・イン・モーションは、1カ月で15ポイント以上上昇し、6月に85ドルを上回る水準で天井を付けている。この上昇トレンドの最終フェーズに対応するストキャスティックスを見てみると、高値を切り下げていることが分かる（1）。そして、その2日後には下にブレイクしている（2）。次の日では戻りに失敗してギャップダウンしているが、戻りに失敗したとき（3）に空売りすれば、大きな利益が得られたはずだ。

れ過ぎや売られ過ぎの初期段階（80以上または20以下）で仕掛けたときだからである。買われ過ぎや売られ過ぎ状態によって発生する反転を見極めるには、単純なダブルトップパターンやダブルボトムパターンを利用するのがよい。最良のシグナルが発生するのは、ストキャスティックスが80近くで高値を切り下げたり、20近くで安値を切り上げたりしたあと、逆方向に動いたときだ。これは値動きが始まる直前に出されるので、このシグナルが出たらすぐに仕掛けるか手仕舞うのがよい。

ストキャスティックスはどういった設定値でも有効なパターンを生みだすため、どういった値を使ってもよい。**『スイングトレード入門』**でも述べたように、私の好みの設定値は５－３－３だ。私はどの時間枠でもこの設定値を用いる。設定値が違ってもサイクルは同じようなものになるが、市場ノイズは違ってくる。したがって、自分のトレーディングスタイルに合った設定値を用いるようにする。例えば、デイトレーダーは市場の方向性のわずかな変動を利用するので、私と同じように短期の設定値を用いるのがよい。逆に、ポジショントレーダーの場合は、延々と続くちゃぶつきや振るい落としの期間でもポジションを保持できるように、14－７－７といった長期の設定値を使ったほうがよい。

ストキャスティックスは、そもそもトレードすべき銘柄を間違えたのではまったく役に立たない。したがって、ウオッチリストには、最もアクティブなパターンサイクルに一致し、利益の期待できる候補を含めなければならない。最もアクティブなパターンサイクルとは、主要なレラティブストレングスサイクルであるのは言うまでもない。そのためにやらなければならないことは、最も強い機会と弱い機会とを見つけだすデータソートを使って銘柄リストを作成することだ。レラティブストレングスを調べるのに適しているのは、価格と200日MAだ。この結果の買い側は、投資新聞『インベスターズ・ビジネス・デイリー』のIBD100リストに一致するが、ファンダメンタルデータは一切使われていない。価格と200日MAの結果は毎日更新することができるため、その日の市場環境でホットな銘柄とそうでない銘柄を毎日確認することができる。ワーデン・テレチャート（Worden TeleCharts）ではおよそ20年前からこれが使われているため、このチャートソフトを使っているトレーダーはこのテクニカル指標はお馴染みのはずだ。しかし、このレラティブストレングスの公式は簡単なので、ほかのソフトにも簡単に組み込むことができる。

テレチャートで使われているのは、株式市場全体におけるパーセンタイルランクだ。実際の数値計算には微積分が使われているが、ここでは簡単にするために微積分を使わない公式を紹介する。

価格と200日MA（できればEMAのほうがよい）

公式

（［C－200日MA］÷200日MA）×100＝200日MAを何％ぐらい上回るか

ただし、Cは終値を表す

例1　株価の終値が45、200日MAが40のとき

（［45－40］÷40）×100＝12.5＝200日MAを12.5％上回る

例2　株価の終値が35、200日MAが40のとき

（［35－40］÷40）×100＝－12.5＝200日MAを12.5％下回る

全銘柄を検証するのは大変なので、次の公式（フィルター）を使って、52週の高値近くにある銘柄を強い銘柄、52週の安値近くにある銘柄を弱い銘柄としてリストアップする。

フィルター（強い銘柄）

（1＋［〈C－52週の高値〉÷52週の高値］）×100＝52週の高値の何％か

例　株価の終値が50、52週の高値が60のとき
(1＋[〈50－60〉÷60])×100＝83＝52週の高値の83％

フィルター（弱い銘柄）
(1＋[〈C－52週の安値〉÷52週の安値])×100＝52週の安値の何％か

例　株価の終値が35、52週の安値が30のとき
(1＋[〈35－30〉÷30])×100＝117＝52週の安値の117％

まず、フィルターを使って、52週の高値と52週の安値近くにある銘柄のリストを作る。リストには、強い銘柄リストの上位25％と、弱い銘柄リストの下位25％の銘柄のみを含めるようにする。このリストを価格と200日MAでスキャンすれば作業は終了だ。両方向のスキャン結果からは、押し・戻りプレーや狭いレンジのプレーよりも、アクティブなモメンタムプレーのほうが良いことが分かるはずだ。ただし、これらのスキャンは出発点にすぎない。スキャンによって得られた候補はそのあとも追跡を続け、有利なパターンや低リスクの仕掛けポイントが現れるまで待たなければならない。

レラティブストレングスツールボックスを万能なものにするには、長いサイクルの指標を加える必要がある。長いサイクルの指標としては、私は個人的には、７期間で平滑化したワイルダーの14期間RSIが好みだが、リアルタイムの気配値システムの多くは、カスタム関数を用いなければこの指標を平滑化することはできない。そこで、プログ

図4.2

週単位や月単位でサイクルを繰り返すスイングを見つけるには、長期のレラティブストレングス指標を用いるのがよい。17－17－1ストキャスティックスは完璧ではないにしても、2008年10月から2009年7月までのSPDRゴールドトラストETFの大きな反転ポイントのほとんどをとらえることに成功している。この期間が過去20年で最もボラティリティが高かった期間のひとつであることを考えれば、これは驚異的である。

ラミングの苦手な人には、この指標の代わりに、17－17－1のウルトラスローストキャスティックスを用いることをお勧めする。スローなレラティブストレングス指標では、買い－売りスイングは1カ月サイクルで発生する。占星術を信じない人には信じてもらえないかもしれないが、金融市場は21日から28日のサイクルで強弱を繰り返す傾向がある。ポジショントレーダーにとってのロングサイドの最良の機会はこのサイクルの底で発生し、最良の空売り機会はこのサイクルの天井で発生することが多い。もっと長いサイクルのレラティブストレング

ス指標では、こうした反転ポイントは、新しいスイングの初期段階で、ブレイクアウトやブレイクダウンによって反転が確認される前に発生することが多い。

市場全体だけでなく、個別株や先物、通貨もまた一定期間ごとにサイクルを繰り返す傾向がある。例えば、アップルやリサーチ・イン・モーションが21日サイクルのダウンスイングを繰り返すことが観察されたとすると、長期レラティブストレングスが次に買われ過ぎから反転したときも、20日～22日サイクルのダウンスイングが発生する可能性が高い。これは、リワードやリスク目標の設定を効果的に行えるだけでなく、早期の仕掛けが可能になるため、トレード管理において極めて貴重なデータとなる。長いサイクルの指標は、主要な指数においても個別株においても、主要な反転ポイントにおけるフィルターとしても機能する。長い上昇や下落が続いたあと、電波やウエブの世界は欲や恐れにあおられたオピニオンによって占拠されるため、大衆の感情はたかぶる。こういった時期のくだらないおしゃべりを濾過して取り除いてくれるのが、長いサイクルのレラティブストレングス指標だ。感情的になってテーブルをたたく前に、ティッカーテープを見よとサバイバルトレーダーにアドバイスしてくれるのが長いサイクルのレラティブストレングス指標なのである。

長いサイクルの指標が上のラインを超え、今まさに反転しそうなときには、買いポジションは避けなければならない。いったん反転すれば、下落は少なくとも６週間から８週間続くこともあるからだ。一方、株価が支持線まで下落し、長いサイクルの指標が売られ過ぎラインから上昇したとき、それは精度の高い仕掛けシグナルになることが多い。

買いー売りスイングの読み方

前にも述べたように、レラティブストレングスは買いー売りスイングを表すものである。現実世界では、ひとつの金融商品に対してはどの時点においても有限の買い手と売り手が存在する。この需要と供給のバランスが崩れたとき、買い－売りスイングは周期的にピークと谷を刻みながら貴重なデータを放ってくる。これこそが、市場の買われ過ぎや売られ過ぎ状態の発生メカニズムである。バランスを崩したあと、次の少なくとも一方のことが起これば、これらの力は再び均衡状態に戻る――①需要と供給のうち、少ないほうが増える、②需要と供給のうち、多いほうが減る。トレーダーの観点から言えば、この需要と供給の方程式は極めて重要だ。理由は２つある。ひとつは、買われ過ぎのときに建てられた買いポジションのリスクは上昇するからだ。もうひとつは、売られ過ぎのときに建てられた売りポジションのリスクは上昇するからだ。

仕掛けや手仕舞いに用いられるトレーディング戦略は、買い－売りサイクル内の相対的な位置に一致したものでなければならない。つまり、売られ過ぎのときに弱い株を買うのは理にかなっているが、売るのは愚かな行為である。逆に、買われ過ぎのときにホットな株を大量に買うことほど危険なことはないが、買いポジションの利食いはリスクの低減につながる。とはいうものの、戦略を売り－買いサイクルに一致させるのはそれほど簡単なことではない。買い－売りスイングはあらゆる時間枠で発生し、それぞれにサイクルの長さが違うからだ。１カ月周期のスイングもあれば、指数先物のように90分周期のスイングもある。特定の周期を持つこの変数を効果的に管理できるかどうかが、月並みのトレーダーとトップパフォーマーの分かれ目になる。

トレーダーはサイクルがどこから始まり、どのくらい続くのかは分からなくても、任意の時点においてどの周期の買い－売りサイクルが働いているかを見極めることができなければならない。そのためには、５－３－３ストキャスティックスを使って、日足チャート上で４～６日続くスイングと60分足チャート上で５～10時間続くスイングを追跡

図4.3

セルジーンのスイング

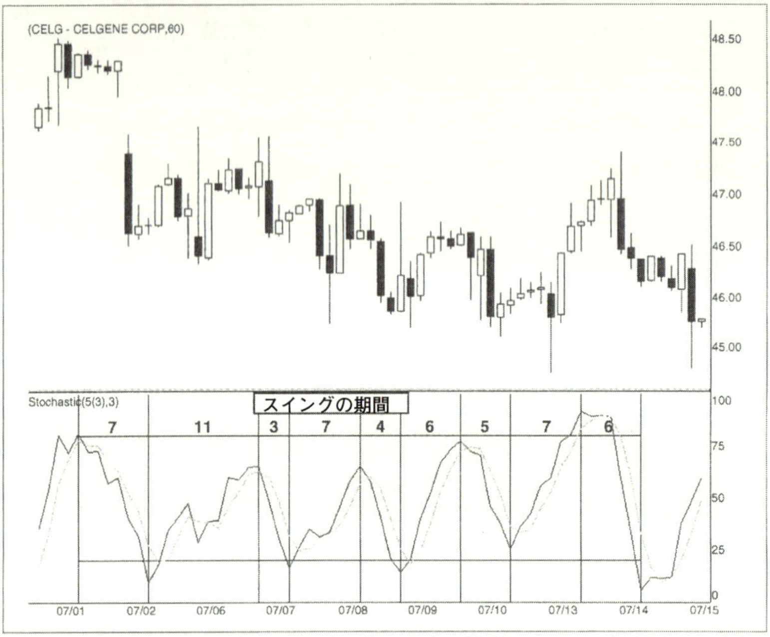

する。60分足のスイングを追跡すれば、トレード日が５日の通常の週は、２日あるいは３日の買い－売りスイングで特徴づけられることが分かるはずだ。スイングトレーダーの生活はこのサイクルに依存するため、このサイクルはスイングトレーダーにとってはおそらくは最も重要なサイクルだ。

図4.3を見てみよう。セルジーンは２週間にわたって狭いレンジで上下動を繰り返している。その間の５－３－３ストキャスティックスは３～７時間のハーフサイクルで振動している。大きくスイングしている部分が何カ所かあり、そのほかはノイズにすぎないが、どの時点においても、攻撃している側がどちらで、得点されないように必死で

守っている側がどちらなのかは分かるはずだ。また、買われ過ぎ水準や売られ過ぎ水準まで達したあとのカウンタースイングは、途中で反転したときのカウンタースイングよりも持続時間が長いことも分かるはずだ。

よくあるシナリオを考えてみよう。ある銘柄が注目のブレイクアウト水準に向かって上昇している。そして、抵抗線を上抜いた途端に大きく下落する。このとき、支配権を握るのは売り手であり、したがって60分足の買い－売りスイングは下方にシフトする。１日から１日半（５～10時間）で価格は切り下げられ、支持線は何度か押し下げられる。一瞬戻したため、ほかのトレーダーたちの注目が集まる。しかし、ストキャスティックスが反転したため、今はサイドラインに下がって静観すべきときだ。次の取引日もそのまま売りスイングが続き、下げて寄り付いたあと、狭いレンジで動く。この圧縮は、短期の安値を付けたあと、買い－売りスイングが買いサイドにシフトするサインだ。

サイドラインにいたトレーダーにとっては、このときがブレイクアウトトレードを考える絶好の機会だ。彼らは買いスイングがどれくらいの強さになるのかを、押しの深さに注目しながら価格パターンから読み取る。最後のダウンスイングのピボットが比較的高い場合、「本物の」ブレイクアウトになる可能性は高い。目安は、最後のアップスイングを38％以上戻さないことである。さらに、上昇が、例えば50期間EMAのような中期移動平均線以上の水準から始まることも条件になる。こういった局面では、アグレッシブなトレーダーは徐々に増玉し、保守的なトレーダーは最後のアップスイングの高値を上回るまで待ってから買う。

レラティブストレングス指標は極値を付けたあと、長期にわたってその水準にとどまることもあるため、当然ながら仕掛けはいつも予想どおりにいくとは限らない。さらに、マーケットサイクルが対立したり、長く続きすぎれば、遅く買いすぎたり、早く売りすぎたりといったことが頻繁に発生するようになる。問題は、長期的なパフォーマンスだ。トレードを買い－売りスイングに一致させることは、長期的に見て利益につながるのか、損失につながるのか、ということである。これはあまりよく理解されていないツールだが、このツールを理解することは大きなメリットを生む。結果の向上につながるのは言うまでもないが、その日に考えるべきことがおのずと分かってくるため、マーケットのグルたちの言葉や、ほかのプレーヤーたちの行動に振り回されずにすむ。

日々のワークフローで買い－売りスイングを利用することのメリットはほかにもある。トレーディングで成功するためには、延々と続く市場ノイズにとらわれないことが重要だ。そのためには、パターンサイクルや買い－売りスイングといった基本的な市場構造をしっかりと頭に叩き込み、ウォール街や経済メディアから聞こえてくるナンセンスな美声に惑わされないようにすることである。

反転とカウンタースイングの見極め方

市場がひとつの方向に動いているときには、だれもがうまくトレードできる。問題は市場が反転したときだ。そのまま持ち続けるべきなのか、ポジションを軽くすべきなのか、完全に手仕舞うべきなのかの意思決定が求められるからだ。ティッカーテープが非協力的になったときにどの道を選ぶかによって、大きな利益が得られるか、大きな損失を被るかは決まる。通常、われわれは数日から数週間保有するつもりで株を買う。しっかり宿題をやった結果、市場は最初は予想どおりに動く。小さな利益に胸は踊り、自分の技術にも自信がつく。しかし、市場はトレンドとカウンタートレンドの連続する波動だ。つまり、大きなアクションがあれば、必ずリアクションがあるということであり、それに対してわれわれは無力だ。トレーダーが苦労して手に入れた利益をポケットに入れる前に振るい落とすという極悪非道な方法は、こうした両方向性の市場のメカニズムによって生みだされるのである。

カウンタースイングは発生する前に予測することが重要だ。カウンタースイングが予測できれば、発生する危険を事前に測定することができるため、実際に起こったときに適切に対応することができる。市場の反転を予測し、勝ちトレードを負けトレードに転じさせないための10の方法を紹介しよう。

1. 市場は一定の方向に３日動いたら反転する傾向がある。この３日サイクルを見つける。これは、**『テイラーの場帳トレーダー入門』**（パンローリング）で紹介されている古典的戦略をベースとしたもの。
2. ボリンジャーバンドの上のバンドまたは下のバンドを足の長さの75％以上突き抜けるスパイク（突出高・突出安）には要注意。こうした動きが発生すると、次の足か次の次の足で反転することが多い。
3. 反転は火曜日に発生することが多い。特に、トレンドが前の週から持ち越されたとき、その確率は高まる。このような場合、その日の寄り付き前にポジションを解消して、リスクを低減する。できれば、月曜日の午後に手仕舞うのがよい。
4. 最も反転の確率が高まるのは、高値や安値を更新したあと。これはスイングトレーディングでは「2Bリバーサル」として知られる。2Bリバーサルという言葉は、ビクター・スペランデオの造語で、1991年の著書『トレーダー・ビック――メソッド・オブ・ア・ウォール・ストリート・マスター（Trader Vic : Methods of a Wall Street Master)』のなかで初めて登場した。
5. 反転前にはボラティリティは停滞するのが一般的。上げ止まるか下げ止まったあと、狭いレンジで揉み合いになったときには要注意。

6. 出来高の急増に注意。これは、サイドラインにいた人々が市場に参入した証拠であり、彼らが参入した途端に市場は反転する。
7. より短い時間枠の短期パターンにおける反転に注目する。短期パターンのトップとボトムは、長い時間枠における反転サインになることが多い。
8. 古典的なローソク足の反転パターンを習得する。主要な抵抗線や支持線辺りでハンマーや寄引同事線が出現したり、急上昇のあとかぶせ足が出現すると反転サインとなる。はらみ足は特に強力な反転サインになるので注意が必要。
9. ３波動で上昇したり下落したあとは、大きく反転する傾向がある。ただし、大きく反転する前に、小さく押したり戻したり、あるいは揉み合いになることが多い。最後の波は最もテクニカルなダイバージェンスを誘発する傾向がある。
10. 現在のトレンドと逆方向に開いた大きなギャップはホール・イン・ザ・ウォールとして知られ、市場の向きが１本の足で変わったことを示す。現在のトレンドと逆方向にギャップが開いたあと、クロージングベルまでに埋まらないときには、反転したと思って間違いない。

理想的な時間と理想的な価格

本章で前にも述べたように、価格と時間は一致しないときがある。例えば、市場は完璧な売買価格を提供してくれても、利益が出るまでに予想以上に時間がかかる場合などがそうだ。あるいは、良いセットアップを見つけても、すでに動きだしているため高いリスクで仕掛けざるを得ないといった場合もそうだ。ほとんどのトレーダーは仕掛けるときに価格を重視するタイプと時間を重視するタイプに分かれるが、重要なのは自分のマーケットアプローチにとって価格と時間のどちらのタイミングを計ることがより重要なのかを見極めることである。

理想的な価格を探しているときにボラティリティが非常に高くなったときの自分の心理的負担を軽く見てはならない。下げ相場で買うのは頑丈な胃と前向きな姿勢が必要であり、上げ相場で売ればパラノイアと自信喪失に襲われる。正直に言って、こうした価格に敏感なカウンタートレンド戦略に伴う心理的負担に耐えられるトレーダーはほとんどいない。

一方、完璧なタイミングを計るためには、仕掛けシグナルを見逃さないように、可能性のあるトレードを継続的に追求する必要がある。サンドイッチを作るために、あるいは犬を散歩させるために席を外せば、その日最大の機会を逃してしまうこともある。時間に敏感な戦略は平均損失も大きくなる。論理的ストップを仕掛けポイントから遠く離れた位置に置かなければならないからだ。さらに、この戦略には機会費用という分かりにくい概念との格闘も付き物だ。完璧なタイミングで仕掛けたトレードも、ちゃぶついて、利益を出さないままに終わることが多い。待ちに待ったスイングがやっと現れても、思ったほど強くはなく、少しばかりの現金が手に入るだけで、大金をもたらしてくれることは少ない。

これまでの話をまとめると、価格によるトレードはリスクは低減できるが、忍耐力を要する。一方、時間によるトレードはすぐに利益は出るが、リスクは高くなる。これを２つの例で見てみることにしよう。

まず、**図4.4**を見てみよう。ワイエスは42ドル近くでダブルボトムパターンを形成（１）したあと、上昇を始める。７月に50日EMAと200日EMAを上抜き（２）、49ドルまで上昇するが、上昇トレンドもここでガス欠状態になる。上昇トレンドで仕掛け損ねた人にとっては、この次の押しが買いのセカンドチャンスとなる。６日間の支持線をブレイクして、移動平均線までギャップダウン（３）したときがその

図4.4

ワイエスの押し目

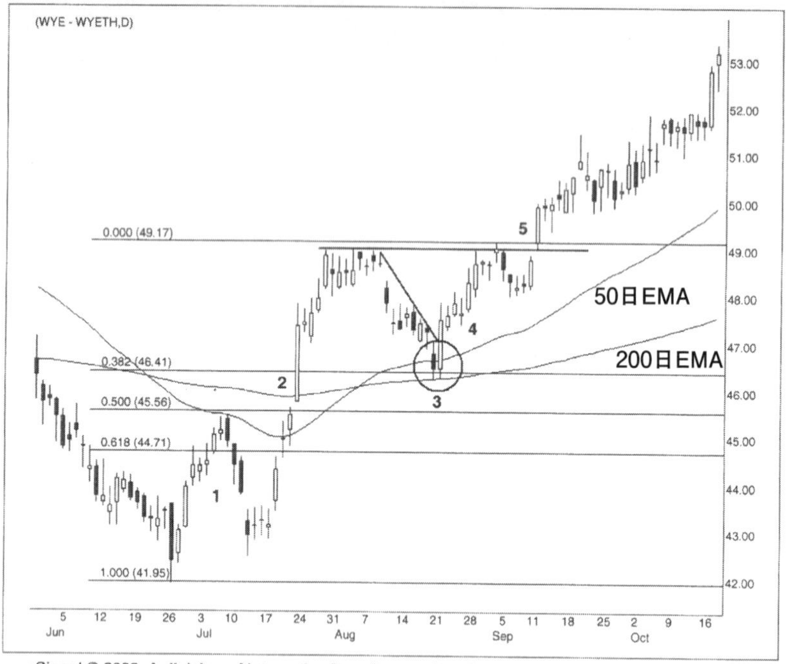

チャンスだ。この水準は、６月から８月にかけての上昇の38％リトレースメント水準でもある。価格は次の取引日で急上昇し、過去２週間の下落トレンドラインを上抜いてギャップを埋める（４）。この急上昇で仕掛けるのは時間的には理想的なタイミングだが、理想的な仕掛け価格はすでに過ぎている。次に理想的なタイミングは、数週間後に１カ月かかって逆ヘッド・アンド・ショルダーズ・パターンが完成し（５）、49ドルをブレイクアウトしたときだ。

この例では、時間ベースの仕掛けシグナルも価格ベースの仕掛けシグナルも、驚くほどうまくいっている。下落は支持線（移動平均線）でぴったり止まり、トレンドラインをブレイクアウトすると価格はすぐに急上昇、逆ヘッド・アンド・ショルダーズをブレイクアウトした直後の足は長い上昇足になり、そのあとは６週間にわたって安定した上昇トレンドが続く。しかし、現実世界では通常はこれほどうまくはいかない。下落は支持線では止まらないし、トレンドラインのブレイクアウトが失敗することもあれば、逆ヘッド・アンド・ショルダーズのブレイクアウトでは空売り者が逆張りで仕掛けることもある。つまり、現実世界はリスクでいっぱいなのだ。したがって、われわれとしては、時間ベースの仕掛けであろうと、価格ベースの仕掛けであろうと、しっかりとしたトレード管理を行わなければならない。要するに、ポジションを建てると同時にストップロスを置き、市場が自分の予想どおりに動いているかどうか常に観察を怠ってはならないということである。

次に**図4.5**を見てみよう。これは価格ベースの戦略であろうと時間ベースの戦略であろうと、うまくいかないことがあることを示すものだ。価格は200日EMAの抵抗線を17ドルでブレイクアウト（１）し、そのあと移動平均線まで下落する（２）。これは価格ベースの仕掛けシグナルになる。移動平均線を１日だけ下回ったあと上昇して高値を更新。これは「失敗の失敗」の買いのセットアップで、ほぼ完璧な時間ベースの仕掛けシグナルだ。上昇の高値の近くで５日間にわたって揉み合ったあと、その高値をブレイクアウト（３）。これも時間ベースの仕掛けシグナルだ。数週間後、上昇は止まり、今度は売られ始め、50日EMA支持線と200日EMA支持線の収束ライン（４）まで下落する。この買い水準で価格は12日間にわたってちゃぶつき、次から次へとダマシのシグナルを出してくる。ようやく無秩序状態を抜け（５）、次の時間ベースの仕掛けシグナルを出してきたあと、19ドルまで上昇。その後は再び無秩序状態に陥り、１カ月にわたって高ボラティリティ

図4.5

アプライドマテリアルの無秩序な動き

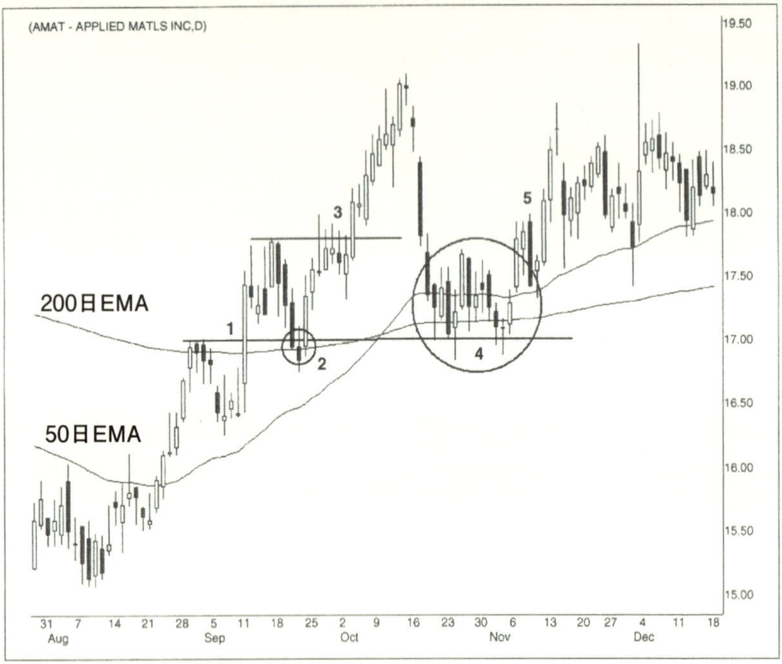

状態が続き、ストップは次々と引っかかる。

価格が支持線を割り込んで無秩序な動きを始めたら、すぐに手仕舞って次の機会を待てという合図だ。しかし、われわれは内なる衝動に逆らうことはできない。最後にはきっと利益が出ることを信じて、ちゃぶつきにお金を投じ続けてしまうのだ。こうした固執は自滅につながる。価格や時間をベースとした戦略で利益を出すには、徹底した規律が必要だ。結局、ティッカーテープが完璧な価格と完璧な時間を生みだすような動きをしてくれなければ、良いトレード結果を得ることはできないのである。市場が自分の予想に反する動きをすれば、自分のトレードと市場との間には大きな乖離が発生する。その乖離がリスク・リワード比に及ぼす影響を測定し、必要があれば思い切って手仕舞うことも必要だ。

現実世界――行間を読め

６月の第３週。簡単なテクニカル分析ではトレードに必要な答えを得ることができない状況になる。

2009年３月の安値から大きく上昇したS&P500は、６月の初めには200日EMAを上抜く（１）。200日EMA抵抗線で上値が抑えられ、２週間にわたって横ばいが続く（２）。強気のアナリストたちは、すぐに回復して再び上昇し始めるのも時間の問題だと思っていた。しかし、彼らの読みは外れ、６月15日には指数はレンジ相場から下落し始める。折りしも、その日はトリプルウイッチングの月曜日に当たる日だった。売り圧力は水曜日まで続き、金曜日の満期日前に少し戻した（４）。今にして思えば、満期日の下落はまったく理にかなっていた。なぜなら、それまでの３カ月にわたる上昇はいったんは途切れても、またすぐに上昇トレンドに戻ることを予測する強気のセンチメントが広がっていたからだ。つまり、加熱した買い手が満期の最大の標的になったということである。強気のコールポジションを金曜日の引けに無価値で満期を迎えさせるマックスペインの力学が働いたのである。

週末以降、支配権は売り手に移り、S&P500は２日間下げ続けて50日EMAを下抜き、４週間の安値を付けた（５）。指数は前の週よりも５％以上下げ、移動平均線の支持線を下抜いた。息を吹き返した弱気

図4.6

需要と供給の自然な力を圧倒するカレンダーイベント

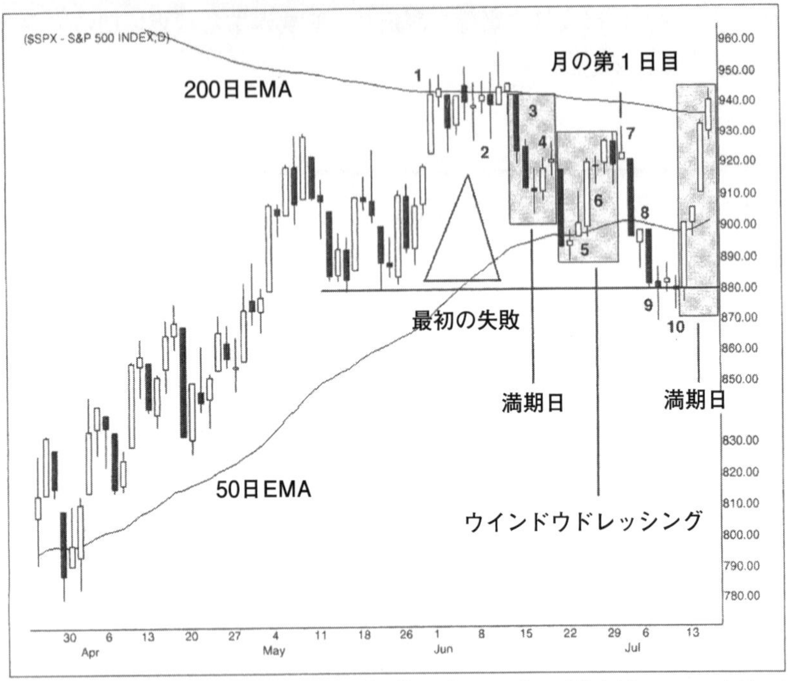

派たちの報復が始まるかに思えたが、彼らは深呼吸してカレンダーを見ることを怠ってしまった。四半期末のウインドウドレッシングによる上昇トレンドにすでに突入していたのだ。機関投資家たちが四半期末の実績をよく見せかけるためにトップパフォーマンス銘柄をごっそりとかき集めるこの間、テクニカルトレーダーたちは身動きが取れない状態になる。セールストークや巨額のボーナスが危機にさらされているときに、一体だれがファンダメンタルやテクニカルを必要とするだろうか。

価格チャートよりはるかに大きな影響力を持つウインドウドレッシングについて、このときに弱気派たちが把握しておくべきだった点を挙げてみよう。

- このイベントは突然現れる。したがって、モメンタム指標に注目し、それらを使ってトレードの意思決定をしても何の役にも立たない。
- ウインドウドレッシングは価格がどの位置にあろうとお構いなしに行われる。高速で走っている汽車を止めることは、移動平均線やトレンドラインでも不可能。
- ウインドウドレッシングの対象となる銘柄は無作為に選ばれる。大きく上昇した銘柄が対象になることもあれば、少しだけ上昇した銘柄が対象になることもある。
- ウインドウドレッシングはその四半期全体に影響を及ぼすが、金融メディアは最終月になるまでこのイベントを無視することが多い。
- 遅参者やこのイベントの効果を信じない人を簡単に参入させないために、価格はウインドウドレッシングによる上昇中に何度か押すこともある。
- これは１日だけのイベントであることが多く、始まりと同じように突然消滅するが、価格は上昇したまま翌月に持ち越される。
- 新しい四半期に入っても同じ機関投資家が自分たちに有利になるように同じ銘柄を買い続けることが多いため、ウインドウドレッシングによる上昇は新しい月の最初の取引日まで続く。
- ウインドウドレッシングが行われる四半期に入って２日目には、再び需要と供給が支配権を取り戻すため、センチメントはいきなりネガティブに変わる。

図4.6に戻ろう。S&P500は50日EMAから上昇し、その四半期末から４日前のトレード日には、２％上昇（6）。上昇気配はそのあとも

数日続くが、やがて上げ止まる。面白いことが起こったのはそのあとだ。新しい四半期に入って第１日目の早い時間帯では上昇するものの、いきなりきびすを返し、その日ははらみ足で安値近くで引ける。観察力の鋭いトレーダーであれば、弱気のダイバージェンスが発生したことが分かったはずだ。なぜなら、季節性の正の影響がスケジュールどおりに現れなかったからだ。季節性と予想される値動きとのコンバージェンスーダイバージェンス関係は、チャートから導き出される関係と同じくらいパワフルであり、中短期の市場の方向性を予測するのに役立つ。このケースの場合、普通だと上昇し続けるはずが上げ止まったということは、売り手が再び支配権を握るべく準備をしていることを示す警告サインとなる。

この弱気シナリオは次の取引日で姿を現す。S&P500は大きく売られ、切りのよい数字である900の支持線を割り込む（８）。50日EMAを下回る下落は戦いに疲れた空売り者たちを生き返らせ、その結果、次の３日間にわたるさらなる下落を誘発する。３日目の売り日には、直近６週間の支持線である880を割り込み（９）、これで第１の弱気の失敗パターンが完成する。これは前の上昇波の初めての100％リトレースメントでもある。加えて、多くのETFは不気味な形のヘッド・アンド・ショルダーズ・パターンを形成したが、S&P500が下降スイングを完成させたあとの２日間で崩壊した。弱気のドミノが次々と倒れる一方で、市場全体は大きな修正に向かって動き出していたわけである。空売り者が一方の目でカレンダーを見ながら、もう一方の目で手仕舞いボタンを見ることを怠ったのは、１カ月のうちにこれで二度目である。

売られたあとの二度目の修正日（10）は、オプション満期前の金曜日に当たる日でもあった。下落が１週間続いたあとは弱気のセンチメント一色に染まり、空売りとプット・コール・レシオが急上昇する。これは、満期の週に向けて、弱気派が最大の標的になってしまっ

図4.7

満期日のショートスクイーズ

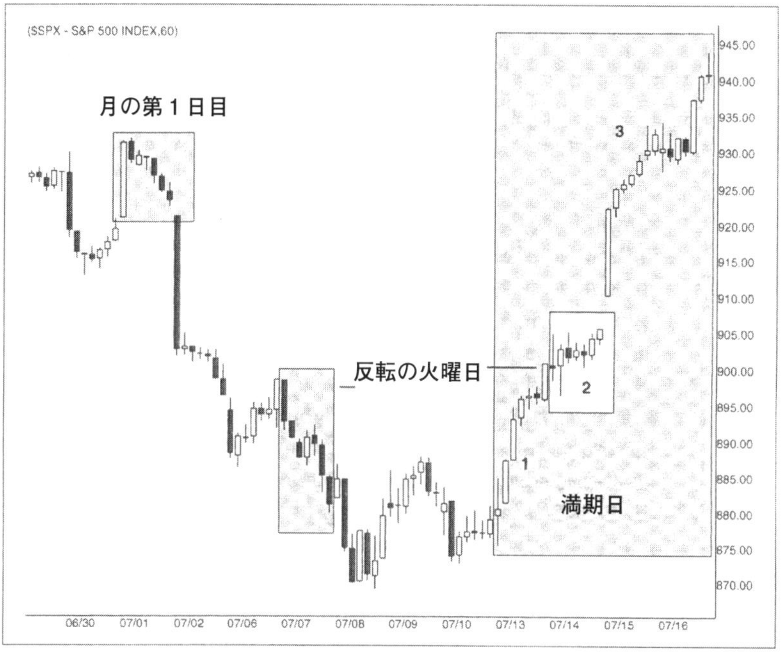

たことを意味する。満期に市場のどちらの側がターゲットになるかを知るのにロケットサイエンスは不要だ。その週の第１日に向けて、自分がみぞおちの辺りに不愉快な感覚を覚えるかどうかをチェックすればよい。みぞおちの辺りに不愉快な感覚を覚えるのは、市場が下落して、持っていた買いポジションによって葬り去られるのを恐れているからだろうか。それとも、市場が打ち上げロケットのように上昇しそうなのに、十分に買っていないからだろうか。

空売り者たちが神経質集団であることに異論の余地はないだろう。彼らはティッカーテープが脈動するたびにビクビクし、大きなショートスクイーズの第一波に死ぬほどの恐怖を覚える。彼らはこの感覚を、満期の週の第１日目である７月13日月曜日の朝に持つべきだった。

図4.7を見ると分かるように、その日、市場はロケットのように上昇し（1）、空売り者たちを忘却のかなたに追いやった。ETFは次から次へとブレイクされたネックラインから上昇し、ヘッド・アンド・ショルダーズ・パターンは崩壊する。これに追い討ちをかけるように、S&P500の上昇の勢いは50日EMAの抵抗線でも止まらなかった。本来ならこの抵抗線で反転し、空売りの新たな仕掛けポイントになるところだ。カレンダーをよく観察するトレーダーであれば、この通常の動きとは異なる急上昇を事前に予測できていたはずだ。通常だと、月曜日は力強く上昇しても、反転の火曜日には価格は移動平均線の下まで押し下げられ、空売り者によって価格はさらに押し下げられたはずだ。ところが、その日は早い時間帯では下落したものの、売り手は市場を反転させることに失敗した（2）。季節的に好ましい日に反転せずに、クロージングベルに向けてゆっくり回復する動きは、強気のダイバージェンスの発生を意味する。これは、７月１日の弱気な動きとはまったく逆の動きだ。もっと重要なのは、唐突に始まった上昇はまだ終わっていないため、アクションを起こせというシグナルになっていることである。このシグナルを受けて、上昇トレンドはそれからさらに２日にわたって続き（3）、主要取引所のいずれにおいても、騰落出来高レシオは90：10という高い数字を記録した。

市場というものは実に悪魔的な動きをするものだ。テクニカルトレーダーやアナリストたちの多くは夏の修正までは予測できたものの、そのあといきなり大きくブレイクアウトすることまでは予測できなかった。季節性の影響はときとして、市場、テクニカル分析、そして常識さえもくつがえすことがあるのである。

第3部

収益性の再発見

REDISCOVERING PROFITABILITY

第5章 THE NATURE OF WINNING

勝ちの本質

利益の出るトレードと出ないトレードの違いを考えてみよう。これは経験の問題なのだろうか。それとも、マーケットプレーヤーとして生まれついた才能の持ち主がいるということなのだろうか。リスクは収益性とどう関係するのだろうか。儲かるトレーダーは、リスクの高いトレードを進んで行うから儲かるのだろうか、それともリスクの高いトレードを避けるから儲かるのだろうか。トレード心理の専門家で『**ゾーン**』（パンローリング）の著者であるマーク・ダグラスは儲かるトレーダーになるための３つのステップについて次のように話している。第１ステップ――有望なセットアップの見つけ方を学ぶ。第２ステップ――正しいタイミングと正しい価格で仕掛けや手仕舞いを行う方法を学ぶ。第３ステップ――安定的に資産を築けるようになるように経験を積む。実は、第３ステップは秘訣でも何でもない。自分の方法、システム、プランに従うように規律を持てばよいのである。

トレーダーはキャリアの早い段階で、同程度の魅力を持つ２つの選択肢からいずれかを選ぶという重大な選択を迫られる。どちらが正しくて、どちらが間違っているということはないが、どちらを選んだとしても、利益が利益を呼ぶフィードバックループに乗るにはどうすればよいのか、損失が損失を生むフィードバックループにはまらないようにするにはどうすればよいのかを真剣に考えなければならない。あなたが選択を迫られる2つの選択肢は以下のとおりである。

1．逆行したら手仕舞うという方法に一貫して従う
2．さまざまな技術を習得し、市場状態が変わったら戦略を変更する

儲からないトレーダーは、間違った執行スタイルや、良い執行方法ではあるがまだ完全に習得していない方法を使う傾向がある。ほとんどは、自分の手法の重大な欠点に気づかないことが原因だ。なぜなら、その手法は本で学んだものであったり、悪い意思決定でお金を稼ぐといった不適切な方法であったりするからだ。一方、儲かるトレーダーは自分の戦略の欠点を知り尽くし、ダメージを受けないように常に対策を講じている。

自分の手法を完全に理解するには、長期にわたる損益を分析することが不可欠だ。システムの欠点をできるだけ早く見つけだし、自分の手法、システム、プランが本当に機能するのかどうかを判断するのである。トレードを実際にやってみて、自分のマーケットへのアプローチが自分のライフスタイル、心理、長期目標に合わないことに気づくトレーダーは多い。投資家気質でありながらスキャルピングをやっていたり、ボラティリティが嫌いなのにデイトレードをやっている場合などがそうだ。自分の性格に合わないシステムを使えば、ろくなことにはならない。

ナシーム・タレブは著書『まぐれ――投資家はなぜ、運を実力と勘違いするのか』（ダイヤモンド社）のなかで、われわれが損をする原因について興味深い議論を展開している。ほとんどのトレーダーは自分のことを、歴史的瞬間に正しい戦略で正しい場所にいたのだから大物トレーダーだと勘違いしていると彼は言う。しかし残念ながら、こうした自称エキスパートたちは、時代が変われば市場から消え失せる運命にある。絶対確実な戦略でも時代が変われば機能しなくなるから

だ。聞き覚えのある話だとは思わないだろうか？　そう、これはまさに、ITバブル、不動産バブル、エネルギーバブルの崩壊とともに消え失せたブルマーケットの天才たちのことを言っているのだ。そこで質問だが、あなたはなぜ、２年前、５年前、あるいは10年前と同じ方法で市場を追いかけているのだろうか。答えははっきりしている。あの時代が戻ってくることを信じているからだ。苦労して手に入れた資産を捧げて、株価が右肩上がりに上昇し続けたあの輝ける時代をよみがえらせようとしているのである。

市場が逆行しているときに質問しても同じ答えが返ってくる。回答者の半分は、こてんぱんにやられたからゲームを降りようと思っていると答え、残りの半分は、これまでで最高の利益を狙うつもりだと答える。あなたはどちらのグループに入るだろうか。私が代わりに答えよう。市場に対する適応能力が高く、目の前にある現実を見つめ、古い習慣が現実に干渉することを許さない人であれば、逆境を乗り越えることができるだろう。しかし、もっと良い日がやってくることを祈る人、あるいはベアマーケットなのにブルマーケットでのゲームをするような人は、フロントガラスに飛んでくる虫と同じように、吹き飛ばされるだけだろう。

リスク・リワード比の評価や損切りといったマネーマネジメントテクニックについて書かれた本は多いが、儲かるトレーダーよりも損をするトレーダーのほうが圧倒的に多いのが現実だ。それは、彼らがチップを両替してゲームテーブルを去るべきタイミングというものを知らないからだ。利食いや損切りのタイミングを教えてくれる人はだれもいない。自分で学ぶしかない。どういった戦略でも――たとえ利益を出す戦略でも、ドローダウンを逃れることはできない。しかし、多くのトレーダーは欲と恐怖にがんじがらめになり、価格が逆行すると素晴らしい手法でもいとも簡単にあきらめてしまう。

トレーダーがトレードを行う理由はいろいろあるだろうが、最大の理由はお金を儲けることだ。そもそもお金を儲けられなければ、金融市場に夢中になったりはしないはずだ。そこで、自分の現実に目を向けてみよう。今年あなたは儲けているか。「はい」の場合、請求書を払ったり、少なくとも家族や友人に自慢できるほど儲けているか。過去はどうだったか。２年前、３年前、あるいは５年前よりも安定した利益を出せるようになったか。収益性はある程度は氏と育ちに関係する。要するに、天性のトレーダーもいれば、われわれのように生涯を通して遺伝的欠陥を補うことに時間を費やさなければならない人間もいるということである。幸いなことに、リスクテイキングなどの主要なトレーディング属性は、心から市場を愛し、規律の確立に真剣に取り組もうとする人にとっては後天的に取得することができる。

負けてばかりのトレーダーは、勝者の習慣、考え方、戦略を学ぶべきだろう。彼らの行いをまね、長期的なパフォーマンスを向上させるために必要な規律を確立するのである。負けてばかりのトレーダーは「規律」について考えることが大嫌いだ。彼らの憧れは大物トレーダーになることであり、規律のような地味なことには目もくれない。しかし、規律の確立は、市場で生き残るための唯一の現実的な方法なのである。皮肉なことに、市場で損をする最大の理由を無視する人々と、大金を払ってトレーディングセミナーにせっせと通いつめる人々とは一致する。しかし、唯一セミナーで学べないものが、規律なのである。

正の期待値

規律とマネーマネジメントは儲かるトレーダーになるうえで極めて重要なものだ。しかし、現実に目を向けると、どんなふうにトレードしようと、自分の手法、システム、プランが正の期待値を持たないかぎり、つまりトレーディングエッジを持たないかぎり、利益を得ることは不可能だ。正の期待値とは、あるトレードにおいてリスクにさらした1ドルに対して、どれくらいの利益が期待できるかを測定したものである。ギャンブラーが一喜一憂するのがこの方程式だ。これは、カジノやカードテーブルではプレーヤーズエッジと呼ばれる。計算式はいたって簡単だ。

正の期待値

期待値＝（PW×AW）－（PL×AL）
　ただし、
PW＝勝率
AW＝平均利益
PL＝敗率
AL＝平均損失

　われわれの大部分は自分の戦略のことをあまりよく理解していないため、それが正の期待値を持つのかどうか判断することができない。システムトレーダーは検証を行ってこれらのマジックナンバーを導き出し、自由裁量トレーダーは独断に陥らないように莫大な量のトレード結果を記録・分析して意思決定を行う。しかし、それでもわれわれは、自分のアプローチが実際には正の期待値を持っていないにもかかわらず、持っていると自分に信じ込ませる傾向がある。正の期待値の方程式の特長がトレードのリスクとなる価格と時間よりもはるかに重要だ。事実、儲かるシステムはランダムな仕掛けを使っても構築できることは研究からも分かっている。つまり、理論的には、チンパンジーにダーツを投げさせて真ん中に的中させるのと同じ方法で利益を出すことができるということである。しかし、この毛むくじゃらの霊長類は負けトレーダーと同じ致命的な欠陥を持つ。テーブルから金を引き上げるタイミングを知らないのだ。

正の期待値は、単なる数字の問題ではなく、心理の問題だ。どんなに完璧な戦略であろうと、すぐに報酬が得られなければすぐにあきらめてしまうトレーダーは多い。ある戦略でうまくいかなければあきらめて別の戦略を探し、それもうまくいかなければまた別の戦略を探し……という悪循環に陥る。途中で立ち止まって、そもそもその手法は正の期待値を持っているのかどうかを考えたりはしない。つまり、戦略に潜在能力を発揮させて結果を出すだけの十分な時間を与えないということである。

ここでわれわれは規律という耳の痛い話に引き戻される。トレードの計画を立て、その計画どおりにトレードするのは確かに退屈だ。しかし、敗者の悪循環を打ち破り、安定した収益性へと舵を切り直す信頼のおける方法はこれ以外にはないのである。

サバイバリストのトレーディングプラン

トレーディングプランと言っても千差万別だ。ナプキンの端に走り書きしたプランを使って輝けるキャリアを築き上げることのできる才能のある人もいるが、その日に何をしたか、どういった心理状態だったか、どういったフィルタリングを行ったかといったことを事細かに書き連ね、押入れをトレーディング日誌でいっぱいにする分析好きな人もいる。堅牢なトレーディングプランは、こうした両極端の間に位置する。簡単すぎるのは危険だし、気を取られすぎても逆効果だ。つまり、トレーディングプランとはトレーディングのルールを決めることであり、その日に行うべきこと、行ってはならないことはそのルールに基づいて決まるのである。トレーディングプランには、利益目標、損切りの位置、リスク許容量など、利益と損失に関連するあらゆることを含めなければならない。そして、そのプランに書かれたルール、判断基準、戦略をしっかりと自分のものにして、現代の電子化された市場のワナや落とし穴に対抗できるようにするのである。

サバイバリストのトレーディングプランにはもうひとつステップが加わる。よく知られたテクニカル分析や市場の伝説は無視し、損益方程式のリスクサイドに意識を集中させるのである。サバイバリストは、いつ何時でも市場に忍び込み、供給と需要の自然な流れを阻止する悪魔的な力やプログラムアルゴリズムに注意しながら、常に懐疑的な目ですべての機会を吟味する。そうした影響力と歩調を合わせて、可能とあればいつでも、古いシステム、スタイル、手法に固執する愚かなトレーダーの財布からお金をすり取る。そして、パターンの失敗を誘発する支配的な力を認識し、こうした直感に反する現実を利用した戦略を開発する。

まずは自分のトレーディングプランを作成しよう。作成したら、数週間はそれに従ってトレードし、取ったポジションと結果を自己反省日記に記録する。プランを微調整しながらトレードを続け、調整個所を検証する。ただし、すぐに利益が出ないからといって、焦ったり、自分が間違っていると思ってはならない。大きな変更はその潜在的な影響を戦闘から離れてじっくりと調べることができるように週末や休日に行う。数週間から数カ月たったら、プランを日記の内容と比較する。自分の行ったことと行わなかったことから自分のスタイルが見えてくるはずだ。トレーディングゲームは常に見直しを必要とするゲームだ。正直に書いた日記は、自分の意識を常に長期目標に集中させるうえで役立つはずだ。ただし、日記は悪い意思決定の言い訳に使ってはならない。

サバイバリストのプランは４つの主要な要素からなる。プランを作成したら、ポジションを建てる前にそれぞれの機会をこれらの要素に照らして吟味することが重要だ。このフィルタリングに使った時間は生きた時間になる。なぜなら、このプロセスは、最高のトレードの発見に役立つだけでなく、お金を実際にリスクにさらす前に隠れた危険も教えてくれるからだ。

1. **予測**　予測には２種類ある。ひとつは、価格が上がるか下がるかを予測するというもの。もうひとつは、トレンドが上か下かにかかわらず最終的にブレイクした方向につくという戦略の適用だ。方向性プレーにはもうひとつ仕事が加わる。あらかじめ決めておいた保有期間内に価格が自分の予測どおりに動く確率を導き出すことだ。これは非常に難しい作業だ。なぜなら、われわれのほとんどはそもそもトレードがうまくいくとはどういうことなのかを理解していないからだ。確率を決めるうえで役立つアドバイスがひとつある。予測が的中する確率は、クロス検証の頻度によって違ってくるということだ。クロス検証は『**スイングトレード入門**』で紹介した主要な概念のひとつで、パターンのなかにあるコンバージェンス－ダイバージェンス関係を移動平均線、フィボナッチリトレースメント、トレンドライン、ギャップ、テクニカル指標といったチャート要素に基づいて見いだすというものだ。つまり、自分の予測（上昇トレンドあるいは下降トレンド）にぴったりと合うチャート要素が多いほど、その予測が的中する確率は高いということである。
2. **タイミング**　お金を稼いだり損をしたりできるのは、市場にいる間だけである。したがって、どの戦いに挑むかを決めるのは極めて重要だ。チャートを振り返って、見逃したビッグトレードを見つけるのもよいだろう。しかし、実際の意思決定は、まだ発生していないために見ることのできない「鉄板のエッジ」で行わなければならない。保有期間――任意のポジションに費やす時間――は、リスクをとる前に決めよ。トレードはこの時間内に予想された価格スイングを完成させなければならないわけだから、この決定は極めて重要だ。優れたトレーディングプランにはさまざまな水準の価格と時間の組み合わせを含めなければならないが、ここまでやれるようになるにはかなりの経験を必要とする。「なぜそんなことをわざわざやる必要があるのか。動きがあるまで市場にいればいいじゃないか」と思う人もいるかもしれない。残念ながら、この方法ではうまくいかない。リスクはあなたが市場にいる時間の関数だ。つまり、市場にいる時間が長くなるほど、リスクがそれだけ増すのである。逆に、トレード可能なパターンや仕掛け価格は潜在的利益に上限を設けるため、方程式のリワードサイドは増えない。リスクは増えてもリワードは増えないというこの状況は、あなたを大きな危険にさらすことになる。

3．**ボラティリティ**　トレード機会はボラティリティ特性がそれぞれに異なるため、ポジションを建てる前に十分に調べる必要がある。ボラティリティの高い市場は、ボラティリティの低い市場に比べると短期間に大きく動くため、ボラティリティのチェックは極めて重要だ。一言でいえば、ボラティリティは最終的な利益や損失に直結するということだ。最も良いトレードは、ボラティリティブレイクアウト（ボラティリティが低い状態から高い状態に変わる）で仕掛けることだ。これは、『**スイングトレード入門**』では、ネガティブ－ポジティブ・フィードバック・インターフェースとして詳しく解説した。トレードの秘訣は、ボラティリティが低いときにポジションを建てること。そうすれば、そこそこのリスク・リワード比は保証される。しかし、トレンド－レンジ軸の周期的な変化を見つけだしてそれをトレードするには、高度なパターンを解読する技術が必要になる。例えば、ペナント型トライアングルパターンは、パターンの開始点からトレンドラインの収束点までの距離の三分の二辺りで価格が収縮し始め、最終的にブレイク

図5.1

長い休眠から目覚めたバイオクライスト・ファーマシューティカルズ

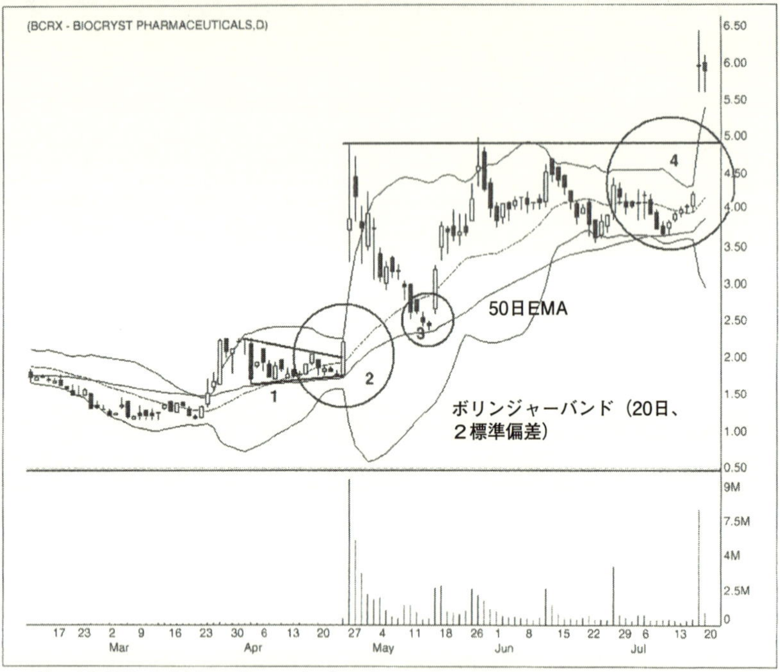

アウトまたはブレイクダウンするが、いつブレイクアウトやブレイクダウンするかは、トライアングルのなかにスイングがいくつ発生するかによって決まる。一般に、５つのスイングが完成したらブレイクアウトやブレイクダウンが発生すると思ってよい。したがって、パターンリーダーには２つの観察から１つの見解を導き出す能力が求められ、これができて初めて良いトレードが生まれるのである。候補となるトレードに対する今のボラティリティサイクルは、次の３つの分析を使えば３秒で測定することが可能

だ。

●価格の足は高ボラティリティ期には長大化し、低ボラティリティ期には短小化する。
●ボリンジャーバンドはトレンド期には拡張し、レンジ相場に入ると収縮する。
●価格と移動平均線の関係は長期サイクルで変化する。価格が移動平均線に近づけば、新たな拡張サイクルが始まる予兆。

ボラティリティや期待できる利益機会が周期的に変わる様子を、バイオクライスト・ファーマシューティカルズのチャートで見てみることにしよう。**図5.1**を見ると分かるように、株価は長い下げ相場からようやく目を覚まし、４月になって２ドルを少し下回る水準に落ち着く。それからおよそ１カ月にわたってペナント型トライアングルパターンの横ばい相場が続く（１）。その間、ボリンジャーバンドも価格も収縮する。その後、出来高を伴って大きくギャップアップ（２）し、低ボラティリティ状態から高ボラティリティ状態に変わる。価格は５ドルまで上昇したあと下落し始め、50日移動平均線まで下落（３）してNR7（過去７日間のどの足よりもレンジが狭い足）を記録。その後、垂直状に回復して、抵抗線で上げ止まり、そこから下降トライアングルパターンが始まる。それに伴って、ボリンジャーバンドは収縮し、７月中旬までレンジ相場が続く。７月中旬に、50日EMAに再び達したあと、５日間にわたって上昇。その後、出来高を伴って垂直状にブレイクアウト（４）すると、ボリンジャーバンドは再び拡張する。

４．リスク　随分前のことになるが、素晴らしいトレーダーに会ったことがある。トレードの秘訣を聞くと、彼は禅僧のように静かに短い言葉を発した。「リスク管理」。これを私が理解するまでには何年もかかった。驚くべきことに、これまで見てきた３つの要素を無視しても、各ポジションのリスク管理をしっかり行いさえすれば利益を出すことはできる。

これを一歩進めて考えてみよう。実際にはパターンなど知らなくてもトレードはできるし、価格がどっちの向きに動くのかを知らなくても市場からお金を奪うことはできる。そう、低リスクのポジションを建てて、冷酷なまでの厳しさでそれを管理しさえすれば、利益を出すことはできるのだ。そのためには、まずリスクの性質を見極める必要があるが、これが非常に難しい。ほとんどのトレーダーはこれができないし、できるようになるための努力もしない。それはなぜなのだろうか。われわれ初心者の大部分は、迷路をさまようネズミと同じだ。魔法のチーズ探しに忙しすぎて、ワナや袋小路にはまってしまうのだ。

これら４つの主要な要素を含む実行可能なトレーディングプランを作成すれば、あなたの仕事は半分終わったも同然だ。あとは、各要素を自分の経験レベル、立場、流動資産に合わせてカスタマイズすれば、作業は完了だ。この仕事を無事にやり遂げるためには、次の10の項目に留意することが大切だ。

1. **自分のスタイルを明確にせよ**　これには、執行ルール、トレード対象、ポジションサイズ、サイドラインに控えるべきときを教えてくれるフィルターが含まれる。
2. **自分のライフスタイルに合ったプランを作成せよ**　自分に合った保有期間を選ぶことが重要。これはすべての基本になる。保有期間は、経験と資金、さらに家族や自由時間などを含めたライフスタイルに合わせて選ぶ。
3. **トレーディングの目的を明確にせよ**　自分にとって重要なのは、

リスクの回避か、それともリターンか。トレーディングで得た利益は、住宅ローンの支払いに必要なのか、それとも次の休暇の資金に充てるだけなのだろうか。目的がはっきりしない場合は、はっきりするまでは小さくトレードする。

4．**リスク資産とリスク許容量に見合う大きさのポジションを建てよ**　口座サイズに見合わない大きな取引をしてはならない。長期ポジションはドテンを繰り返すよりも、賭け金を制限することのほうが重要。また、証拠金はいつどのように使うかを決めておく。

5．**仕掛けと手仕舞いのルールを決めよ**　どういったトレード機会が発生したときにトレードを行うかを決めておく。また、引き金を引く前の数分間あるいは数時間に、どういったことが発生しなければならないのかをリストアップする。

6．**各ポジションで売買する株数を決めよ**　カモが列をなしているときは売買する株数を増やし、そうでないときは減らす。リスク管理のためには売買する株数は制限しなければならず、新しい戦略を試すときには小さくトレードする。

7．**指値と成り行きのどちらで注文するかを決めよ**　物理的ストップや心理的ストップを使うつもりか。これは、１日中トレーディング画面の前に座っているかどうかによって違ってくる。１日中市場を見ている時間のない人は、ポジションを建てたら必ず物理的ストップを置くことが重要。

8．**トレーディングプランを見直す時間を持て**　戦略を変更したときはリスクの見直しも必要。プランには新しいアイデアを取り入れるべきだが、そのときには効果を確認しながら、少しずつ取り入れることが大事。

9．**各市場日が始まったら、その日に集中的に取り組むべきことを決めよ**　時間には制約がある。その割にはやるべきことが多すぎる。したがって、最も緊急性を要する仕事を優先することが大事。

10. **情報源を選べ**　ニュースと数字のどちらでトレードするかを決める。経済指標でトレードするつもりか、それとも発表前には手仕舞ってサイドラインに下がるつもりか。最後に、市場が開いている間、テレビをつけておくかどうかも決める。

さて、いよいよ自分のトレーディングプランを実行するときだ。金融市場でお金を失う方法は星の数ほど存在する。市場で長くプレーすれば、どういった方法がお金の喪失につながるのかは次第に分かってくるが、サバイバリストのプランを使えばそんな遠回りはしなくてすむ。なぜなら、サバイバリストのプランを使えば、ほかのトレーダーが直面するようなワナや落とし穴を避けることができるからだ。何よりも重要なのは、あなたを大きなリスクにさらす５つのマーケットシナリオを知ることである。

1. **悪い市場**　良いパターンが見つかっても、市場が悪ければ何の意味もない。市場の動きに整合性がないとき、あるいは優柔不断な動きをしているときには、サイドラインに下がって待つことが重要だ。市場で長く生き残れるかどうかは、効果的なトレード管理ができるかどうかにかかっている。つまり、リスクが測定できないときにはトレードはするな、エッジが見つからないときにはサイドラインに下がれ、ということである。
2. **悪いタイミング**　正しくても損をすることはある。トレンドは時間枠ごとに異なるため、対立することも多い。トレード分析どおりの利益を実現するためには、トレンドのはっきりしない時期をうまく切り抜け、ポジションをこれらのサイクルに一致させなければならない。
3. **悪いトレード**　あなたの気を引くためのワナを仕掛けてくるイヤなやつはたくさんいるものだ。だから、疑問のあるプレーに貴重な資産を投じるのは完全なコンバージェンスを確認できてからにすることが重要だ。そして、危険なサインを見たら、すぐに手仕舞う。思考停止に陥れば、自分に有利に動いているかどうかとは無関係に、まったく無意味なポジションを取ってしまうことはよくある。愚かなトレードを手仕舞うのに、遅すぎるということはない。そういうトレードであることが分かったら、すぐに手仕舞う。

4．**悪いストップ**　悪いストップは、良いポジションをも台無しにする。ストップは市場ノイズの外側に置き、リスクは最小限に抑えることが重要だ。自分がストップに引っかかるのはインサイダー情報を知るプロのせいだと思っているトレーダーは多いが、ストップに引っかかる理由ははっきりしている。いつも同じ場所にストップを置くからである。

5．**悪いアクション**　現代の市場は、大衆を振るい落としてから明確なトレンドを形成する。大衆が振るい落とされるのは、プロたちに手の内を知られたポピュラーな戦略を使っているからだ。要するに、テクニカル分析の本に書かれている買いや売りのシグナルを使っても儲からないということである。

ヨーヨートレーダー

この世界には3つのタイプのトレーダーがいる。勝者、敗者、そしてヨーヨートレーダーだ。勝つことは良いことであり、負けることは悪いことである。ここまでは簡単に理解できる。では、ヨーヨートレーダーとは一体どういうトレーダーのことを言うのだろうか。一言でいえば、大きく稼ぎ、大きく負けるトレーダーのことをいう。ときには、この両方を1日でやってのけることもある。ヨーヨートレーダーのトレーディング人口に占める割合は非常に高く、いわば、金融市場のサイレントマジョリティーと言ってもよいだろう。

ヨーヨートレーダーが抱える苦悩は察するにあまりある。十分な技術は持っているため、比較的簡単に利益の出るポジションを建てることはできるが、それと同時にくだらないプレーもたくさん行うため、大きな損失を出す。この両極端な苦難のなかにあって、彼らがゲームを続けることができるのは正の強化が十分に大きいためであるが、残念ながら、パフォーマンスの大きな向上を望めるほどの利益を出すことはできない。

ヨーヨートレーダーは2つのタイプに分かれる。ひとつは、いつか稲妻が走ることを信じて、日々の平凡な結果に甘んじるタイプで、もうひとつは、ずっと利益を出していたかと思ったら、一転して損ばかり出すようになるタイプだ。どのトレーダーも長いキャリアの間には、こうした損益の激しいパフォーマンスに陥るときがある。重要なのは、損益の激しいパフォーマンスの様相を見せ始めたら、できるだけ早くそれを察知し、ダメージを抑えるための予防措置を取ることである。

損益の激しいパフォーマンスに陥る原因は2つある。ひとつは、効果的なリスク管理テクニックを持っていないことだ。そのため、ポジションが不利な方向に動き出したときに適切な行動が取れないのだ。これはオペラント条件付けによるものだ。危機に陥ると救済されるという経験を積み重ねた結果、待てば市場は必ず自分に有利な向きに戻るという信念を植えつけられてしまったのだ。もちろん、数学など何の役にも立たず、そういった悪い行いに対する報いは、損失の増加と利益の縮小という形となって現れる。

もうひとつは、市場で長く生き延びることをより困難にするものだ。ヨーヨートレーダーの資産形成は市場の動きに連動し、そのグラフは指数チャートと似たようなものになる。つまり、ヨーヨートレーダーは市場全体が上昇するときにはお金を稼ぐことができるが、下落に転じれば損失を出すということである。市場を長く生き抜くためには、どんな市場状態のときにも勝ち続けなければならないことを考えると、資産形成のこの性質は市場で生き長らえるうえでの障害となる。なぜなら、これは市場が上昇しているときに儲けるというブルマーケットメンタリティを生みだすからだ。しかし、ブルマーケットメンタリティは、押しや修正などの下降局面では壊滅的な被害をもたらす。残念ながら、ほとんどのトレーダーのプレースタイルはこうである。なぜなら彼らのなかでは、上昇トレンドのみを合法とし、そのほかの環境はすべて自然の奇行や気まぐれとみなす気持ちが無意識に働いているからだ。2000年３月と2007年７月に天井を付けたあと巨額の資金が失われたが、それはこの誤った心理が主な原因である。

こうした誤った心理状態に陥るのは大衆ばかりではない。経験豊富なトレーダーもそうである。上昇する市場に催眠術をかけられ、モメンタムを追っかけることだけに夢中になり、パターンサイクルやリスク重視に基づく戦略の構築をおろそかにしてしまうのだ。偏狭な戦略に対して完璧な状態を市場が提供してくれなくなったときには、サイドラインに下がって待たなければならないのだが、これも忘れてしまう。残念ながら、ほとんどトレーダーは逆境に遭遇すると規律を守れなくなり、相場を自分の意のままに動かそうとするが、悲惨な結果が待っているだけである。あるいは、不安にかられて、実際には存在しないパターンや機会が存在すると錯覚する。この希望的観測とアグレッシブなオーバートレードとが組み合わさると巨額の損失を生む。そして現実に目覚めたときには、時すでに遅し、である。

ヨーヨーメンタリティがトレーディングキャリアを終焉させる方法はほかにもある。トレーディングゲームでは毎日厳しさが要求されるため、ボーダーラインにいる参加者は自分に甘くなり、自滅的なスタイルを築き上げてしまう。変動する市場を頭の中で整理しようとしているときに疲労が入り込むと、グレーなものに対して無理やりに白黒をはっきりさせようとする。こうした無意識のうちに行われるパターンフィッティングは、願望成就のために入力信号をゆがめてしまい、ポジションはのるかそるかの状態に追い込まれる。

ヨーヨー病にかかったトレーダーは現実に目を向けることが重要だ。彼らは市場からお金を奪うためにこのゲームに参加したはずだ。ところがどうだろう。今や、勝ちと負けを延々と繰り返している。これは終わりのない踏み車を回し続けるハツカネズミそのものだ。考え方とテクニックを大きく変えないかぎり、彼らは失敗という運命から逃れることはできない。ヨーヨートレーダーを勝ちトレーダーに変えるのは、負けトレーダーをときどき勝つトレーダーに変えるよりもはるかに難しい。それは大改造プログラムを必要とする。なぜなら、彼らは悪い意思決定から正の強化を受けすぎたために、無意識のうちに成功への道を歩んでいると信じ込んでいるからだ。彼らを現実に目覚めさせることは可能だ。ただし、そのためには今の状態では成功は絶望的であることを認識させなければならない。それには外因的要素が必要だ。例えば、請求書も支払うことができないような市場での戦いの話に配偶者が愛想を尽かすとか……。

ヨーヨートレーダーから脱却するために、今すぐにできることを４つ紹介しよう。

1. **トレード回数を制限する**　ヨーヨートレーダーは、損をしたらそれを取り戻そうとしたり、勝ったらそのあとでアグレッシブにトレードしすぎることで損をすることが多い。１日で行うトレード回数を設定し、それに従うことが重要だ。
2. **売買サイズを減らす**　ヨーヨートレーディングの最大の敵は欲と恐怖だ。良いトレードではしっかり利益を出し、損切りしてもあまり大きな損失が出ないようにするためには、売買サイズを減らすことが重要だ。
3. **短いウオッチリストを作成する**　次の１週間あるいは１カ月にトレードする銘柄リストを作成する。銘柄リストに含む銘柄は５銘柄か10銘柄にし、それ以外のポジションは取らない。リストにある銘柄でも、良い機会に恵まれない場合はトレードは控える。

４．得るものを得たら、退場せよ　日々の損益目標を価格で設定する。その場合、利益目標は損失目標の少なくとも２倍に設定する。いずれかの目標値に達したら、その日のトレードは終了する。

長期的収益性

市場はいつも上昇するとは限らない。これは、買いに偏ったトレーダーにとっては大きな問題だ。ブレイクアウトで買うことに慣れすぎた彼らは、反転したときに利益を維持することがいかに難しいかといったことは考えない。また、それまで長い間機能してきたプレーが機能しなくなったときに、そのプレーをやめることはなかなか難しい。それまで利益をもたらしてきた行動を、利益をもたらさなくなってからもなかなかやめられないのは人間の本質と言ってよいだろう。エサを与えるときに必ずベルを鳴らすようにしたところ、エサがなくてもベルを鳴らすとよだれを垂らすようになったパブロフの犬がこれのよい例だ。

修正局面において利益を維持するための第一条件は、戦略が機能しなくなったことを察知したら戦略をすぐに変更することだ。あなたの予想が間違っていたとしても、１つか２つの良い利益を失うだけである。つまり、市場がフェイントをかけてすぐに回復したとすると、最初のスイングではチャンスを逃しても、ブレイクアウトで再び仕掛ければよいということである。あるいは、あなたの予想どおり、数週間から数カ月にわたって下げ続ける場合もあるかもしれない。適応型トレーディングスタイルはこんなときに本領を発揮する。アップスイングで得た利益を保護する一方で、修正局面で機能するプレーで利益の上乗せができるからだ。

現実問題として、トレーディング戦略を即座に変えるのには相当の規律が必要になる。アップティックになったり、市場を押し上げるようなニュースが発表されれば、浮き足立つものだ。市場の上昇はわずか数分のこともあれば、数時間続くこともある。チャンスを逃すことを恐れるのは、マーケットプレーヤーにとっては慢性病のようなものだ。衝動をどうしても抑えきれない人は、こうしたカウンタートレンドではトレード量を抑えてトレードし、仕掛け価格になるべく近い位置にストップロスを置くことが重要だ。ただし、この場合、アップティックは逃さずにすむかもしれないが、ワナにはまるおそれがあるので注意が必要だ。

上昇していた相場が下落したとき、買いに偏ったトレーダーを救ってくれる５つの対応策を見ておこう。これは短期のダウンスイングにも長期のダウンスイングにも有効だ。これら５つの対策を実行すれば、トレード口座がダメージを受けて、次の上昇局面でトレードできなくなるといったことは少なくともないはずだ。

1. **選択**　上昇局面における下落ではベータを下げ、ボラティリティの低い安定した株を探せ。つまり、小型株やチャットルームプレーは避け、日々の平均の値幅が２ポイント未満のゆっくりとした動きの銘柄を選ぶということである。公共事業株や耐久消費財株のディフェンシブプレーを考えてみるのもよいだろう。投資家たちが利食いして、別の投資先を探しているときには、ホットセクターからコールドセクターへのセクターローテーションを検討するのもよいだろう。
2. **スキャルピング**　保有期間を短くせよ。そして、自分に有利な向きに動く波動を追いかけるのはやめよ。肩の力を抜こう。どんなポジションにもリスクがあり、ストップが引っかかるまで修正は続くことを忘れてはならない。このようにボラティリティが高いときは、早めに利食いして、価格が下がったら改めて買い直すのが一番よい。ボラティリティが高いときは、価格が急上昇したらすぐに売るのがよい。例えば、トライアングルパターンのブレイクアウト前に買ったら、トレンドを期待して持ち続けるよりも、ブレイクアウト後の最初のスイングのトップで売る、といった具合だ。

3．**サイズ**　下落しているときには小さなサイズでトレードせよ。強い上昇トレンドのときにはビッグプレーを好むトレーダーが多いが、修正局面ではリスクは劇的に上昇する。愚かなトレーダーたちを良いポジションから振るい落とす、胃が痛くなるような状況を生き延びるには、トレードサイズを小さくすることが重要。サイズを小さくしておけば、市場が途中の安値に近づきつつあるとき、リスクを限定しながら、成り行きを見守ることもできる。具体的には、押し目で数株買い、大きく回復したら売る。見立てが間違っていたときには、損切りして、もっと良い仕掛けポイントを見つける。サイズが小さければ、損切りしても小さな損失ですむ。これを繰り返していれば、やがては軌道に乗り、失った分は取り戻すことができる。

4．**サイドライン**　危険な市場で悪い意思決定を行えば、苦労して手に入れた何カ月分もの利益は根こそぎ持っていかれる。修正局面で損失を免れた１ドルは、トレード口座に１ドル追加したのと同じ効果を持つ。修正局面では急落が発生し、その一方で市場は回復しようとするため、長期にわたって動きのない退屈な時が流れることもある。機会費用を考えれば、こういった局面ではサイドラインに下がっているのが一番だ。もう一点注意すべきことは、Ｖボトムは危険な幻想にすぎないということだ。慎重なトレーダーはＶボトムには近づかない。つまり、一直線に下降した市場は、一直線に回復することはなく、ジグザグ動作を伴いながら時間をかけて回復することが多いということである。

5．**空売り**　修正局面を乗り切るための最後の手段が空売りだと言うと驚くかもしれない。買いに偏ったトレーダーの大部分は、売るという気持ちが入り込む隙がないほど、気持ちが常に買う方向に傾いているため、修正局面でも簡単には戦略を変えられないのが現実だ。したがって、売ればひどく不安になり、最初のスクイーズでパニックに陥る。さらに、上昇相場では大きなバイイングパワーがあたりを漂っているため、修正局面で売りのタイミングを見つけるのは難しい。一方、下落相場では空売りはシルクのようにスムーズにいく。2002年や2009年初期のように、下落相場の後半の段階では特にうまくいく。

本当の最終損益

最終損益を考えるとき、そこには戦略的、感情的、知覚的問題といった複雑な問題が絡んでくる。複数の口座を開設して金融市場をトレードするときには特にそうである。マネープールはそれぞれに異なる目的を持つ。例えば、年金ファンドは資産の形成手段として巨額のマネーが流れ込む。厄介なのは、われわれは長年にわたって、こうしたファンドの収益性を、トレード口座に入れた投機資産とは異なるものとして考えるように訓練されてきたことだ。ここから妄想が始まる。つまりはこうだ。30K口座では少しばかり利益を出したが、IRAやキーオ（Keogh）では、取ったポジションが悪かったり、投資した市場が悪かったりで大きな損失を出す。ところが、こうした大きな損失を出したにもかかわらず、あなたは利益を出したと思ってしまうのだ。なぜなら、年金ファンドはいつともしれない将来のある時点においてそうした損失を払い戻してくれると誤解しているからだ。

心をこうした妄想から解き放つ方法はただひとつ。すべての資産とポジションを１つのデータシートにまとめ、トータルリターンを計算することである。自分は大物トレーダーだと無意識のうちに自分に思い込ませようとして長期ポジションを無視してきた人は、この作業は非常に難しくなる。55歳の誕生日を過ぎている場合は特にそうだ。ほとんどの年金ファンドは59.5歳になれば自由に引き出すことができるため、このマネープールは、日々あるいは月々のパフォーマンスを要求されない、遠い将来のための貯蓄ではもはやない。あなたの老後の生活を支えるお金なのだ。週ごと、月ごと、年ごとの利益を見るときにすべての口座を総合的に見ることの重要性は、いくら言っても言いすぎることはない。トレーダーというものは感情的な生き物で、あらゆる種類の自己破壊行動に陥る危険性を秘めている。われわれが自分のために選んだこのビジネスの真の姿を語ってくれるものは、最終損益しかない。そのほかのものは、単なる気休めにすぎない。

一方、総合的な収益性を分析するときには、やりすぎにならないように注意しなければならない。毎日、あるいは毎週利益を出さなければならないというわけではなく、月ごと、年ごとに見てどうかということが重要なのである。フィルタリング期間が長ければ、損失の日が何日も続けば苦痛を感じることがあるかもしれないが、落とし穴がたくさん掘られた平原から無事にはい出る時間を与えてくれるという利点もある。ご存知のように、最近ではいじいじと細かくチェックする人もいる。では、損益はどれくらい細かくチェックするのがよいのだろうか。私の場合、この10年でやりすぎから、KISS（Keep It Simple, Stupid＝愚直なまでにシンプルに）に移行した。最初はトレードごとに統計量を細かく記録していたが、最近では各口座の資産曲線だけを追跡するようになった。もちろん、そのなかには利子、手数料、配当も含まれる。

利益をパーセンテージで見ようとすると、ウソが含まれることになる。パーセンテージは小さい口座では問題とはならないが、大きな口座や年金ファンドでは問題となる。つまり、１万ドル口座が２倍になってもあまり意味はないが、50万ドル以上の口座が２倍になればまったく話は別ということである。また、複数の口座の増加率を平均してはならない。すべての口座の増加率を足し合わせて、それを口座数で割って得られた数字には何の意味もないからだ。その代わりに、すべての口座の資産を足し合わせて、損益の合計をそれで割る。その数字が気に入ろうが入るまいが、それこそが正直な数字なのである。初心者は増加率や減少率に注目する必要はまったくない。金融市場での振る舞い方を学ぶときに、信頼できるのはパーセンテージではなく金額である。トレーディングを始めてから最初の１年間は、純利益を増やすことに集中することが大事だ。資産曲線が正しい向きに動いているかぎり、毎月利益が数ドルしか増えなくても気にする必要はまったくない。

トレーダーは物事をすぐに忘れる。悪いポジションを立て続けに取って口座を破産させても、１週間あるいは１カ月良い相場が続くと、調子が出てきたと決め込む。この近視眼的な考え方が最もよく見られるのは、市場が長い修正局面を抜けて上昇に転じたときだ。負けトレーダーは、この期間に発生する損失は「真の」パフォーマンスを反映しない単なる例外にすぎないと考え、そういった悪い時期を意識からそしてデータシートからも消してしまうのである。どんなトレーダーにもドローダウンサイクルは定期的に訪れる。したがって、データ分析を、比較的パフォーマンスの良かったあるいは悪かった直近の期間にのみ限定するのは無意味である。

長期にわたる収益性を実現するためには、まずは、金融市場ではビッグプレーだのスモールプレーだのは重要ではないことを認識することだ。重要なのは、各ポジションを一貫した方法で管理し、事前に作成したプランに従ってトレードすることである。結局、トレーディングは、小さなエッジを見つけて、それを長期にわたって実行することで初めて成功を手にすることができる確率のゲームなのである。収益性を調べるのに近道してはならないというのはこういうことである。トレーディングは、長い目で見れば志願者のほとんどが失敗する運命にあるという大きな事業だという事実を認識することが重要だ。この動かしがたい事実を認識すれば、帳尻をプラスにするのに最も有効な武器は、時間軸に沿って進捗状況を正確に測定できる信頼のおけるフィードバックシステムであることが理解できるはずである。

第6章 SURVIVALIST TRADING STRATEGIES

サバイバリストのトレーディング戦略

市場は上昇するものだと信じるのはごく自然だが、これは慢性的なアンダーパフォーマンスへとつながる道にすぎない。長い目で見れば、一方向に動き続ける金融商品はなく、どの金融商品も上昇したり下落したりを繰り返すのが普通だ。したがって、一芸しかない人は、下落、ちゃぶつき、フェイントのたびにせっかく得た利益を市場に戻してしまうことになり、生き残ることはできない。われわれのほとんどは上昇する市場を追いかけ、その勢いに乗るように条件づけられているのは明らかだ。市場が難しい状況になったときに利益を維持できないのは、この群集心理に起因する。苦労して手に入れた利益を自分のポケットのなかにとどまらせるために必要なのがサバイバリスト戦略だ。

サバイバリスト戦略でまず最初にぶつかるのが心理的な問題だ。2カ月、3カ月、あるいは4カ月間うまくいったが、市場環境の突然変異によって機能しなくなった戦略をあきらめるのは、トレーダーにとってはかなり勇気のいることであり、ほとんど不可能と言ってもよい。これはいわゆるパブロフの犬症候群というもので、ベルの音を聞けばよだれが出てくるのだ。われわれの小さなトレーディングエッジは動く標的であり、大衆がよく知られた戦略に群がれば、そのエッジは途端に消滅する。長い上昇相場のあとではブルトラップが多発し、激しく売られる最中に発生したスクイーズによって空売りした者が玉砕されるのはこのためだ。

サバイバリストのトレーディング戦略の最も重要な要素のひとつが、サイドラインに下がって待つことである。つまり、市場が反転したらトレード回数を減らし、すぐに利益が出るポジションがほとんどない場合はすぐに撤退せよ、ということである。逆に、いくつかでも利益を出したポジションがあれば、あなたは正しい流れに乗っていることになる。また、市場に参加している時間よりもサイドラインから観察している時間が長いほど、値動きや市場の方向性についてより客観的な見方ができるようになる。非効率が減衰したことを察知してギアチェンジしたら、トレンド相場やレンジ相場の次の波に乗って利益を生みだしそうなトレードを探す。サバイバリストのアプローチは、特に市場の反転時にその真価を発揮する。サイドラインに下がることで損失を出さずにすむだけでなく、その節約したお金でチャンスが来たらすぐに市場に戻ることができるからだ。例えば、ブレイクアウトを追いかけているときに、主要な指数が突然反転したとする。すると、売り手が突然現れて価格を押し下げていくため、あなたのその日のパフォーマンスは大きく低下する。市場が変わったことに気づいたあなたは、サイドラインに下がって指数が20日SMA（単純移動平均線）または50日EMA（指数移動平均線）の支持線まで下がるのを待つことにする。市場がここまで下げると、夜ごとに行っているスキャンでは大量の買いのセットアップが抽出される。つまり、強い銘柄が支持線まで押して、ディップトリップの買いシグナルを出してくるわけである。

短期および長期の銘柄入れ替えからは常に目を離さないようにする。35から45のセクターインデックス、または関連するETFのリストを作成し、それをひとつのウオッチリストにまとめる。このウオッチリストを日ごとおよび週ごとの上昇率・下落率で分類すれば、銘柄の入れ替えをリアルタイムで追跡することができる。例えば、小売りと住宅建築のように、連動して動いているグループはどれなのか、また、貴金属のように主要な指数と逆の動きをするグループはどれなのかに注目する。マーケットプレーヤーはホットセクターから撤退して、もっと良い投資先を探すといったことを常に行っている。これらのお金が向かっていく先を競争相手よりも早く見つけることができれば、大きなトレーディングエッジを獲得したも同然だ。

よく見られる銘柄入れ替えの５つのパターン

1. 強い市場が反転すると、打ちのめされてチャートが最悪の様相を呈しているセクターにお金が流入する。
2. ホットなハイテクセクターが上昇しすぎたとき、そのお金は、ヘルスケア、食品、薬品などのディフェンシブ銘柄に向かう。
3. 経済成長が停滞すると、トレーダーのお金は商品株から優良株へと向かう。
4. 経済成長の初期段階では循環株にお金が集まるが、成長が軌道に乗り始めるとお金はそこから流出する。
5. ドルが強いときは小型株にお金が集まり、弱いときは商品にお金が集まる。

スイング分析

スイングがどこから始まり、どのくらい続き、どこで終わって反対方向の新しいスイングに変わるのかを知らなければ、お金を稼ぐことはできない。保有期間やリスク・リワード特性を含め、トレードのあらゆる側面はスイングの大きさによって決まる。スイングはどの時間枠でも発生する。したがって、どのスイングでトレードしているのかを知ることも同じように重要だ。現在のスイングの測定は鋭い観察眼から始まる。これはあなたのトレーディングツールのなかで最も埃をかぶっているテクニカルツールだ。

スイングはバランスの取れた動きをする。例えば、18日から20日間一方向にスイングしたら、次は18日から20日間反対方向にスイングする、といった具合だ。厄介なのは、これらの割合が変わることもあるということだ。例えば、一方向に５日間スイングしたら反対方向に８日間スイングしたり、一方向に８日間スイングしたら反対方向に16日間スイングすることもある。現在のスイングは過去のスイングのフラクタルであることが多い。例えば、昨年15本の足の周期のスイングで動いていたとすると、今年も15本の足の周期のスイングで動く可能性が高いということである。スイングの大きさは、迎角を比較することで測定することができる。つまり、以前のスイングの傾きに対する今のトレンドの傾きを測定するわけである。常識に反して、傾きの急なスイングは傾きの緩やかなスイングよりも持続時間が短い。物理学の基本にもあるように、最も明るい星は低温の赤色を発する星よりもすぐに燃え尽きる傾向があるのと同じだ。「穏やかなときに買って、荒れているときに売れ」と古い相場の格言にもあるように、この価格と時間の連続体は、利益目標の設定や手仕舞いのタイミングを計るうえで極めて重要だ。

どの時間枠でも、あるいはどの商品でも、長大な足が現れたら、今やっていることはやめて、注意せよ、というサインである。それは、そのスイングは突然の終焉に向けて加速している状態であり、いつ何時カウンタースイングに変わるとも知れない状態だからだ。これは、以前の高値や安値の水準にまで戻る動きの最後の20％から25％の地点で発生することが多い。フィボナッチの教えによれば、62.8％と78.6％のリトレースメントが、価格が反転してカウンタースイングがスタ

図6.1

長大な足が価格と時間の主要な交点で現れたら、それはスイングの終焉を示すサインであることが多い。AESは9.48ドルから4.80ドルまで下落し、3月には上昇。その後、一連の上昇波を描きながら上昇し、前の下落スイングの78.6%まで上昇したあと、最後の長い足で100%まで上昇した（ファースト・ライズ・パターン）。エリオットの５波動上昇のうち一番大きな推進第３波はこの長い足で構成されていることに注目しよう。

ートする可能性のある最終ラインとなる。最後のフィボナッチバリアである78.6％リトレースメントを超えれば、市場は100％リトレースメント水準まで進み、大きな支持線または抵抗線に達することが多い。

『スイングトレード入門』（パンローリング）でも述べたように、こういったパターンをファーストライズ・ファーストフェイリャー・パターンと言う。

最も重要なのは、価格スイングはチャート上で非常に目立つ高値や安値を形成するという点だ。市場が探し求めているのはこうした高値や安値と、こうしたマグネット水準への動きをブロックするバリア（例えば、ギャップ）である。こうした変曲点がわれわれのトレードにおける価格目標になる。スイングの進行具合や迎角を正しく分析すれば、ときには驚くほどの精度で、価格が大きな終点に行き着くまでにどれくらいの時間がかかるかを推定することができる。そして、その特定のスイングを巧みに利用したポジションの保有期間は、このマジックナンバーによって決まる。ただし、神は細部に宿ることを忘れてはならない。市場は異なる時間枠で異なるスイングを同時に形成する。これは前にも述べたトレンドの相対性という概念につながる。これは、われわれのトレーディングパフォーマンスのあらゆる側面を支配する概念だ。一言でいえば、トレンドは大きなスイング領域に入るまではそれぞれの時間枠で別々の動きをするが、いったん大きなスイング領域に入るとそれが全体を支配する、ということである。あなたはこれまで、トレンドの相対性エラーという論理的な過ちを犯したことがあるはずだ。つまり、ひとつの時間枠で見つけたスイングを、ほかの時間枠でトレードしてしまったということである。

価格がその前の高値や安値まで100％戻る確率は、チャート内の障害物（バリア）によって違ってくる。ギャップ、トレンドライン、移動平均線はすべて、価格がマグネット水準に行こうとするのを邪魔する障害物だ。これらのバリアは、価格が前の高値や安値に達する前に反転させる力を持つため、トレードを行う前の準備段階で調べて測定しておく必要がある。仕掛けポイントと現在のスイングの終点との距離が最初の利益目標になる。また、仕掛けポイントと現在のスイングのスタート地点との距離が、初期リスク、つまり損切りの位置となる。そして、反転を引き起こす可能性のある、仕掛けポイントの上または下にあるバリアを考慮して、リワードとリスクを調整する。この作業が完了すれば、そのトレードでどれくらい利益が出るのか、あるいは損をするのかについて、おおよその目安がつく。

大きなスイングのなかには調整波と呼ばれる小さなカウンタースイングが発生するが、こうした調整波も含むように保有期間を長くすることで、方程式のリワードサイドのさらなる改善が可能だ。方程式のリスクサイドのさらなる改善には、保有期間を短くし、大きなスイング内の小さなカウンタースイングの外側にストップを置けばよい。さらに、一定の損失水準に達したら手仕舞うための絶対ベースまたはパーセンテージベースのストップを置けば、リスクはさらに低減できる。

最も大きな利益が期待できるのは、仕掛けポイントとその前のスイングの高値か安値との間のバリアが少なく、仕掛けポイントと現在のスイングのスタート地点との間に多くのバリアが存在するときだ。これは、いわゆる頭を垂れた果実という現象であり、株式、先物、通貨、指数の市場におけるパターンサイクルの発達過程で時折出現する。こうした有利なパターンを見つけだすためには、毎晩の分析のなかでチャートをめくりながら眼球訓練をする必要があるが、これは驚くほど簡単だ。ところが、この確実に利益をつむぎ出すマシンに注目する人はほとんどいない。これには驚くばかりである。

図6.2を見てみよう。セレスティカは３カ月かけて7.36ドルから12.22ドルまで上昇したが、そこに到達するまでの上昇トレンドでは、調整パターン（２）をはさんで大きな波が２回発生している（１と３）。10ドルで発生したコンティニュエーションギャップ（A）は、その大きな上昇スイングの中間点であると同時に、６週間にわたるレンジ相場からのブレイクアウトポイントでもある。このギャップは、これよりも短い時間枠ではブレイクアウエーギャップになっていることも分かる。10月に小さなヘッド・アンド・ショルダーズのリバーサルパターン（C）で天井を付ける。その後、出来高を伴うギャップダウンでブレイクダウンし（４）、ブレイクアウトで上昇した分をすべて打ち

図6.2

セレスティカの行って来い相場

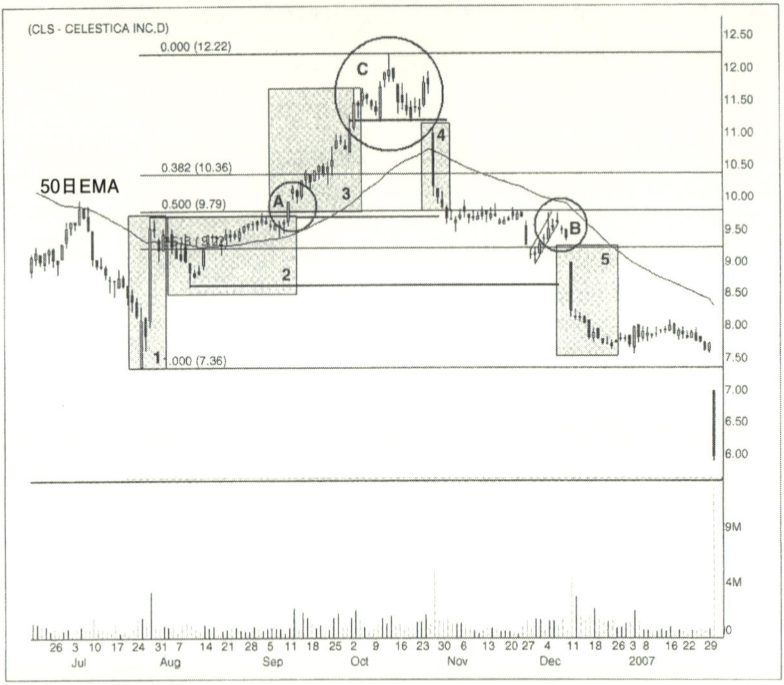

消す。注目してもらいたいのは、この下落で50日移動平均線をも割り込んだことだ。したがって、これ以降は50日移動平均線は回復時の抵抗線となる。下降トレンドは夏の調整パターン（2）のトップで1カ月間にわたって一服。最終的にはブレイクダウンし、その後抵抗線（B）まで戻してから再び下落し始める（5）。この下落で、最初の上昇分をすべて打ち消す。

コンティニュエーションギャップ（A）は調整パターン（2）からのブレイクアウエーギャップにもなっているため、このあと上昇して下落しても、この水準以下には下落しない。つまり、最初の下落期間におけるリワードを制限する唯一のバリアということになる。したがって、このトレーダーはこの水準を利益目標とし、損切りをヘッド・アンド・ショルダーズパターンのネックラインの真上に置く。もし出遅れて、最初の下落の足がすでに始まっていたときにはどうすればよいのだろうか。価格が50日EMAをブレイクダウンすれば、50日EMAがそのあとの回復時の新たなバリアとなるので問題はない。つまり、その場合の損切りは移動平均線の真上に置けばよいということである。

12月の初め、回復の兆候は見えたものの、すぐに9.50ドル辺りの支持線を割り込む。これが最初の売りシグナルになる。したがって、そのあとの下落モメンタムで仕掛けることもできるが、できれば、抵抗線（B）まで戻すのを待ったほうがよい。そうすれば、小さな足によってギャップが埋まる9.70ドル辺りの理想的な価格か、反転して６日間の下降フラッグパターンをブレイクする理想的なタイミングで仕掛けることができる。この場合、損切りはギャップかフラッグの真上になり、利益目標は調整パターン（２）の安値の位置になるが、売り圧力が強く、その支持線はあっという間にブレイクされる。こういった場合は、上昇スイングのスタート地点である7.36ドルまで下落するまでバリアはないため、7.36ドルが新たな利益目標になる。その後、２週間にわたって下げ続け、そこが時間ベースの手仕舞いポイントとなる。

理想的な「完全」トレードは、明確なエッジと正確なスイング分析、さらに特定の機会にマッチする保有期間を用いることで達成される。この場合のエッジとは、経験と、効果的なマーケットスキャン、そして本書の概念に基づいて適切なパターンを見つけだす技術のことを言う。正確なスイング分析とは、好ましい価格の動きを阻害するチャート上のバリアによって変化する利益目標と損切りの位置を見つけだすことを意味する。

あるパターンを見て、これは良いトレード機会だと思えた場合、次の２つの質問をしてみよう。

●次のはっきりとしたバリアはそこからどれくらい離れているか
●Ａ地点からＢ地点に達するまでにどれくらいの時間がかかるか

正直に答えることは、カップ・アンド・ハンドルや完璧なボックスパターン、ウエッジパターンといったパターンそのものよりも重要だ。つまり、目的地がなければ、ブレイクアウトしようとブレイクダウンしようと無意味だということである。これはあなたが考えるよりも重大な問題だ。なぜなら、トレーダーは何かにぴったりフィットさせるフォームフィッティングというプロセスを常に無意識的に行っているからだ。要するに、トレードリスクを増大させるバリアは無視する一方で、価格パターンにのみ注目するということである。これはわれわれの物色好きな性質に起因する。テキストで見たパターンを見つけると興奮しすぎて、リスク・リワード特性が好ましく、スイングサイズが自分のトレーディングプランに一致していなければ、そんなパターンなどまったく無意味であることを忘れてしまう。もちろん、価格は仕掛け価格とスイングの終点との間に存在するバリアを乗り越えることもあるが、われわれのプランには、それによって発生するドローダウンや保有期間の延長は含まれていないため対処できない。

金融市場では文脈がすべてだ。今日起こっていることは、過去に起こったことと直接的な関係があるのだ。良いトレードを行いたいのなら、現在のスイングの文脈を調べることが重要なのはこのためだ。もちろんこれは簡単ではない。どの金融商品も複数の時間枠で複数のスイングを同時に描きながら動いているからだ。しかし、直近の大きなカウンタースイングの大きさと構造は、それらの水準を通過するトレードに貴重な情報をたくさん提供してくれる。

図6.3

金融市場では文脈がすべて。マテルは2ポイント以上下落したあと、13.88ドルから上昇に転じる。大きなダブルボトムパターンが形成され、前の下降スイングの50%まで戻す（1）。最終的には「ビッグW」（ダブルボトム）を上にブレイクアウト（2）して、買いシグナルを出している。しかし、前のスイングのトップ（3）は新たな売りシグナルになるため、そこが手仕舞いポイントになる。したがって、このトレードから得られる利益はわずか1ポイントくらいだろう。

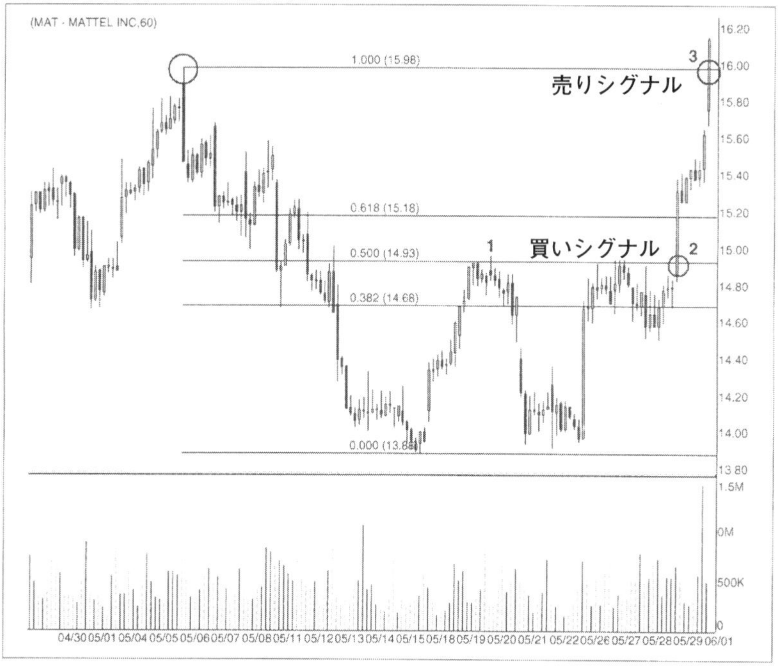

価格スイングはV字と逆V字を交互に繰り返すのこぎり歯状のパターンになると考えるのは誤りだ。実際には、大きなスイングのあとは、その3倍から4倍の長さのレンジ相場になり、そのあと再び前のスイングと同じ方向、あるいは逆方向にスイングすることが多い。この調整パターンは、大きな天井形成パターンや底値形成パターンと同じように、トレードに使える実用水準を提供してくれる。ここで役立つの

がフィボナッチリトレースメントだ。なぜなら、現在のスイングは前のスイングのリトレースメントパーセンテージで測定することができるからだ。スイングローやスイングハイから反転して前の高値や安値に戻るとき、最初は揉み合いながら38％戻ることが多く、潜在的利益は最大でも新しいスイングの後半の半分に限定される。戻り幅で最も多いのが20～25％で、このほうが揉み合いパターンが長く続くときよりも有利なポジションを建てることができる。この実例がセレスティカの「コンパクト」なヘッド・アンド・ショルダーズパターンだ。**図6.2**を見ると分かるように、セレスティカのヘッド・アンド・ショルダーズパターンはそのあと始まる下降スイングのほんの一部を占めているにすぎない。

コンバージェンス－ダイバージェンス

金融市場史のなかで最も有名なコンバージェンス－ダイバージェンス（C－D）分析はチャールズ・ダウが開発したテクニカル分析で、100年以上前、彼が雑誌で発表したダウ理論のなかで初めて紹介された。C－D分析とは一言でいえば、いずれの向きのトレンドであっても、工業株平均と運輸株平均が同じ方向に動いて初めてそのトレンドは強気なものになる、というものである。つまり、その当時の二大株価指数であった工業株平均と輸送株平均が収束しなければ、上昇トレンドや下降トレンドが本物であることは「証明」されなかったということである。また彼は、トレンドは出来高でも確認されなければならないとも言った。つまり、そのトレンドの向きに動いている間は参加者が増加し、そのトレンドと反対方向に動いている間は参加者は減少するということである。彼の理論では、上昇トレンドにおける出来高の上昇はコンバージェンス、上昇トレンドにおける出来高の減少はダイバージェンスと定義された。

現代の市場ではさまざまなＣ－Ｄ関係が存在する。サバイバリストトレーダーが困難な事態を打開するための糸口がこのなかに隠されている。どの２つのデータ点を比較すればよいのか、どのトレンドをそのデータ点と比較すればよいのかが分からなければ、その分析から得られたいかなる情報も無用の長物だ。最悪なのは、その分析から間違った結論を導き出してしまうことであり、これは間違った意思決定につながる。皮肉なことに、マーケットプレーヤーたちはこのエラーによって、2008年の大暴落後も大暴落時と同じくらいのお金を失っているのだ。

テクニカル分析とテープリーディングは、Ｃ－Ｄ関係を効果的に解釈できるかどうかにかかっている。これには圧倒されるトレーダーが多いはずだ。なぜなら、市場のどういった２つのデータ間にも、必ずＣ－Ｄ関係が発生するからだ。無数に存在するさまざまなＣ－Ｄ関係のなかで効果的なＣ－Ｄ分析を行うためには、値動き、方向性、タイミングを予測するようなＣ－Ｄ関係だけに的を絞る必要がある。Ｃ－Ｄ分析の出発点としては、主要な指数やそのデリバティブ商品から始めるのがよいだろう。やり方は簡単で、ウオッチリストとアクティブトレードをS&P500やナスダック100またはこれらの先物と毎日比較するだけだ。これについては、第２章のプログラムアルゴリズムがＣ－Ｄ関係に及ぼす影響のところですでに述べた。Ｃ－Ｄ分析は本書や**『スイングトレード入門』**を通じて最も重要なテーマのひとつである。**『スイングトレード入門』**で述べたクロス分析はコンバージェンス－ダイバージェンス関係の分析にほかならないことに気づくはずだ。市場分析とは一言でいえば、すべてＣ－Ｄ分析なのである。クロスマーケットの影響を調べることなくしてトレードで利益を得ようとしても徒労に終わるだけである。

Ｃ－Ｄ関係は強気と弱気に分けられる。つまり、Ｃ－Ｄ関係には４種類あるということである。強気のコンバージェンス、強気のダイバージェンス、弱気のコンバージェンス、弱気のダイバージェンスの４つだ。コンバージェンスかダイバージェンスかは見極められても、それが市場の動き、方向性、タイミングにプラスの影響を及ぼすのか、マイナスの影響を及ぼすのかが分からない人は多い。厄介なことに、ほとんどのＣ－Ｄ関係はこれら３つの要素にほとんどあるいはまったく影響を及ぼさない。Ｃ－Ｄ関係を正しく解釈するのには、常識と少しばかりの直感が役立つ。要するに、強気だと「感じ」たら強気であり、何かおかしいぞと感じたら、サイドラインに下がってもう一度そのＣ－Ｄ関係をよく調べ直したほうがよいということである。

皮肉なことに、Ｃ－Ｄ関係に関するあなたの観察が正しいかどうかを調べる最良の方法は、ほかのＣ－Ｄ関係を観察することである。あなたの分析に持ち込まれた偏見や先入観を、市場全体の動きと比較してみるのである。あなたの強気または弱気の見方はティッカーテープに一致しているだろうか。例えば、あなたは弱気のダイバージェンスが発生したと思ったとする。しかし、テープは依然として強い上昇モードにあるとする。これは、あなたの考えとあなたの目の前にある現実とが一致していないことを意味する。そして、こんなときは、大概はあなたのほうが間違っている。あなたはこのことの重要性に気づいていないかもしれないが、偏見と実際の値動きを比較するというこのプロセスは、古い相場の格言として成文化されている――「思い込みでトレードするな。見たことをトレードせよ」。

Ｃ－Ｄ分析には即決即断が求められる。例えば、３つの買いポジションをオーバーナイトしたとしよう。ポジションはテクノロジー株、小売り株、銀行株の３つだ。翌朝起きると、ナスダック100は上昇しているが、S&P500は0.5ポイント下げている。ニュースをチェックすると、グーグルが予想を上方修正したのに対して、バンク・オブ・アメリカは当四半期で大きな取引損失を計上したことが分かった。さらに、あなたが保有している小売りの月次店頭販売は予想どおりだった。この多様なデータフローは無数のＣ－Ｄ関係を生みだした。つまり、朝方は良くても、全体的には最悪の事態に陥る可能性があることを示唆するものだ。そこであなたは３つのポジションを処理する優先順序を決めることにする。最も危険なのは、弱気のセクターニュースの打撃を受けた銀行株だ。まず、時間前の気配値を見て、前日の終値と比較する。下落している場合は、その下落率とバンク・オブ・アメリカの値動きを比較する。あなたのポジションはニュースが発表される前よりも、少なくとも若干は下がっているはずだ。もし逆の場合は、弱気のダイバージェンスが発生したことになる。次に、価格がその次の明確な支持線に対してどの位置にあるかをチェックする。上か、下か、あるいはその水準か。例のニュース発表にもかかわらず、支持線をブレイクしなければ、強気のダイバージェンスが発生したことになる。最後に、通常取引時間帯の最初の数分間の値動きと銀行指数のパフォーマンスを比較して、どれくらい下がっているのかをチェックする。これも強気のダイバージェンスの場合は、ニュースは無視して、すぐに売る代わりに、そのまま保有するかポジションサイズを減らす。逆に、弱気のコンバージェンスの場合、あるいはあなたの分析結果が市場の動きと異なる場合は、その銀行株は売る。

テクノロジー株の扱いは簡単だ。ナスダック100が上昇しているので、この買いポジションは維持し続けても大丈夫だ。さらに、グーグルの好材料によって収束度が上昇したため、このセクターのエクスポージャーは追加することにする。一方、小売り株のＣ－Ｄ分析は、案外と難しい。ニュースが予想に一致したため、一見Ｃ－Ｄ関係はないように思えるが、完全に一致したことでさまざまなＣ－Ｄデータが発生する。まずは、そのニュースのない出来事に対する市場の反応だ。その株は割高なのか、割安なのか。また、その値動きはセクター全体の動きと比べるとどうなのだろうか。

ニュースが高い予想に一致したにもかかわらず、買いポジションを持っていて下落すれば、フラストレーションを感じる。これは決算期に特によく見られる現象だ。決算期は１年を通じてトレーダーや投資家に最も心痛を与えるＣ－Ｄイベントの発生する時期である。ファンダメンタル、外部の意見、古いポートフォリオ理論よりも、Ｃ－Ｄ関係とその基となるテクニカルに基づく意思決定がいかに重要であるかということである。

テープリーディングはこの10年にわたって私を悩まし続けてきた。この問題を解く鍵が、複雑なＣ－Ｄ関係を読み解くことだった。つまり、効果的なテープリーディングとは、次から次へと目の前に現れるＣ－Ｄ関係を観察し、その観察から値動き、方向性、タイミングを正確に予測することにほかならないわけである。口で言うのは簡単だが、これを習得するには何十年もかかる。市場は悪魔的だ。だから、経済も値動きも人の心理もいつ反転するかは分からない。それを予測するための近道がないのと同じように、Ｃ－Ｄ関係を読み解くための近道もない。

ディフェンシブな空売り

先に売ってあとで買うことで儲けることは、トレーダーにとってそれほど容易なことではない。何時間にもわたって下落し続ける価格を見て、最悪のタイミングで空売りする。悲しいことに、これがトレーディングゲームの売りサイドでのプレーのひとつの現実だ。下げ相場でも空売り者にとっては一筋縄ではいかないものがある。悪魔の心を持つ市場は大衆を罰する方法を必ず見つけだすからだ。朝方のベアトラップを追いかけるといった古典的な戦略によく見られる落とし穴にはまらないためには、ディフェンシブなワークフローが必要だ。それを可能にするのがサバイバリスト的思考だ。

市場は毎日同じような値幅で動く。つまり、今日の安値と高値を調べれば、明日もほぼその価格の範囲内で動くということである。これは空売りした者にとっては大問題だ。なぜなら、論理的なストップを置く意味がなく、低リスクの仕掛け場所を探すのが難しくなるからだ。価格は大部分の時間は行く当てもなくただうろうろとさまようばかりだ。下げ相場であってもこの状況は変わらない。本当の下落は突然やってくる。負のエネルギーをいきなり爆発させて、突然下がり始めるのだ。空売りした者にとっての機会の窓はこのように非常に狭いため、空売りした者は相場が自分たちに有利になるのをひたすら待つか、最悪のタイミングで仕掛けて大火傷を負うかのいずれかしかない。ようやく機会が訪れても、大勢が押し寄せるため、結局は団体競技になる。それはスクイーズを引き起こし、愚か者たちを振るい落としてしまうまで続く。事態をさらに悪化させるのは、最も明確な売りスポットで最も激しいスクイーズが発生することだ。こうした空売りした者に対する不利な条件を考えると、空売りを真剣に考えるのであれば、最も安全な道を選ばなければならない。

空売りで安定的に利益を得るためには、３つの条件がある。それは、正しい戦略、完璧なタイミング、強い忍耐力である。これら３つの条件を満たす自信がなければ、空売りはあきらめて、買いだけに集中したほうがよい。事実、買い戻しによる上昇は、これらの互いに関連する３つの条件を満たしていない愚かなトレーダーを標的にする。儲かる空売りの４つの仕掛け戦略は以下のとおりである。

1. **ブレイクアウトの失敗（2Bリバーサル）**　2Bリバーサルとは、高値を更新したあと、その高値のブレイクアウトに失敗してその前のスイングハイまで下落することを言う。このブレイクアウトの失敗は、ブレイクアウトしたあとの１～３本の足のうちに発生するのが普通だが、それよりもあとで発生することもある。最初に回復したあと再びその安値を下回ったときが売りのサインとなる。この戦略はどの時間枠でも可能だが、特に有効なのは日足チャートで、出来高を伴ってブレイクアウトしたあと大きく下げるかギャップダウンして買い手をワナにはめたときである。2Bリバーサルトレードについては『**スイングトレード入門**』の第７章に詳しい例が載っているので参照してもらいたい。

2. **戻り売り**　戻り売りは、テクニカル面でダメージを受けたあと抵抗線まで弱々しく上昇したときに有効な戦略だ。このパターンは、上昇トレンドで支持線をブレイクする大きなギャップが発生したときによく見られるが、確立された下降トレンドのなかで発生することのほうが多い。いずれの場合も、価格が明確な抵抗線まで上昇して反転したとき、または明確な抵抗線を上抜いたあと下落に転じたときが売りのサインとなる。このあと出てくるカナディアン・ソーラーのブレイクダウンはこの良い例だ。

3. **狭いレンジ**　狭いレンジパターンでの空売りは、どちらかの方向に市場を追っかけるよりもリスクが少ない。このディフェンシブな戦略が有効なのは、発展しつつある下降トレンドで売られたあと、主要な支持線辺りで狭いレンジで揉み合っているときだ。２日または３日のレンジの範囲内で売り、価格がきびすを返して大きく回復したときに備えて、買い戻しのストップを短期の高値の上に置く。

4. **モメンタムプレー**　下降モメンタムでの空売りはリスクは非常に高いが、大きな利益が期待できる戦略だ。コツは、2008年に金融セクターが底割れしたときのように、アクティブに売られるタイミングを見つけだすことだ。アクティブに売られている弱い銘柄を見つけたら、仕掛けてその下降波に乗ればよい。仕掛けと同時に、パーセンテージベースのプロテクションストップを置くことも忘れないようにする。この戦略を成功させるポイントは、手仕舞いルールを守ることである。こうした市場はボラティリティが非常に高いため、激しいショートスクイーズが発生することもあるからだ。

空売り銘柄の選択には簡単なアナログフィルターが役立つ。ヘッジファンドや、ショートスクイーズを誘発するだけの力を持つ機関投資家は徒党を組んで同じ銘柄を襲撃することがよくある。流動性の非常に高い銘柄がブレイクダウンのあと突出高を示したら、これが起こったと思ってよい。特に、ネックライン、切りのよい数字、トライアングルの頂点などのよく知られたテクニカル水準で発生した場合などがそうだ。こうした襲撃の標的にならないためには、意識的に空売りをするようになる前年におけるあなたの空売り候補を振り返り、支持線がブレイクされたときにどういったことが起こっているかを調べてみる。次の３つのいずれかが起こっているはずだ。

1．テクニカルが機能し、価格は新たな抵抗線までは上昇してもブレイクしない（確認）
2．テクニカルが部分的に機能。価格は新しい抵抗線をブレイクして突出高を示すが、すぐに下落（失敗・確認）
3．テクニカルが失敗し、空売りした者は大きなスクイーズにつかまる（失敗）

空売りに最も有利なシナリオは２番目のシナリオだ。つまり、ブレイクダウンの間はサイドラインに下がり、20日SMAや部分的に埋まったギャップといった、一般的な抵抗線を上抜いたら空売りすればよいということである。もっと良いのは、過去１～２年のブレイクダウンを振り返り、ダウンスイングが支持線をブレイクしたあとの戻りの平均をフィボナッチリトレースメントで計算してみることだ。計算したフィボナッチリトレースメントが直近のブレイクダウンのすぐ上に

図6.4

カナディアン・ソーラーのダブルトップからのブレイクダウン

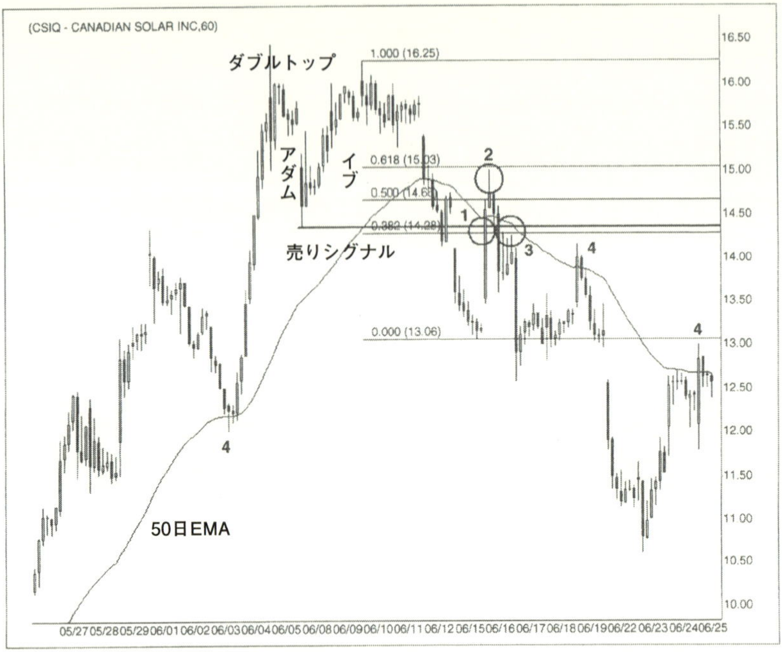

ある抵抗線に一致したら、あなたは正しい流れに乗っていることになる。これはまた、そのブレイクダウンが下落の終点になるのか、新たなダウントレンドの出発点になるのかどうかも教えてくれる。できるだけ過去にさかのぼって、市場がそれと同じ価格水準近くにあった期間を調べてみるとよい。その価格水準で過去に何度も大きく反転している場合は空売りはしないほうがよい。過去何年あるいは何十年にもわたって、特定の価格水準で反転しているときには特にそうである。

失敗・確認シナリオはどんな時間枠においても、サバイバリストトレーダーに優れた空売り機会を与えてくれるものだ。**図6.4**のカナディアン・ソーラーの60分足チャートでは、アダムとイブのダブルトップパターンが形成されているのが分かる。14.28ドルの支持線をブレイクした地点が一般的な売りシグナルで、ほとんどのトレーダーはここで空売りする。その後、下落はいったん止まり、ブレイクダウン水準を超えて大きく上昇し（1）、ショートスクイーズで早くに空売りした者を振るい落とす。買い戻しのストップが次々と引っかかり、上昇モメンタムはさらに勢いを増す。上昇は62％のリトレースメント水準で止まり（2）、そこで反転。前と同じ支持線または抵抗線まで下落したところが、2番目の売りシグナルだ（3）。この「失敗の失敗」シグナルは、2つの理由でより信頼のおける仕掛けサインとなる――①ショートサイドはもう混雑していない、②市場は再びトレンド（上昇トレンドであろうと下降トレンドであろうと）を形成するときには一方のサイドのみを標的にする傾向がある。最後に、価格の動きに注目しよう。上昇したあと下落するとき、価格は50期間EMAに沿ってフラクタルな動きをしていることに気づくはずだ（4。2カ所）。移動平均線近くでの反転は、売りと買いの信頼のおける仕掛けポイントになる。

皮肉なことに、下落が本格的に始まったのを見て空売りしても大概は遅すぎる。あなたがここだとまさに発注ボタンを押すのに絶好の場所だと確信する位置は、もっと高い価格で空売りした人が買い戻して利食いする位置に一致するからだ。彼らの買い戻しによって買い圧力が強まるため、おそらくあなたは空売りした途端にショートスクイーズに引っかかってしまうことになる。空売りで儲けるには、その月のどの時間帯で仕掛けるかにもよる。オプションの満期の時期に空売りすれば失敗する可能性が高い。この時期は、供給と需要の自然の力を圧倒するほどプットやコールのポジション解消が多くなるからだ。ウインドウドレッシングによってバイイングパワーが高まる月末近くになるとリスクは異常に高くなる。つまり、季節性の正の力によって、下落している市場でも１～２週間は一時的に蝶のように上昇するということである。この期間は、勢いのある下げ相場でないかぎり、空売りはするな。これが私からのアドバイスだ。

空売りするときには、買い－売りスイングをよく観察することが重要だ。ダウンスイングの支持線に近づきつつある売られ過ぎの市場は、売り手からの限られた供給をすでに消耗し尽くしているため、少しだけ買いが入っても上昇する可能性がある。このシナリオを避けるためには、複数の買われ過ぎ－売られ過ぎ指標を常に観察して、仕掛ける前にセットアップを確認することが重要だ。保有期間が１週間から３週間の空売りポジションの確認に私が使っているフィルターは、第４章で述べた平滑化した14期間のワイルダーのRSI（相対力指数）だ。RSIが下から20％の位置に近づき反転したときには、サイドラインに下がる。これは、売り圧力がそろそろ終わりに近く、買いスイングが始まる予兆だからだ。市場は一方向に行きすぎれば、ゴムひものようにいきなり反発して元に戻る傾向がある。このゴムひも効果は20期間ボリンジャーバンドで測定することができる。簡単なルールは、下のバンドを75～100％超えて下落したときには空売りはするな、である。こうした価格の行きすぎは激しい反発スイングが発生するサインであり、そうなると空売り者は垂直状のスクイーズによって大きな打撃を受けるからだ。下のバンドを超えて下落するときに出来高が伴えば、ベアトラップにつかまることになる。下のバンドが右下がりではなく、水平状のときには特に注意が必要だ。

空売りするときの注意点をまとめておこう。これらの注意点を守れば、手の弱いマーケットプレーヤーでも空売り名人になれるはずだ。

●下落では空売りするな。上昇で空売りせよ。これは、主要な指数が買われ過ぎて、いままさに抵抗線に到達しようとしているときにポジションを建てよ、という意味である。競合しているほかの空売りしている者は価格が数日間上昇すれば振るい落とされ、市場は反転する。このときに利食いするのだ。

●アルゴリズムが支持ピボットに攻め込んできたときにスケールアウトする覚悟のあるデイトレーダーでなければ、指数先物がプログラム売りされているときには空売りはするな。プログラムの動きは極めて分かりにくい。彼らが突然手を引いて、いきなり大きく戻してきても、あなたにはなす術はない。

●最も弱いセクターを空売りせよ。どういった市場環境でも、先行株と出遅れ株が出現する。好ましい状態にあっても買い手の関心を引きつけないような弱い銘柄に注目せよ。季節にかかわらず弱い株には重力が常に働いているので、空売りに最も向く株だ。

●強いセクターは空売りするな。強いセクターの空売りは、たとえ金融紙やニュースレターでもてはやされていても、敗者のゲームになる。原油や鉄やアップルがいつ上昇をやめるかはだれにも分からない。予測はやめて、すでに反転してブレイクダウンしそうな株の空売りプレーに徹することだ。

●カレンダーにはタカのように鋭い眼を光らせよ。ウインドウドレッシング、各月の第１日目、オプションの満期日などの季節性イベントは最良の空売りパターンを崩壊させる。また、空売りする時間帯にも注意する。昼ごろの方向感のない時間帯に仕掛けた空売りは、取引時間帯の最初と最後の時間帯に仕掛けたポジションに比べると収益性は低い。

●動きの鈍い市場は空売りするな。主要な指数は５日のうち４日は横ばいになることが多く、買いも売りも振るい落とされる。あなたの仕事は、その５日のなかでトレンド日となる１日を見つけること、そしてそのトレンドが上向きではなく下向きになるまれな日を見つけることである。

●株式市場がどっちつかずの状態で混乱した様相を見せているときは、指数を空売りせよ。セクターが上昇していても、主要な指数が下落することは珍しいことではない。こういったときは、最も弱い指数ファンドを空売りする。そうすれば、買い手がどこに隠れているのか一切気にする必要はない。

●ビッグストーリーの空売りは避けよ。住宅建設セクターと金融セクターが2008年に歴史的な大暴落を喫したのにははっきりとした理由がある。売られ過ぎた株やセクターで振るい落とされないようにするためには、週足チャートで大局をつかみ、空売りや買い戻しシグナルは長期パターンを使って見つけることが重要だ。

●ダマシのブレイクアウトには注意せよ。信頼のおける空売りシグナルは、強い株が大きな抵抗線に達してほかの空売りした者を振るい落としたあと、高値を付けてからブレイクダウンして同じ水準まで戻ったときだ。そのシグナルが特に効果的なのは、長い時間枠で弱気な動きをしているときだ。

●偏見は捨てよ。利益をもたらすブレイクダウンが発生するまで忍耐強く待つことが重要だ。市場はブレイクダウンするときにはいきなり、しかも大きくブレイクダウンする。しかし、ふらふらしながら上方を探っているときには不安になるものだ。偏見は捨て、しっかり眠り、適切な位置にストップを置いておけば、待っている間の不安は和らぐ。

50日移動平均線戦略

スイングトレードは価格チャート上のほかのどの場所よりも、50日移動平均線やその近辺から展開していくことが多い。スイングトレーダーのポジション保有期間がわずか数日であることを考えると、これは奇妙に聞こえるかもしれない。しかし、この中期の移動平均線の辺りでは多くのパターンが形成されるため、この平均線はどういったタイプの仕掛けにとっても注目すべき水準となる。ところで、このよく使われるテクニカル要素は、短期のトレード機会を見つけるのになぜそれほど効果的なのだろうか。おそらくは、50日移動平均線は上昇トレンドの押しでは支持線になり、下降トレンドの戻りでは抵抗線になると、テクニカル分析や投資の書物に書かれているからだろう。したがって、価格が50日移動平均線辺りで反転することを予測して、その真上や真下に買いや売りの指値注文を入れようとするトレーダーが多いのである。これによってボラティリティは高まり、サイドラインにいるトレーダーが利用できるさまざまなチャートパターンが生みだされる。この価格水準は、一般投資家、ファンド、機関投資家たちの我慢の限界点でもある。つまりはこうだ。上昇モメンタムで買ったり、下降モメンタムで売る長期プレーヤーは、トレンドの過程で多少の押しや戻りがあることは予想するが、ポジションを投げたり踏んだりしなければならないようなトレンドの大きな変化があるとは思っていない。こうした株式保有者や空売りした者たちにとって、50日移動平均線はブレイクされると危険なラインであり、したがって価格がこのラインに近づくと気持ちがたかぶりアクションを起こしてしまうのである。彼らが一斉にアクションを起こすと、サイドラインにいるトレーダーには思わぬ効果がもたらされる。つまり、彼らにとっては、このときが市場に参入して上昇しつつあるボラティリティを利用するビッグチャンスになるわけである。

50日MAの計算方法としてどの方法を用いるのが正しいかについては議論の分かれるところだが､最も一般的なのが単純移動平均（SMA）で、これはそれまでの50本の足を足し合わせて50で割ったものだ。これはロケットサイエンスといったようなものではないため、テクニカルアナリストたちはもっと効果的な指標を作りだそうと試行錯誤を重ねてきた。そのなかでも最もポピュラーな変化形が指数移動平均

（EMA）で、これは単純移動平均の二重計算エラーを解決すると同時に、単純移動平均よりも反応が早いという利点を持つ。市場では素早い動作が物を言う。したがって、プロの世界では指数移動平均が最もよく使われる。私も指数移動平均を使っている。したがってこれ以降は、移動平均と言ったら、単純移動平均ではなく指数移動平均を意味すると思ってもらいたい。

1990年代は、力強くブレイクアウトしたあとのリアクションフェーズは、大きく押す前に買い手を引きつけたものだが、悪魔的な現代の市場ではこういった動きは少なくなった。今はブレイクアウトのあとはカウンターインパルスで50日EMAまで押すことが多く、最初の上昇を追いかけ、プロテクティブストップを置き損なったバッグホルダーの利益を根こそぎ持っていってしまう。これを踏まえて、サバイバリストトレーダーは市場が十分に押すまで忍耐強く待ってからリスクをとる。具体的に見ていこう。ブレイクアウトしたら、50日EMAの１～２ポイント上に警告ポイントを設定して、待つ。価格がその警告ポイントに達し移動平均線を試すまでには数日、あるいは数週間かかることもあるが、そこまで押す確率はかなり高い。シグナルが出たら、価格が移動平均線に向かって勢いよく下落しているときに買うか、ひとつ短い時間枠（例えば、日足でのセットアップの場合は60分足チャート）で上方反転パターンが形成されるまで待つ。

50日EMAを使った２番目のセットアップは、最初のセットアップを変形したものだ。ブレイクアウトしたあと押す地点は支持線になることが多く、トレーダーたちはそこで反転することを期待する。カップ・アンド・ハンドル・パターンの山を結ぶトレンドラインがこの良い例だ。しかし、50日移動平均線はこの水準のはるか下のほうに来ることが多く、価格はこれに引きつけられるように下がっていく。ほとんどのトレーダーは支持線のすぐ下にストップロスを置くため、このリンスジョブによって振るい落とされる。彼らが手仕舞ったあと、50

図6.5
AKスティールの権利行使価格を中心とする動き

日EMAで新たな買い手が参入し、価格は大きく反転して支持線を超える。彼らはこれを信じられない思いで見るだけである。

市場でよく見られるこの力学の非常に分かりやすい例が、**図6.5**のAKスティールのブレイクアウトパターンだ。AKスティールは１月に13ドルのスイングハイを記録したあと、下落に転じる。４月に12ドルまで戻したあと、２週間横ばいを続け、ブレイクアウトする（１）。そのまま16ドルまで上昇して、何日かそこにとどまり反転。３日間でブレイクアウトした支持線まで押し（２）、再び反転して50日EMA

に達し（3）たあと、すぐに上昇し始める。2週間後、最初のブレイクアウト水準を再びブレイクし（4）、そのまま上昇を続け、新たな上昇トレンドが形成される（5）。一見、無秩序なスイングに見えるが、これは第2章で述べたアクション－リアクション－レゾリューション・サイクルを完全に踏襲した動きだ。このケースの場合、50日EMAを割り込んだあと上昇し、支持線を上回ったあと再び下落するが50日EMAまでは行かずに再び上昇するという失敗の失敗のアップスイングのあとようやく上昇トレンドに入り、ブレイクアウトが「本物」であることが証明されるという複雑な動きをしている。

この焦土作戦はショートサイドでも同じようにうまく機能する。この場合は、長い底値形成パターンのあと支持線をブレイクダウンし、そのまま下落したあと上昇で抵抗線に頭を押さえられ、移動平均線にヒットするといったパターンになる。これから得られる教訓は、悪魔的な市場は早く参入する人ではなく、遅く参入する人に褒美を与えることが多いということである。したがって、理想的な市場状態ではないときは、モメンタムを追いかけたり、戻りや押しに飛びつくのではなく、ブレイクアウトやブレイクダウンが失敗して50日EMAに向けて加速するのを待つように自分を規律づけることが重要ということである。この執行を遅らせるという考え方は、仕掛けるときには、大衆と同じ動きをしてはならない、彼らより遅くか早く、あるいは反対方向に仕掛けよ、という私が昔から言っている忠告に一致する。

50日EMA辺りの狭いレンジは、市場のどちら側でもローリスクでじっくりと仕掛けるチャンスを与えてくれる。この場合は次のようなシナリオを探す。出来高を伴うブレイクダウンによって大きく下落するが、やがて支持線を見つけ、そこから50日EMAに向かって上昇。50日EMA辺りにしばらくとどまり、価格が移動平均線にヒットする。すると、売り圧力が再び勢いを増して急落する。このプレーのコツは、このシナリオをしっかり頭に入れ、抵抗線（移動平均線）辺りの狭いレンジの足で売ることである。この仕掛けは、下落が始まるまで待って下落する市場を追いかけるのに比べると２つのメリットがある。ひとつは、狭いレンジ相場ではアップティックが多く発生するため、自分の希望する価格で執行されるという点だ。もうひとつは、動きが鈍いため、ストップ幅は必然的に狭くなるという点だ。価格が移動平均線を上抜いてスパイク状に上昇するようなことがあれば、すぐに手仕舞いしなければならないため、ストップ幅を狭くしておけば安心だ。

もうひとつのテクニックは、２つの時間枠を使って、50日EMA辺りでショートサイドとロングサイドの機会を見つけるという方法だ。この3Dテクニックは、小さなパターンでビッグトレードが可能になるため、非常にパワフルな戦略だ。まず、長い時間枠のチャート上で異なるタイプの支持線または抵抗線が同じ価格水準（50日EMA）で発生（コンバージェンス）している部分を見つける。次に、短い時間枠のチャート（例えば、60分足チャート）を見る。このシナリオでは、50日EMAで反転することが予想されるが、いつ仕掛ければよいのかは分からない。これを教えてくれるのが短い時間枠のチャートである。例えば、60分足チャートのパターンがブレイクアウトまたはブレイクダウンしたら、そこが仕掛けポイントになる。この短い時間枠における小規模のトレンドは大きなトレンドを引き起こす引き金になることが多い。つまり、短い時間枠で小さなトレンドが発生すれば、それは長い時間枠へと伝播し、やがては大きな上昇や下落が発生するということである。

50日EMAは、ストキャスティックスやワイルダーのRSIといった指標と組み合わせると効果的だ。通常、レラティブストレングス指標は、買われ過ぎや売られ過ぎ水準に達したら、価格が大きな移動平均線から大きくスイングする直前に反転する。50期間EMAを使った同じ戦略は日中のチャートにも応用可能だ。50期間EMAは15分足チャートや60分足チャートでも日足チャートと同じように機能するが、ひとつだけ大きな違いがある。それは、日中のシグナルにはノイズが多いことだ。つまり、支持線や抵抗線が実際にはブレイクされていないにもかかわらず、移動平均線の辺りでちゃぶつくことが多いということである。したがって、この指標を日中の分析に適用するときには、長い時間枠のチャートも併用しなければならない。さらにもう一点付け加えるならば、短い時間枠で最も信頼のおけるシグナルは、価格が非常に高い水準から下落あるいは非常に低い水準から上昇して、移動平均線に向かうときである。

出来高

これまでわれわれは、出来高は価格の「意思」を表すものであると教えられてきた。つまりわれわれは、買い圧力と売り圧力の流れは、少なくとも正しく解釈すれば、価格の方向性、強度、タイミングの予測に使えると信じているわけである。ところが、悪魔的な現代の市場では、出来高について大きな問題が発生している。出来高はもはや真実を語ってはくれないのである。ここまで言うとちょっと言いすぎかもしれない。もちろん、出来高の生データや注意深く分析したアキュミュレーション－ディストリビューション指標が価格の正確な予測に不可欠なケースはたくさんあるが、これはこの新世界においては例外にすぎない。現代の市場では価格を予測するのに出来高に頼りすぎることは危険なのである。

読み間違い？　なんて思った人もいるかもしれないが、そんなことはない。出来高は今ではほとんどの場合は無視すべきである。なぜなら、それは金儲けの邪魔になるだけだからだ。これは比較的最近の現象だ。数年前までは出来高は古典的なテクニカル分析の本で与えられていた役割どおり、予測因子としての性質を持っていた。しかし、時代は変わり、今やこの供給・需要情報の持つ予測力は、デリバティブ、ダークプール、流動性リベート、アイスバーグ戦略の台頭によって崩壊してしまったのである。注文がミクロ単位に分割されることで取引量が爆発的に増加した今、日ごと、週ごと、月ごとといったこれまでの時間軸でオーダーフローをとらえることはほとんど不可能である。

あなたが夜間に行う株式市場分析は、次に述べる出来高の３つの大きな源泉によって邪魔される。

- 年金ファンドや投資信託――ノイズの多い日々の市場の動きのなかでゆっくりと動くことで足跡を隠す
- 高頻度トレーディングアルゴリズム――買い気配値と売り気配値のスプレッドの非常に小さな変動による小利を狙う
- 指数デリバティブやETFを売買する大きなプログラム――ポートフォリオを指数やETFに連動させるために構成銘柄や関連するセクターを頻繁に入れ替える

この地雷原を安全に渡っていくためには、出来高分析は極端なイベントやスイングハイやスイングローにおける価格－出来高の相関に限定するのが一番だ。イベントによってもたらされた出来高は標準を大きく外れるため、市場分析でその影響を無視することはできないが、それでも出来高データは完全に信用することはできない。この最も良い例が、ある銘柄がS&P500指数に新たに組み入れられたときだ。この発表によって、指数ファンドは競ってその銘柄を買おうとするため出来高は大きく上昇するが､株価の上昇にプレデター（アルゴリズム）たちが反応するため、ファンドと同じように買っても利益は保証されない。

では、出来高データを信用してもよいのは一体どういうときなのだろうか。最も信頼のおけるシナリオは、出来高を伴うブレイクアウトやブレイクダウンだ。このイベントの発生を確認するためには、出来

図6.6

投機株の出来高パターンは、中型株や大型株のそれよりも優れた予測能力を持つ。バイオベンチャーのノババックスは、豚インフルエンザの新薬が投機筋の注目を浴び、４月に大商いを伴ってギャップを空けて上昇した。そして、WHOが豚インフルエンザの世界的流行を発表した６月初旬に出来高は再び急増し、その３週間後にはスペインが全国的ワクチンプログラムに同社のワクチンを採用したことを受けて、出来高は再び急増した。７月には、同社ワクチンに関する肯定的なリサーチデータが発表され、株価は４月の高値を更新した。

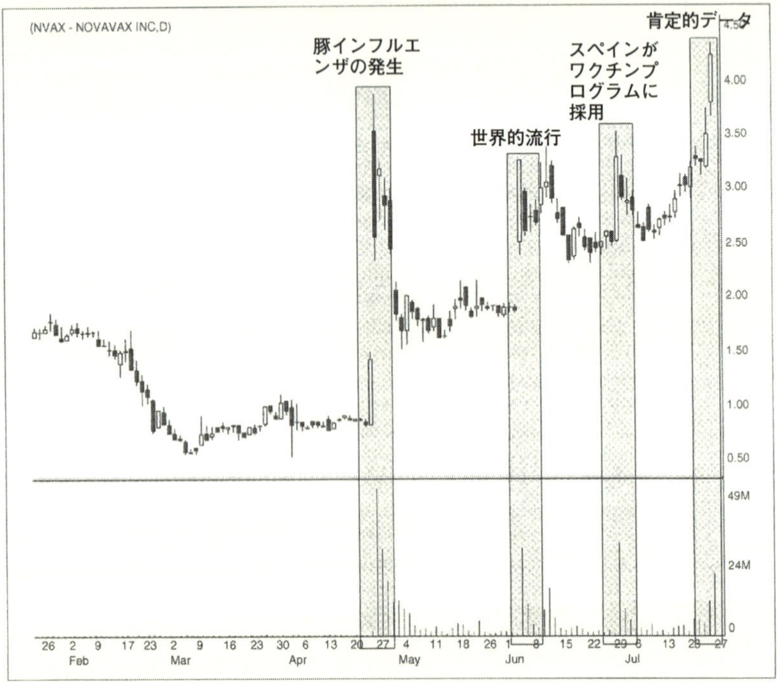

高がその60日移動平均の３倍以上になったときだ。それに加え、価格は長大線によって支持線－抵抗線から大きく上昇しなければならない。価格と出来高がこのように同時に上昇すれば、今のトレンドは勢いを増して、さらに高い価格または低い価格へと向かっていく。これが『**ス**

イングトレード入門』の第12章で述べたパワースパイクのスキャンだ。この分析は、個人投資家やモメンタムトレーダーの間で人気のある投機株で最もよく機能する。こうした投機株のほとんどは指数ファンドの構成銘柄ではないため、セクター全体を大きく動かすこともあるバスケット取引の影響を受けないからだ。また、高い出来高がその企業特有のイベント、重大事件、開発と一致するのももうひとつの理由だ。

明確なシグナルが出ているときに、価格がスイングハイやスイングロー、あるいは主要な移動平均線を試しながら主要な水準にとどまっているときには、オン・バランス・ボリューム（OBV）は有用な予測ツールになる。逆に、これらの条件のひとつでも欠けるときはOBVは無視すべきである。OBVデータが最も信用できるのは、価格が支持線・抵抗線にとどまっているときに、OBVが大きくブレイクアウトまたはブレイクダウンしたときである。このダイバージェンスが発生すると、価格はOBVの動きに追いつこうと大きく動くことが予想される。逆に、OBVが価格のブレイクアウトやブレイクダウンに遅行する場合、価格はブレイクアウトやブレイクダウンしたあとちゃぶつくことが予想される。この動きは、アクション－リアクション－レゾリューション・サイクルの第２フェーズ（リアクションフェーズ）に対応する。

『**スイングトレード入門**』でも述べたように、価格と出来高は隠れたバネによって結びつけられている。最初はバネの一端がもう一方の端から引き延ばされた状態にあるが、摩擦点に達すると一方の端がもう一方の端に近づこうと上昇または下落するためダイバージェンスは消滅する。問題は、先ほども述べたように、最近になってこの関係は論理性を失い、複雑になってきたことだ。したがって、トレーダーとしては、価格構造に注目すべきであり、出来高にとらわれて混乱することは避けなければならない。

フィボナッチプレー

このとらえどころのないトレーディングエッジを見つけるために、これまでマジックナンバー、占星術データ、マニ車など、ありとあらゆるものが動員されてきた。事実、ギャンやエリオットたちのようなカルト信者は、不可解なアイデアこそが隠れた利益を見つけだす力を持つと信じて、全キャリアを通じて市場の神秘性を研究し続けた。フィボナッチをマーケットの魔術と信じる人はいまだに多いが、この神秘の科学は自然の真理に根ざすものである。12世紀に修道士だったフィボナッチが、自然のなかにはある論理的な数列が存在することを発見した。1、1から始まり、最後の2つの数字を足し合わせた数字が数列の次の数字になる。例えば、1＋1＝2、1＋2＝3、2＋3＝5、3＋5＝8、5＋8＝13、8＋13＝21、13＋21＝34、21＋34＝53……といった具合だ。こうして得られた数列のことをフィボナッチ数列という。

フィボナッチ数列の隣同士の数字の比のなかで最も重要なものが、市場が上昇したり、下落したあと逆行する比率（リトレースメント）を表す数字だ。最も一般的なリトレースメントが38％、50％、62％の3つで、これらの水準はトレーダーたちの多くが反転を期待する水準だ。これらのよく知られた変曲点は短期戦略の仕掛けや手仕舞いポイントとしてよく使われるが、それには明確な理由がある。『**スイングトレード入門**』でいろいろな実例を使って説明したように、市場は支持線から抵抗線、そして再び支持線に向かって動くとき、こうしたよく知られたリトレースメント水準で屈曲することが非常に多い。しかし、フィボナッチのテクニカルツールとしての人気が高まる一方、最近ではこの力学を使ってのトレードは難しくなってきている。価格がこれらのリトレースメント水準に達すると何も考えずに仕掛けてくる愚か者たちが多いことを知っているマーケットプレーヤーたちが、こ

図6.7

フィボナッチリトレースメント水準が支持線や抵抗線に収束する（クロス検証）と、そこで反転する確率は高まる（クロス分析）。ファースト・エナジーは、12月に高値を付けた（1）あと58ドルまで下落し、そこから66ドルまで上昇する。その後、62％押す。チャートを見ると分かるように、62％リトレースメント水準は、66ドルの高値からの支持線である50日EMA（2）まで下落（3）。その位置で３日にわたって強気のダブルボトムパターンを形成（3）したことで、クロス検証の正確さはもう一段レベルアップ。この後、価格は強い上昇トレンドに戻った。

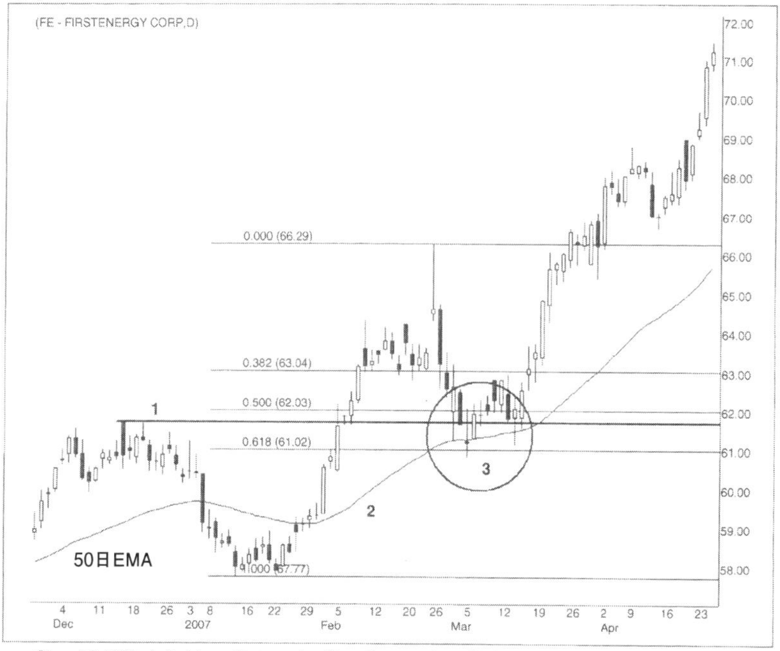

れらの主要なリトレースメント水準を利用した逆張り戦術を取るようになったからだ。例えば、あなたを含めた大衆は、62％のフィボナッチリトレースメント水準で価格は大きく反転することを予想しているため、彼らは62％のフィボナッチリトレースメントの前で空売りする、といった具合だ。

こうした悪魔的な戦術を仕掛けてくる者はいるものの、サバイバリストアプローチを使えば、フィボナッチはまだまだ十分に利用価値はある。第一に、サバイバリストはフィボナッチリトレースメント水準だけに依存したトレードは行わない。つまり、その水準に別の支持線や抵抗線が存在するかどうかを確かめよということである。例えば、50日EMAでスイングハイが発生し、6カ月のトレンドラインが62％リトレースメントで収束していれば、その位置で大きな反転が発生する確率は非常に高い。クロス分析によって発見されたこの場所は、シグナルがノイズよりも大きくなる狭いレンジ領域であり、こうした場所ではフェーディングが発生することはほとんどない。このフィルタリングは線形関係によって定義されるため、使用はいたって簡単だ。つまり、クロス分析の各要素が一致すれば、価格がフィボナッチ水準に達したときに「予想どおりの」動きをする確率は高まるということである。

第二に、サバイバリストはフィボナッチのちゃぶつきをトレードする方法を学ばなければならない。価格がリトレースメント水準をブレイクしたときにはサイドラインに下がれ。価格がそのマジックナンバーをブレイクしたときには、餌に食いつきたい奴には食いつかせ、勝手に振るい落とさせればよい。あなたは価格が再びそのリトレースメント水準まで戻るのを待て。価格がそのリトレースメント水準を交差したときに仕掛け、その向きにさらに動いたら増し玉する。これは、フェイリャーパターンが愚かなトレーダーたちを振るい落とすのに十分な長さだけ続き、そのあと回復する古典的な失敗の失敗シグナルの変化形で、本章で前に述べた50日EMAのマグネットトレードと多くの共通点を持つ。

フィボナッチのちゃぶつきトレードのセットアップはどんな時間枠でも発生するが、大きなトレンド（上昇トレンドまたは下降トレンド）が形成されているときに最もうまく機能する。**図6.8**を見てみよう。マスターカードは5月13日にギャップダウン（1）したあと、下落し

図6.8

マスターカードの空売り

始める。３週間後にギャップが埋まる（２）が、再び下落して162ドルで新しい月の安値を更新（３）。162ドル近くで反転し、前のダウンスイングを戻し始める。まず、62％まで戻し（４）たあと、そのまま78％まで戻して（５）、そこで反転して急落する。２時間後には62％リトレースメント水準まで再び下落（６）。これが最初の空売りシグナルになる。それから４時間後には50％リトレースメント水準まで下落して（７）、しばらくそこにとどまる。空売りした者にとってはここが増し玉のチャンスで、それと同時に62％リトレースメント水準に

ストップロスを置く。価格が162ドルの支持線まで下落したら（8）、そこから反転すると思ったら利食いし、さらに下降トレンドが続くと思えばポジションはそのまま保持する。

最後に、サバイバリストトレーダーが大衆を避けるために用いる、あまりポピュラーではないリトレースメント戦略を紹介しよう。これは、H・M・ガートレーが1935年の著書『プロフィット・イン・ザ・ストック・マーケット（Profits in the Stock Market）』で紹介した、あまりよく知られていないフィボナッチの関係をベースとするものだ。ガートレーパターンは78％リトレースメントを仕掛けポイントとする戦略で、これによって62％リトレースメントに反応してちゃぶつきにつかまったトレーダーたちを利用することができる。この古典的なセットアップは70年も前に発表されたものだが、今でも大恐慌時と同じくらいうまく機能する。さらに、フィボナッチリトレースメントではなく、フィボナッチエクステンションをトレードするエクステンショントレードも可能だ。ガートレーはこれをバタフライパターンと名づけた。これは複雑なフォーメーションで、価格が100％リトレースメント水準を27％過ぎたところで反転するパターンだ。

比率と波動の組み合わせは無数に存在するため、こうした古いパターンを知らなければ混乱するかもしれないが、これこそがフィボナッチの威力なのだ。複雑なフィボナッチ数学は、大部分のトレーダーを混乱させることができる点こそが強みなのである。市場が多数派には褒美を与えないことを考えると、これほど完璧な数学があろうか。

カウンターマーケットプレー

最も一般的なマーケット戦略は大きなトレンドの方向にトレードすることだが、人の行かない道を行くという方法もある。つまり、トレンドに逆らってトレードするということである。事実、逆張り戦略は

図6.9

トレーダーたちは昔から複雑なフィボナッチパターンをトレードに使ってきたが、これらのパターンを知るトレーダーは今ではほとんどおらず、忘れられた宝石も同然だ。ガートレーパターンやバタフライパターンはトレーディングレンジ内のバランスの取れたスイングから形成される。日中、日足、週足チャートでこれらのパターンが発生すると、それに続いてブレイクアウトやブレイクダウンが発生する確率が高い。これらのパターンはロングサイドでもショートサイドでも同じように機能する。形がW字や逆W字の形をしているので簡単に見つけることができる。

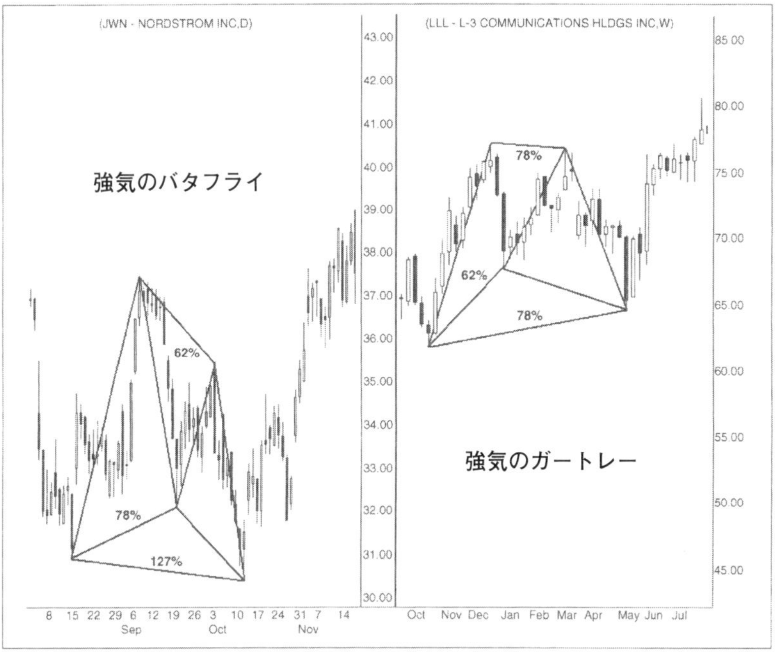

この10年にわたって高いパフォーマンスを上げてきた。この戦略で難しいのは、仕掛けのタイミングだ。大きなオーダーフローに逆らって仕掛けるわけだから、綿密なプランなしに仕掛ければ八つ裂きにされるのがおちだ。このときに重要なのが、買い－売りスイングだ。買い－売りスイングは利益の出るカウンタートレンドポジションを建てるのに必要な情報を提供してくれるものだ。さらに、パターンの失敗が、

トレード可能なスイングハイやスイングローの形成に果たす役割を考えることも重要だ。一言でいえば、ほとんどの反転は注目すべきレンジのすぐ上の高値やすぐ下の安値から始まるということである。トレンド相場にある株式、指数、先物は高値や安値近くで調整局面に入るが、大衆はトレンドと同じ方向に再び動き出してから利食いしようと思って動き出すのを待っている。価格が調整局面を抜けてブレイクダウンやブレイクアウトすると、サイドラインからのマネーがなだれ込むが、そこで再び反転してレンジの支持線（上昇トレンドの場合）やレンジの抵抗線（下降トレンドの場合）を抜ける。

これは指数先物で最もよく見られる現象だ。指数先物市場では、トレンドトレーダーの横っ腹にパンチを食らわすことなくカウンタートレンドスイングが始まることはめったにない。ひとつだけはっきりしているのは、反転する直前にワナを仕掛けるスイングは、サバイバリストトレーダーにとっては強力なエッジになるということである。ただし、市場が行きすぎて息切れ寸前に最後の力を振り絞って上昇したり下落したりする間、規律を守れるかどうかが鍵となる。これは心理的にはかなりきつい。なぜなら、それまでのスイングがそのまま持続するのを見て、われわれの頭のなかはすでにトレンドフォロー思考に侵されてしまっているからだ。

カウンタートレンドプレーには３種類ある。ひとつは、長期移動平均線に逆らって行うトレードだ。２番目は、急騰中に空売りしたり、急落中に買う高ボラティリティープレーだ。最後が、明確なトレーディングレンジの支持線や抵抗線で逆張りするというもので、これには制酸薬はほとんど不要だ。各戦略では、それぞれに異なる考え方やリスク・リワードの計算が必要になる。特に、高ボラティリティプレーは、事前に十分な防御策を講じておかなければ非常に危険だ。どのカウンタートレンドプレーにもリスクはあるものの、これはサバイバリストトレーダーのツールボックスにはなくてはならないツールだ。

初心者は簡単なレンジプレーに徹し、危険性の高いカウンタートレンド戦略には手を出すべきではない。しかし、経験を重ねるにつれて、流れに逆らったプレーに対する衝動は高まってくる。マーケットプレーヤーのなかにはトレンドプレーよりもカウンタートレンドプレーのほうが元々得意な人もいるが、彼らでさえ悪いポジションを取って壊滅的な打撃を被るという厳しい学習曲線に直面するときがある。急騰中の空売りや急落中の買いは特にそうである。こういった高ボラティリティ市場は、長い時間枠を除き、簡単なテクニカル戦略では太刀打ちできない。急騰した価格はそのまま伸び続けて価格目標を超えるかもしれないし、急落した価格は最後の買い手が虫けらのように潰されるまで下落し続けるかもしれないからだ。

200日移動平均線の下で買ったり、上で売ったりするのは確実にカウンタートレンドプレーになるため、防御的なアプローチが必要になる。ブルは200日移動平均線の上で生き、ベアは200日移動平均線の下で生きるのである。過去10年を振り返ると、主要な指数は何年間も200日移動平均線の下にあった。したがって、われわれはみんなカウンタートレンドで買うという罪を犯していることになる。当然のことながら、2000年のバブル崩壊後は、私はロングサイドのシナリオを含むようにマーケットスキャンの調整を繰り返してきた。1990年代であれば絶対に避けたはずのシナリオを含まなければならなくなったわけである。最も一般的なカウンタートレンドプレーのひとつは、下げ相場のあとで極めてうまく機能するプレーで、底値形成パターンからブレイクアウトしたあと支持線まで戻したところで仕掛けるというものだ。2003年と2009年、トレーダーたちは上方の抵抗線を意識しながら、このパターンで買った。流れに従うべきときと逆らうべきときを明確に示してくれるという意味では、200日EMAよりも50日EMAのほうが使い勝手はよい。価格が50日EMAの上にあるときは買い、下にあるときは売るのは論理的に考えてもつじつまが合う。

もちろん、われわれはみな急落している株には魅力を感じるが、良い戦略としっかりとしたリスク管理を行わなければ、こうした高ボラティリティートレードは大失敗する。急落している株がどこで下げ止まるかは、支持線や抵抗線、およびリトレースメント分析を使えば予測はそれほど難しくはない。問題は相場の激しい動きにある。もっと短い時間枠では、主要な安値を割って支持線を数ポイント下回ったあと、ローソク足の長い影と論理的なストップロスの墓場を残して急騰するといった激しい動きを見せる。

こうしたハイリスク・ハイリワードのセットアップはどうすればうまく管理できるのだろうか。トラブルに陥ることなく、こうした高ボラティリティ市場から利益を得るためのテクニックは２つある。

●予想される反転水準の両側で段階的に指値注文を入れる。それと同時に、最後の注文価格のすぐ下にストップロスを置き、価格がその水準を下回ったら全ポジションを手仕舞う。
●価格が達すると思う極端な価格水準のすぐ下に１つの注文を入れる。この極端な水準はほかのトレーダーたちを振るい落とす反転ポイントになることが多い。大きな反転は、みんなを振るい落としたあとで発生するのが普通だ。

レンジ相場は、レンジの支持線・抵抗線を利用して、相場が弱まったところで買い、強まったところで売るという、典型的なカウンタートレンド・スイングプレーにうってつけだ。このパターントレードは、レンジ相場になったことを見届けてからプレーを開始するのが一番よい。なぜなら、レンジ形成の初期段階ではちゃぶつくことが多いからだ。このカウンタートレンドプレーのコツは、レンジの「スイートスポット」で仕掛けることだ。つまり、次のブレイクアウトやブレイクダウンに向けて価格の動きが鈍くなる直前に仕掛けるということであ

図6.10

急落する市場で使える仕掛け戦略は2つあるが、いずれの戦略もしっかりとしたリスク管理が必要になる。フキ・インターナショナルは4.66ドルから7.75ドルまで上昇し、コンティニュエーションギャップの50％リトレースメント水準まで急落する。これは第1章のマッセイ・エナジーのチャートでも見られた落ちるナイフのセットアップだ。第1の戦略は、前のギャップのどちらかのサイド（1か2）で小さなポジションを建て、それと同時にその仕掛けポイントの下にストップを置く（3）。このストップは、ほとんどのトレーダーをギブアップさせた水準であり、皮肉にも、この水準が第2の戦略の仕掛けポイントになる。

る。このタイプの仕掛けは、得られる利益がパターンの上下方向の幅に限定されるため、価格を注意深く監視する必要がある。

このカウンタートレンド戦略を成功させるための勘どころがいくつかある。

●ストップロスは支持線や抵抗線のすぐ外側に置くこと。価格がこの水準を超えたら手仕舞うので、リスクは小さくなる。
●狙った仕掛け水準を決めたら、そこに全神経を集中させる。
●自分に有利なリスク・リワード比を維持するためにはスリッページはできるかぎり小さくする必要がある。だから、ポジションは追いかけないこと。
●仕掛けは一度で成功させるようにする。悪いタイミングで何度も仕掛け直せば、収益性は低下する。
●一度仕掛けたら、価格がレンジの反対側に行くまでポジションを保持する。レンジの反対側に達したら利食いし、反対方向に仕掛ける。

ファースト・アワー・レンジのブレイクアウトとブレイクダウン

オープニングベルは、その日の市場の支配権を巡る買い手と売り手の新たな戦いの始まりを告げるベルでもある。この意志の対立によってファースト・アワー・レンジが形成されることが多く、その取引日内のそのあとの時間帯における動きの大部分はこのレンジ内で繰り広げられる。この横ばいパターンからのブレイクアウトやブレイクダウンでのトレードは、短期利益を得るための効果的な方法だ。

ファースト・アワー・レンジのブレイクアウト・ブレイクダウン戦略のポイントは4つある。

1. **トレード対象**　この戦略が最もうまくいくのは流動性の高い市場だ。したがって、トレード対象としては1日の平均出来高が500万株以上の銘柄を選ぶことが重要だ。もっとよいのは、主要な指数や主要なセクターと相関性を持つETFのトレードだ。ETFはニュースショックの影響をあまり受けないからだ。トレード対象を選定するに当たっては、トレード候補のウオッチリストを作成して、毎日追跡するとよい。リストには、同時に同じ方向には動かないような候補を含めるようにする。

2. **仕掛け価格**　価格がファースト・アワー・レンジの高値を超えたら買い、レンジの安値を下回ったら売る。ちゃぶつきを防ぐために、仕掛け価格には数セントの余裕を含むようにする。仕掛けシグナルは寄り付きから最初の1時間が経過した時点で現れることもあれば、その取引日の遅い時間帯まで現れないこともある。これは短期プレーなので、スケールイン（分割での仕掛け）ではなく一気に仕掛ける。執行後は、すぐに利食いの機会が現れるはずだ。そうでないときは、ちゃぶつく可能性が高い。
3. **ストップロス**　ファースト・アワー・レンジを計算し、ブレイクアウト用のストップロスはレンジの高値の15～20％下に置き、ブレイクダウン用のストップロスはレンジの安値の15～20％上に置く。例えば、ファースト・アワー・レンジが22～24ドルだとすると、ブレイクアウト用のストップロスの位置は23.60～23.70ドルの間になり、ブレイクダウン用のストップロスの位置は22.30～22.40ドルの間になる。これは短期プレーだ。したがって、反転はすぐに発生する可能性があり、リアクションを起こす十分な時間がないため、メンタルストップは勧めない。
4. **利益目標**　過去2日分の15分足チャートで、トレンドの向きの最後の大きなスイングを見つけ、それを基に利益目標を決める。目ぼしいスイングがない場合は、幅の狭いトレーリングストップを使い、引けまでストップに引っかからないときは引けで手仕舞う。そのポジションで十分な潜在的利益が期待できない場合は、トレードは控える。目安としては、実現益が価格反転リスクやストップに引っかかるリスクの少なくとも3倍であれば、そのトレードは行う価値のあるトレードである。例えば、30ドルで仕掛け、利益目標が30.70ドルで、ストップロスの位置が29.80ドルだとす

図6.11

ファースト・アワー・ブレイクアウト戦略は、寄り付き時のボラティリティが通常より高いときに特にうまくいく。ヤム・ブランズは35.98ドルまでギャップアップで寄り付いたあと35.47ドルまで下落。午前中の遅い時間帯の急騰によって早い時間に付けた高値を1ポイント上回る水準まで上昇するまでは、この51セントのレンジで推移していた。最初の1時間の値幅の20%である35.87ドルにストップを置き、急上昇中はトレーリングストップで追って利益を保護する。

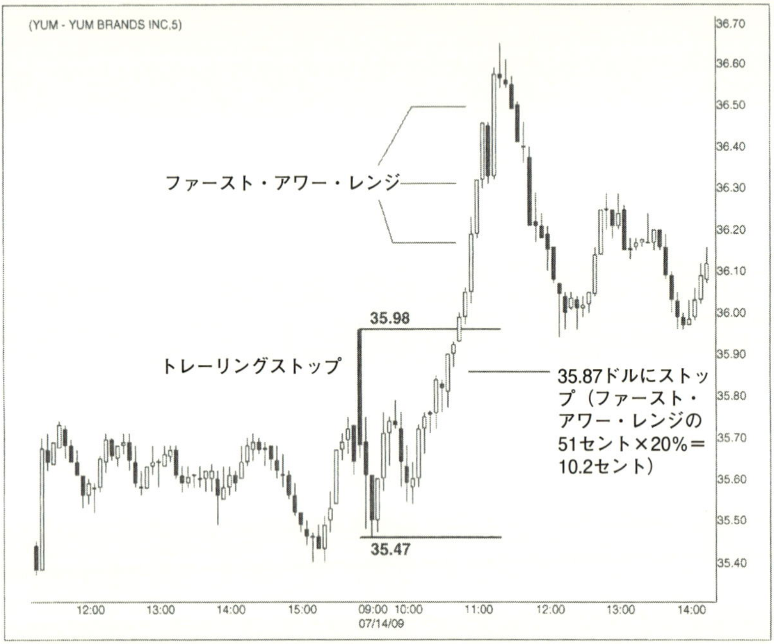

ると、潜在的利益70セントは潜在的損失20セントの3.5倍なので、このトレードは行う価値がある。

取引時間の開始から最初の30分はサイドラインに下がり、５分足チャート上にその間の高値と安値に相当する水平トレンドラインを引く。次の30分でも同様のラインを引く。得られたラインが、ファースト・

アワー・レンジである。利益目標を決めたあとも、その５分足チャートを使ってトレード管理を続ける。仕掛ける前に、そのパターンがあなたの意図する戦略をサポートするものかどうかを確認することが重要だ。ファースト・アワー・レンジは、取引時間開始から何度かの上下動を経てようやく確立される。５分足チャートで高値や安値を生みだすカウンタースイングが発生するまでは、スイングの大きさは分からない。市場を観察していると、最初の１時間が経過するころにはすでにトレンドが形成され、上下に振れることはない銘柄も多く存在することに気づくはずだ。こういった銘柄はこの戦略には向かない。

売り買い同時戦略

売り買い同時戦略を使えば、２倍のトレード機会を得ることができる。まずは、価格パターンを見たときに方向に対する思い込みを捨てることが大事だ。頭の中では、これは買いの機会だ、売りの機会だと思うかもしれないが、どちらの方向に動くかはまったくの未知数だ。この戦略のコツは、価格自身にどちらの方向に行こうとしているのかを語らせることだ。調整パターンの多くは一定のレンジ内で上下動を繰り返しながら進行していく。この段階では、ブレイクアウトする確率とブレイクダウンする確率は半々だ。支持線と抵抗線が明確で、その間の幅が狭いときは、どちらの方向にブレイクしてもよいように売り買い同時戦略を使うのがよい。この戦略は価格が抵抗線を上回ったときには買い、支持線を下回ったときには売ればよいので、比較的簡単だ。

同時のセットアップの各サイドはリスク・リワード比がそれぞれに異なり、通常は、一方の側が他方の側よりも潜在的利益が大きい。各サイドの利益は、その方向にブレイクする確率によって違ってくるため、計算は厄介だ。例えば、ロングサイドにブレイクする確率は高いが、そのセットアップでは利益はまったく望めないこともあるだろうし、ショートサイドにブレイクする確率は低いが、もしそちらにブレイクすれば大きな利益が望めることもあるだろう。この点を踏まえれば、売り買い同時戦略で成功するためには、ブレイクする確率と潜在的利益が両サイドで等しくなるようなパターンを見つけることが重要になる。ただでさえ複雑な売り買い同時戦略をさらに複雑にするのが価格だ。仕掛けシグナルはいろいろな形で発生する。最も利益が望めるのは、狭い価格レンジで大きな音を鳴らしながら発生するシグナルだ。潜在的利益と発生確率が一致しないケースと同じように、価格が一定の水準に達したとき、一方の側がもう一方の側よりも大きな音を立てるのが普通だ。こうした限界を乗り越えるためには、両側に明確な変曲点のあるパターンを見つけだす必要がある。

まとめると、効果的な売り買い同時戦略に必要な要素は３つある。明確な支持線と抵抗線、両側でリスク・リワード比が良好、両側で明確なシグナルの発生。非常に単純に思えるが、実際単純である。難しいのは、思い込みを捨てることと、市場自身にどちらの方向に行こうとしているのかを語らせることである。実は最も大きな利益が望めるのは、価格がわれわれの思い込みと逆方向に進んだときである。大衆は一定の方向に対する思い込みが強いが、最大の利益はそれとは逆方向の予期しないシグナルから生まれることが多い。偏見を持ったトレーダーにとって、偏見を捨てて、価格に仕掛けを指示させることは難しいかもしれない。しかし、規律を守らなければうまくはいかない。古い相場の格言にも「思い込みでトレードするな。見たことをトレードせよ」とあるように、規律を守ることの重要さはいくら強調しても強調しすぎることはない。

それでは**図6.12**で具体例を見てみよう。XTOエナジーは31ドルから41ドルまで上昇したあと、下落に転じる（１）。12月中旬に50日EMA支持線まで下落したあと、ギャップダウンでその水準を割り込

図6.12

XTOエナジーの両側セットアップ

み（2）、レンジ相場に入る（3）。レンジの支持線は35ドル、抵抗線は37ドルだ。この値動きは両側戦略にうってつけだ。ボックスパターンから上昇すれば、それは失敗の失敗の買いシグナルとなり、下落すればブレイクダウンが確認され、売りシグナルとなると同時に、31ドルのスイングローの試しがセットアップされる。この場合、トレーディングレンジの外側に指値注文を入れる。具体的には、37.40ドルに買いの逆指値を入れ、34.80ドルに売りの逆指値を入れる。あるいは、パターンをリアルタイムで観察しながら、一方の側が譲ってきたらす

ぐに仕掛ける。このケースの場合、１月中旬にボックスパターンからブレイクアウトして上昇（４）。50日EMAを上回った時点で買いシグナルを出してきたあと、力強く回復している。

ストップロスの位置はファースト・アワー・レンジのブレイクアウト・ブレイクダウン戦略と同じ方法で計算する。パターンの幅の15～20％を計算し、ブレイクアウトやブレイクダウン水準からその値だけ離れた位置にストップロスを置く。この場合、ボックスの幅はおよそ２ポイントなので、ストップの幅は30セント～40セントだ。したがって、ストップロスの位置は、買いの場合は36.80ドル（５）、売りの場合は35.60ドル（６）になる。

現実世界――妄想と収益性

ゲームに参加する準備ができていないときは、準備が整うまで待て。

７月22日、炭酸カリウム価格の下落を受けて、穀物肥料株に対する売り圧力が強まった。それまで数週間にわたってセクター全体は市場をアンダーパフォームしてきたため、オープニングベルでのミニパニックは特に驚くには当たらなかった。その日の朝、そのセクターの銘柄は大きくギャップダウンし、多くはいきなり５％以上下落した。このエアポケットはオーバーナイトしたトレーダーを奈落の底に突き落とし、彼らのパニック売りによって反対方向の力の勢いはそがれた。しかし、サイドラインにいた人々にとって、このボラティリティの上昇は、最高の利益機会をもたらす正のスパイラルを生みだすものだった。

買った株が急落した人々と、良い機会を待つためにサイドラインにいた人々とでは、心理面で大きな違いがある。どちらのグループも同

図6.13

穀物肥料株の下落によって思わぬ機会が発生

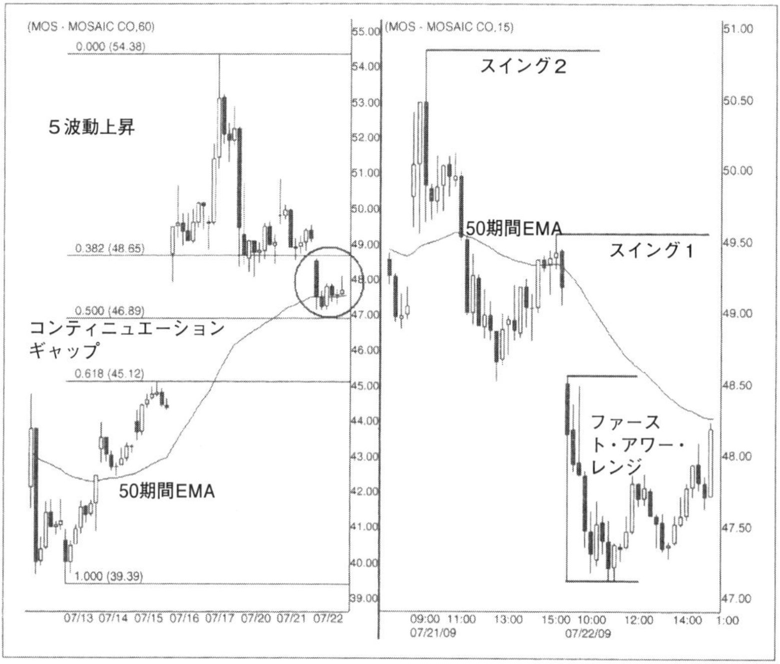

じパターン、同じ指標を見ているにもかかわらず、買った株が急落した人々は、損失によって客観性を失い、最悪の事態が起こるのではないかという妄想に取りつかれるため、物事がゆがんで見える。もちろん、物事はゆがんでなどいない。どのスイングにも、価格がさらに上昇する可能性もあれば、下落する可能性もあるのだから。

サイドラインにいた人々は彼らとはまったく違う。彼らはこのショックなイベントを客観的に分析し、図6.13にあるように、さまざまなプランや戦略に合った変曲点を探すことができる。このセクターの優良株であるモザイックの60分足と15分足のチャートを見てみると、下落前の価格スイングが、45ドルと48ドルの間の大きなコンティニュエーションギャップをはさんで、エリオットの上昇５波をきれいに形成していることに気づくはずだ。朝方の下落でその上昇分の38％を戻したあと、さらにコンティニュエーションギャップの途中まで下落する。しかし、前の例にもあったように、これは自動的な買いシグナルにはならない。なぜなら、このセットアップは、価格があるギャップの途中までギャップダウンやギャップアップしたときには機能しないからだ。下落圧力はあるものの、このパターンにはロングサイドを引きつけるようなテクニカルな要素がいくつかある。チャートには示されていないが、朝方の下落によって価格は中間的な支持線である50日EMAまで下落しているが、50日EMAはこのコンティニュエーションギャップを上抜いているのだ。これは価格の反転を示唆するものであり、このあと下降モメンタムによって価格は底値に到達することが予想される。私はこの両側シナリオのことを「板ばさみ」パターンと呼んでいる。なぜならこのパターンは、最終的にブレイクアウトやブレイクダウンが発生するとそれは非常に強く、感情的になっている市場の一方のサイドをワナにはめるからだ。

そこで50日EMAがどういった状態にあるのかを見てみよう。50日EMAは60分足チャートでは支持線になっているが、15分足チャートでは抵抗線になっている。このように50日EMAは時間枠によって支持線になったり抵抗線になったりしてはいるが、どの時間枠でも主要な価格水準に収束しているためテクニカルなコンバージェンスを生みだしている。もっと重要なのは、この移動平均線そのものは強気のダイバージェンスを示しているという点だ。なぜなら、２つの長い時間枠では価格は移動平均線の上にあり、最も短い時間枠では価格は移動平均線の下にあるからだ。これは、長い時間枠が短い時間枠に優先するときには、トレンドは下降トレンドになるという私の観測に一致する。このダイバージェンスが解消されるのは、この移動平均線がどの時間枠でも支持線または抵抗線になったときである。

次にファースト・アワー・レンジを見てみよう。価格はこの日はほぼこのレンジ内で動く。この日が終わるころには、対立する要素は収束して両側セットアップへと姿を変える。つまり、価格はこのファースト・アワー・レンジからブレイクアウトまたはブレイクダウンするということである。15分足チャートのシグナルとそれよりも長い時間枠でのシグナルが完璧に一致しているため、コンバージェンスが発生したことになる。特に注目したいのは、価格が50日EMAの支持線の位置にあるのと同時に、38％と50％のリトレースメント水準の間にある点だ。ファースト・アワー・レンジからブレイクアウトして38％リトレースメント水準まで上昇すれば、それは失敗の失敗の買いシグナルになる。一方、ファースト・アワー・レンジからブレイクダウンして50日EMAと50％リトレースメント水準より下落すれば、それは売りシグナルになる。

価格が50日EMAの支持線の位置にあると同時に、38％と50％のリトレースメント水準の間にあるという事実は、ブレイクアウトすれば少なくともスイング１の利益目標まで上昇する可能性が高いことを意味する。一方、ファースト・アワー・レンジの下には薄い空気以外には何もない。したがって、ブレイクダウンすれば45ドルまで下落して60分足のコンティニュエーションギャップは埋まる可能性が高い。これを踏まえて、どちらの方向にブレイクしてもよいように注文はパターンの上と下に入れる。15分足チャートにおける50期間EMAの位置は、ロングサイドにとって非常に有利だ。なぜなら、価格がパターンの抵抗線である48.50ドルの上まで上昇する前に仕掛けられるからだ。これはまた、ギャップと49ドル近くにあるフィボナッチの抵抗線の問題を解決するのにも好都合だ。ファースト・アワー・レンジからブレイクアウトすれば価格はその抵抗線を超えて上昇することが予想されるが、読みを間違えればコストは高くつく。しかし、50期間EMAのすぐ上で仕掛ければ、ブレイクアウトする前に25～30セント利食いできるため、リスクは大幅に軽減される。

このプレーの秘訣は、忍耐強く、価格自身に「語らせる」ことである。これは言うのは簡単だが実行するとなると難しい。なぜなら、その取引日ではブレイクアウトやブレイクダウンが発生しなかったからだ。市場は多くの話をするが、一度に１章分の話しかしない。つまり、市場はオープニングベルでだれかを喜ばせたり悲しませたりしたあと、その日の残りの時間は何もしないで、トレーダーたちにその意味についていろいろと憶測させるということである。トレーダーは引けまでにレゾリューションが発生してサイクルが完成することを期待するが、悪魔的な市場は一晩あるいは１週間じらつかせてようやく重い腰を上げることもあるのだ。

図6.14を見てみよう。モザイックは翌朝およそ１ポイントのギャップダウンで寄り付いたあと、その日は前日のファースト・アワー・レンジ内にとどまる。翌日ようやくブレイクアウトすると、最初の15分で50期間EMAを上抜ける。これは買いシグナルを意味する。仕掛けたら、移動平均線の反対側にストップを置く。ブレイクアウトのあと市場は急上昇し、第１の利益目標であるスイング１ピボットを上抜いたため、新しい支持線は試されていない。このあとは２つの選択肢がある。すぐに利食いするか、上昇の流れに従うかのいずれかだ。テープリーディングの観点から言えば、最初のスイングピボットをいとも簡単に上抜く上昇トレンドは強気のコンバージェンスを意味し、価格はさらに上昇し続けることが予想される。したがって、51ドル近くのスイング２ピボットを狙うもっとアグレッシブなアプローチが可能になる。価格は次の15分でその水準に達し、ここで手仕舞えばより多くの利益を手にすることができる。

このあと上昇の勢いは弱まり、反転の可能性があるため、残りの株

図6.14

モザイックのトレードを成功させるための鍵はリアルタイムのトレード管理

は売ったほうがよい。サイドラインに下がったあと、市場はそのまま上昇を続け、日中の高値の辺りを１時間近くもうろつく。この値動きは小さなカップ・アンド・ハンドル・ブレイクアウト・パターンを形成している。これは午前の遅い時間帯での買いを促す買いシグナルだ。市場は一連の上昇波に乗ってその日の終わりまで上昇し続ける。しかし、注意しなければならないのは、時間がたつにつれてリスク・リワード比は悪化し始め、トレーダーにとっては不利な状況になっていることである。価格はスイング３ピボットにゆっくりと近づき、そのあ

と大きく押し、ボラティリティが上昇している。しかも、このトレンドの残り時間もわずかだ。なぜなら、夜間には何が起こるか分からないからだ。特に、商品関連は全世界のニュースの影響を受けやすい。

　ここは手仕舞うのが賢明だろう。利益を上乗せし、良い日だったと満足するのがよい。

第4部

機会の管理

MANAGING OPPORTUNITY

第7章 MARKET ENTRY

仕掛け

金融市場で実際にお金をリスクにさらしてみると、すべてが変わる。体内の化学反応が変化すると同時に、注意力、精神力、感情、人間関係も変わる。大損した日は失敗を認めたくなくて、あるいは家計口座に大きな損害を与えたことを白状するのが怖くて、伴侶にウソをついたことがあるトレーダーたちに聞いてみるとよい。このジキルとハイドのような性格の変貌は、トレード志願者にとってつもり売買がなぜ無意味なのかを雄弁に物語るものだ。トレーディングは自分について知りたくないことを教えてくれる。いわば、力ずくの自白剤のようなものだ。職場でも、社交場でも、学業においても常にトップを走ってきた人生の成功者たちは敗北を認めたがらない。だから、市場で長期的に成功を収めるのが難しいのだ。私は医者やエンジニアや建築家にははっきりと言うことにしている。トレーディングゲームでは、あなたがたは、ティッカーテープに対するセンスを持ち、リスクに対して適度な無関心を維持できる高校中退者たちにはかなわない、と。

リスクテイクに対する心理的な影響をできるだけ少なくするためには、ポジション、エクスポージャー、市場は自分の性格とライフスタイルに合ったものでなければならない。しかし、これはそれほど簡単なことではない。自分が考える自分と本当の自分との間には大きなギャップがあるからだ。しかも、われわれは怠け者だ。少しくらいステップを飛ばしても利益が出せると思っているのだ。さまざまなワナが仕掛けられていることも知らず、まっすぐにチーズのところまで行き着けることを信じて疑わない。その結果、本来は戦略やポジション管理に注がなければならない時間とエネルギーがほかのどうでもよいような部分に費やされることになり、長期的な成功は２倍難しくなる。

投機家になるつもりなのか、単なる見物人になるつもりなのか、今ここではっきり決めてもらいたい。サイドラインから見ている人と、実際にお金をリスクにさらしている人とでは、ものの考え方がまったく違う。にもかかわらず、リスクをとるようになったあとでも傍観者のように考え、行動するトレーダーは後を絶たない。この良い例が、長引く下降トレンドでの空売りだ。金融システムやITバブルが崩壊した市場を嫌うのには理由があるが、こんなときでも空売りすればお金儲けはできる。ただし、空売りで儲けるには、相場はずっと下げ続ける必要がある。これはかなり骨の折れる作業だ。なぜなら、われわれの住む社会はインターネット社会であり、キーボード操者たちは自分の言葉がネットに乗るのを見たいがためだけに無意味な意見をペラペラと書きたてるからだ。

傍観者はサイドラインに居てあれこれと好き勝手にしゃべるだけだが、投機家はそれらの意見を取り入れて、金銭的、身体的、感情的リスクを負う。意見を言うには大声または皮肉めいた書き方ができる以外は不要だが、実際の投機は勇気と資金と決意を必要とする。傍観者は間違った意見を言っても正当化し、責任をマドフやレバレッジを取りすぎたETFになすりつける。一方、投機家は失敗の要因は自分自身と規律の欠如にあることを認識している。彼らは良いニュースも悪いニュースも利益機会ととらえ、資本主義には自己修正メカニズムが備わっていることを理解している。傍観者は自分のことを善良で賢明な人間だと思っているが、自己欺瞞の塊にほかならない。金儲けが目的でないのなら、金融市場にかかわる必要などあるだろうか。関心のないものに思い悩むよりも、もっと有効な時間の使い方はあるはずだ。

ボラティリティの高い時期に市場についておしゃべりすることは、間接的な恩恵をもたらす。例えば、自尊心が高まったり、力がみなぎってくる感じが得られたり、同僚の点数を稼いだり、といった具合だ。しかし、この好機の最中のあなたの話は、自分のポジションについての話なのか、それともただしゃべっているだけなのか。つまり、あなたは買っているのか、売っているのか、それとも市場が本当に動き出したときの恐怖に身がすくんで何もできない状態なのか、ということである。あなたが親指をいじりながらサイドラインに座っている間、賢明な人々は請求書を支払うためにその高いボラティリティで勝負しているのである。傍観者のゲームに陥っていなければ、あなたも彼らとまったく同じことをしているはずである。

私はこの20年で市場に対して本当に怒りを感じたことが一度だけある。それは、9.11同時多発テロ事件のあと米国政府がウォール街を閉鎖したときだ。その歴史的な出来事は、私が感情を抑えられないことをひとつだけした。私から生計手段を取り上げたのだ。金融を巡るスキャンダルや市場の崩壊、SEC（証券取引委員会）の定期的なルール変更による市場の改革など、9.11後の閉ざされたドアに比べればかわいいものだ。市場はときとして非常に不愉快な姿を見せることがある。しかし、どれほど不愉快であろうと、取引所が毎日開き、トレーディングできる喜びに比べればそんな不愉快さなど大したことではない。

オピニオンメーカーから稼げるトレーダーへと変わるには、意識改革が必要だ。まずは、自分のなかから無意味な信念システムを閉め出し、チャートやティッカーテープから発せられる値動きに対する鋭い観察眼を持つことから始めよう。これを偏見を持たずに正しく行うことができさえすれば、トレードで生計を立てることも夢ではない。

証拠金と資金配分

トレードを行うとき、われわれはまず新しい機会にどれくらいのリスクが含まれるのかを調べ、仕掛けを行い、一定期間ポジションを保有して、最終的に利益を得たり損失を被ったりする。トレードのワークフローは一見単純だが、ワークフローに含まれる各要素は無限の変数を持つ。われわれが最初に行う仕事は、リスク特性に基づいてトレード対象を選ぶことだ。株式をトレードするのか、先物なのか、あるいは通貨なのか。次に行うのは、時間管理という厄介な仕事だ。ポジションをその日の終わりまでに手仕舞うデイトレードを行うのか、オーバーナイトの反転というリスクにさらされるポジショントレードを行うのか。そして最後に、冷静な目で現実をチェックする。自分のライフスタイルや感情が好むアプローチはあるのか。そして、そのアプローチは選んだ市場にマッチしているのか、それともあらゆる面で市場に対立するものなのか。

仕掛ける前の意思決定は、リスクにさらすことのできる自由な資産の額によって必然的に決まってくる。こうした制約は、われわれを年金口座という厄介な問題に引きずり込む。特に中高齢層にとって年金口座は流動性資産の大部分を占めるので大きな問題だ。これは、自分の貯えは何があっても自分で守るという自己責任能力のあるマーケットプレーヤーにとっては大した問題ではないが、過去に大打撃を受け壊滅的な損失を出したことのあるヨーヨートレーダーにとっては口座を破産させかねないので重大な問題だ。こういった人たちは、小さな年金口座を大化けさせようといった野心を抱くよりも、トレーディングゲームには最初から参加しないほうがよい。少なくともキーオ（自営業者退職年金制度）、IRA（個人退職年金勘定）、SEP（簡易従業員年金制度）は現金口座であり、われわれを暗い衝動から保護してくれる。

しかし、伝統的な信用口座に対してはそういったセーフティーネットは存在しないため、信用口座は過剰なリスクテイクの中心地となる。現代の市場環境では、レバレッジが株式口座で４倍、先物口座で10倍以上となったため、信用取引は以前に比べると危険性が増している。さらに悪いことに、新参者は利益を得るにはどのポジションでも信用枠の100％を使わなければならないと信じている。

実際には、証拠金はトレーディングツールのひとつにすぎない。健全なリスク分析を行えば、証拠金の使用を促すようなケースはほとんどない。信用取引を行えばトータルリスクはわれわれの戦略やエッジで吸収することができる最大損失を超えることになるからだ。さらに、証拠金は、白か黒かといったはっきりしたものではなく、グレーゾーンに含まれるため、トレードにある程度の不確実性が含まれることも意味する。このカオスの要素に対処するには、「多層」のカラーリングテクニックが必要になる。カラーリングとは、全体的なリスク、主要な指数平均の動き、ティッカーテープとわれわれの持つエッジとの相性とに基づいて、その日の市場にアグレッシブな態度で臨むのか、ディフェンシブな態度で臨むのかを決めるものだ。例えば、下げ相場で買う場合、少なくとも支持線まで下がり、戻りプレーが可能になるまではディフェンシブなカラーリングが必要だ。逆に、上げ相場はトレンドフォロワーにとっては理想的な状態なので、この場合はアグレッシブなカラーリングを使ったほうがよい。例えば、信用取引の拡大、オプション取引などがそうだ。カラーリングテクニックについては第６部で詳しく解説する。

証拠金は市場が有利な状態のときには大きなパワーを発揮する。例えば、2003年と2009年の市場の回復や、IT・住宅建設・商品バブルは、証拠金を利益に変えるのに理想に近い状態だったと言ってよいだろう。こうした好機におけるわれわれの唯一の仕事は、果実が頭を低く垂れて収穫されるのを待っているのがいつなのかを見つけだすことである。しかし、市場状態とは無関係に、安定して利益を出せるようになるまでは、信用取引は避けたほうが無難だ。さらに、月々の報告書が、平均的に見て、極端に大きな利益や損失が少なく、損失が適度な大きさであることを示していることも重要だ。つまり、長期的なパフォーマンスが、大きなリスクを避け、証拠金の威力を十分に活用しなかったがために大きな利益機会を逃したことを示すようなものでなければならないということである。

株式のデイトレーディングは、証拠金使用率を上昇させる。これは、日中の市場を知り尽くしたごく一握りのトレーダーにとっては極めて有利に働くが、高ボラティリティ環境で生き残るためのリスク管理能力を欠くデイトレーダー志願者にとっては最悪の事態を招くことになる。日中の取引でのレバレッジ４倍は、SECがデイトレ規制とのバランスを取るために行った措置である。これは、裕福な個人トレーダーは貧しいトレーダーよりも日中のリスクに対処する優れた技術を持っているという考え方に基づくものだが、これははなはだ疑問だ。いずれにしても、意欲的なデイトレーダーに対する私のアドバイスは、スイングトレーダーに対するアドバイスと同じだ――証拠金を使わないために損失を出していることがはっきりと証明できるまでは、信用取引はするな。

もちろん、先物や通貨のトレーダーの場合は信用取引を避けることはほとんど不可能だ。先物トレーダーたちは市場で生き残るための最低条件が優れた技術とリスク管理であることを理解しているため問題はない。ところが、通貨市場はこれとはまったく事情が異なる。デイトレード規制導入後、米国ではFX市場の人気が高騰した。資金不足のためデイトレード規制に引っかかり口座が凍結されたトレーダーたちが、新天地を求めてFX市場に流れ込んできたからだ。この民族大移動によってFX市場は急上昇した。1500ドルという少ない資金で口座を開けるFX市場には一晩のうちに何百という人々が殺到した。小さな元手で大きく稼ぐことを期待する、技術も資金も不十分な多くのトレーダーたちがこの新しい機会に引き寄せられた。不幸なのは、手薄な規制によってブローカーたちがマーケットメーカーとして動くことが可能になったことだ。彼らは顧客たちのポジションと反対のポジションを取った。システムに内在するこの利害の対立は延々と続き、トレード口座は開設するのと同じ速さで消滅していった。

FXトレーダーが通貨ペアの比較的小さなスイングで大きく儲けるためには信用取引が不可欠だ。しかし、リスクはトータルスイングの資産曲線に対する比率として表されるため、これは小口口座のトレーダーにとっては自殺行為だ。例えばレバレッジが２倍の10万ドル口座の場合、スイングが資産曲線の３％であれば、損失は口座資産の６％、つまり6000ドルだ。しかし、レバレッジが20倍の1500ドルの口座では、同じ大きさのスイングで損失は900ドルで、口座資産の60％に相当する。こうした大きなエクスポージャーを考えると、確かな技術を持たないFXトレーダーは証拠金の使用は抑えなければならない。皮肉なことに、この種のリスクに対する理解に最も欠けるのが彼らである。

失敗する確率が100％なのだからトレードはやめろと言っても彼らは聞かないだろうが、これは資金不足のFXトレーダーに対する私からの唯一のアドバイスだ。わずかな資金を呑み屋に持ち込んで百万長者を目指すよりも、十分な運転資金ができるまで待ったほうがよい。忍耐は最後には必ず実を結ぶ。業者があなたに不利なことをしないかぎり、十分な資金で行うFXトレーディングは、ほかの流動性の高い市場と同じようにうまくいくのだから。FX取引をするのなら、通貨よりも通貨先物のほうがよいかもしれない。通貨先物はしっかりと規制されており、あなたが今見ている価格があなたがボタンを押したときに得られる価格になるからだ。

新米トレーダーは最初の株式口座を開くための十分な資金を作るのに数カ月あるいは数年かかるかもしれないが、キャリアを通じて、あるいは単なる幸運によって大きな富を手に入れたあとは、トレーディングはまったく違ったゲームとなる。例えば、テクニカルトレーダーとしてあるいはプロトレーダーとして40歳としての平均的な資産を手に入れたとしよう。これまで多くのブローカーを通じてさまざまな投資を行ってきたが、今あなたはスイングトレードでリターンをもっと向上させたいと思っているとする。こうした幸運な状況下でも資産配分を間違えれば、貯めたお金のすべてをリスクにさらすことになる。これで思い出すのは、金融ニュースがITバブルの崩壊によってお金を失った人を対象に行ったインタービューに出てきた女性のことだ。彼女がデイトレードで700万ドル以上ものお金を失ったと話すのを聞いて、私は椅子から転げ落ちそうになった。これは正気のさたではない。700万ドルのお金をデイトレードすることが無謀なことは、ロケットサイエンスの力を借りなくても理解できることだ。こういった大金は、トレーディング分析やテクニカル分析よりもポートフォリオ管理に資するものであり、それが他人のお金でなければトレードなどすべきではない。個人的な欲や単なる無知のために700万ドルのお金をリスクにさらそうとする人は、そもそも市場にかかわるべきではない。

家族の富はどんなことをしてでも守らなければならない。一定量の資産は、少なくとも最初の５年は、トレーディングからは遠ざけておかなければならない。あなたは家族を養い、家のローンを支払い、子供を学校に通わせなければならないのだ。こうした請求書を支払うのに必要な現金を、何回かのビッグトレードで２～３倍にしようと考えてリスクにさらすのはまったくの愚行だ。資産は目的と機会別に口座を開いてそこに入れておく。トレード口座には、失っても大丈夫なお金を入れるべきであって、一銭たりともそれを上回ってはならない。長期的に成功するトレーダーは10人のうち１人か２人しかいない。実績もなくトレードで成功したいと思うだけでは、技術不足は解消されず、日常生活の要求を満たすこともできない。

たとえ日中のポジションは持たないつもりでも、デイトレード規制に引っかかることのないように主要な口座には十分なお金を入れておくのがよい。今の決済ルールは複雑なので、２万5000ドルの最少額よりも多めに入れておいたほうが安心だ。できれば最初は最低５万ドル入れておくことをお勧めする。主要な口座を開くのは、ディスカウントブローカーよりもダイレクトアクセスブローカーのほうがよい。トレードの大部分はこの口座を介して行うことになるため、この口座は短期間でゼロになることもある。言うまでもなく、口座インターフェースは時間前取引時間から時間後取引時間を通してずっと開いておく必要がある。

主要な口座をディスカウントブローカーで開くのを勧めないのは、ディスカウントブローカーは手数料が高く、顧客に不利な決済を行い、通常の取引時間以外の取引に制限があるからだ。ただし、二次的な口座はディスカウントブローカーで開いたほうがよい。つまり、ディスカウントブローカーは、ポジションがストップに引っかかることなく大きな価格レンジで動けるような不干渉主義のトレードには使えるということである。これはリスク回避を克服するための無害な無視政策の積極的な方法ということになる。ディスカウントブローカーで口座を開くもうひとつの目的は、市場のタイミングを計る確かな技術を持っている人にとってはその技術を利用できる場になるからだ。市場全体または特定のセクターが強いトレンド相場にあり、大きな運転資金を「待機」させたいと思うようなときはめったにないが、この口座はそんなときのキャッシュプールとして使える。

裕福な個人は大きな家計口座のわずかな部分をトレード用に確保し、大部分のお金には手をつけないようにする人が多いが、これは単なる趣味の場合を除いてうまくいかない。トレードの目的は投機によってお金を稼ぐことだが、前述のようなシナリオの下では、資産の大きな部分から得られる受動的所得によってパフォーマンスの低さは覆い隠されてしまう。つまり、トレードの損失は配当、利子、長期投資によって穴埋めされ、勝者になったような気分になるかもしれないが、実際にはそうではない。実際にはこれはトレーディングの可能性を大幅に低減させる資産の蓄積にほかならない。成功するトレーダーは市場に本格的に取り組むやる気満々の人々だ。個人資産が市場よりも大きな贈り物を与えてくれるような人の場合、市場に本気で取り組もうといった気持ちになるのは難しい。こうした余裕資産は、生涯にわたる市場への執着を単なる気晴らしに変えてしまう。そして、熱意の不足した者は、人生を賭して富を求めようとする本気のトレーダーたちの標的になる。

予測とリアクション

トレーダーの多くは確認シグナルが出るのを待ってポジションを建てようとする。しかし、これはちゃぶつきやダマシのシグナルが日常茶飯事の現代の市場環境ではリスクの高い戦略だ。早めにポジションを建て、値動きに反応した大衆を利用するためには、値動きを予測する必要がある。これは一見簡単そうだが、実際にはそれほど簡単ではない。トレーダーは危ない橋を渡る前にまず試しに他人を渡らせて安全を確認しようとする社会的な生き物だからだ。つまり、市場が今がチャンスだと言ってくれるまでは安心して戦略を実行できないということである。

マーケットプレーヤーの大部分はチャートやティッカーに目を凝らし、主要な価格ポイントでほかのみんなが反応するまで市場に参入しようとしない。しかし、待ち望んでいたブレイクアウトやブレイクアウトを確信する動きを見たときには大概は遅すぎる。しかし、これは厳密に言えば正しくない。モメンタム戦略を使って仕掛ければよいからだ。しかし、モメンタム戦略はスイングトレードとは考え方もリスク・リワード分析も異なる。

予測は、高値を更新したら買って、安値を更新したら売るよりも低リスクの機会を与えてくれる。要するに、予測とは、ほかのトレーダーの動きを待つことなく行動するということである。これは暗闇のなかで銃を撃つようなものだ。新しいポジションの初期段階では特にそう感じるだろう。したがって、価格を基にしたこの戦略では自信と強い胃腸を必要とする。さらに、リスクをとるのに最高のタイミングを見つけるためには、市場を注意深く読む必要がある。予測は、パターンの失敗やリンスジョブといった、現代の市場における危険に対処することができるため、サバイバリストトレーダーにお勧めの執行戦略だ。

ただし、早く仕掛ければ必ず儲かるというわけではない。事実、これはリアクション型の市場戦略よりも損失を出す頻度が高い。しかし、幅の狭いストップを使えば、平均的な損失の大きさは大幅に抑えることができる。良い点は、戦略が最終的に「機能」して大きな利益を出すまで、有望なパターンでたくさんの仕掛けが行える点だ。この戦略は、有望そうには見えるが仕掛け水準がはっきりしないようなパターンで特にうまくいく。トレーダーはいろいろな水準で仕掛け、小さく損切りしながら、最終的にうまくいく仕掛け水準を探す。最大の変数である損失数は各ポジションに対して予想される最大ドローダウンで定義される。

予測型トレーディング戦略にとって最も有利なパターンは、狭いレンジパターンだ。例えば、トライアングルパターンや、トレンドがほとんどなくなりプロフィットテイカーたちを振るい落としたあとで次の上昇や下落スイングに向けて動き出すといったシナリオがそうだ。『**スイングトレード入門**』の第９章で述べたコイルドスプリング・セットアップは、価格がストップに達すればそれは価格がそのポジションと反対方向に大きく動くことを示すサインになるという前提の下、NR7の足の反対サイドにストップロスを置くことでリスクを低減する

図7.1

主要な対立水準では強い感情が市場を支配して、「どっちつかず」の状態を生み出す。7月、ナスダック100トラストは50日EMAを割り込み、200日EMA辺りまで下落してその辺りをうろつく。その後、3日間にわたって横ばい状態が続き、買いと売りの双方を引きつける。どちらのグループもそれぞれの視点に立って仕掛けてくる。7月13日、価格は過去2日間の高値を上抜き、空売り筋をワナにはめると同時に、サマーラリーに先立って強い買いシグナルを出してくる。

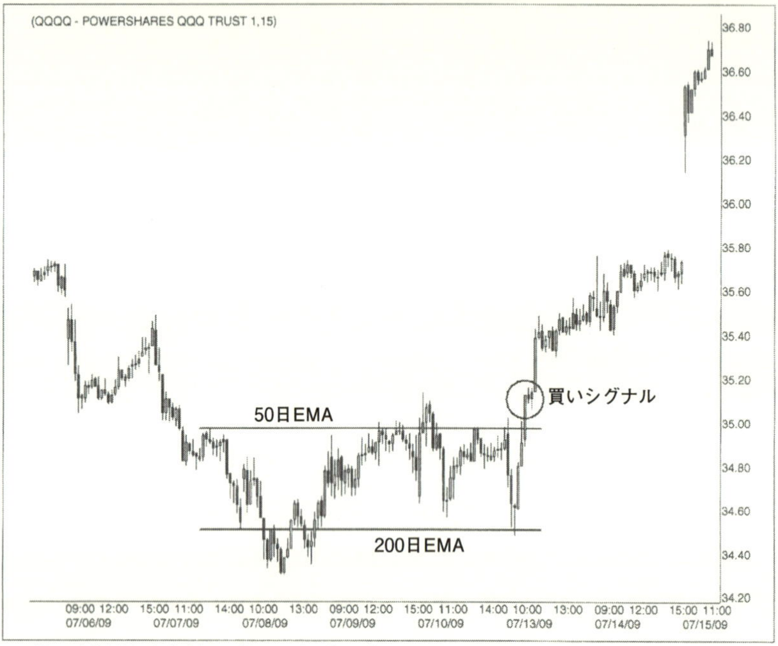

低リスクの予測プレーである。読みを間違えて、市場が反対方向に動いたときには、次の狭いレンジのシグナルを待って仕掛け直せばよい。

市場の力学はリアクション型トレーダーには冷たい。彼らがアクションを取ろうとするときには、先にポジションを取った賢い連中はすでに利食いし、サイドラインに下がろうとしているときだからだ。この対立は、価格が最初に彼らの注目を集めた価格水準に向かって反転するのに理想的な状況を生む。このカウンタースイングは、新たな支持線や抵抗線の試しの結果によって、押し・戻りトレードかパターンの失敗のいずれかを誘発する。このときの価格の動きは、第２章で述べたアクション－リアクション－レゾリューション・サイクルに従う。

予測型トレーディングで重要なのは、買い－売りスイングに注目し、バトルの勝者になるのがどちらのサイドなのかを知る手掛かりを探すことだ。一方のサイドがワナにはまり降伏せざるを得なくなったときに大きなトレンドが発生する。ヘッド・アンド・ショルダーズ・パターンのブレイクされたネックライン辺りにレンジの狭い足が集中的に発生するといった特定のパターンやイベントを見つけることができれば、買いシグナルや売りシグナルが実際に出る前に仕掛けることができる。ここで問うべき質問はあまりにも簡単すぎて、見逃すトレーダーは多い。つまり、もし買っていた（売っていた）としたら、今ここで自分はどう感じ、どうするだろうか、ということである。パニックに陥って走り出すだろうと答えた人は、それはどちらのサイドがワナにはまるのかを知るうえでの良いヒントになるはずだ。

予測プレーを成功させるためのコツは、価格がどっちつかずの状態にはまっている株を見つけることである。買い手と売り手が激しく対立し、どちらが勝つともいえないような状態を示すパターンを見つける。この対立はいずれは決着がつき、一方のサイドの力が弱まりワナにはまるため、このパターンを見つけたら素早くアクションを取ることが重要だ。一方のサイドが降伏することで、ブレイクアウトやブレイクダウンを生む理想的な力学が発生する。このシナリオは、第６章で述べた売り買い同時セットアップと同じように、価格の方向性を予測する必要はない。バトルが終わるのを待って、一方のサイドに軍配が上がったらその方向に仕掛ければよい。このとき、ボラティリティに注意する。ボラティリティが収縮していれば、それはストップロスを仕掛け価格の近くに置けという合図だ。これによってリスク・リワード特性は大幅に向上する。値動きの最終段階でワナを見つけたらパターンを注意深く観察し、一方のサイドが「まばたき」すると同時に仕掛けて大衆の先手を打つことが重要だ。こうした略奪的ワークフローは常識のように思えるかもしれないが、このシステマティックなアプローチを実際に実行できるのはほんの一握りのトレーダーにすぎない。

引き金を引く

この言葉には聞き覚えがあるだろう。あなたは毎日市場を眺めながら、良いトレード機会が次から次へとあなたの目の前を通り過ぎるのを見ているだけだ。自分の行動力のなさにイライラを感じたあなたは、いきなり行動的になってポジションを次々と建て始める。するとまるで魔法のように、市場はあなたと逆方向に舵を切り、あなたは次々と損失を出す。絶望したあなたはサイドラインに下がり、また同じことを繰り返す。

われわれが忘れがちなのは、良いポジションは通勤列車のようなものであるということである。１本逃しても、時間どおりに次の列車がやってくる。しかし悲しいことに、マーケットプレーヤーたちは待つのが大嫌いで、次の列車が入ってくる直前に線路に身を投げるのだ。引き金を引くことができなければ、お金を儲けることができないのは言うまでもないが、逆にあまりにも積極的になりすぎて、機会のないときにトレーディングすれば損失につながる。

この悪循環から抜け出し、タイミングよく引き金を引けるようになるにはどうすればよいのだろうか。まず、不利な立場にないことを確認することが重要だ。高い手数料と遅い執行システムは、執行された途端にあなたを窮地に陥れる。簡単に言えば、現代の市場では、売買手数料は100株につき１ドル以上支払う必要はない。まずは取引にかかるコストを下げ、あなたに引き金を引くことを躊躇させているものが、高いビジネスコストに起因するのかどうかを調べてみることが重要だ。データコストについては特にそうだ。データの取得には莫大なコストがかかる場合とコストがまったくかからない場合がある。ソフトウエアに対する投資は、自分のとるリスクの大きさと市場リスクに見合ったものでなければならない。例えば、平均的なトレードでとるリスクが100ドルの場合、情報料に１カ月500ドル払うのは経済的に見合わない。

ほとんどの場合、引き金を引けないのは損失を出すのではないかという恐怖に起因する。損をするのはトレーディングの一部であると何度言われても、われわれは損失は悪いことという考え方から抜け出すことができない。引き金を引けないトレーダーがまずやるべきことは、とにかく「やってみて」、損をして、それを楽しむことである。損をすることを楽しむなんてバカげているように聞こえるかもしれないが、私の言いたいことは、損切りしなければならない事態に遭遇したときのために痛みに対する耐性を高めておくことが重要だということである。このためには、まず手数料の安いブローカーで口座を新たに開き、一度に50株トレードすることから始める。ポジションを建てたら、狭い幅のストップを置き、そのまま放置する。数多く仕掛けて、常にポジションが建った状態を保つ。そして、その成り行きを観察する。ほとんどのポジションはストップに引っかかるだろうが、損失は少ないため大きな打撃にはならない。その一方で、いくつかのポジションからは利益が出るはずだ。トレードを正しく行えば、この鈍感化の練習を長く続けているうちに損益はほぼ五分五分になるはずだ。結果は変わらなくても、経験値は確実に高まる。短期間で何百あるいは何千ものトレードを行って経験を積んだあなたは、いまやれっきとしたマーケットの魔術師である。

しかし実際には、こうした教育目的の口座を開く資金的余裕がないか、あまりにもこっぴどくやられたために小さなポジションを持つことさえ心理的に難しいトレーダーがほとんどだ。実際のお金をリスクにさらすことなく自信を取り戻すよい方法はないものだろうか。お勧めしたいのは、パフォーマンス目標ではなく最終目標を設定することだ。これには、例えば、新しく取得したデータを基に市場の動きをどれくらい正確に予測できるようにするかや、毎晩チャートをどれくらい完璧に考察できるようにするか、が含まれる。最終目標を設定するに当たってのあなたの仕事は、実際のお金を使ってリアルタイムでパフォーマンスをテストすることを要求しないような支援環境を自分に与えることである。もちろん、その目的は、元気を取り戻して、自信と適切な積極性を持って市場に戻ることであることは言うまでもない。

第8章 *POSITIONS, MARKETS, AND TRADING STYLES*

ポジション、市場、トレーディングスタイル

トレードする市場を選ぶことは、20年前は比較的簡単だった。大衆を黄金のがちょうに近づけないようにするための高い取引コスト、高いデータ取得料、複雑な規制があったからだ。意欲的なトレーダーのほとんどは、メリルリンチに株式口座を開いたり、リンド・ウォルドックに先物口座を開くことができたが、いずれの場合もビジネスコストは高く、そのため頻繁なトレードはほとんど不可能で、ブローカーは確実に顧客よりも先に金持ちになることができた。

その後ネット革命によってウォール街やシカゴを含む多くの市場は様変わりした。ホームトレーダーやパートタイムの投機家たちにも門戸が開かれたのである。この劇的な変化は功罪相半ばする結果をもたらした。20年前は普通の年で株や先物わずか５株・５枚あるいは50株・50枚ではお金を稼ぐのは難しかったが、今では500株・500枚でも難しくなったのだ。これは市場という獣の持つ性質によるものであると私は思っている。つまり、市場は、適応するものだけが生き残るというダーウィンの言葉のように、システマティックな変化に対する適応能力を持ち、非効率を発生するや否や消滅させてしまうということである。

現代の市場にはさまざまなタイプのものが存在する。したがって、トレーダーとしては自分にとって最大の機会と最も有利なリスク・

リワード特性を提供してくれるマーケットセンターを厳選し、自分の技術、ライフスタイル、資産水準をそれに合わせることが必要になる。このカスタマイズは経験を積むにつれて、そのトレーダーのエッジとして機能するようになる。なぜなら、トレーダーは自分が得意とする市場のテープリーディングの達人になるからだ。これとは逆に、多くの市場をトレードしすぎれば、それぞれの市場のスペシャリストたちに比べて非常に不利な立場に立たされることになる。

トレーダーは本質的に多くの市場でプレーする傾向があるため、これは問題だ。隣の芝生は青いという諺にもあるように、ほかのものはよく見えるものだ。株式がうまくいかないときは指数先物がよく見え、指数先物がうまくいかないときは株式がよく見える。FX市場は24時間市場なので、この市場で成功するのはかなり難しいが、この市場はだれもが時折気分転換で手を出す市場だ。われわれは根っからのマルチタスカー（複数のことを同時に行う人）でもある。自分の技術を１つの市場にだけ使うのをもったいないと思い、いろいろな市場で使いたくなるのだ。

新米のトレーダーは、さまざまなアイデアや市場を試し、何がうまくいき、何がうまくいかないのかを探求することが重要だ。しかし、最終的には自分が最もお金を稼げるものに集中するようになるものだ。したがって、トレーディング対象は比較的少数の投機商品に絞られていく。しかしこれはトレーディングから喜びを奪うことになり、また別の問題が発生する。アドレナリンの分泌と願望成就という二次強化によって、古いことがうまくいかなくなればすぐに新しいことを試すようになるのだ。

トレーダーは、リスクの大小によって市場を選ぶ傾向があるが、実際にはどの市場にも同じだけのリスクがある。確かに、指数先物の１ティックの動きは、マイクロソフトやジェネラル・エレクトリックの１ティックの動きよりも大きいかもしれない。しかし、トレードしている通貨がドルであろうと、ユーロであろうと、日本円であろうと、リスクはポジションサイジングとストップロスで完璧に管理可能だ。テクニカルチャートは同じルールに従うとはいえ、各市場の値動きはそれぞれに大きく異なる。例えば、優良株ではめったに見られない激しいスイングが指数先物ではよく発生する。また、FX市場は、各国外相が遠く離れた場所から複数の通貨ペアの急激な価格変動を引き起こすことができるため、ニュースショックに絶えずさらされている。

オプションやスワップのような純粋なデリバティブ商品は月並みなトレーダーには危険だが、ボラティリティの将来予測に対する影響を理解している聡明なトレーダーにとっては金脈だ。また、これらの市場は原資産にまったく魅力が感じられないときに利用できる市場でもある。投機は気質がそのリスク特性に合った人でなければ手出しすべきではないと言われるが、オプション市場はまさにそういった市場である。

株式ユニバースの細分化

最良の機会を有効に活用するためには、銘柄選択はマーケットフェーズに基づいて行う必要がある。また、バイイングパワーやセリングパワーに影響を及ぼすポートフォリオの回転率も考慮する必要がある。1990年代は、セクターの入れ替えは数週間や数カ月ごとに行われていたが、今では毎日、取引日ごと、あるいは数週間ごとに行われるのが普通だ。クオンツのプログラムは小さな非効率に対応してアルゴリズムを毎日変更するため、こうした組み入れ銘柄の絶え間ない入れ替えは現代の市場の主な特徴のひとつと言ってよいだろう。サバイバリストトレーダーがこうしたプログラムに便乗して、彼らが買うものを買い、売るものを売るのには正当な理由があるのだ。

株式市場に重点を置くトレーダーは、さまざまな市場グループの特徴と、各市場グループがいろいろなイベントやマーケットフェーズにどう反応するのかを理解する必要がある。例えば、ITバブルや信用バブル崩壊後の下げ相場でショートスクイーズを主として牽引したのは半導体だった。上昇していたフィラデルフィア半導体指数は、この高ボラティリティ期に大きなギャップダウンで寄り付き、半導体チップなどのハイテク株の空売り機会を探していたマーケットプレーヤーたちに空売りをウインクで合図した。しかし、このセクターは主要な指数が長期の上昇トレンドにあるときには居眠りをする傾向がある。

よく知られた市場グループと、それぞれのグループに合うトレーディングスタイルをまとめてみよう。

- **ダウ構成銘柄**　市場全体に方向感のないときに機会を見つける絶好の場所。指数全体が横ばい状態のときに、それに逆らって明確な上昇トレンドや下降トレンドを形成するダウ銘柄は常にいくつかあるものだ。欠点は、大部分の銘柄は日々のレンジがほぼ同じであるため、スイングトレードには不向きという点。
- **大型IT株**　流動性の高い銘柄が多く、投資信託や一般投資家の間で最も人気が高い。ナスダック100指数やその先物のパフォーマンスを牽引する。通説に反し、これらの銘柄はチャネルを形成することが多く、そのためストップロスの置かれた位置もはっきりしているため、スイングトレードよりもデイトレードに向く。
- **バイオ株**　このグループは流動性の高い大型株と投機的要素の高い小型株に分けられる。小型株は短期トレード対象としてはよいが、好ましくない特徴がいくつかある。ひとつは、日々の高値や安値で寄り付くことが多いことだ。リサーチデータやアナリストの格付けが発表されたときはその傾向が特に強い。そのため、モメンタムプレーはリスクが高くなる。もうひとつは、ニュースショックの影響を非常に受けやすいため、壊滅的な損失を被ることがあることだ。

大型バイオ株は長期にわたって強いトレンド相場になる傾向がある。貴金属と同じように、投資家の関心が高まる時期と投資家が無関心になる時期とが交互に現れ、それぞれの時期は長期にわたる。また大型バイオ株は、成長を阻害する規制の影響を受けやすい医薬品株とも同じような動きをする。

●**ストーリー株**　ウォール街は良いストーリーが好きだ。なぜなら、良いストーリーは大衆に株を売る最高のツールになるからだ。どういった市場環境でも、それが良いものであれ悪いものであれ、主要な指数より強いトレンドを形成する銘柄がいくつかはあるものだ。それは、その企業が大衆にとって理解しやすい特徴、製品、強みを持つことによる。ほとんどの場合、良いストーリーは時間とともに薄れ、やがては消滅するが、ときには次のマイクロソフト、スターバックス、ファースト・ソーラーを生むこともある。

●**貴金属株**　貴金属は長いサイクルで動くため、通常の支持線や抵抗線を超える傾向が強い。原株の多くは、先物の短期的な動きに対するエクスポージャーを低減するために、両方向でヘッジされる。一方、工業用金属は世界経済の成長・収縮の代理となる。最近では経済サイクルの大きな変化を事前に知らせる警報役としての役割を持つようになった。

●**エネルギー株**　何十年にもわたって眠れる獅子だったこのセクターは、2003年に株式市場が上げ相場に入るといきなり目を覚ました。気候変動株のおかげで次世代の主要プレーヤーになることが予想される。原油や原油サービス株は低ボラティリティ期は原商品に連動し、高ボラティリティ期は主要指数に連動する。工業用金属と同様に、これらの株も世界経済需要の代理となる。

●**輸送株**　このグループはヘッジ目的で売買されるため、エネルギー市場と逆の動きをする。特に、航空株は収益性が燃料費と密接な関係にあるため、この特徴が顕著に現れる。トラック輸送株、海運株、鉄道株は経済シフトに敏感に反応し、経済サイクルの最も強いフェーズと最も弱いフェーズで特に取引が多くなる。

●**循環株**　建設設備、製紙、化学メーカーはいずれも循環株で、新たな経済サイクルの初期段階で最も強く、経済成長が頭打ちになり収縮し始めると弱くなる。循環株は金利低下に敏感に反応する。なぜなら、金利が下がると与信枠が拡大し、成長が刺激されるからだ。

●**金融株**　このセクターは、動きの少ない退屈期（トレンドがなく、機会も少ない）と、急成長期または成長圧縮期とが交互に訪れる。どちらのフェーズも長く続くのが特徴だ。過去20年で歴史的な大暴落に２回見舞われたが、こうした危機的状況が例外的に発生することもある。経済的転機の時期に最も強いトレンドが形成される。

●**小売り・飲食店株**　ショッピングモール、格安衣料店、専門料理飲食店株は消費者の消費動向を示すものだ。消費者の財布のひもが緩み、与信枠が拡大すれば強い上昇トレンドになり、経費節減と雇用不安が発生すれば強い下降トレンドになる。投機マネーにとってはストーリー株を探す絶好の場所になる。

●**市場代替銘柄**　市場全体のトレンドを代替する株はいつの時代にも必ずいくつか存在する。例えば、2003年から2007年にかけての上げ相場のときのアップルや、それに続く大きな下げ相場のときのシティグループなどがそうだ。これらの株はウォール街に選好されるか敬遠されるため、強いトレンドが発生し、それに続いて大きな揺り戻しが発生する。こうした株はタイミングがすべてだ。株価が下落したときには良い買い対象になり、上昇したときには良い売り対象になる。

日々の出来高を60日で平均してみた流動性は、その日あるいはその週のプレーを決めるうえで重要な要素になる。つまり、１日の平均出来高が20万株よりも少ない株は避けたほうが無難ということである。

特にボラティリティが高いとき、これらの株は広い幅でスイングするため、買い気配値と売り気配値のスプレッドは拡大し、手仕舞いを急ぐときには大きな損失につながる可能性が高いからだ。こうしたシナリオの下では有効なリスク管理の手立てはない。したがって、こうしたプレーはサバイバリストトレーダーには向かない。逆に、１日の平均出来高が20万～50万株の小型株の場合はスイートスポットが存在する。こうした小型株では明確なトレンドがたくさん形成され、それほど大きく上下動することはない。この狭い流動性ゾーンは、ネットの株式板やチャットルームで喧伝されるモメンタムプレーを引きつける。こうした株はタイミングよく仕掛ければ、短期間で大きな利益が期待できる。こうした株を見つけるのは簡単だ。ラッセル2000指数の構成銘柄を日々の平均出来高で分類したあと、第４章で述べた価格と200日移動平均線を使ってレラティブストレングスでさらに分類すればよい。

勝者となる銘柄を選ぶうえで、流動性と同じくらい重要なのが価格だ。株価が１桁の１桁銘柄は市場空間において独特の小集団を形成する。これらの銘柄は共通のテーマによって２つのグループに分けられる。ひとつは、収益が低く、セクター全体の人気がなく、価格が下がったボロ株グループだ。こうした銘柄は株価がいったん10ドルを割り込むと、サイクルが反転するまで何年にもわたって低水準で推移する可能性がある。このグループを売買する良い方法は、サイドラインから週足チャートを観察し、長い底値形成パターンの終点といった重要な反転ポイントを見つけることである。

もうひとつの１桁銘柄グループは、最初のグループより良いトレード機会を提供してくれることが多い。このグループには、時価総額の上昇によって店頭株から上場株に移行した銘柄が含まれる。興味深い新薬を開発中か研究開発に対する資金提供者のいる新興のバイオテクノロジー企業もこのグループに含まれる。有利な市場環境では大きな利益が期待できるグループだ。しかし、１桁銘柄は大きな損失を生むこともある。低位株は値がさ株に比べると１日の変動幅が大きいからだ。ポジションサイズを正しく取れば問題はないが、通常はこうはならない。なぜなら、こうした銘柄はIT大手や優良株に比べるとトータルエクスポージャーが小さく、それにすっかりだまされてポジションを大きく取りすぎてしまうからだ。さらに、低位株は追証リスクが低いため小口口座に向く。つまり、資金不足のトレーダーはこうした銘柄に手を出しやすいということである。これはもろ刃の剣だ。われわれはこうしたスモールトレーダーよりも賢いため、彼らの過ちから利益を得るための方法を見いだすことができる一方で、彼らがパニック売りすれば恐ろしいことになる。

１桁銘柄は、株価の高い関連銘柄を含むバスケットでトレードするのが一番だ。こうすることで、そこそこの利益が出るまでの時間的な余裕を与えることができるからだ。一般原則としては、好きなサイズを決めたら、その４分の１または２分の１のサイズで仕掛けることだ。このように慎重に行うことでそのトレードに長くとどまることができるため、自分に有利な動きをとらえるチャンスは増す。

ETF

近年になって指数先物人気が高まったのと同じ理由で、ETF（上場投信）に対するトレーダーたちの関心も高まってきた。個別株のエクスポージャーを避け、指数やセクターでトレードしようという動きは理にかなっていると言えよう。ETFは巨額の資産の投資先としては有望だが、大きな利益は生まない。なぜなら、流動性の非常に高い商品への投資はエッジを失うことを意味するからだ。

われわれが株などの商品を売買するときの手順を考えてみよう。チャートでリスク・リワード特性の良いパターンを見つける。その価格スイングは自分の関心のある時間枠におけるものであり、必要な資金も自分のトレーディングプランに一致する。最後に、市場全体を見ると、自分の戦略の正しさを裏づけるような動きをしているため、利益が得られる確率はさらに高まる。このワークフローこそが、われわれが市場からお金を奪い取るときに使うトレーディングエッジなのである。

次に、大部分のトレーダーがETFをトレードする場合の手順を考えてみよう。例えば、金が強いとかテクノロジーが弱いといった、マクロな話や短期的なテーマが出現するとする。われわれは話題となっているトレンドを利用する方法を見つけようとはするが、関心のある特定の商品を見つけようとはしない。果実が頭を垂れてくるのを待たずに、関連する投資信託にお金を投じる。このほうが楽だからだ。その投資信託を買えば出現したトレンドをとらえたことになると、われわれは規律に反しながらも無意識的に信じている。なぜなら、そのために投資信託はあるのだから、と。

しかし、この過程においてわれわれは、リスク管理を窓の外に投げ捨てるという、価格チャートと決算発表の違いさえ分からない反動的な大衆と同じ過ちを犯している。金融商品に対してリスクをとることが正当化される理由はひとつしかない。その商品の位置、方向、勢いを利用して利益を導き出せるだけのエッジを持っているときだけである。つまり、有効な買いや売りのシグナルが出るまではいかなるETFもトレードしてはならないということである。そんなの常識じゃないか、と言うかもしれないが、最も不利なときにオーバートレードするわれわれの傾向を考えるとそうとも言えない。ある意味、これらの投資信託はイブが食べたリンゴのようなものだ。実際にはない機会をちらつかせて、われわれを買いたい衝動に駆るのだ。この衝動に打ち勝つ簡単な方法がある。ETFを買うときにも、ほかの金融商品を買うときと同じ規律を適用するのだ。つまり、長期にわたって動きを追跡し、有利なパターンが現れるまで待つということである。とはいえ、自分がトレードしようと思っている市場に良いトレード機会が見つからないような活気のない環境では、これはなかなか難しい。しかし、市場では忍耐強く待つことが重要なのである。

サバイバリストトレーダーは普通の株式の売買で実績を積んでから、リスクエクスポージャーをETFやオプションのようなボラティリティの高い株式デリバティブに拡大していくことが重要だ。しかし、ほとんどの人は欲に目がくらんでこれと逆のことをやってしまう。株式トレードの成功で培った規律は、さらに厳しいデリバティブ市場で成功するための基礎となるのである。

人気の高い指数ファンドは、はるかに低いレバレッジでその指数先物の便利な代替投資になる。SPDRトラスト（SPY）の数百銘柄やナスダック100トラスト（QQQQ）は新たに発生したトレンドを有効に活用したトレードが可能だ。しかも、リスクは限定的で、逆行したときでも生き残れる可能性が高い。ETFプレーに特に向くのは金、銀、農業生産物の便利な代理となる商品セクターだ。注意しなければならないのは、2008年夏の原油価格の下落時に分かったように、すべての商品ファンドが同じように作成されてはいない点だ。例えば、原油価格が放物線状に上昇した2007年と2008年初期に非常に人気の高かったUSオイルファンドは、原商品と同じ比率では反発しなかった。なぜなら、このファンドは原油先物の当限価格に連動しており、ちょうどそのころ期先が期近より高くなる順ザヤになったからだ。これによって大きな打撃を被ったトレーダーたちはこのファンドを売って、先物価格により忠実に連動する新たな投資先に乗り換えざるを得なかった。

長期の移動平均線は機関投資家が戦略の実行に用いる価格水準であるため、セクターベースのETFの取引に有効に使える。例えば、すべてのETFチャート上に50日EMAと200日EMAを引き、価格がこの水準に近づいたら反転サインとして注意する、といった具合だ。プロのトレーディングデスクでないかぎり、スーパーレバレッジドファンドのようなシンセティック商品は避けたほうがよいだろう。こうしたETFは２つのグループを引きつける。好調なヘッジファンドと価格の速い動きに魅せられた資金不足のトレーダーたちだ。両グループの対立は、市場に支持線や抵抗線辺りでギャップや日中のリンスジョブを頻繁に発生させてワナを仕掛けるのに絶好の状態を生みだす。日足チャートからでは分かりにくいかもしれないが、こうしたボラティリティの高い商品では主客の逆転現象が発生する。つまり、取引時間終了間際になって、スーパーレバレッジドファンドの操作によって原セクターや原指数のトレンドは反転したり加速する可能性があるということである。これはデリバティブの元々の目的とまったく逆である。また、高いレバレッジのかけられたこうした商品は、戦略の選択権をわれわれから奪ってしまうことにも注意しなければならない。ポジションサイズを減らし、幅の狭いストップロスを置いていれば、これはそれほど大きな問題とはならないが、大衆トレーダーは大概はこれとは逆のことをやってしまう。さらに、ETFは原セクターや原指数と長期にわたって緊密に連動して動くと思われがちだが、これは間違いだ。実際にはETFは週ごとのトレンドや月ごとのトレンドではなく、日々の値動きに連動して動く。加えて、ETFは手数料率が高く、これが価格形成に直接的な影響を及ぼすことも忘れてはならない。

ポジションの選択

現在の市場フェーズに合った株式ポジションは、トレード可能なパターンから利益が得られる確率が最も高い。現在の市場フェーズを調べるには、主要な指数（または指数先物）の現在の位置をフェーズ分析で調べてみればよい。例えば、S&P500が天井形成パターンをブレイクしたあと下落すれば、空売りに反応して下落トレンドになることを意味する。下落トレンドが長期の上昇トレンドのなかで発生しているときは、押し・戻りプレーに有利に働く。『**スイングトレード入門**』の第３章では、市場フェーズの移り変わりと、安値、底、ブレイクアウト、上昇トレンド、天井、ブレイクダウン、下降トレンドにおける機会について説明した。現在のフェーズで最良のポジションを選択するとき、神は細部に宿ることに注意する必要がある。最大の問題は、フェーズを間違って認識することだ。市場が今サイクルのあるフェーズにあると思ってトレードしていても、実際には違うフェーズにある場合があるということである。このトレンドの相対性エラーはトレンドの３次元的性質によってさらに悪化する。下げ相場における戻りは利益につながる場合もあるが、同時に危険でもあるのはこのためだ。

第６章で述べたように、金融市場では文脈がすべてである。周期的な要素を正しく読み取るだけでなく、そういった要素の現在のフェーズにおける位置を正しく読み取ることもまた、その市場のその取引日における最も利益の出るプレーを決めるうえで極めて重要だ。これは一見難しそうだが、論理的にはそれほど難しくはない。なぜなら、トレンドは長い時間枠から短い時間枠に向かって流れるからだ。つまり、週のトレンドは日々のトレンドよりもより弾力的で、日々のトレンドは60分のトレンドよりも弾力的であるということである。これを念頭に置けば、日足チャートにおける下落トレンドは週足チャートの支持線で反転し、60分足チャートにおける上昇トレンドは日足チャートの抵抗線で反転することを想定しながら市場を観察しなければならないということになる。

スイングトレーディング戦略の大部分は、現在価格のアクティブトレンド間における相対的な位置によって決まる。有望なパターンはたくさんあるが、そのうちのいくつかを挙げると次のようになる。

●相対トレンドの正しい組み合わせを示すパターン

●現在の市場フェーズに合っているパターン
●目標仕掛け価格やその近くにあるパターン

最終的にはわれわれは指数先物と同じようなパターンを示す銘柄を選ぶことが多いが、いかなる市場フェーズにおいても、戦略や相対トレンドの組み合わせは一意的には決まらない。有望なパターンを見つけたときに問うべきことは、このパターンはこの日のこの市場でうまく機能するだろうか、ということである。

ポジションの選択は、トレーディングプランの特徴（事前に決めたリスク許容量、保有期間、利益目標など）にも合ったものでなければならない。トレーディングプランは、心に思い描いただけのものであれ実際に書いたものであれ、絶好の機会に思えるものでもフィルターを通らないものはブロックする役割を果たすものだ。もちろん、プランはいつでも変更できるが、ビッグラリーを逃したくないという理由でオープニングベル直前に変更するのはトレーディングビジネスを崩壊に導く。

すべてのセクターが主要指数に連動して動くわけではない。例えば、貴金属は穀物市場とは反対の動きをすることが多い。穀物市場が下がった日は上がり、上がった日は下がる。バイオテクノロジー小型株などの投機プレーは、市場全体の方向は完全に無視し、リサーチニュース、格付けの格上げ、高揚感だけでなく、チャットルームでの誇大広告にも反応する。そして、前にも述べたように、エネルギー株は市場に連動するときもあれば、商品先物に連動するときもある。カウンターマーケットプレーは、その源泉が何であれ、通常はポジションを取るのが難しい、動きの鈍い日や危険な日で良い機会を見つけることができる。

朝方のはぐれ馬を探せ

1．大きく下げて寄り付いたときには、緑色に印字されている銘柄を探せ。早い時間帯における売り圧力に屈しない銘柄は、その日の間中ずっと上昇し続ける可能性が高い。
2．指数構成銘柄リストのなかから、下げ相場における先行銘柄と上げ相場における出遅れ銘柄を探せ。この方法は、指数プレーヤーによる日々の入れ替えの多いダウ工業株で特に効果的。
3．寄り付きから1時間たったら、40のセクターとETFのリストのなかから、その日の潮流に逆らっているものを探せ。
4．下落日に一流ブローカーによる格付けが格上げされている銘柄と、上昇日に格付けが格下げされている銘柄をリストアップせよ。これらの銘柄は逆張りマネーにとって魅力的な銘柄だ。
5．アジアとヨーロッパで著しく強かったセクターと弱かったセクターを探せ。似たようなグループで、朝方のトレンドに逆らって動いているグループに注目せよ。

日中の先行株間の相関は、コンバージェンス－ダイバージェンス関係を把握することができるため、これもまた有効なデータになる。例えば、小売り、飲食店、ホテルなどの消費者動向を表すセクターが正のパフォーマンスを示している場合、機関投資家が3カ月から6カ月先の経済成長に対して明るい展望を持っていることを示している。また、原油サービスが上昇しているにもかかわらず、石炭や天然ガスが下落した場合、原材料セクターに対する関心は高いが、エネルギー生産セクターに対する関心は低いことを示している。

セクター指数と流動性の高いETFとを好きに組み合わせて、日々のセクターウオッチリストを作るとよい。このときに重要なのは、市場で最も人気のあるものに注目することと、価格の小さな動きにこだわらず大局を見ることである。寄り付きから1時間は、その日は何が機能し、何が機能しないのかをだれもが見つけようとするため、相対パフォーマンスはシフトしやすい。最初の90分が過ぎるころにはリストは安定し、買い圧力がかかっているものと売り圧力がかかっているものとに明確に分かれてくるはずだ。この時点で、オープンポジションをチェックし、日々の入れ替えに合っているかどうかを見る。トレンドプレーのポジションで日中の痛みの標的になっているようなものは、大幅な見直しが必要になる。

取引日間におけるセクターの入れ替えパターンに注目しよう。ヘッジファンドは短期的な値動きの標準偏差を使ったさまざまな平均回帰戦略を実行する。彼らはさまざまな市場のさまざまな商品で買いと売りのポジションを取る。例えば、商品セクターをバスケットで買って、その取引日内でできるだけ価格を吊り上げ、次の取引日では同じセクターを価格がそれらの商品の正規化価格を表すメジアンラインに達するまで空売りする。チャートでも似たような動きを目にする。価格がボリンジャーバンドを上抜くまで上昇したら、そこで反転して基準線まで下落する、といった場合がそうである。

複数のセクターのパフォーマンスを何日間あるいは何週間か追跡すれば、こうした複雑な戦略が見えてくるはずだ。こうした戦略は、便乗してもよいし、市場サイクルに合わせて取ったポジションのフィルターとして利用してもよい。今はよく理解できなくても、このテープリーディングテクニックはサバイバリストトレーダーに、いまや金融市場の巨大ゴリラと化したプログラムアルゴリズムと共存する強力なツールを与えてくれることを覚えておこう。これはボラティリティの上昇と出来高が増加しているときに特に便利だ。なぜなら、これは機関投資家の関与が高まったことを意味するからだ。

週ごとの入れ替えの変動パターンにも注目しよう。こうした小さな変化からは、原商品のチャートがブレイクアウトやブレイクダウン水準に到達する前にトレンドの発生を事前にとらえることができる。まず、日中のリストのなかから動きが１週間に３～４回一致している先行セクターまたは出遅れセクターを探す。次に、ワイルダーの平滑化された14日RSIのような長期のレラティブストレングス指標を使って、選び出したセクターが買われ過ぎから売られ過ぎへとシフトしているかどうかを見る。ちょっとした努力で、こうしたシフトを入れ替えプロセスの初期の段階で発見することができ、その知識をトレーディングエッジとして、反動的な大衆がロングサイドやショートサイドに一挙に押し寄せる前に仕掛けることができる。

きちんとメンテナンスしたセクターリストはトレンド日の発生も教えてくれる。トレンド日は、正しい側にいれば大きな利益が得られるが、間違った側にいれば大きな損失を被る。トレンド日は動きの向きが一方向に偏った日のことをいう。つまり、オープニングベルの直後にある向きに動くと、クロージングベルまでずっとその向きに動き続けるということである。普通の月に発生するトレンド日は２日か３日というのが一般的だ。セクターリストはトレンド日の早い時間帯では一方向に偏った動きを見せてくる。上昇日はすべてのセクターが緑色の印字になり、下落日はすべてのセクターが赤色の印字になる。もちろん、市場と反対方向に動くセクターもある。例えば、金や債券は市場が大きく下落した日は上昇する。

主要取引所の騰落出来高指標をリアルタイムで観察して、トレンド日の発生を確認することも重要だ。上昇日は買い方の出来高が全体の出来高の80％以上を占め、下落日は売り方の出来高が全体の80％以上を占める。これが一方に偏った市場の幅（上昇銘柄と下落銘柄の数を比較したもの）に一致するかどうかを確認する。上昇日は、NYSE（ニューヨーク証券取引所）やナスダックの市場の幅は＋1800～2000、下落日は－1800～2000になる。80：20の日はよく発生するが、90：10の日はほとんど伝説と言ってよいほど少ない。昔から、この非対称は長期サイクルで大きな反転が発生する合図となってきた。つまり、長引く上げ相場や下げ相場が始まるということである。しかし、プログラムトレーディングの爆発的な普及によってすべてが変わった。普通の年に90：10の日が何十回も発生するようになったのだ。こうした日が頻繁に発生するようになったということは、横並び的な値動きが多くなったことを意味する。これは戦略の自動化と、巨大ヘッジファンドの動きに便乗する者が多くなったためである。

サイジング、スケーリング、エクスポージャー

一度に行うトレード数とその相対ドル価は、資金力だけでなく、物事を秩序立てて考える能力と技術レベルとも大きな関係がある。十分な資金のあるサバイバリストトレーダーの場合、問題は、オープンポジションをすべて同時に追跡・管理することができるかどうかだけである。複数のポジションを保有するときには分散化も重要だ。例えば、話題の５つの銘柄を買ったとすると、そのセクターが反転すれば５つのポジションのすべてで損失を出すことになる。したがって、トレーディングバスケットはその全体的なドル価がいくらであろうと、分散しなければならない。分散しなければ、１つだけ大きなポジションを取ったも同然で、それがダメになればすべて終わりである。

トレーディングをするうえで、ポジションサイジングとスケーリング（段階的に仕掛け、段階的に手仕舞うこと）ほどややこしいものはない。良いパターンを見つけると、すぐにその波に乗りたいがために、リスク管理の戦略も立てずにすぐに仕掛けて、それがうまくいくこと

を願うことが多い。こんなときは、深呼吸して、リスク・リワード比に影響を及ぼすサイズとスケーリングに関する３つの変数を考えることが重要だ。

●全部で何株トレードするのか
●リスクは一度にすべてとるのか、段階的にとるのか
●リスクは一度にすべて解消するのか、段階的に解消するのか

ポジションサイジングとスケーリングを考えるときには取引コストも考慮する必要がある。あなたのブローカーは１トレードごとに手数料を取るのか、それとも１株単位なのか。１株単位の手数料は、売買ごとに一定料金を課されるのではなく、売買量に応じた手数料が課される。あなたのトレーディング口座の大きさは？　小口口座の場合、売買ごとの手数料だと高くなるので、１株単位の手数料を選んだほうがよいだろう。一方、大口口座の場合、手数料は大して問題にはならないのであらゆるタイプのスケーリング戦略が実行可能だ。さらに、大口口座で大きなポジションを持てば、手数料がトレードコスト全体に占める割合はごくわずかでしかないため、チケットごとの手数料でもまったく問題はない。

時間管理とスケーリングは切っても切れない関係にある。時間がたっぷりあるときは、その時間を有効に使って最も有利な価格でポジションを建てる。例えば、アプライドマテリアルを２～３週間の保有期間で、平均価格23ドルで買いたいと思っているとする。この場合、一部をその平均価格近くの水準で買い、日中のボラティリティを見て、価格が安くなったら買い増していく。この戦略は手仕舞いにも同じように使える。価格の上昇に合わせて、段階的に利益を確定していくのである。手仕舞いの場合もまた、時間管理を使って市場の変動をとらえることができる。例えば、朝方の上昇でポジションの一部を売り、

天井圏でさらに一部を売り、午後の買いスパイクで残りのポジションを売る――といった具合だ。

リスク管理でトレーダーが見落としやすいのはサイジングだ。活気のない石鹸会社の株を1000株買うのと、チャットルームで話題の株を1000株買うのとでは大きな違いがある。これら２つの株はリスク特性がまったく異なるにもかかわらず、われわれの多くはまったく同じ方法で買うことが多い。一言でいえば、小型株やボラティリティの高い株を買うときには、日中のスイングでのストップに引っかかるのを防ぐために、ポジションサイズは減らしたほうがよい。逆に、動きの遅い株のポジションサイズは大きく取り、長く保有する。ボラティリティが低ければストップに引っかかる確率は低く、ポジションに時間的な余裕を与えることで機会費用効率も向上する。

ポジションサイズを平均サイズから増やすことを真剣に考えなければならないのはどういったときだろうか。ポジションサイズを増やすのはもろ刃の剣と言える。なぜなら、ポジションサイズが増えれば、引き金を引けなくなり、結果的に自分のトレーディングプランに従うことができなくなるからだ。したがって、この作業はじっくりやるのがよい。リスクを増やし、それが日々のパフォーマンスに与える影響を観察するという作業の流れをまず確立することが重要だ。大きなポジションを持っているときは、価格スイングがポジションに与える影響は大きいため、平均損益も大きくなる。したがって、リスクを増やしても全体的な収益性がそれに見合って増加しないときは、サイズを元に戻して数週間か数カ月様子を見るのがよい。

最後に、よくある過ちを見ておこう。トータルサイズを計算するときに証拠金を含めて計算するトレーダーが多いが、証拠金は完全に無視しなければならない。証拠金は目いっぱい使わなければならないと思っているトレーダーは多いが、機会ごとに最適なポジションサイズというものがあり、それは口座サイズとは無関係である。最適なポジションサイズは、リスクとボラティリティとそのトレードがうまくいく確率とによって決まる。このジグソーパズルの各ピースを知るためには、まず第３章で述べたスイング分析のワークフローを使って各仕掛けポイントにおけるリスク・リワード比を測定する。次に、いろいろなサイジングシナリオを想定し、それがうまくいかなかったときの影響（損失）を調べてみる。

ナンピンには反対する人もいるが、その言い分には一理ある。なぜなら、この戦略は、負けポジションに増し玉をするな、勝ちトレードを負けトレードに変えるな、といった市場の常識に反するからだ。こうした忠告はともかくとして、ドルコスト平均法が実にうまくいくトレーディング戦略もある。しかし、この仕掛け方法は間違って適用したときには地獄行きの切符になるため、規律を守りながらしっかりとした判断の下で行う必要がある。例えば、ブラックホールから何とかはい出ようとやけになって負けポジションに増し玉をすれば、トレーダーとしてのキャリアが終わってしまうこともある。

スイングトレードは長期的保有を目的として売買するわけではないため、タイミングが重要になる。スイングトレードにとっての機会の窓は非常に狭い。だから、市場が短期的に何をしようとしているのかを予測しなければならない。したがって、ナンピンが最もうまくいくのは揉み合い相場とレンジ相場だ。こうした相場における価格スイングは、上昇トレンドや下降トレンドになることはなく、そのほとんどはノイズだ。この法則に対する唯一の例外がしっかり管理された押し・戻りプレーだ。こうした機会では、完璧な仕掛けポイントを見つけるのは難しいが、価格が逆行したときに少しだけ買うことで利益を得ることができる。これはよく知られる「押し目買い」だ。

図8.1を見てみよう。ノードストロームは３月の安値から上昇しているが、途中何度か押し・戻りトレードのセットアップが発生している。効果的な仕掛け戦略は、支持線に近づくにつれて株数を増や

していくことで、平均価格が同じ距離だけ離して別々に取った３つのポジションの真ん中のポジションの価格より安くなるようにすることである。例えば、大きく上昇したあとの押しで、全部で1200株買う場合を考えてみよう。まずフィボナッチグリッドを引く。38%のリトレースメントで300株、50%のリトレースメントで300株、62%のリトレースメントで600株買うことにする。トレードＡの場合、購買価格は16.32ドル、15.89ドル、15.45ドルなので、平均コストは15.77ドルになり、最後の仕掛け価格より32セント高いだけである。最後のポジションを取ったら70%の水準にストップロスを置く。これはちゃぶつきを防ぐと同時に、株価が78%まで押す前に手仕舞うためである。前にも述べたように、78%まで押したあと62%のリトレースメント水準まで再び上昇すると、それは失敗の失敗の買いシグナルになる。したがって、価格が78%まで押したら、負けポジションにしがみついているよりもひとまずリセットして、失敗の失敗の買いシグナルが出るのを待ったほうがよい。

３つのトレード（Ａ、Ｂ、Ｃ）はうまくいかない可能性もあるが、そこそこの利益は期待できる。まず注目すべきことは、トレードＡはちょうど62%リトレースメント水準まで押し、トレードＢはそれ以上押し、トレードＣはその水準まで押さなかった点だ。したがって、最終的な結果は、押したあとで株価がどこまで上昇するかによって変わってくる。

- **●トレードＡ**　買った株は1200株。押したあと大きく上昇。下落スイングのスタート地点である17.73ドルで利食い。
- **●トレードＢ**　買った株は1200株。ストップロスの位置が最後の仕掛け位置に近すぎれば、75～80セントの損失を出す可能性があるが、ストップロスまで行かなければ、翌日に大きな利益が得られる可能性がある。

図8.1

ノードストロームの３つのトレード

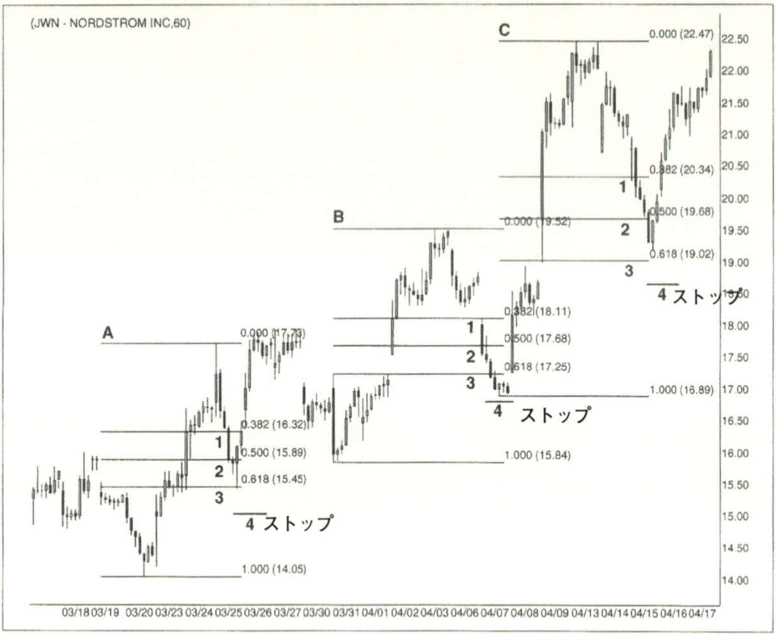

●**トレードC**　買えた株は600株のみで、その平均仕掛け価格は20.01ドル（［20.34＋19.68］÷２）。しかし、利益はすぐに出る。

押しの力学から分かることは、最初に計画していただけの株をすべて買えるとは限らないということである。しかし、これは市場が予想していた水準に達する前にわれわれに有利な方向に戻ったことを意味するため、悪いことではない。要するに、このナンピン戦略は、利益の出ないトレードに肩入れするのではなく、利益の出るトレードの一部をつかまえるための戦略なのである。しかし、その株、先物、あるいは通貨が下がり続けて最後の仕掛け水準を割り込んだらどうなるのだろうか。幅の狭いストップロスを置くのはそのためである。ナンピンは幅の狭いストップロスを置いて初めてうまくいくのである。

加えて、利益目標は、下値で買い増すことで上昇するリスクを正当化できるだけの大きさでなければならない。これはスイング分析を使えば簡単に計算できる。まず、すべて執行されたと仮定して平均仕掛け価格を計算する。ここから上の次の抵抗線（利益目標つまりリワード）までの距離が、ここから下のストップロス（損失目標つまりリスク）までの距離の３倍以上でなければならない。つまり、こういった数値が得られなければ、ナンピンはすべきではないということである。

押し目買いや戻り売りの位置を決めるのに、フィボナッチリトレースメントのようにチャートにはっきりとした特徴がない場合も少なくない。これは、放物線状に上昇したり、下落したあとの押しや戻りで特に多い。こうしたケースでは、カウンタートレンドが38％のリトレースメント水準まで押したり戻したりしないことが多いからだ。リスク・リワード比が有利であるように「思える」ときは、放物線状に上昇しているときに小さな棚状の部分、つまり調整パターンを見つけだして、そのパターンのなかの水準で通常のエクスポージャー（ポジションサイズ）の半分まで段階的に仕掛け、最後の仕掛け水準のすぐ下にストップロスを置く（空売りの場合はすぐ上）。最後の仕掛けは、おそらくここが支持線になるだろうと思われる位置で仕掛ける必要がある。ストップロスが引っかかったら仕切り直して、通常のポジションサイズの残り半分を使って新たな仕掛けを探す。これがダメだったら、潔く敗北を認めて新たな機会を待つ。

ここで話していることは、ドルコスト平均法であって、見込みが違ったのに規律を無視してリスクを増やしていくことではない。この点はしっかり認識してもらいたい。これら2つの戦略の違いは何だろう。ドルコスト平均法では、最初の計画と事前に決めた脱出ルートに従ってトレードする。しかし、双子のもう一方は、計画はすでに失敗しているのに、脱出ルートもない。仕掛けボタンを押す前に、自分が使っているのはどちらの戦略なのかをはっきりさせることが重要だ。

それでは、ポジションサイジングとスケーリングについてまとめておこう。

1. ポジションサイズを決めるときには証拠金は無視せよ。それぞれの機会には最適サイズというものがあり、それは口座サイズとは無関係。その最適サイズを見つけてトレードせよ。
2. 口座サイズが小さいときは小さく考えよ。小さなポジションを取り、保有期間は数分や数時間ではなく、数週間や数カ月にする。
3. 勝者のようにトレードし、敗者のように考えよ。トレードしたいと思っているサイズに対する最悪のシナリオを想定し、計画を超えた大きなサイズにはしない。
4. 短期間だけ保有するつもりなら大きなポジションを取り、長期的に保有するつもりなら小さなポジションを取れ。勇気はポジションサイズに反比例する。
5. 時間を有効に使え。最も有利な価格になるまで、何時間でも何日でも待て。
6. 取引コストは事前に計算せよ。小さくトレードしているのに一律料金を払っていたり、大きくトレードしているのに1株単位で手数料を払っている場合は、ブローカーを変えよ。
7. スケーリングは押しや戻りではゆっくりと、揉み合いでは素早く行え。予想していた水準に到達する前に元のトレンドに戻れば、小さなトレードでも大きな利益を生む。

8．トレードサイズはトレードしている市場のリスク特性に合わせよ。ボラティリティの高い株をトレードする場合は、小さなポジションを取る。
9．動きの遅い株の場合は大きなポジションを取って、放っておけ。こうした株ではストップに引っかかることはほとんどない。
10．ポジションサイズを増やすときにはゆっくりと行い、結果が追加リスクに見合わないときには素早く元のサイズに戻せ。

バスケット

20株以上プレーできるときに、わずか数株しかトレードしないで楽しみを逃してしまう手はない。事実、トレード口座全体のリスクを抑えながら、数十株を同時にトレードすることは可能だ。機関投資家やファンドは、狙った動きに資金を集中的に投入したりリスクを分散したりするのに、バスケット取引を利用する。バスケットは投資ポートフォリオに似ているが、実際にはトレーディングビークルだ。つまり、短期間で利益を出さなければならないということである。それならば、流動性の高いETFを売買したほうが手っ取り早いのではないかと思うかもしれない。しかしETFは、市場全体より高い上昇率が期待できたり、市場全体より下げ幅が少ないと思える株だけを選ぶことはできず、構成銘柄のすべてをトレードしなければならないため、お金を儲けるのはそれほど甘くはない。

プロはさまざまなテクニックを駆使してバスケットを作成する。高度な戦略の多くは、ルールに基づく分析、つまりアルゴリズムを使った徹底した検証で機会をとらえる。つまりアルゴリズムを使って、市場の非効率を利用できるような相関性の高い株式や商品のグループを割り出すのである。もちろん、このアプローチには問題点も多い。例えば、ファンドマネジャーはバスケットの構成要素やトレードシグナルをいじりすぎて完璧なバスケットを壊してしまうことが多い。さらに、ヒストリカルデータにかかわるもっと大きな問題もある。特定の市場現象の任意の時点におけるパフォーマンスは、長期的な平均から大きくずれることがあるのだ。2007年の夏、クオンツファンドがパフォーマンス予測にボラティリティを含まなかったために大打撃を被ったケースがこの良い例である。

カスタムバスケットを作ってそれを戦略に組み込むには、セクターや指数を追跡するのが一番の方法だ。非常に素朴な方法だが、自分のよく知っている株式や市場グループに的を絞れば、プロたちをアウトパフォームすることもできる。ただし、１株単位の手数料制を取っているブローカーを使うことが重要だ。最近ではダイレクトアクセスブローカーのほとんどは、１トレード当たり9.95ドルといった均一料金ではなく、１株単位の手数料制を採用している。一般に、１株当たり0.5セント、１トレード当たりの上限が１ドルというのが普通だ。したがって、1000株買った場合の手数料はわずか５ドルである。もっと進んだブローカーの場合、バスケット全体を１つのファイルにまとめてクリックひとつで売り買いできる制度もある。

相関性の高い銘柄をバスケットにまとめるには相当のフットワークが必要になるが、それほど難しいものではない。まず、指数やセクターの構成銘柄をレラティブストレングスで分類する。レラティブストレングスは、一定期間における価格の変化率や200日移動平均線からの距離で見る。保有期間が短期のバスケットの場合、もっと短い移動平均線を使う。ただし、この戦略は労働量が多いため、デイトレードやオーバーナイトフリップには向かない。次に、バスケットを作成する。作成方法は２通りだ。ひとつは、最も強い銘柄または弱い銘柄を選ぶ方法で、もうひとつはセクターや指数をサブグループに分けて売買するスプレッド戦略だ。例えば、機器メーカーを買って製造業者を空売りするか、製造業者を買って機器メーカーを空売りすることで面白い半導体スプレッドを作成することができる。この両側アプローチは利点がもうひとつある。そのセクターや市場全体がマクロの力で動いている場合、横並び的な動きの影響を低減できることだ。

次に決めなければならないのは、バスケットの構成要素である各銘柄をどれくらい買うか、または空売りするかである。基本的な方向性戦略でセクターや指数をアウトパフォームしたいと思っている場合は均等加重が最もよい。物事は単純なのが一番だ。価格が同じような銘柄は同じ株数だけ売買する。バスケットのほかの銘柄に比べて価格がはるかに低いときには、売買量を２倍か３倍にする。バスケット全体の価値はしっかり管理し、口座を想定しているリスク以上のリスクにさらさないようにする。

バスケットリスクを管理する３つの方法

- 関連するセクターや指数のチャートパターンのブレイクアウトやブレイクダウンに基づいて、バスケット全体に対する売買の意思決定を行う。
- テクニカル分析プログラムを使って、バスケットの構成要素を１つのチャートにまとめ、そのパターンを使って売買の意思決定を行う。
- グループ全体に対して一定のドル価または一定のパーセンテージによるストップを置く。

ダウ工業株のバスケットを作成する場合を例にとって考えてみよう。もちろん、ダウダイアモンドトラストETFやダウ先物を使って指数全体を買うこともできるが、方向性戦略では、弱い銘柄を除いた残りの銘柄だけでバスケットを構成したほうがよい。弱い銘柄を取り除くための簡単なフィルタリングとしては、ダウ工業株をサブグループに分け、200日EMAより少なくとも10％高いサブグループのみをバスケットに含む。バスケットに含める銘柄とそれぞれのポジションサイズが決まったら、ダウのチャートを観察しながら、ブレイクアウト、狭いレンジ、押し・戻りパターンといった仕掛けシグナルが出るのを待つ。バスケットに含めたくないと思う銘柄は自由に除いてもよいが、いったん買ったり空売りしたあとで変更してはならない。つまり、リスク特性を維持するために、バスケットは１つの商品として売買しなければならないということである。

こうした不干渉アプローチは、しっかりとした規律と強い胃腸を必要とする。バスケットのなかには間違った方向に進む銘柄もあれば、何も貢献しないぐうたらなサブグループもあるのが現実だ。バスケット全体の平均的なパフォーマンスから利益を得るということを忘れないことが肝要だ。あなたのエッジを決めるものはフィルタリングプロセスであって、そのあとの値動きではない。では、バスケットが機能しているか否かを知るにはどうすればよいのだろうか。これは簡単だ。バスケットの長期的なパフォーマンスを原セクターや原指数のパフォーマンスと比較してみればよい。バスケットのパフォーマンスが原セクターや原指数のパフォーマンスを大幅にアウトパフォームしなければ、バスケット取引を行う意味はない。

サバイバリストの保有期間

スイングトレードのポジションの保有期間としてはどれくらいが妥当なのだろうか。これは、あなたのライフスタイル、資金力、トレーディングに使える時間によって違ってくる。ティックの動きを見ていられるような人は１時間おきにポジションを建てたり解消することもできるが、パートタイムトレーダーはポジションの保有期間は必然的に長くなり、壊滅的な損失を防ぐために、用いる管理ツールもメカニカルなストップロスといったパッシブなものに頼らざるを得ない。保有期間にこだわりすぎるのもよくないが、市場は巨大なチェスボードのようなもので、ある時間枠における機会がほかの時間枠では醜いワナになることもあることを認識することが重要だ。どのトレーダーのDNAにも、ある共通の特徴が組み込まれている。昼ごろ強い銘柄を買うとする。それはすぐに反応して大きな含み益が出る。クロージングベルが近づいてもまったく弱まる気配がないので、あなたは翌日の寄り付きで利食いしようと思ってオーバーナイトすることにする。ところが、翌朝目を覚ますとその指数先物にはレッドランプが点滅し、あなたの買った株はギャップダウンで寄り付く。楽しみにしていた利益は一瞬のうちに絶望的な損失に変わる。

この例にあるような株は日中のトレードにはうってつけだが、オーバーナイトのスイングトレードではブルトラップにはまる。皮肉にも、ギャップダウンによってあなたを振るい落としたあと、いとも簡単に回復してその日が終わるころには高値を更新することもある。しかし、あなたは、無数の変数にリアルタイムで対応し、その特殊な環境におけるあなたのリスクエクスポージャーに合った最高の戦略を選ぶ以外に手はない。どんなにうまくやろうと、いかに論理的な意思決定を行おうと、うまくいかないことが多いのが現実なのである。

一言でいえば、保有期間はそのときに提供されている機会に合わせて調整するのが一番良い。実を言うと、このアドバイスは『**スイングトレード入門**』で述べたことに反する。同書では、ある１つの保有期間を決めたら、それでずっとトレードし、いよいようまくいかなくなれば別の保有期間に変えることを推奨している。本書ではサバイバリストトレーディングという概念に合わせて戦略を変えた。プログラムアルゴリズムは、時間枠ごとに異なり絶えず変化する市場の振る舞いを利用して無数のワナを仕掛けてくる。サバイバリストトレーダーにとって、この不愉快な現実に対処する最良の方法は、ワナを発見したら直ちにサイドラインに下がることである。ギャップの発生によって利益を取り損なうというさきほどのシナリオを思い出してもらいたい。1990年代は、高く引けた場合、次の取引日ではさらに上昇するのが一般的だった。しかし、このよく知られるバイアスはこの10年でファンドによって破壊され、相当に強力なトレンドでないかぎり、フォロースルー戦略は危険な賭けとなってしまった。とはいえ、市場の一方の側が積極的になりすぎるとオープニングトラップが発生するのはごく普通のことだ。

３次元のトレンドパズルを読み解いて戦略に応用するのは初心者にはかなり難しい。したがって、彼らは１つの保有期間でプレーし、ワナの発生を察知したらサイドラインに下がるしかない。これを規律にしたがって行うにはフィルタリングが必要になる。フィルタリングによって不利な損益パターンをいち早く発見すると同時に、心理的な動揺によってデイトレードとオーバーナイトトレードとの間を行ったり来たりするといった行動を抑えることができる。

任意の時点において、どのマーケットプレーヤーと保有期間が標的にされているのかを知ることは不可能だと思っているかもしれないが、実は可能だ。まず次のことを問うてみる。今この瞬間に市場で最も愚かなプレーヤーはだれなのだろうか。これは最も努力を必要としない戦略と時間枠、つまり怠惰なトレードに一致するので答えるのは難しくはないはずだ。つまり、怠惰なトレードは「必ず」罰せられるということである。よく理解できない人は、鏡のほうに顔を向けて、鏡の向こう側から自分を見つめている人物を見てみるとよい。われわれはみんな怠惰なトレーダーになったことがある。だから、価格がくねくねとした動きをすれば内蔵が引きちぎられるような思いをすることを本能的に理解している。その胸が悪くなるような本能に屈すれば、それは必ず怠惰なトレードへとつながり、最後にはビンタを食らうのである。

複数の保有期間を管理する最良の方法は、日中のポジション、オーバーナイトポジション、数週にわたるポジションごとに口座を使い分けることだ。しかし、一般トレーダーのほとんどは資源に限りがあるため、これは必ずしも実用的とは言えない。一般に、長期保有の場合は現金の引き出しに制約のある年金口座がよい。口座を分けておくと、ポジションが逆行したときに便利だ。なぜなら、長期の保有期間は短期の保有期間とはリスク・リワード比が異なり、ストップロスの幅も広いからだ。とはいえ、長期の保有期間もオーバーナイトプレーと同じようにワナにはまることもある。2008年の株価大暴落のとき、米国では家計貯蓄口座や年金口座で40兆ドルに近い損失を出したのだ。

複数の時間枠を扱うのに複数の口座を利用するのは理にはかなっているが、必ずしも可能とは限らない。われわれは数日間保有するつもりでポジションを建てることが多いが、日中の値動きが、持ちすぎるとワナにはまる可能性があることを警告してくるときがある。こんなときは、危険が迫っている口座の保有期間を直ちに調整する必要がある。そのためには何よりも観察が大事だが、観察はクロージングベルが鳴るころまでには変わることもあるため、正直なところ、これは科学というより芸術である。したがって、一番良いのはポジションサイズを小さくし、幾ばくかの利益を確定することである。ポジションサイズを小さくすることで逆行したときのリスクを軽減するとともに、タイミングよく手仕舞うことで損失を抑えることができる。

オーバーナイトトラップの確率を計算するとき、人間の振る舞いを理解することは大事だが、基本的なテクニカルツールも重要だ。主要な対立水準では、反転や振るい落としが発生することが多い。こうした変曲点を認識するうえでの障害となるのが心理的バイアスだ。われわれは値動きが自分に有利に動いているとき、逆方向のテクニカルシグナルを無視してしまいがちだ。ポジションをオーバーナイトすることで勝ちトレードが負けトレードになってしまったときのことを思い出してもらいたい。ほとんどの場合、コンバージェンス－ダイバージェンス・シグナル、つまり価格の支持線や抵抗線との位置関係でワナは発見できたはずである。

保有期間について特に注意を要するのが、200日移動平均線や過去複数年の高値・安値といった大規模なパターンだ。こうした長期の価格水準は何週間にもわたって試されてからブレイクアウト、ブレイクダウン、あるいは反転することが多い。その間、市場は行ったり来たりのスイングを繰り返し、アップティックになればブレイクアウト、ダウンティックになればブレイクダウンと見てしまうトレーダーたちの感情を試す。こうした試しに対しては、保有期間を短くし、市場が手の内を見せてくるまでは手綱をしっかり引き締めておくことが重要だ。一般トレーダーはこうした水準でトラブルに巻き込まれることが多い。今述べたような簡単な忠告に従い、世紀のビッグチャンスを待つのではなくアグレッシブに利食いする、という規律を守れないからである。

例えば、下落している株価が支持線である200日移動平均線まで戻すとする。これは戻り売りプレーのセットアップだが、下降モメンタムが確認されないかぎり、長期保有の仕掛けには向かない。ここは抵抗線ではなく、対立ゾーンであるため、ここから反転するには数日かかることもあれば数週間かかることもある。これを踏まえれば、この場合の保有期間は短いほうがよい。そして、買いスパイクが発生したら利食いし、そのあと底値を付けて最初に予想した長期の上昇パターンを裏づけるような動きになるまでサイドラインに下がって待つ。

最後に、この両側アプローチを50日移動平均線や水平ボリンジャーバンドといったもっと小さなチャートパターンでも試してみる。戦略や保有期間はその場に応じて調整するのも重要だ。というのは、これらの水準は少なくとも２〜３本の足だけ市場がワナを仕掛けるのに絶好の対立ゾーンでもあるからだ。長期のシナリオと同じように、大きなプレーを裏づける反転パターン（このケースでは60分足チャート）が発生するまでは、保有期間は短くしておくのがよい。

リモートトレーディング

現代の市場では、時間をベースとするさまざまな戦略が可能だ。わずか数分間の価格スイングをとらえようとする速攻タイプの人から、株券を箱にしまってそのまま何十年も放置しておく古い時代の人までいろいろな人がいるが、ほとんどの人はこの両極端の間に位置する。つまり、市場がくねくねと動くたびに飛びつくのではなく、タイミングを重視するということである。しかし、われわれのなかでティッカーテープをリアルタイムで見ながら完璧なトレードセットアップが現れるのを待つことができる人はほんの一握りで、大部分はパートタイムトレーダーだ。したがって、自分のライフスタイルに合った時間ベースの戦略が必要になる。

パートタイマーには長期戦略がうまくいく。離れた場所から市場にアクセスしながら、家族や友人と過ごしたり自分の仕事をする時間が取れるからだ。この戦略では日足チャートではなく、週足チャートを使う。オープンポジションのチェックや新たな発注は週末にまとめて行い、ウィークデーは自分の私生活のために使う。週足チャートはノイズが少ないため、メジャートレンドがすぐに見つかるが、長期チャートでは仕掛けと手仕舞いポイントを注意深く選ぶ必要がある。週次戦略を効果的に行うには、投資家とトレーダーの世界の良い部分を組み合わせるのがコツだ。例えば、ドルコスト平均法でポジションを建てるが、そのときの目安として主要な支持線と抵抗線を用いる、といった具合だ。

図8.2

長期戦略の仕掛け

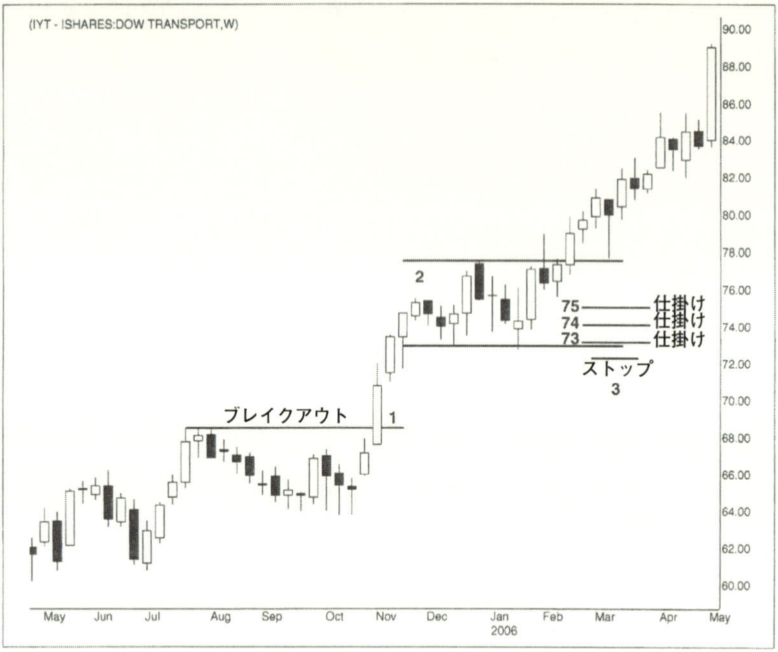

ロングサイドの週次トレードの対象として、ダウ輸送株平均指数ファンドを追跡しているとしよう。このファンドのチャートを示したものが**図8.2**だ。このファンドは10月にブレイクアウト（1）して77.50ドルまで上昇したあと、支持線がおよそ73ドルのレンジ相場に入る（2）。平均仕掛け価格を74ドルにすればローリスクのトレードになるはずだ。なぜなら74ドルは、週次トレーディングレンジの下半分に

位置するからだ。そこで、数週間かけて小さいサイズで75ドル、74ドル、73ドルの位置で段階的に３つのポジションを取る。最後のポジションを取ったらこの横ばいパターンのすぐ下の72ドル近くにストップロスを置く。

この長期パターンでは、別の仕掛け方法も可能だ。73ドル近くの支持線に１つの指値注文を入れるのだ。より確実な方法としては、この指値注文を２つに分割し、レンジの支持線の前後にそれぞれの注文を入れる。本書でこれまでにも述べてきたように、価格が下落して反転するとき、大きな支持線を割り込むこともよくある。指値注文を２つに分けることで、この支持線の割り込みにも対応できる。

いずれの方法でも、比較的ローリスクな価格で仕掛けることができるため良いトレードになる。このプレーで重要なのは、市場が目標価格に達するまで忍耐強く待つことである。週末トレーダーは市場から取り残されたように感じることが多く、素早く利益を得るために市場を追っかけてしまう。しかし、これでは長期戦略とは言えない。長期戦略では事前に計算した仕掛け価格に達するまで忍耐強く待つことが成功の秘訣だ。

リモートトレーダーにとっての吉報は、最近ではテクニカル分析が短期チャートよりも長期チャートのほうがうまくいくようになったことだ。これは、プログラムアルゴリズムによる価格の方向操作が短期チャートよりも長期チャートのほうが難しいからである。長期チャートは需要と供給の自然な力によって支配されているため、チャートはチャート本来の仕事をしやすい。つまり、支持線や抵抗線を見つけやすく、トレンドも予測しやすいということである。このように時間スペクトルを考慮することもまた、サバイバリストトレーダーにとって重要な要素のひとつなのである。

リモートトレーダーとしてトレードを始める人のために、長期チャートを使った便利な10のテクニックを紹介しておこう。

1．最低10年から15年のデータをさかのぼって、自分のトレード結果に影響を及ぼすと思われるスイングハイとスイングローをチェックする。
2．ポジションサイズは小さくして、信用取引は行わない。こうすれば、価格が大きく動いても振るい落とされずにすむため、リスクを低減することができる。
3．ポートフォリオに含める銘柄は、突然大きく動くことの少ない動きの遅い銘柄に限定する。
4．企業関連のニュースの影響を避けたい人には、できればETFがお勧め。
5．ストップの幅は広く取り、今のスイングの外側に置く。こうすれば、長期トレンドが変化しないかぎりストップに引っかかることはない。
6．20週と２標準偏差の週次ボリンジャーバンドを適用し、仕掛けと手仕舞いに最もふさわしい時期を探す。
7．愚かなトレーダーが投げたり踏んだりしてくる支持線や抵抗線で仕掛ける。
8．ドルコスト平均法でポジションを建てる。そのときの基準としては、大きな支持線と抵抗線を使う。
9．週足での５－３－３ストキャスティックスを使って、長いサイクルの売り－買いスイングを見つけだし、上昇スイングで買い、下降スイングで売る。
10．市場を形成する各要素が完全に一致するまで何もしない。リモートトレーダーは飽きっぽく、規律を守れない人が多いので要注意。

　リアルタイムの警報システムがないのであれば、ボラティリティの低い銘柄を選び、物理的なストップロスを使う。リモートトレーディングには長期チャートを使うのがよい。ただし、背伸びは禁物だ。何回か幸運に恵まれれば、自分の限界を忘れてアグレッシブになりすぎるリモートトレーダーは非常に多い。主要な価格水準間には多くの誘惑がある。時間を持て余すと、知らないうちに高リスクな状況に足を踏み入れてしまい、手仕舞いできない状況に追い込まれることも少なくない。

前にも述べたように、自分の経験や口座サイズに見合わない大きなポジションを取るトレーダーがあまりにも多すぎる。これはリモートトレーディング戦略にとっては命取りになる。「サイズ＝リスク」という方程式を忘れないことが重要だ。ポジションサイズを減らせば、資産を危険にさらすことなく長距離走り続けることができる。これには２つの利点がある。第一に、サイズを小さくすればトレード執行がスムーズにいくため、仕掛け価格や手仕舞い価格にそれほど神経質にならずにすむ。第二に、ストップロスを明確な支持線や抵抗線から離れた位置に置くことができるため、ちゃぶつくことがなく、破産も避けられる。

市場を１日中見ていられない場合は、成り行き注文は絶対に避けなければならない。事前にしっかり準備し、そのときの価格がどうであれ、事前に決めた価格で指値注文を入れる。あとは市場があなたの注文を取りに来るのを待つだけだ。リモートトレーダーは市場を追いかけてはならない。市場を追いかければリスクが増し、増したリスクを制御することはできないからだ。どうしてもモメンタムプレーをしたいという人は日中の相場を見てみるとよい。値動きが非常に速いため、間違った意思決定に導かれることは確実だ。リモートトレーダーは市場とは距離を保ったほうが無難だ。分析や意思決定はできれば夜や週末にまとめて行う。夜や週末には進捗状況のチェックやストップの調整、その時点における損益の再計算を行う。自分のプランがたとえその日やその週にうまくいかなかったとしても、プランには厳重に従うことが重要だ。

長期パターンをトレードしているときでも、執行報告書は素早くかつ複数の方法で入手する必要がある。つまり、注文が執行されたら、スマートフォン、コンピューター、固定電話などですぐに知ることができるようにしておかなければならないということである。執行報告書は、例えば損切り注文をすぐに置く必要があるかどうかなど、あなたがすぐに知りたい情報を提供してくれるものだ。また、差し迫った危険も教えてくれる。例えば、市場よりも安い価格で買いの指値注文を入れるとする。あなたは執行されるまで少なくとも１週間は待つつもりだ。ところが、早速送られてきた売買報告書を見ると、市場はあなたの指値に達する前に急落したことが分かる。これでは思いもよらないリスクに襲われるおそれがある。あなたはすぐに行動を取ることにする。報告書が素早く送られてこなければ、こうした対応は不可能だろう。

現実世界――干草の山のなかから針を探す

あなたはチャートをめくりながら、毎晩の日課であるその日のトレードの見直しをしている。パターンは完璧に見えるが実はそうではなく、あらゆることが間違った方向に進む可能性がある。

私は料理上手で、自分の料理の腕を自慢するのも好きだ。でも、作った料理がいつも最高の出来とは限らない。実は、大鍋で作った七面鳥のスープをほんのささいなミスで台無しにしてしまったことがある。パセリを買っておいたのだが、今まで料理に使ったことはなかった。これをスープに加えるとおいしさが増すのではないかと思ってスープに加えたのだ。ところが、スープの微妙な風味は香草の強い香りで完璧にかき消されてしまった。醜い悪夢のスープは犬でさえ口にしない代物だった。

ここで私が言いたいのは、たったひとつの余計な要素が、明日のトレーディング機会と考えている完璧なパターンを台無しにしてしまうこともあるということである。つまり、さまざまな要素が調和して初めて、トレードは予想どおりの結果を生むのであって、調和しない要素が１つ加わるだけでトレードは台無しになってしまうのである。したがって、ポジションを調理するときには、ポジション全体の味を台無しにしてしまうようなトレードキラーを見つけだして排除する必要がある。

実例を見ていく前に簡単に説明しておこう。おそらくはそのヘビ穴に入ってもかまれることはないかもしれないが、トレードがいつ何時何が起こるか分からない確率のゲームであることを考えると、トレードキラーを含ませるのは賢いやり方ではない。つまり、長期的な成功を願うのであれば、確率の法則を尊重し、それに従わなければならないということである。トレードキラーは、ときにはゆっくりと、ときにはあだ討ちでもするかのように、われわれにとって不利となるような価格パターンを見せてくる。もちろん、運がよければ儲けられるかもしれないが、長い目で見れば、銘柄を賢明に選ぶことが災難に対する最良の防御策である。

図8.3を見てみよう。ディラードは夢が実現しそうな雰囲気を放っている。12月に22ドルまで上昇（１）したあと反転して、14ドル近くまで下げてから二度反発（２）して４月に高値を付ける（３）。その後２週間にわたって横ばいが続いたあと上昇（４）して、４カ月にわたるカップ・アンド・ハンドルのブレイクアウトパターンが完成する。このパターンの抵抗線は22ドルだ。さらに、この抵抗線は200日EMAに収束（クロス検証）。結論を言えば、ブレイクアウトするのも

図8.3

ディラードのカップ・アンド・ハンドル

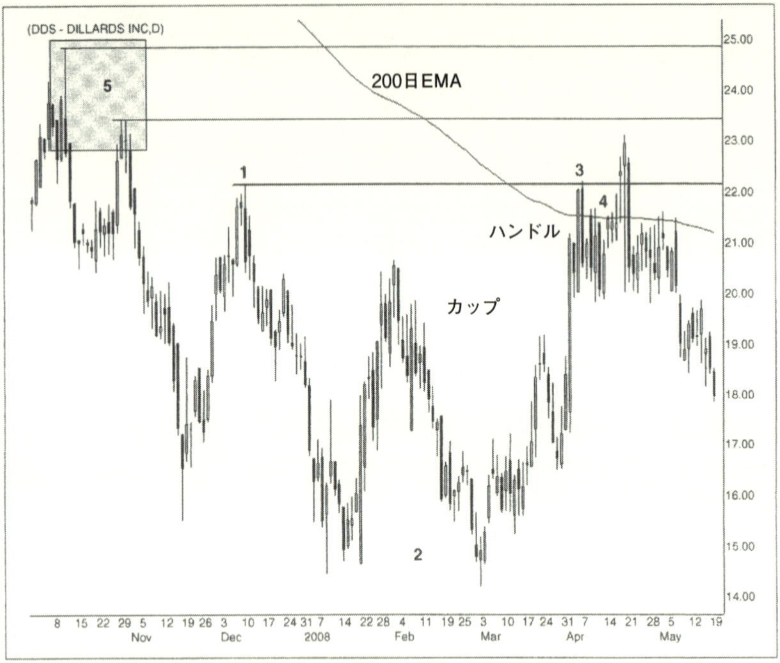

時間の問題であり、そうなればその波に乗って大きな利益が期待できる。しかし、おそらくはそうはならないだろう。なぜなら、たとえブレイクアウトしたとしても価格に行き場がないからだ。

前年を振り返ると、12月の上昇に先立って、株価は25ドル、23.50ドルと高値が切り下げられている（5）のが分かる。これらの水準がカップ・アンド・ハンドル・ブレイクアウトの強力な抵抗線になるのである。これら２つの高値のうち低いほう（23.50ドル）はブレイクアウト水準からわずか1.5ポイント上にあるだけなので、タイミング

図8.4

ジンボリーのコンティニュエーションギャップ

よく仕掛けても得られる利益はわずか1.5ポイントということになる。こうしたバリアによって上値が抑えられているため、カップ・アンド・ハンドル・セットアップのリスク・リワード比は大きくゆがめられている。これは、サイドラインに下がって次のチャートを見よというサバイバリストトレーダーに対する忠告と言ってもよいだろう。

この実例からの教訓――このトレードは利益を得るまでに数週間かかるかもしれないし、永遠に利益が得られないかもしれない。こういった場合はトレードは見送って、数日間で利益が得られるような別のトレード機会を探したほうがよい。

だれもが落ちるナイフをつかみたがるが、みんなそれをやって傷ついた経験を持っている。図8.4を見てみよう。ジンボリーは上昇５波のあと、下降トレンドに入った。以前の例では、コンティニュエーションギャップ（１）の支持線まで下げたら、そこから反転して下げた分のほとんどは戻すので、それは信頼のおける買いシグナルになった。しかし、この例では、隠れたトレードキラーが、ギャップの支持線で飛びつくことは賢明なプレーではないことをサバイバリストトレーダーに教えている。まず注目すべき点は、ホール・イン・ザ・ウォール・ギャップ（２。１本の足による反転パターン。詳しくは『スイングトレード入門』の第11章を参照）で下落していることだ。そして、そのまま下落して50日EMAをブレイク（３）し、９月のコンティニュエーションギャップのとき以来の大商いとなる（４）。この三拍子そろったネガティブな値動きは、50日EMAが新たな抵抗線になることを示している。

コンティニュエーションギャップの縁までギャップダウンしたあと、次の日に戻す（５）のは通常の波動力学どおりの動きだが、回復は長くは続かず、すぐに次のギャップダウンが発生（６）。価格はそのまま下落を続け、押し・戻りパターンを殺してしまう。これは、こうしたシナリオからトレーダーを保護するための便利な仕掛けフィルターのあとで発生している。つまり、コンティニュエーションギャップまで下げたときは通常は買いシグナルになるが、価格が仕掛け目標までギャップダウンしたときは例外ということである。一見すると強気のセットアップには見えるが、売り圧力が非常に強く、売り手が市場を支配している状態であることは明らかだ。サバイバリストトレーダーなら10フィートのさおを使ってこうしたセットアップにわざわざ手を出そうとはしないだろう。

この実例からの教訓――だれの目にもはっきりとした細部を見逃し

図8.5

オート・ネーションのトライアングルパターン

てはならない。これが、大きな利益を得られるか、大きな損失を被るかの分かれ目になる。

パターンと恋に落ちる人は多い。それは「本で見たことがある」からだ。しかし、市場はそうやすやすとはプレゼントはくれないものだ。図8.5を見てみよう。オート・ネーションは23ドルから12ドルまで下落したあと、１月になって反発する（１）。最初の上昇スイングで16.50ドルまで上昇（２）したあと、３カ月間にわたる横ばいパターンに入る（３）。これは上昇トライアングルパターンだ。５月初旬までは安値が切り上げられているが、この強気に見えるセットアップの裏には２つのネガティブな要素が隠されていた。ひとつは、ダウントレンドの安値近くに位置する上昇トライアングルパターンは、上昇トレンドの高値近くにある場合よりもブレイクアウトする確率は低いということである。もうひとつは、トライアングルパターンがブレイクアウト水準を上回るには十分な余地を必要とするということである。つまり、売り手に攻撃の機会を与える前に上昇モメンタムを得るためには、次の抵抗線はトライアングルより十分上になければならないということである。『スイングトレード入門』を読んだ人はご存知だと思うが、この空間を「空白地帯」という。

過去を振り返ると、2007年の後半にわたってずっと高値が切り下げられている（４）。このネガティブパターンはサバイバリストトレーダーに、高い水準で負けポジションにつかまったバッグホルダーがたくさんいることを教えている。彼らのなかには長期的な視点を持っている人もいるだろうが、上昇して買った価格に近づいたらすぐに売ろうと思っている人も大勢いる。トライアングルパターンからブレイクアウトしても、このオーバーヘッドサプライが重荷になって上値は抑えられる。１日だけ200日EMAを上抜く（５）が、すぐに反転して支持線まで下落する。これはトライアングルパターンの終焉を意味する。これは空売り者を引きつけるフェイリャーシグナルであると同時に、これに反応して買った人々をワナにはめる下降トレンドの新たなスタート地点にもなる。

この実例からの教訓――よく知られたパターンの定石を信じすぎてはならない。勝ちトレードを台無しにするような欠陥やきずがないかどうかを目を凝らして探すことが重要。

第5部

エクスポージャーの管理

CONTROLLING EXPOSURE

第9章 POSITION MANAGEMENT

ポジション管理

トレーダーたちは次に現れる大きなセットアップを何時間もかけて見つけるが、仕掛け、損切り、手仕舞いの方法を間違えてその機会を台無しにしてしまうことが多い。ポジション管理というものがパターンを見つけたり、利用できる非効率を見つけるよりもはるかに難しいことを考えると、これはそれほど驚くには当たらない。これはトレーダーとテクニカルアナリストの間で常に意見が対立する部分だが、自己中心的な意見が成功につながることを信じて疑わないキーボード操者の世界では特にそうである。もちろんこれは自己陶酔型のネット文化における幻想にすぎないのだが。

社会や価値観の変化によって、テクニカル分析の魔術は近年になって立派な研究分野とみなされるようになったが、株式や先物や通貨のチャート上に引いたトレンドラインや指標はコイン投げの裏・表のパターンのようなものであり、こうしたラインから将来を予測するのは一種のギャンブルのようなものだ。利益は、戦いの最中に行う正しい意思決定や、事前に綿密に計画した戦略によってもたらされなければならない。システムトレーダーにも意思決定が必要だ。ただし、システムトレーダーの場合、意思決定が必要になるのはリアルタイムでティッカーテープを見ているときではなく、マシンをプログラミングするときであることが多い。しかし、いずれにしても、賢明な人々に共通するのは、買いや売りの意思決定を、指数先物、ショックな出来事、レラティブストレングスのオシレーターという形で現れる市場エネルギーの流れに沿って行うという点である。

第７章では傍観者と投機家との違いについて述べたが、有望そうなパターンを見つける思考プロセスと、発見したものに対して実際にリスクをとる感情プロセスとの間にも同じような違いがある。現実世界では、最初の技術は数週間か数カ月で教えることができるが、２番目の技術を習得するのには数年から数十年かかり、しかも習得できるのはほんの一握りの人のみである。大部分の人は、その雲をつかむような目標が自分の能力、意志の力、知識の範囲をはるかに上回っていることに気づいてあきらめてしまう。

ある実験をやってみよう。10人の優れたトレーダーを見つけ、同じ金融商品を５人には買わせ、５人には売らせる。不思議なことに、10人全員が利益を出すのだ。これは論理的な線形思考の人には理解できない深い禅の世界の真実だが、長期的な成功を目指すにはこれを理解する必要がある。この逆説は、大衆トレーダーが無視しがちな２つのグレーゾーンにかかわるものだ。

●いかなる値動きも双方向性を持つ。つまり、トレンドのなかにはトレンドがあり、そのトレンドのなかにもまたトレンドがあるということである。
●「何」を売買するかよりも、「いつ」売買するかのほうがはるかに重要。

サバイバリストトレーダーはこれら２つの戒めを自分のなかに採り入れて、それを日々のポジション管理に反映させる。彼らはまた、ちょっとした不注意や気持ちの高揚が絶対確実な勝ちトレードを絶望的な負けトレードへと変えてしまう怖さも知っている。つまりタイミングがいかに重要かということである。機会の窓は開いたら瞬時に閉じ、この動作を矢継ぎ早に繰り返す。しかし、大部分の時間はマーケットプレーヤーにとっての最大の敵とも言えるつまらない退屈な時間を持て余すことに費やされる。どの市場も、無意味なノイズの期間が長期にわたって続いたあと、方向性を持ったシグナルが短期間だけ現れるといったサイクルを繰り返す。サバイバリストトレーダーは今がどちらの状況にあるのかを素早く見抜き、ポジションをそれに合わせて調整する。静と動の二面性を持った彼らは、長く続く機会のない期間は休眠モードに入り、市場が目を覚まし動き始めたら活動モードに入ってリスのように俊敏に飛び回る。しかし、静と動のスイッチの切り換えはそれほどスムーズにいくわけではない。すでに死んでしまった古いトレンドを追いかけたり、新しいトレンドが始まってもサイドラインに下がったままでいるというのが普通だ。

　機会のある時期と機会のない時期とを見分けることができるようになるためには、日中の動きを熟知することが重要だ。日中の動きを知ることは、長期ポジションに対してストップロスを置く場合にも役立つ。なぜなら、価格がその水準に達するかどうかは日中のレンジによって決まるからである。日中の動きを正しく解釈するには、まず指数先物などで買い圧力と売り圧力の流れを観察し、これらの圧力の強弱がその日のトレードパターンにどんな影響を与えているかを見る。買い圧力と売り圧力の間には操り人形の糸のように目に見えない糸が張られており、その糸が価格や感情やストーリーの微妙な流れを生みだすのである。

日中の技術を磨こう

1．最初と最後の1時間に対するプランを立てる――経験豊富なトレーダーはこれらの時間帯を積極的にプレーしてもよいが、初心者

は何もせずにじっとしていたほうがよい。
2．1日の各時間帯における動きの傾向を知る――市場に本当のトレンドが形成されるのは1日のうちほんのわずかな時間帯のみであり、そのほかの時間帯ではダマシの動きがほとんど。
3．日中の指標をひとつ選び、それをじっくり観察する――完璧なシグナルを見つけるよりも、対立する情報を解釈することのほうが重要。
4．NYSEのTICK指標を追跡する――その日全体のレンジを決める日中の高値と安値を見つける。NYSE（ニューヨーク証券取引所）のTICK指標は独特の指標で、使い方次第であなたを危険から守ってくれる。
5．一方の目で自分のポジションを見ながら、もう一方の目で指数を見る――自分のポジションが原指数より激しく動いているとき、その動きは継続するはず。
6．2日および3日のトレーディングレンジのブレイクアウトやブレイクダウンに注目――これらの短期的スイングは、あなたのポジションが上昇・下落しているのか、足踏みをしているのかを教えてくれる。

ストップ

ストップをどこに置くかは学ぶのが難しい技術であり、トレーディングをやっているかぎりイライラがつきまとう。ダイナミックに動いている市場を除き、価格はオーバーラップする。つまり、あなたのポジションは同じ水準を行ったり来たりしたあとで、ようやく上方または下方に向けて動き始めるということである。方向感のない横ばい相場では、小利と大利を同時に狙おうとすれば、ストップロスを適切な位置に置くことは不可能だ。なぜなら、小利と大利を同時に狙うことはできないからだ。小利を得るのは簡単だが、大利を得るのはそれほど簡単ではない。

小利と大利を同時に狙って失敗した経験は一度は二度ではないはずだ。あるセットアップを見つけると、すぐに飛びつく。完璧な価格で仕掛けたそのポジションは最初のうちは順調だが、反転して自分の有利な方向に大きく動き出す前にストップに引っかかるため、せっかくのポジションも水の泡だ。幸いにも、良いポジションが振るい落とされないためのストップを効果的に置く方法が２つある。まったく異なるアプローチだが、いずれかを使えば不本意に良いポジションのストップに引っかかることは防ぐことができる。

- ストップロスは市場ノイズの外側に置く。それと同時に、損失がリスク許容量を超えないようにしっかり管理する。
- ストップロスは、短期の値動きから集めたデータに基づいて、短い時間枠で設定する。そして、損失の合計がリスク許容量に達するまで、必要に応じて仕掛けを繰り返す。

図9.1を見てみよう。５月初めに133.50ドルまで上昇したあと下落して、３週間近くその状態が続く。再びその高値水準まで上昇したのは５月26日で、翌朝その高値をブレイクアウトする。ここから新たなアクション－リアクション－レゾリューション・サイクルに入るが、これは15分足チャートで管理可能だ。上昇（アクション）は135ドルで止まり、そこから調整（リアクション）パターンに入る。われわれとしては、このあと135ドルを超えて上昇（レゾリューション）することを期待して、その横ばいパターンからのブレイクアウトで買いたいわけである。５月28日に133ドルで狭いレンジをブレイク（１）したときが最初の買いシグナルになる。価格が低ボラティリティ状態か

図9.1
アップルの短い時間枠で見たストップ

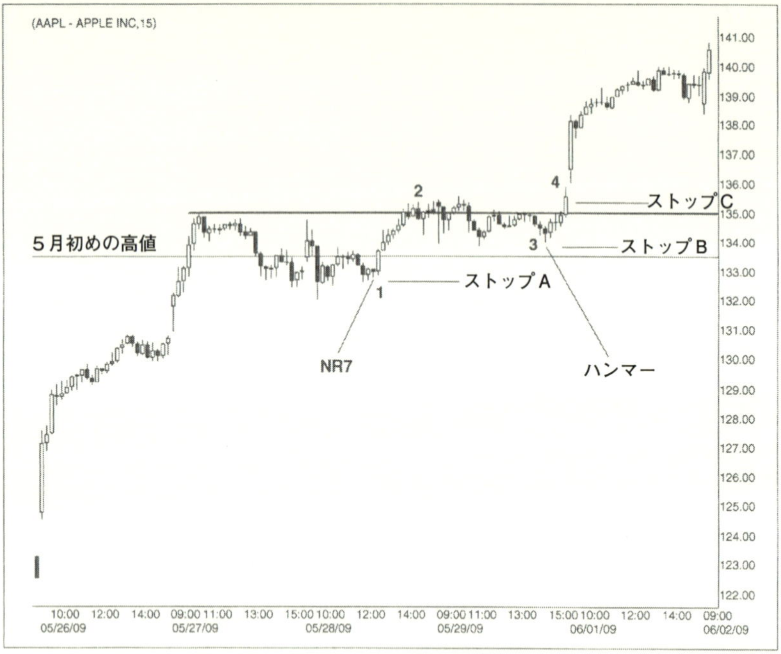

ら高ボラティリティ状態に移行しているときのフェイリャースイングは危険を伴うため、NR7の足のすぐ下に「短期」のストップAを置く。次の買いシグナルは、直近2日間の高値である135ドルを超えた時点で発生する（2）。このブレイクアウトに反応して仕掛ければ、短期のストップをどこに置いたとしても損失を出す可能性が高い。投げ売りを誘う状態は1日以上続き、その間、価格は四度にわたって下落。四度目の下落では安値が若干切り上げられた（3）。これはちゃ

ぶつきがそろそろ終わる予兆であるため買いシグナルになる。ここで新たに仕掛け、小さなハンマー足のすぐ下に短期のストップBを置く。これはこの買いが正しければうまくいくはず。そのあと、価格はギャップアップで揉み合いを抜け、ブレイクアウト（レゾリューション）。これが4番目の買いシグナルになる。レゾリューションフェーズに入れば直ちに急上昇することが予想されるため、仕掛けたあと、ギャップが埋まる水準のすぐ下に短期のストップCを置く。

ほとんどのトレーダーはストップを昔からよく知られた同じ場所に置くため、スマートマネーと彼らの正確なコンピュータープログラムの格好の餌食になる。彼らの餌食にならないためには、ストップはトレンドライン、切りのよい数字、移動平均線のようなみんなが知っている場所には置かないようにすることが大事だ。ストップは論理的な水準には置かないのが一番良い。なぜなら、こういった場所は、特に価格が反転する前のストップガンニング（ストップランニングともいう）の標的になりやすい場所だからだ。こうした欲求不満のたまるリンスジョブはトレーダーには不当に映るが、これが現代の市場の現実なのだ。市場ゲームが簡単だなんて言った人はだれひとりとしていない。

あなたが正しいことを示す値動きが続いているかぎりそのトレードにはできるだけ長くとどまるべきだが、間違っていることが分かったらすぐに手仕舞わなければならない。ストップロスはこうしたことを教えてくれるような位置に置くことが重要だ。それぞれのポジションには、われわれの考え方がもはや有効ではないことをビンタで知らせてくれる価格というものが存在するが、そういった価格水準がストップロスを置く位置になる。ただし、ストップロスはリンスジョブに引っかからないようにするために直近のトレーディングレンジに合わせて調整する必要がある。また、ストップロスの位置は自分の戦略にも一致させる必要がある。例えば、トレードを数日間のスパンで考えているのであれば、最初のうちはストップロスの幅は広くし、より多くのリスクをとる。一方、スキャルピングを狙っているのであれば、ストップロスは動きと逆方向に置いて市場が与えてくれるものだけをもらう。

ストップロス戦略は３つのステップからなる――最初のストップロス、トレーリングストップ、手仕舞いストップ。ポジションの進化に沿って、適切な時点で適切なテクニックを適用するのである。トレーダーにポジションを取る前に必ず利益目標を設定させるという意味で、この３ステップ戦略は極めて効果的だ。第２部で述べたように、それぞれのトレードには目標となる手仕舞い水準がある。その水準は、通常は次の支持線や抵抗線になることが多いが、途中にバリアが存在すればそれを加味したうえで決定される。この水準があなたの利益目標になる。つまり、トレードを行う前に以前のスイングを分析して、予定している保有期間内に達すると思われる価格水準が利益目標になるということである。利益目標はストップの最終フェーズ（価格が仕掛け価格から利益目標に向かって75％まで近づいた時点）では特に重要だ。なぜなら、それはギアチェンジしてアグレッシブに利食いするべきときを教えてくれるものだからである。

最初のストップロスを置く位置を決めるのは非常に簡単だ。パターンがブレイクされる位置に置くか、アップルの例で見た短期戦略を用いればよい。どのトレードも行うだけの正当な理由はあっても、ストップロスで失敗することが多い。例えば、トレンドラインに向かって下落している途中で買ったとすると、価格がトレンドラインに達すればあなたの仮定は間違っていたことになるため、ストップロスはトレンドラインの反対側に置く必要がある。もちろん反対側に置いたとしても必ずしもうまくいくとは限らない。トレンドラインをブレイクして、すべてストップに引っかかったら反転して支持線や抵抗線を抜けるといった動きは現代の市場では日常茶飯事だからだ。

こうしたリンスジョブに対抗するためには、論理的ストップロスを若干修正する必要がある。そのための方法は３つある。

- ストップロスはパターンの深い位置に置き、より多くのリスクをとる
- 論理的ストップロスで損切りし、反転したら新たに仕掛ける
- 仕掛けとストップロスの位置がほぼ同じ水準になるようなパターンを探す

ストップロス戦略で最も重要なのは、価格がストップに到達してしまうといった事態を引き起こさないような低リスクの仕掛け価格を見つけることである。まず、よくあるパターンの両側に支持線－抵抗線バンドを見つける。これらの価格水準には２つの役割がある。ひとつは、今のストップロスが危険にさらされる位置を示してくれる。もっと重要なのは、新たなポジションを仕掛ける位置を教えてくれる。こうした極値で仕掛けた場合は、危険を避けるためにストップロスの幅は特に狭く設定する必要がある。

利益保護モードに移行するときはタイミングを見極めることが重要だ。つまり、レンジの広い足によってトレンドが自分に有利な方向に動き出すまでは手を出すな、ということである。新しいポジションを建ててから最初のうちは、利益と損失の間を行ったり来たりするというのはごく普通だ。テクニカルパターンに変化がないかぎり、何もしないで我慢することがあなたの仕事だ。良いトレードは庭の手入れをするのに似ている。愛情を注ぎ、雑草を取り除いて育ちやすくする。そのうちに価格は仕掛けた水準から離れて、新たな価格水準に向かって動き出す。このときがトレーリングストップの出番だ。トレーリングストップを置くにはより短い時間枠のチャートを使う。例えば、日足チャートでトレーディングしているのであれば、トレーリングスト

図9.2

ストップガンニングは、ポジション保有者にとっては金を失うこれ以上の方法はないが、脇で見ている人にとっては絶好のチャンスとなる。ずっと下げ続けていたシェブロンは、6月22日に66ドルまでギャップダウン（1）。翌週、空売り筋はボックスパターンで仕掛け（2）、それと同時に抵抗線のすぐ上の67.25ドルにストップを置く。7月1日、価格はボックスパターンの天井を上抜き（3）、そこに置かれていたストップを一掃してギャップを埋める。その次の1時間足における反転は、低リスクの空売りのシグナルとなる（4）。なぜなら、ここで仕掛ければストップを高値から1ポイント以内の位置に置くことができるからだ。

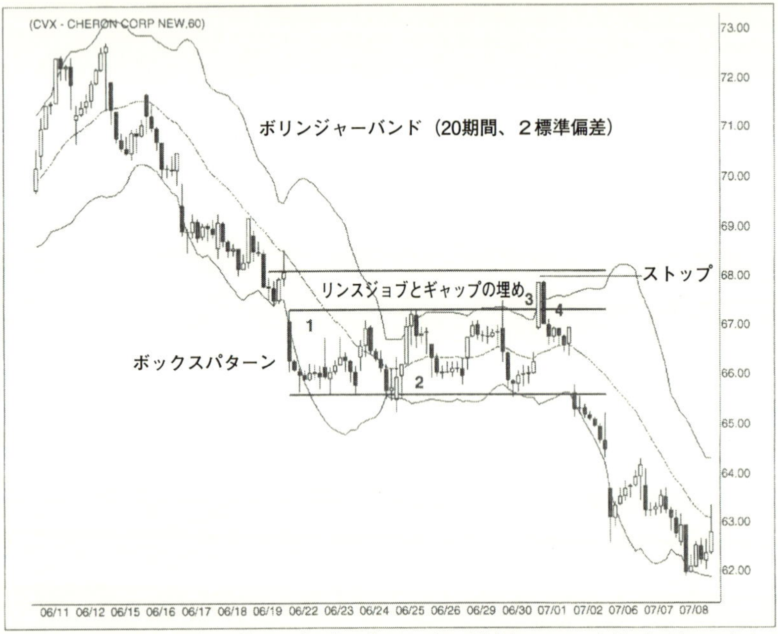

ップを置くには60分足チャートを使い、60分足チャートでトレーディングしているのであれば、15分足チャートを使うといった具合だ。仕掛け価格と現在価格との間にある足の最近の動きを調べ、これらの揉み合い圏のすぐ後ろにストップを置く。

トレーリングストップを置くにはなぜ短い時間枠を使うのだろうか。これは次のように考えるとよい。日足チャートでブレイクダウンが発生するとき、まず60分足チャートが反転する。そして60分足でブレイクダウンが発生するときは、まず15分足チャートが反転する。したがって、トレードしているチャートよりも短い時間枠のチャートを見てストップを置けば、ドミノ倒しが始まり、市場が逆行し始めても、貴重な利益のより多くの部分を確保することができる。そして、日中のチャートで価格が新たな水準に向かって動き始め、横ばいパターンに入るたびに、それに合わせてストップの位置を修正していく。ポジションが仕掛け価格と利益目標間の距離の75％に達するまでこの方法でストップの位置を修正していき、最終フェーズ（最後の25％）に入ったらトレーリングストップで価格に対して積極的に追わせる。

わずかな利益を得るために大金をリスクにさらすのはおかしいではないかと思えるかもしれないが、価格が利益目標に近づいているときには実際にこういうことが起こる。大きな支持線や抵抗線を見て、あなたはこの水準に利益目標を選んだわけだが、市場が反転する前に価格がその利益目標に到達するという保証はない。したがって、市場が予想より早く反転した場合に備え、トレーリングストップの幅を狭めて利益を保護するわけである。

利益目標近辺における価格の過渡的な動きは、最後の10セントまで絞り取る機会を与えてくれる。最後のトレーリングストップを置いたあと、買いポジションの場合は市場のすぐ上に、売りポジションの場合は市場のすぐ下に、つまり利益目標の位置に、２番目のストップを置く。この略奪的アプローチを用いることで、価格が最終目的地に向かって動けばあなたの注文はすぐに執行されることになる。あなたは利益を数えながら、ほかのトレーダーたちが反転で大失敗するなか、何度も反転を確実にとらえることができたことに驚くはずだ。

サバイバリストのストップ戦略

金融市場でプレーを始めるとき、われわれはみんな同じ本を読んで勉強する。しかし、こうした古典が教えてくれるストップロステクニックはもはや使い物にはならない。テクニカルアナリストは所詮少数派であり、ストップロスは支持線や抵抗線のすぐ後ろに置いておけばよい、と決めつけているところに問題がある。新米トレーダーたちはこの教えに厳密に従い、みんな同じ場所で仕掛ける。こうした変曲点はリスク管理の自然法則に従うため、これは一見理にかなっているように思えるが、そんなことをすれば大量虐殺の餌食になることを彼らに教える者はだれもいない。要するに、金融商品は大部分のトレーダーを被害者にするような価格水準に引き寄せられるということなのである。強いトレンドはこの悪魔的な力を数日間または数週間は封じ込めることに成功するかもしれないが、これはあくまで例外にすぎない。ほとんどの時間帯では、大勢のトレーダーを標的にするこの引力が短期的な価格の方向性に大きな影響を及ぼしているのである。

ファンドや機関投資家やサバイバリストトレーダーは、一般的なストップ水準には流動性プールが存在し、口栓が開けられるのを待っていることを知っている。明確な支持線や抵抗線の外側に置かれた防御的ストップにとってもこの水準は危険だ。なぜなら、愚か者たちがここで一斉にストップに引っかかれば、ドミノ効果によって、被害はそこから何ティックも離れた位置に置かれたストップにも及ぶことがあるからである。こうした被害者にならないためには、トレードを行う前に一般的なストップ水準の位置を知ることである。こうした磁力の標的となる位置を見つけだしたら、過去に価格がその水準に達したときに何が起こったかを調べてみる。支持線や抵抗線を抜けて大きく動いたあと反転したのであれば、一般的なストップ水準にストップを置けば生き残れる可能性はないことが分かる。

すべてを焼き尽くす市場力学の餌食にならないためには、ストップを人を魅了するような水準から遠く離れた位置に置く以外にない。しかし、これは言うは易く行うは難しである。ストップ戦略はトレーディングプランの中核をなすものであり、予想した水準で損切りできないときには、新たなリスク方程式にしたがってすべてを変えなければならないからだ。つまり、新たに加わったリスクに対応するには、新たなストップロスに対応した価格水準で仕掛けなければならないということである。ストップロスを変更するには、仕掛け価格も変更しなければならないのは当然のことだが、これが問題になる。ストップロスは引っかからない位置に置きたいのだが、仕掛け方法は変えたくないからだ。事実、ほとんどのトレーダーは反動的で、リンスジョブに対して効果的に対処するよりも、愚かな仕掛けに固執して損をすることが多い。第４部の「予測とリアクション」のところで述べたように、最も一般的な仕掛けテクニックは、大衆に従ってブレイクアウトやブレイクダウンで仕掛けるというものだ。これ以外のマーケット戦略を知らないトレーダーが多いのが現実だ。しかし、こういったリアクティブなスタイルで仕掛けた場合、支持線や抵抗線から遠く離れた位置で仕掛けることになるため、リンスジョブに対抗できる方法はほんのわずかしかない。結局、これは失敗への最短経路になる。

どうしてもモメンタムプレーをしたいというのであれば、均一価格ストップや短期移動平均線ストップが唯一の方法だ。例えば、ブレイクアウトで仕掛けた場合、許容損失額によって、仕掛け価格から20セント、50セント、あるいは１ドル後ろにストップを置くといった具合だ。ただし、これはトレーディングしているパターンのテクニカルに基づくものではないため、合理性はない。一方、移動平均線ストップは、リアルタイムの値動きに対応するため、均一価格ストップよりも合理的だ。やり方は簡単で、15分足チャートに８期間SMAを引き、価格がそれをブレイクしたら手仕舞えばよい。大きなブレイクアウトの場合は、あるいはストップが頻繁に引っかかる場合は、15分足チャートではなく60分足チャートを使うとよい。

５％、10％、50％といったパーセンテージベースのストップロスはできれば使わないほうがよい。なぜなら、この方法では現在の市場や想定したトレードリスクがまったく考慮されないからだ。例えば、１日の平均的な値動きが11％というボラティリティの高い株式でポジションを取るとする。この場合、10％のストップは市場ノイズによるリスクにさらされているため無意味だ。また、パーセンテージベースのストップロスは、リスクの本質が分かっていないにもかかわらず、リスクをコントロールしているという錯覚を与える。リワードとリスクは切り離して考えることができないことを考えると、これは深刻な問題を引き起こしかねない。なぜなら、一方を正しくとらえられなければ、もう一方も正しくとらえることはできないからだ。リスクのなかには、特定のパターンや仕掛け価格に基づいて測定できるリスクが存在する。また各ポジションはそれぞれに異なるリスク特性を持つ。つまり、仕掛けたあと最終目標（利益目標）に達するまでにどれくらい上下するかということである。ストップ戦略にはこうした標準偏差データを含む必要があり、そうしなければ、次から次へと最大損失を被り、最後には市場から撤退せざるを得なくなる。

ストップに敏感な最も信頼のおける戦略は、最初の失敗目標に近い位置でポジションを取るというものだ。この戦略では、もしかしたら発生しないかもしれない深い押しや戻りを待って仕掛けるか、ストップロスが引きつけられる位置で仕掛ける。つまり、一般的なストップロスの位置に置かれたストップが一掃されるまでサイドラインに下がって待ち、勢いが衰えたころ合いを見計らって仕掛けるということである。本章で少し前に出てきたシェブロンのケースがこれに当たる。このタイプの仕掛けは、ボラティリティの高い期間に行うものなので、気弱な人には向かないが、成功率は非常に高い。ロングサイドで仕掛けたあとは、リンスジョブの１ティック下にストップロスを置く。こうすればストップに引っかかることはない。なぜならこの時点では、マグネティズムによって市場の一方のサイドはすでに消滅し、それによって短期的な不均衡状態が発生し、これが平均回帰的な動きを生みだすからだ。皮肉なのは、リンスジョブは反対方向の強いトレンドに先行して発生する場合が多いということだ。つまり、リンスジョブは優れた仕掛け水準を見つけだすのに役立つだけでなく、優れた先行指標にもなるのである。

ポジションのオーバーナイト

古きよき時代の1990年代、私もほかの連中と同じように熱心なデイトレーダーだった。しかし、この10年でスイングトレーダーに転向した。これには正当な理由がある。第一に、デイトレーディングの目まぐるしいペースについていけなくなったからだ。この不安に満ちたアートの実践者は、不良データに満ちあふれたノイズの多い環境で重大な意思決定を強いられる。こういう環境にはもううんざりだ。第二に、数分から数時間ごとにポジションを建てたり解消したりするよりも、ポジションを数日間持ったときのほうがトレーディングエッジに自信が持てるようになったからだ。実際には、今でもかなりの量のデイトレーディングを行っているが、以前とは違って、リスクが高まったときのディフェンシブ戦略として、あるいはオーバーナイトの機会が希薄になったときに使うことが多い。興味深いのは、今のデイトレーダーの多くはスイングトレードのほうがよいと思っている人が多いが、ポジションをオーバーナイトするのはリスクが高すぎると信じていることだ。これは完全な間違いだと私は思っている。

オーバーナイト市場を有効に活用する方法を学ぶことが重要であり、その日の終わりにポジションを保有していることはリスクが大きすぎるといった間違った考え方にだまされないようにしなければならない。実際には、ほとんどの利益は、１日が終わってから次の日が開始するまでの間に生みだされるのだ。デイトレーダーがオーバーナイト市場の不確実性を避けたがる気持ちは分かるが、これはもろ刃の剣だ。なぜなら、どういった商品も時間がたつにつれて仕掛け価格から遠ざかっていくからだ。日中の利益がオーバーナイト利益に比べてはるかに少ないのはこのためだ。さらに、デイトレーダーは完璧なタイミングでしかも非常に短い間隔でトレードを繰り返す必要があるため、ストレスはたまり勝率は上がらない。これに対して、オーバーナイトトレーダーは多くのちゃぶつきや損失に遭遇しながらも、それを乗り越えて大きな利益を確保することができる。実際のところ、デイトレーダーのほうがオーバーナイトトレーダーよりも損失を効率的にコントロールすることができる。しかし、このせっかくのエッジも、大きなノイズやかさむ取引コストによって打ち消されてしまうのもまた事実である。

もちろん、ポジションをオーバーナイトすればそれなりのリスクはある。何らかのニュースが発生して不快なギャップが発生することもあれば、アーニングサプライズによって株価が予想外の動きをすることもある。こうした危険性は、レンジ相場、つまり対立する相場では特に高い。しかし、しっかりとしたトレーディングプランを立てることによって、オーバーナイトリスクの大部分は克服することができる。そのためには、常に十分な情報を収集し、経済指標の発表、オプションの満期日、市場の方向性を左右するようなサイクルに不意打ちをくらわないようにすることが重要だ。また、オプションでヘッジしないかぎり、決算発表にポジションを保持してはならない。決算発表によってその会社の株価はどう動くか分からないからだ。したがって、こういった時期にはサイドラインに下がり、ほかのトレーダーに好きにリスクをとらせればよい。しかし、第２部でも述べたように、決算発表の前にトレードするのは構わない。この時期は、愚か者が投機を狙って大挙して押し寄せるため、大きな機会がころがっているからだ。

週末にポジションを保有することはリスク意識の高いトレーダーに

図9.3

アーバン・アウトフィッターズでは2カ月にわたるカップ・アンド・ハンドルのブレイクアウトパターンのあと、低リスクのオーバーナイトの機会が発生した。7月29日の寄り付きで抵抗線を上抜く（1）も、すぐに鋭く下落して安値を付ける。そのあと6時間にわたってじわじわと上昇するが、抵抗線は上抜かない。観察眼の鋭いトレーダーは引け直前に仕掛ければ、翌朝のブレイクアウトに乗って大きく儲けることができる。

とっては恐怖だが、平日にオーバーナイトポジションを持つよりは利益になる。これはなぜなのだろうか。週末戦士たちは月曜の朝に市場が開いたら新たに買うべき株を懸命に探す。こうした彼らのすさまじいまでの物色によって、彼らが買おうとしている株は一般大衆の知るところとなり、週明けと同時にその株価はつり上げられる。「反転の火曜日」と言われる理由のひとつがこれだ。そのメカニズムはこうだ。

一般トレーダーは月曜日に市場にドッと押し寄せ、市場を追いかけるため価格は上昇する。そして上昇したら、利益が出るのをじっと待つ。そして翌日（火曜日）の朝になると愚かな彼らのポジションは標的となり、ついにはお手上げ状態となって市場から撤退する。

オーバーナイトリスクを低減するためには、その商品の価格履歴を調べ、市場全体と比べてどれくらいの頻度でギャップが発生しているかを見る。この簡単な分析は、サバイバリストトレーダーにオーバーナイトポジションに対して大きなエッジを与えてくれる。なぜなら、チャートの多くはギャップの発生パターン――トレンドの方向に発生するか、逆の方向に発生するか――というものを持っているからだ。この分析によってオーバーナイトポジションに不測のリスクが含まれていることが分かった場合、早めに手仕舞って翌日仕掛け直す。

トレンド相場ではポジションに圧力をかけ、横ばい相場では保護できるように自分を訓練しよう。当たり前のように聞こえるかもしれないが、オーバーナイトポジションは上げ相場で買っているときや、下げ相場で売っているときはリスクは比較的少ない。さらに、トレンド相場では保有期間を長くし、横ばい相場ではすぐにデイトレーディングに切り替えることも重要だ。もちろん、レンジ相場ではオーバーナイトポジションは少なくし、ストップロスの幅は狭くする。そして、市場が動き始めたら積極的にトレードする。一般に、年間利益の80％以上は、トレード時間全体のわずか20％によって生みだされる。つまり、トレンド相場が始まったときに市場にいること、そしてトレンド相場の間は市場にとどまることが重要なのである。

オーバーナイトリスクが心配ならポジションサイズを減らそう。また、引けの前に一部利食いして、残りを翌日まで持つということも可能だ。翌日、市場がフラットかオーバーナイトポジションに有利な方向に開けたら、買い増ししてもよい。逆に、オーバーナイトポジションに不利な方向に市場が開けたら、何もしないのが一番よい。オープニングボラティリティの最大の目的は、愚か者のトレーダーや投資家を振るい落とすことだが、この時間帯で手仕舞えば最も不利な価格で手仕舞うことになることが多い。オーバーナイトポジションに不利な方向に開けた場合、買い増しのチャンスになるが、それには２つの条件がある。ひとつは、ポジションを異なる価格で段階的に仕掛けることが事前に決めたプランに含まれていること。もうひとつは、寄り付き価格が、そのトレードを最初に行ったときに依拠したパターンから外れていないこと。

トレーディングの本には、高値近くで引けたら翌朝は上げて寄り付き、安値近くで引けたら翌朝は下げて寄り付く、と書かれている。この古典的な利益構築テクニックを裏づける印象的な統計まで載っている。しかし、このテクニックはもはや機能しない。売りポジションでさえ機能しない。その原因はコンピュータープログラムの台頭である。アルゴリズムにとっては、どんなに強いトレンドでも一瞬のうちに反転させ、オーバーナイトのトレンドフォロワーたちをワナにはめてしまうことなど朝飯前なのだ。しかし、こうしたことを心配して睡眠時間をけずることはない。有望そうに思えたオーバーナイトプレーがときにはアルゴリズムの奇襲攻撃によってうまくいかないこともあるという事実を受け入れることだ。しかし、損をしたからといってオーバーナイトポジションを持つことをやめてしまう必要はない。数週間あるいは数カ月にわたる資産曲線を見ると、この基本的な戦略の価値は証明されるはずだ。オーバーナイトポジションは危険は伴うものの、予想したとおりの結果を得られることのほうが多い。トレーディングは確率のゲームだ。これはオーバーナイトポジションについても同じである。つまり、長期的に見たときの平均的なパフォーマンスが重要なのである。オーバーナイトポジションはショックな出来事やニュースの影響を受けることもあるが、市場が自然なリズムを刻んでいるときは、厳密なストップロス戦略を使えば、そうした出来事による損失を補ってあまりあるほどの利益が得られるのである。

1日の終わりのチェックリスト

株式市場はクロージングベルに近づいているというのに、どの株を手仕舞って、どの株をオーバーナイトすればよいのか、あなたは決めかねている。これはよくある光景だ。そこで引け前のエクスポージャーの決定に役立つ10の質問事項を紹介しよう。

1. **静かなときに買ったのか、大きく動いているときに買ったのか**
株は比較的静かなときに買って、そのあとの日で大きな波に乗るのがよい。こうすれば、利食いや反転の影響を受けにくい。逆に、アクティブなトレンドに飛びつけば、翌日の寄り付き時に株価がどうなっているかは予測できず、儲かる確率と損をする確率は半々だ。要するに、確率がフィフティーフィフティーのときにはオーバーナイトはするなということである。
2. **最初の手仕舞いのチャンスを逃したか**　利益の出る手仕舞いのチャンスは周期的にやってくる。つまり、最大利益を得られるチャンスがやってきても、欲張りすぎればそのチャンスを逃してしまうということである。そして価格はクロージングベルに向けて下落していくだけだ。そういった場合はオーバーナイトして、株価が再びその水準に戻るのを待って手仕舞うのがよい。
3. **市場は上昇スイングや下降スイングのなかで引けようとしているか**　指数先物の60分足チャートを見てみよう。5－3－3ストキャスティックスはクロージングベルに向けて上昇しているか、下落しているか。下落していれば、それは市場が翌朝は下げて寄り付くことを示唆し、上昇していれば、上げて寄り付くことを示唆している。

4．**その日は何曜日か。またカレンダーイベントはないか**　反転の火曜日には反転やちゃぶつきが予想され、水曜日は火曜日のトレンドが続く。金曜日に高く引けた場合、月曜日も高く寄り付くことが多い。ただし、オプションの満期の週の次の月曜日は金曜日の引けとは逆の方向に寄り付く。翌日の寄り付き前に発表が予定されている経済指標をカレンダーで確認し、そのデータが今の市場心理に与える影響を考えてみよう。

5．**今日、傷ついているのはだれか**　悪魔的な市場は標的とする相手を毎日変える。通常の週においてさまざまなセクター間で上昇と下落が交互に入れ替わるのはこのためだ。2日間下落したあと上昇しようとしているセクターや、2日間上昇したあと下落に転じようとしているセクターを探そう。その日の最後の1時間でこのサイクルが自分のポジションと逆方向になっている場合、そのポジションは解消し、ほかのサイクルイベントにマッチする機会を探す。

6．**そのポジションの保有期間は？**　自分のトレーディングプランに沿った保有期間を設定しよう。売買したときに、保有期間や利益目標は決めただろうか。決めたのであれば、その日のノイズに惑わされることなくそれに従うことが大事だ。特に、そのトレードを行った理由が有効であるかぎり、今の損益を見て手仕舞いや保持を決めてはならない。

7．**引け後に決算発表が予定されている会社は？**　あなたの株、あるいは関連するセクターの主要企業が引け後に決算発表を予定している場合、オーバーナイトはやめよう。トレーディングは「一か八か」のギャンブルではなく、エッジがあり、分があると思ったときにのみリスクをとるゲームだ。決算発表に対して市場がどんな反応を示すかを予測できる人などいないのだ。

8．**オーバーナイトするトータルサイズは？**　どれくらいのリスクであれば安眠を妨げられることがないだろうか。夜間における市場の危険性を考慮したうえで、オーバーナイトするサイズを決めよう。今トレーディングしている市場は静かか、それともだれもが不安でピリピリしているような状態か。ボラティリティが高いときはオーバーナイトするサイズは減らしたほうがよいことは言うまでもない。

9．**あなたのポジションがその日その価格で終わった理由は？**　株価が動く理由はいろいろある。ほとんどの場合、買い圧力や売り圧力に反応して動く（アクティブ）というよりも、高いノイズに反応して動く（パッシブ）ことのほうが多い。一番良いのは、アクティブであなたのポジションの方向に動くもの、あるいはパッシブであなたのポジションと逆方向に動くものだ。リスク許容量の範囲内であれば、あなたのポジションとは逆方向のパッシブな動きで増し玉することを考えてもよい。

10．**エクスポージャーのバランスを取るために、今買うべきものと売るべきものは何か**　新たな株を買うことを考えてみるのもよい。例えば、支持線に向かって下げている株や、朝方勢いよく上昇したあと勢いがなくなった株などがその候補となる。ほかのトレーダーに目を付けられた株ではなく、掘り出し物を探すのがコツだ。

第10章 MASTERING THE INTRADAY MARKET

日中の相場の読み方

方向性のある動きを巧みに利用すると同時に、ワナやリンスジョブといった不測の事態から身を守るためにサバイバリストトレーダーにとって不可欠なのが、オープンポジションに対する正確なフィードバックだ。なかなか厄介な作業だが、一番良い方法は、日中の相場のなかでエクスポージャーを継続的に観察・管理することである。すべてのティックを見ていることのできないトレーダーが多いかもしれないが、可能なときにはティックを見るのが望ましい。第4部で述べたリモート戦略は、パートタイムトレーダーや、ほかに仕事があってずっとティッカーテープを見ていることのできない人にとっては便利な方法だ。

現実世界では、非常にうまくいくポジションもあれば、崩壊して破綻するポジションもある。どのポジションもこうした二面性を持つため、適応プロファイルの作成が必要になる。つまり、すべてのオープンポジションに対してエクスポージャーとリスクを事前に決めるわけである。このマクロな制御メカニズムは外部の市場状態にマッチさせる必要がある。つまり、ポジションの選択、サイズ、保有期間を通して絶えず調整しなければならないということである。成功するマーケット戦略を構築するうえで、この適応プロファイルは個々のトレードよりもはるかに重要だ。金融市場は危険と機会という2つのフェーズを繰り返しながら動く。市場が今どのフェーズにあるのかを見極め、そのフェーズに合ったしばりを掛けることでリアルタイムでそのフェーズに順応するのがトレーダーの仕事である。シグナルを選別することで利を伸ばすべきときと、手仕舞うときを見分けるのである。任意の時点においてトレードすべき株、先物、通貨ペアを教えてくれるのもカラーだ。例えば、カラーが緩く、市場が紙幣を印刷しているようなときはボラティリティの高い小型株をトレードしてもよいが、機会が少なく捕食者があらゆる暗がりに潜んでいるようなときには優良株だけをトレードするのが理にかなったやり方だ。

適応プロファイリングとは、日々の市場の動きに合わせて適用すべきカラーを決めることを意味する。もっと分かりやすく言えば、指数先物のボラティリティ、市場心理、今の価格の位置に基づいて、積極的に行くか、ディフェンシブに行くかを決めるということである。サバイバリストトレーダーは最大の機会が存在するときには積極的に、危険性が最も高いときにはディフェンシブにトレードしなければならない。日中の戦略では中心的テーマが毎日変わる。これは日中の戦略の難しい側面のひとつと言ってよいだろう。ポジション管理のこの側面については第６部で詳しく説明する。

位置について、ヨーイ、ドン！

そのトレードセットアップについては何度も見直し、リスク・リワード比も計算し、仕掛けるべき完璧なタイミングも見つけた。胸をワクワクさせながら、マジックボタンを押してポジションを開く。さて、次にやるべきことは？

まず、執行報告書からのフィードバックを消化する。成り行きで注文したのであれば、スリッページが発生しているかもしれないので、仮定したことを計算し直す必要がある。もし執行価格が予想を数ティック以上上回った場合は、リスク許容量を確認し、間違いが判明したときに備えて、どこで手仕舞いすべきかを計算し直す。次に、チャートをもう一度見直し、正しい選択をしたかどうかを確認する。サイドラインにいるときと、実際にお金をリスクにさらして戦いの最中にいるときとでは物事の見方は異なるものだ。最後に、ストップを置くことがトレーディングプランに含まれている場合は、物理的なストップを置く。そうでない場合は、そのポジションをきっぱりと手仕舞う価格または条件を設定する。

損切りはできるかぎり手動で行う。損切りを手動で行うということはそのトレードに対して責任を持つということであり、これは規律の確立に役立つ。これはまた、ストップロスは一定の数字に固定するのではなく、状況に合わせて計算し直さなければならないことにも気づかせてくれる。価格の足ごとに自分の仮定、目標、心理状態が変わったら、心の逃げ道も更新し、価格が自分のトレードの間違いを証明する水準に達したらすぐに手仕舞えるようにする。失敗スイングだと思って手仕舞いしたあと、実はちゃぶつきだったということがあるかもしれないが、まずは事実を確認してからなどと考えて手仕舞いを先延ばししてはならない。損切りしたあとでも仕掛け直すことはできるが、各ポジションはそれぞれの真価に基づくものでなければならない。これは曲げることのできないルールだ。したがって、新たに仕掛けるときには分析をやり直し、目標も見直す必要がある。注意してもらいたいのは、損切りしたあとのトレードは失敗することが多いということだ。なぜなら、その損切りはトレンドの変化を示すシグナルだったからである。週末の見直しで、良いポジションを頻繁に損切りしている傾向があることが分かったら、トレードにもう少し時間的余裕を与えるようにストップロス戦略を見直す必要がある。

リアルタイムのフィードバックを与えてくれるのが日中のチャートだ。15分足と60分足チャートの値動きを見て、各足がどのようにクローズするかを予測する。買いティックと売りティックがボリンジャーバンドやストキャスティックスの曲がり具合に及ぼす影響を注意深く観察する。上のバンドや下のバンドをブレイクする強い足がないかどうか探す。これは勢いのピークを表すものだ。また、主要な価格水準辺りに小さくても意味のあるギャップがないかどうか探す。パターンを観察し、利益や損失につながりそうな足を見つける。そして、買い－売りのオーダーフローがあなたの予測に合っているかどうかをチェックする。市場の脈動は５－３－３ストキャスティックスで測定する。買い圧力や売り圧力が強いにもかかわらず、価格があなたに有利な方向に動かないとき、それは隠れた供給や需要があることを示しており、やがては反転する。

変化するリスクに対応するためにはスケーリング（分割での仕掛けや手仕舞い）を使う。予定より早く利益目標に近づいているときには一部利食いする。値動きが不安定なときや、外部の力によって予測が難しいときにはサイズを減らす。明確なパターンが形成されているときや、思いがけないニュースが保有ポジションに有利に働いたときにはサイズを２～３倍に増やす。つまり、明確なシグナルが発せられたときには大きくトレードし、力が対立しているときにはサイズを減らせということである。

それぞれのポジションには正しいサイズというものがあり、これは口座サイズとは無関係だ。価格の足が新たなデータをフィードバックループに注ぐたびに、各ポジションのリスク水準は変化する。市場が自分にとって有利な状態にあり連勝しているときはリスクが低下していることを示しているため、サイズを増やす。逆に、ドローダウン期や運気が下がっているときにはサイズを減らしてチャンスの到来を待つ。経験の浅いトレーダーは各ポジションにはバイイングパワーをフルに活用すべきだと信じているため、リスクをとりすぎる傾向がある。彼らは上手なトレーディングの方法を学び、お金を稼ぐことばかりに執着するのをやめれば、もっと長くゲームにとどまることができるようになるはずだ。保有ポジション管理にもっと積極的に取り組み、各トレード日に正しいカラーを適用することを学べば、利益は勝手についてくる。

テープリーディング

テープリーディングのテクニックを習得しないかぎり、トレーダーとして成功することは不可能だ。チャートと指標の勉強に長大な時間を費やしてきた人にとって、これはショックな話かもしれない。もちろん、テープを使わなくてもトレードは可能だが、それは自分を危険にさらすことになる。なぜなら、チャートはきれいな絵を描き、間違ったシグナルを生みだすからだ。ティッカーテープに表れる買い圧力と売り圧力の流れは市場の動向を見るための指標になるが、ティッカーテープを見ないチャート純粋主義者にはそういったものは見えてこない。ティッカーテープに表れるこうしたインパルスこそがマーケットプレーヤーたちの真の動きを示しているのだが、チャートしか見ない一般大衆は幻想にだまされる。テープはウソをつかないのである。

生徒がテープリーディングを習得するためのセミナーを開いてほしいと言ってきたとき、私は彼らにこう言う。座って、ノートを開いて、過去数十年分の数字を書き取れと。彼らは冗談だと思うらしいが、けっして冗談なんかではない。変動する数値をじっと見ながら、ウォール街やほかの市場参加者たちがプレーしているゲームを読み解けるようになるには、軽く10年はかかる。しかし、これはやるだけの価値は十分にある。テープの読み方をマスターすれば、市場をあまりよく観察しないトレーダーよりも生涯にわたって優位に立てるからだ。

一般大衆の熱狂レベルを読むためのテープリーディングのコツを紹介しよう。出来高の30日または60日の移動平均線を、ウオッチリストの日々のリアルタイムの出来高の隣に表示する。リアルタイムの出来高が移動平均線を上回る銘柄は、その日にレンジが拡大する可能性のある銘柄だ。こうした比較分析が最も機能するのは、マクロな影響力が働いていないときである。例えば、ある株のその日の寄り付きから１時間の出来高が60日移動平均線を50％上回っているにもかかわらず、狭い値幅で取引されているとする。これは、クロージングベルまでには急上昇または急下落する可能性があることを示す強力なシグナルになる。

『フィボナッチ逆張り売買法』（パンローリング）の著者であるラリー・ペサベントは、パワフルなテープリーディングツールとして「オープニングプライスの原理」を提唱している。長年にわたる市場観察から、彼はオープニングティックがその日全体のピボットになることを発見した。これはいろいろな使い方があるが、最も効果的なのは、価格が寄り付きから上昇したり、下落したあと、再び寄り付きの水準を試してきたときだ。このツールの使い方は、まずS&P500とナスダック100の指数先物または関連ファンドの寄り付きの水準にトレンドラインを引く。日中の取引時間帯に価格がそれらの水準まで戻ってきたとき、ブレイクアウト、ブレイクダウン、あるいは反転しないかどうかを注意深く観察し、ブレイクアウト、ブレイクダウン、または反転したら、それを個別銘柄のトレーディングシグナルとして使う。

図10.1を見てみよう。ナスダック100トラスト（元パワーシェアーズQQQトラスト）では、寄り付き価格が５日連続してピボットとして機能していることが分かる。第１日目。およそ２時間にわたって価格は狭いレンジで推移（１）。このとき寄り付き価格は、のちに下方にブレイクして一気に下落するトライアングルパターンのピボットになっている。２日目。ギャップダウンで寄り付いた（２）あと、ランチタイムまで下落し続け、そのあと大きく上昇。寄り付き価格から数セント下の位置で上げ止まったあと、ここを抵抗線として下落。この

図10.1

ナスダック100トラストの寄り付き

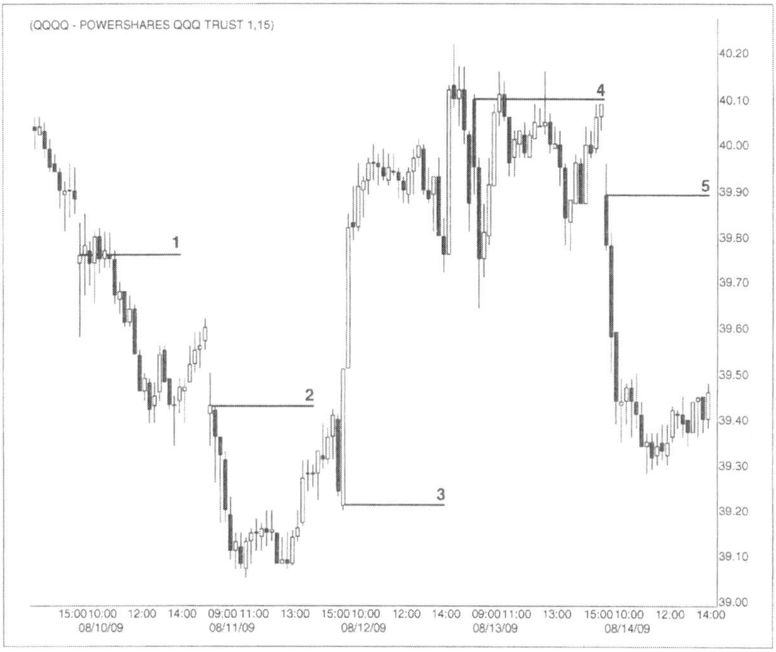

日は大きく下げて引ける。3日目。前日より若干下げて寄り付いた（3）あと大きく上昇。寄り付き水準は試されず、この日はトレンド日となる。4日目。ちゃぶつきが発生（4）。この日はボラティリティが高く、上昇スイングが寄り付き価格で二度も反転する。最終日の5日目。オープニングベルと同時に売り圧力が高まり、再び下降トレンドに入る（5）。寄り付き価格がその日の高値から8セント以内の位置にあることに注目しよう。

テープリーダーは現在価格とその日のレンジとの関係に注目する。

リアルタイムの気配値ではこの比率のことを「パーセントレンジ」と言う。この簡単な数字を見ただけで、大きな金融商品バスケットの値動きをものの数秒で把握できる。例えば、引けまであと1時間で、市場は下げているとする。あなたのウオッチリストのほとんどの銘柄は、その日のレンジの下から3分の1の水準にあるが、1～2の銘柄はパーセントレンジの値が100％に近い。リストのほかの銘柄が市場全体に連動して急落するなか、これらのリーダーシップ銘柄だけは高値を更新する。これはどういうことを意味するのだろうか。つまりあなたは強気のダイバージェンスを発見したわけである。これは引け前のモメンタムプレーや、翌朝の反転を狙ったオーバーナイトプレーに利用できる。

ティッカーテープを読むのに必要なデータのほとんどは、最後の取引価格と買い気配値と売り気配値のスプレッドのみを表示する簡単なスクリーンから取得できる。取引所で成立したすべての取引の時間と取引価格を示すタイム・アンド・セールス・スクリーンはあれば便利だが必須ではなく、レベル2スクリーンは気が散るだけなので不要だ。テープリーディングとテクニカル分析はまったく別物であると思われがちだが、市場を理解するという目的を達成するためには切り離せないものだ。事実、テープリーディングがうまくいくかどうかは、買い手と売り手が衝突し、最終的にはどちらかが主導権を握る重要な水準をチャート上で見つけることができるかどうかにかかっているのだ。買い手と売り手の対立水準を見つけたら、そのまま観察しよう。やがてバトルが始まるはずだ。バトルは数時間続くこともあれば、数分で決着がつくこともある。境界における防衛ラインを探し、それが突破されるほど市場が大きく動いているかどうかを観察する。やる気にあふれ、テープを支配しているのはブルとベアのどちらだろうか。この対立期間に起こらないこともまた、起こることと同じくらい重要だ。例えば、価格が重要な抵抗線まで上昇すれば、売り手が反転をもくろんで攻撃してくることが予想される。しかし、数分経過しても売り圧力は現れない。これは強気のダイバージェンスを生みだす。つまり、何らかの理由でベアがブルに譲歩したということである。したがって、やがてブレイクアウトし、価格はさらに上昇する。

大衆の感情に逆らって価格を操作するのは最も基本的なオーダーフローである。つまり、ティッカーテープはチャートのことをあなたよりもよく分かっているのである。プロとそのプログラムアルゴリズムは一方の目で株価を見ながら、もう一方の目でクロスマーケットの力を見る。彼らは動向をさぐるために価格を支持線や抵抗線までつり下げたりつり上げたりして、自分たちのこの行動によって出来高がどれだけ動くかを調べる。ここで発生するのがフィードバックループだ。つまり、特定水準がブレイクされないときには大きく反転し、ブレイクアウトまたはブレイクダウンすれば、それは大衆がその動きに「便乗」したことを意味し、その方向にモメンタムが増す。

ティッカーテープからのメッセージはよく使われる日中のテクニカルツールを使ってフィルターにかける必要がある。例えば、次に示すような極値の発生はトレンド日を示しており、支持線や抵抗線は維持される可能性が低いため、スイング反転戦略は避けなければならない。

●TICKが何度も＋1000以上になったり－1000になったりする
●騰落銘柄の差がS&P500とナスダック100の両方で1500以上、または－1500以下になる
●騰落銘柄の差がS&P500またはナスダック100のいずれか一方で2000以上または－2000になる
●騰落出来高レシオがS&P500とナスダック100の両方で４：１を上回るか１：４を下回る
●S&P500とナスダック100の指数先物が２％以上上昇または下落する

同じような動きをする銘柄は2つとない。したがって、ポジションを取る前にテープの動きを観察し、リスク特性を確認することが重要だ。参加者の厚さはどれくらいか、買い気配値－売り気配値の範囲内にいる時間が最も長いプレーヤーはだれかをチェックする。現在の値動きと市場が静かなときの平均的なスイングの幅を比較することでボラティリティを測定する。市場の深さを示すスクリーン上の株式数はまったくのウソだ。なぜなら、これらの株式数には隠された注文は含まれていないからだ。しかし、買い圧力と売り圧力の流れは真実を語ってくれる。したがって、数分ごとに市場の一方のサイドの株式数を平均し、それを相対的な値動きと比較するのがよい。単純な作業だが、水面下を泳ぐ大きな鯨の動きをとらえることができる。

テープリーディングで見るべきもの――クイックチェックリスト

1．自分の好みのチャート上における主要な水準を記憶せよ――価格が主要な水準のいずれかに近づいたらテープを見て、大衆よりも先に反転を予想する。
2．市場心理とテープの流れとの乖離を探せ――下落しているにもかかわらず価格が持ちこたえているのは隠れた買い手がいる証拠。あるいは、何の理由もなく上昇が止まれば乖離が発生した証拠。
3．値動きは自分の予想に一致しているか――ブレイクアウト水準では買い手が現れ、ブレイクダウン水準では売り手が現れる。こういった水準で買い手や売り手が現れなければ、サイドラインに下がるか、逆張りする。

4．オープニングプライスの原理を使え――S&P500とナスダック100のオープニングティックに線を引く。その線をブレイクアウト、ブレイクダウン、あるいは反転したらトレーディングシグナルとみなす。
5．価格と日々のレンジとの関係を追跡せよ――価格が日々のレンジ内の上方にあるものは隠れた強さを持っており、下方にあるものは隠れた弱さを持っている。
6．市場が静かなときはプロに従い、荒いときは大衆に従え――強気と弱気が対立しているときはプロが出来高を支配するが、大衆が市場に参入するとプロはテープを支配できなくなる。
7．流動性のある株はチャネルレンジで動く――価格がチャネルレンジ内で動いている間は特に注意する必要はないが、上または下の境界に近づいたら注意せよ。
8．出来高の大部分は数ペニーの範囲内で価格を動かすスキャルピングマシンが生みだす――こうした小魚の下に隠れている鯨を見つけて、次の上昇や下落を予測せよ。

テープリーディングが教えてくれるもの

経験豊富なテープリーダーはそれまでに観察したことをしっかり記憶し、テープが過去の動きと同じ動きをしたときに素早く行動できるようにしている。こうした自分だけのシグナル、セットアップ、鍵を握るストーリーの寄せ集めから素早く利益が得られるのは、これらのデータが本を読んだりセミナーに出席して得られたものではなく、自分の経験から得たものだからだ。市場はわれわれを惑わすゲームを絶えず行っている。そうしたベールの裏側に隠された重大な要素を読み解くことを可能にしてくれるのが、テープリーディングで培った知識なのである。市場の方向性を予測するうえで大きなヒントを与えてくれるものは以下のとおりだ。

- **グローベックス先物**　日中の場が開く前の指数先物を見て、通常取引時間帯の15分足の50期間移動平均線と比較する。価格が平均線の上にあるときには株式市場は上げて寄り付き、下にあるときには下げて寄り付くことが予想される。S&P500が平均線より上にあり、ナスダック100が平均線よりも下にあるときには、日中にテクノロジー株や小型株から大型株への入れ替えが行われる可能性が高い。逆に、S&P500が平均線よりも下にあり、ナスダック100が平均線よりも上にあるときは、その逆が予想される。特に最近は、4文字の投機株がリーダーシップを取る傾向が高まっている。
- **上昇株と下落株**　市場の幅と騰落出来高は、隠れた強さや隠れた弱さに関する貴重なデータを提供してくれる。騰落銘柄の差が1000以上のときには日中の押しで買い、騰落銘柄の差が－1000以下のときは日中の戻りで売る。S&P500とナスダック100の両方で騰落出来高レシオが4：1以上のときはトレンド日になることを示しており、今市場を支配している側が有利になる。こういった値動きの日は、日中に反転することはないと思ってよい。したがって、テープと争うことはやめ、そのトレンドに続く60分足レンジのブレイクアウトやブレイクダウンで集中的に仕掛ける。
- **買いと売りの流れ**　TICKは日中はサイクルで動く。1日の間にTICKが大きな極値（例えば±1400）に3回達したら、そのあと大きく反転する可能性があるので注意する。60分から90分のサイクルで反転を繰り返す日中のスイングを見つけるには、もっと小さな極値を使う。
- **ひそかに忍び寄るブレイクアウト**　日中の価格が過去3～5日の間に何度も試されながらブレイクされなかった支持線や抵抗線に近づ

図10.2

経験豊富なテープリーダーは、大衆が見逃した警告的な動きを読み取ることができる。例えば、3～5日間維持されてきた抵抗線に向けてのゆっくりとした上昇の動きは、ブレイクアウトの発生を予告する早期シグナルになる。ブランディワイン・リアリティ・トラストは8.34ドルまで上昇したあと一度押す。次の2日間はその抵抗線まで4回試しに行くが押し返され、その後着実に上昇し始め、8月3日午後に勢いを増す。そして翌朝、一気に勢いづいて、垂直状にブレイクアウトする。

いたら、ブレイクアウトやブレイクダウンする可能性があるので注意する。価格がこのようにのろのろ動くときは、15分足チャートを見ると押したり戻したりすることなく短い足が連続的に発生していることが多い。こうした株はこうした対立水準に達するとあっという間にバリアを抜けることが多いので注意が必要だ。こういった値動きはなぜ急上昇や急下落につながるのだろうか。こういった値動

きの裏では、ビッグプレーヤーが市場に参入して、ひそかに株を買い集めたり、売り払ったりしているのである。彼らは少数の株を売り気配と買い気配の差で売買しながら価格をゆっくりと動かしながら、市場の反対側では適度なサイズでポジションを維持する。するとやがては市場の一方の側の勢いが増し、株価は支持線や抵抗線を一気にブレイクするというわけだ。

●**過去の価格水準**　どんなに昔の高値や安値であろうと、株価はそれに反応する。株価は昔の高値や安値に達すると、どんなに強いトレンドでも簡単に止まってしまうため、利食いや損切りは高値や安値に達する前に行うことが肝心だ。ただし、価格はこうしたマジックナンバーへは一気に到達することが多い。したがって大きな利益を得るためには忍耐力が必要だ。5年あるいは10年前に付けた高値や安値は、新たな仕掛けのピボットポイントになる。

●**アルゴリズムゲーム**　押し目で買おうと思っている流動性の高い株は徹底的に追跡することが重要だ。プログラムアルゴリズムが価格をつり下げている間はじっとして、短期の支持線を抜けるまで待て。なぜこういったことが起こるのかというと、こうしたプログラムを書くインテリたちは、ほかのトレーダーよりもチャートを熟知し、まずい位置に置かれたストップを一網打尽にしようとするからだ。価格がそのボトムをブレイクするまで待て。買値が最後の価格の20、30、あるいは40セント下まで下落し、売値がほとんど動かなくなるまで待て。これは売りがそろそろ終わりに近づいていることを示している。少しでも戻したらすぐにポジションを取れ。ただし、この時点では売値は買値よりもはるかに高くなっているが、その売値で発注しなければならない。

最後に、テープリーディングをさらにパワフルにするための観察を紹介しよう。価格が抵抗線のすぐ上、または支持線のすぐ下のキーポジションに向かって動いているとき、３つのフェーズを持つ値動きを見つけるのである。市場力学のそのほかの要素と同じように、相互関係を持つこれらのインパルスもまた第２章で述べたアクション－リアクション－レゾリューション・サイクルに従うからである。３つのフェーズは以下のとおりだ。

1．ブレイクアウトやブレイクダウンの発生によって人々が多幸感に酔いしれる
2．そのブレイクアウトやブレイクダウンを弱める動きが人々を恐怖に陥れる
3．多幸感や恐怖の高まりによって、ブレイクアウト、ブレイクダウン、あるいはパターンの失敗が確認される

ほとんどのトレーダーはブレイクアウトやブレイクダウンにのみ注目し、買いや売りによってティッカーテープが大きく上昇・下落するとすぐにそれに飛びつく。お金を失うこれ以上の方法はないことは、本書で再三述べてきたとおりだ。これに対して、テープリーダーはサイドラインに下がって、この３段階にわたって発生した対立の質を調べ、この初期の動きが真実の動きなのか、ワナなのかを見極めるのである。

時間前市場と時間後市場

トレード日は午前９時半（NY時間）に始まるわけではないし、午後４時に終わるわけでもない。現代の市場環境では、通常取引時間外の時間前市場と時間後市場で多くの株式が売買される。だれもが時間外取引を始めた今、トレーディングゲームはさらに熾烈なものとなってきた。朝は早起き、夜は徹夜も辞さない覚悟が必要だ。つまり、損

失を抑えて利益を上げようと思えば、時間外取引をやるしかないのである。

時間前取引と時間後取引が一般大衆に解禁されたのは、ITバブル絶頂期のことだった。それ以前は、大手取引所以外での取引は、ウォール街のプロたちの排他的クラブとも言えるインスティネットでしか行えなかった。この排他性は、アイランドECNがスモールトレーダーたちにディナータイムの前にもトレーディングを行える安価な手段を提供し始めてから完全に崩壊した。世界市場は24時間市場に向かっており、世界の日の出とともに場が開くため世界のどこかで常に流動性が存在する時代が来るとだれもが思った。この夢を打ち砕いたのが2000年から2002年にかけての下げ相場だった。出来高は時間外取引でも枯渇してしまったのだ。しかし、プログラムアルゴリズムの台頭、取引所の合併、アジアと欧州市場が強さを増してきたことで市場に再び変化が起こった。

時間外取引は機会の宝庫だ。最新ニュースや市場心理の変化に最新の注意を払ってさえいれば、驚異的な価格で売買することができる。市場の一方のサイドがクロージングベル前に売買できなかったためにワナにはまったときには特にそうだ。時間前と時間後の取引で最も危険なのは、翌日に起こるであろうことを考えずに間違った価格でポジションを取ったときである。時間外では流動性が低下するため、買い気配値と売り気配値のスプレッドが拡大する。これも時間外取引のリスクであり、われわれが時間外取引に及び腰になるのはこのためだ。

時間前のニュースとそれがこれから始まろうとする日に与える影響を解釈するのはけっして簡単なことではないが、早朝データを消化するのは思っているほど難しくはない。まず、フィルタリングで重要なニュースを拾い出す。当然ながら、最も注目しなければならないニュースは自分の保有ポジションに影響を及ぼすニュースだ。次に、格付けの格上げ・格下げと決算発表を見る。これは価格が終値を大きく上回ったり下回ったりする要因となる。幸いにも、これらの出来事はほかのマーケットプレーヤーたちの反応を見るためだけなので、それだけを取り上げて解釈する必要はない。

格付けの格上げ・格下げは、市況や季節性、その日の値動きレポート（上がるか下がるか）によって、株価にプラスの影響を及ぼすこともあればマイナスの影響を及ぼすこともある。少なくとも、大手証券会社の格付けレポートには注意を払う必要がある。要するに、ゴールドマン・サックスがインテルを格上げし、アップルを格下げすれば、デモインの小さな証券会社が同じことを行ったときよりも価格の上昇や下落は長続きし、値動きも速いということである。一般に、月曜日のアナリストレポートは最も大きな影響力を持つ。なぜなら、大手証券会社は新しい週の始まりを個別株を動かすことよりも、セクター全体を動かすために利用するからだ。半導体チップや金融といった人気のあるセクターに対するこうした大まかな評価からは、彼らがすでにポジションを持ち、大衆の参加を促しているセクターがどこなのかを読み取ることができる。

時間前のニュースは、良いものであろうと悪いものであろうと、それを追いかけて、オープニングベル前あるいは直後にポジションを取るのは避けなければならない。これは愚か者のやることであって、新しいトレード日が始まればたちまちのうちに罰せられることになる。それよりも、その銘柄をウオッチリストに載せ、通常取引時間の最初の45分から２時間の間はサイドラインから観察し、トレーディングレンジが確立されるのを待つことだ。ニュース発表にすぐに反応した無能な人々はこのモーニングレンジの巻き添えになる。こうしたバッグホルダーたちがちゃぶつきで罰せられている間、値動きをじっくり観察し、彼らが痛みに耐えかねて損切りしてきたら、より有利な価格で仕掛けるのである。ただし、最良のトレーディング機会が訪れるまでには数日かかることもあるので、それは念頭に入れておいてもらいたい。

商品や通貨に関するオーバーナイト中に起こったニュースはじっくりと分析・理解し、世界の動きを見定めることが重要だ。これは、米国市場が開いたときに株式市場を動かすマクロな力である。ヘッジファンドやウォール街の機関投資家たちは、毎日のトレーディングを海外市場の売買から始めるのが普通だ。これを踏まえれば、世界の反対側のファンダメンタルを解釈するよりも、商品や通貨がなぜそういった動きをするのか、その理由を考えたほうがよい。例えば、そのとき世界の関心がOPEC（石油輸出国機構）の声明やFRB（連邦準備制度理事会）の発表、中国の成長予測に向けられていたとする。欧米の金融メディアはオープニングベル前にその情報をいち早く察知し、その影響力を使ってアメリカのトレーダーたちを動かすのである。

場が開く前のニュースとニュースがないこととの違いを理解することも重要だ。企業の多くは株価を自分たちに有利に動かすために、どうでもよいようなニュースをオンラインで洪水のように流す。製品の販売や業績にほとんど影響を及ぼさないような一般的な活動を事細かにオンラインニュースに載せる。報告会社は市場を動かす本物のニュースと企業が私腹を肥やすためのニュースとを区別できないため、企業の発表にだまされて中身のないニュースを宣伝する。iPodやiPhoneがその良い例だ。伝説的な製品が売れ続けているかに見せかける話は、この非生産的カテゴリーに属する。場が引けたあとのニュースの特殊クラスに属するのが、小規模バイオテクノロジー会社の発表だ。こうした企業は収益が少ないため、今開発中の製品で投資家を引きつけようとする。バイオテクノロジー関連のニュースの大部分が、FDA（食品医薬品局）の認可・否認可よりも、研究結果に焦点が当てられるのはこのためだ。そのため、ニュース発表からものの数分でニュースは価格に織り込まれ、寄り付きで大きく反転するため、場が開く前に上昇してもそのほとんどは戻す。

時間前取引と時間後取引

時間外における注文サイズを隠した注文と悪い意思決定をする神経質なアマチュアトレーダーとの違いを理解するには時間がかかる。自分と反対側にいる人々がだれなのかを知る簡単な方法を紹介しよう。100株でもよいので少しばかりの株を売り気配値で買い、市場の深さを示すスクリーン上で売りが減るかどうかを調べてみるのである。もし売りが減れば、愚直でおそらくは間違った情報をつかんだ売り手から買ったことになる。さらによいことに、あなたの買い注文によって株価は上昇し、それにつられて健全な買い手が買ってくるため、そこで手仕舞いすれば利益が出る。一方、あなたが買ったあと、相手が同じ価格でもっと大量に売ってきた場合は、すぐに手仕舞って別の機会を探す。つまり、注文サイズを隠した注文とは同じ方向に、アマチュアとは逆方向にトレードせよということである。

よく動く株が時間前と時間後に明確な支持線や抵抗線に対してどの位置にあるかに注目しよう。特に、良いニュースが発表されたときに価格が抵抗線を上抜くかどうか、また逆に悪いニュースが発表されたときに価格が支持線を下抜くかどうかに注意しよう。時間外に良いニュースが発表されて価格が急上昇しても抵抗線を上抜かない場合、あるいは悪いニュースが発表されて急下落しても支持線を下抜かない場合、次の通常取引時間帯でもそうなる可能性は高い。こうした観察は、市場が開いたときに影響を受けたポジションの最良の道筋を決めるのに役立つ。一般に、保有ポジションに順行して動き、支持線や抵抗線で止まれば利食いするチャンスとなるが、同じ動きでも保有ポジションに逆行する動きはより有利な手仕舞いの機会はそのあとで訪れることを示唆しているため、とりあえずその場は忍の一字でポジションを維持しなければならない。

キャタピラーのその日全体のチャートを示した**図10.3**を見てみよ

図10.3

天井を付けたキャタピラー

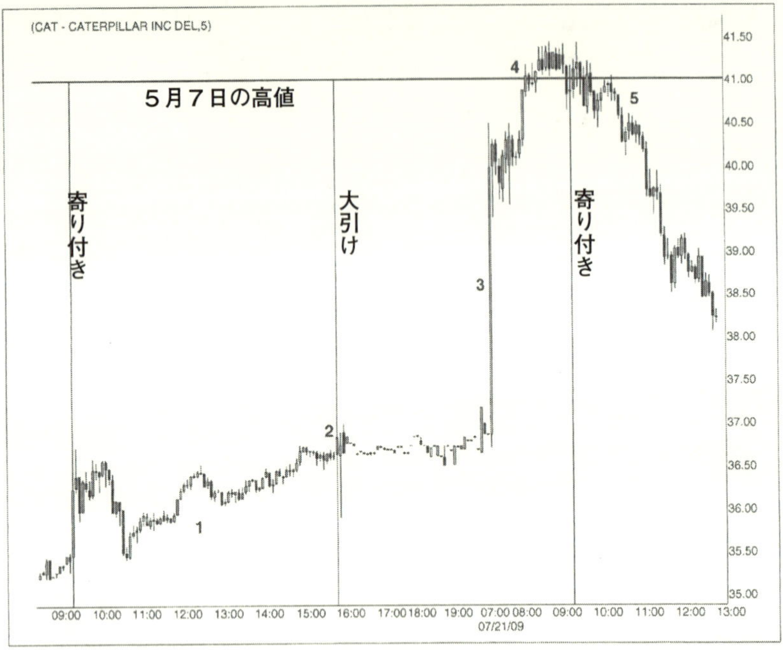

う。７月21日のNYSE（ニューヨーク証券取引所）が開く２時間前に決算発表が行われた前後の興味深い動きを見ることができる。決算発表前日は全日にわたって上昇し続けている（１）。これは典型的な投機筋による上昇だ。その日は上げて引ける（２）。これはギャンブル的な要素が高い。場が開く前に決算が発表されると、長い５分足の足（３）によって価格は３ポイント以上も上昇。次の45分間は横ばい状態が続き、その後５月７日に付けた41ドルのスイングハイまで上昇（４）。その後、高値を更新したあと、２カ月間にわたって30ドルま

で下げ続ける。７月21日の寄り付き45分前の８時45分に５月の抵抗線で上げ止まると、長時間にわたって横ばい状態を続け、オープニングベルで過度に熱狂した買い手をワナにはめたあと、次の５時間で３ポイント以上も下げる（５）。

早めに仕掛けた人は利益を得られたかもしれないが、発表後は低リスクな機会はほとんどない。発表前に買いポジションを取っていた人は抵抗線でためらうことなく利食いしたはずだ。この抵抗線は、サイドラインにいる人には寄り付きで仕掛けてはならないことを警告している。なぜなら、抵抗線まで上昇すればそこから下落する可能性が高いからだ。逆張りトレーダーは突出高で空売りしたかもしれないが、朝方の反転の深さは予測が難しいため、リスク・リワード比は五分五分だ。

バロンズは週末に発行される金融紙のひとつだ。バロンズはベータ値の高い優良株の選択においては定評がある。ベータは市場全体に対する感応度を示す数値だ。したがって、市場の上昇や下落に敏感に反応するバロンズ銘柄が月曜日の場が開く前のニュースにどう反応するかを見るのは理にかなっている。この「バロンズ効果」は月曜日の間中続くが、火曜日の反転で月曜日の短期トレンドは冷や水を浴びせられる。難しいのは、上げるか下げるかの見通しが本当に重要なのかどうかである。結局、人はそれぞれに考え方が異なる。土曜日に発表されるバロンズ銘柄は、それがトレードに有効な情報でなければ意味はないのである。

あなたが持っているある銘柄がバロンズで酷評されたらどうするか。こんなとき、時間前あるいは寄り付きで売ってしまうことほど愚かなことはない。それよりも、火曜日か水曜日の反転まで辛抱強く待つことだ。ただし、反転を待つということはリスクを上乗せすることにもなる。つまり、もっと不利な価格で手仕舞いせざるを得ないこともあるということである。

月曜日に最初に取るアクションを決めるには、場が開く前の先物相場を見るのがよい。現在価格と、前日の通常取引時間帯が引ける４時15分（NY時間）時点における終値とを比較し、寄り付きでワナにはまるのがどちらの側になるのかを予測する。ささいな分析ではあるが、これはあなたをいろいろなトラブルから守ってくれる。指数先物の夜間の動きと前日の終値とを比較することで、週初めの方向性をかなり正確に予測することができる。例えば、月曜日の場が開く前の方向が金曜日の引け時点における方向と同じであった場合はそのトレンドに従い、火曜日の場が開く前の方向が月曜日の引け時点における方向と同じであった場合は逆張りする。少なくとも理論的には、反転の火曜日は朝方のどこかの時点で月曜日のトレンドを反転させるからだ。

時間前や時間後のニュースに対する反応は時としてベテラントレーダーを驚かせることがある。修正期における良いニュースは売りを誘発するのに対し、上げ相場での悪いニュースは無視されることが多いのだ。このまったく正反対の行動はサバイバリストトレーダーに貴重な教訓を与えてくれる。問題は良いニュースか悪いニュースかではなく、新たなデータが現在の予測にどんな影響を与えるかなのである。そもそも予測という概念を理解していなければ、データが予測に与える影響を知ることは難しいが、こうした洞察もなくトレードするのは極めて危険だ。なぜなら、あなたのポジション管理は観察力ではなく感情と反動に支配されることになるからだ。場が開く前のニュースは時として市場全体に衝撃を与え、一方の側を極端に危険な状態に陥らせることもある。2001年９月11日の朝のことを思い出してみてもらいたい。したがって、指数先物といくつかのETF（上場投信）はあなたのブローカーインターフェース上の便利な場所に常に置いておく必要がある。大きなショックな出来事を受けて市場が一方向に激しく動いたら、何枚かあるいは何株か素早くひっつかんでポートフォリオをヘッジしなければならない。ただし、このように市場が大混乱に陥ると、そのときのエクスポージャーにカウンタートレードをマッチさせるのは容易なことではない。

市場に対して毎朝パッシブなアプローチを取るつもりなら、自分を積極的なトレーダーにもてあそばせるようにお膳立てするようなものだ。したがって、毎朝できるだけ早く優勢なのはだれなのかを見極め、通常取引時間帯ではどれくらい積極的にプレーするかを決めることが重要だ。これはいったん決めたら変更できないわけではなく、正しいデータが出たら瞬時に変更することもできる。ただし、寄り付きの間は変更しないほうがよい。

場が開く前のチェックリスト

場が開く前の準備によってその日のすべてが決まる。相手が寝ている間に有用な情報を収集し、挑む戦いを厳選することが、勝つか負けるかの分かれ目になる。オープニングベル間際になって市場が上昇したとき、その解釈は難しいが、市場の動きのキーゾーンに注目すればそれほど難しいことではない。

1. **指数先物をチェックせよ**　指数先物チャートで現在の価格水準を確かめる。次に、夜間の動きを見て、その間の高値と安値を確認する。
2. **マクロな力を調べよ**　世界のほかの市場をチェックする。あなたが寝ている間にアジア市場や欧州市場を動かしたものが何なのかをチェックする。ニューヨーク市場のその日の主要なテーマを決めるのがこうしたホットな話題だ。
3. **ニュースの洪水のなかから重要なものを拾い出せ**　まず、自分のポジションに影響を与えそうなニュースに注目する。次に、決算発表やブローカーの格付け変更をチェックする。

4．**ほかのプレーヤーの動きを見よ**　ブローカーインターフェースを見て、ニューヨーク市場が開く3～4時間前の取引内容をチェックする。この静かな時間を利用して、ほかのプレーヤーがビッグニュースやオーバーナイトショックにどう対応しているかを調べる。

5．**価格水準に注目せよ**　時間前取引の主要な価格水準は、通常取引時間のスイングハイやスイングローになることが多い。こうした反転ピボットには、境界線を引いたり、悪いポジションを手仕舞おうとするビッグプレーヤーたちが隠れている。こうした水準を記憶し、実際に市場が動いているときにはこれらの水準に注意する。

6．**支持線・抵抗線に注目せよ**　時間前価格の支持線や抵抗線に対する位置を確認する。特に、良いニュースが出たときに価格が抵抗線を上抜くか、あるいは悪いニュースが出たときに支持線を下抜くかに注目する。

7．**安全な手仕舞いポイントを見つけよ**　ショックな出来事が市場を襲ったときに安全に手仕舞いできるポイントを見つけられるのは早起きする人だ。ディスカウントブローカーを使っているトレーダーがその日の最初の気配値を入手する午前8時（NY時間）が、最良の脱出ポイントだ。アルマゲドンが発生したことを彼らが知る前に、彼らが飛びつきそうな価格を提示せよ。

8．**最初の不均衡を見つけよ**　時間前の動きを前日の終値と比較し、その不均衡によってだれがワナにはまり、だれが利益を得るかを考えよ。この分析によって、寄り付きでの愚かなプレーの多くは避けられる。

9．**季節性を尊重せよ**　月曜日の場が開く前の動きが金曜日の引け時点と同じ方向ならそのトレンドに従い、火曜日の場が開く前の動きが月曜日の引け時点と同じ方向なら逆張りする。水曜日と木曜日は再び元のトレンドに戻り、週の終わりに近づくにつれて相反する力の対立が発生する。

10. **テーマを探せ**　毎日、大部分の銘柄は何もしない。あなたの仕事は、その日動きそうな数少ない銘柄を見つけることだ。時間前の出来高はほかのトレーダーがリスクをとっている場所を示しているため、それを見てウオッチリストの銘柄のなかから動きそうな銘柄を選びだす。
11. **非合理的に考えよ**　場が開く前のニュースが良いニュースか悪いニュースかは重要ではない。重要なのは、それが予想にどんな影響を与えるかである。自分で分からないのであれば、信頼できる専門家を見つけて、アドバイスしてもらうことが重要だ。
12. **深い位置に指値を入れよ**　場が開く前の指値は、正気な人ならけっして手放さないような安値に入れる。注文を入れたら、あとはその贈り物が執行されるのを待つだけだ。ほかのトレーダーはあわてるだろう。あるいはまだ夢の中かもしれない。
13. **カラーを設定する**　優勢な人はだれなのかを見極め、市場が開いたら自分はどれくらい積極的にトレードするのかを決める。
14. **大衆には加わるな**　早朝のモメンタムプレーリストを作成したら、テープの間違った側でそれに反応した大衆がワナにはまるまで待て。
15. **急落で手仕舞い、急騰で売れ**　投機銘柄は単純なニュース発表に反応して場が開く前に大きく動く。その急騰や急落で付けた水準はその日の高値や安値になることが多いため、それを利用して利食いし、もっと良い価格になったら仕掛け直す。

ニュースでトレードする

ニュースイベントは一般に次の３つに分類される――経済指標の発

表、企業の決算発表、ブローカーレポート。経済指標は発表時間が決められており、そのほとんどは午前８時半、９時45分、10時（NY時間）のいずれかの時間に発表される。企業の決算発表は発表時期が決められていないが、四半期が終わった後の週に発表されることが多い。ブローカーレポートは月曜日の朝が一番多いが、週全体にわたって続く。この３つのうち、情報源から発表までの時間が最も短いのが経済指標の発表だ。次に短いのが企業の決算発表だ。なぜなら、SEC（証券取引委員会）規制により、企業は業績を四半期ごとにさまざまなメディアを通じて同時に発表することが義務づけられているからだ。これら２つに比べて大幅に遅れて発表されるのがブローカーレポートだ。実際には、ブローカーから何らかのニュースが一般大衆に向けて発表されるころには、優先クライアントはアナリストの格付け変更に対してすでにアクションを起こしていると思ったほうがよい。

ニュースと値動きの因果関係を読み解くのはトレーダーにとっては非常に難しい。彼らは良いニュースは良いものと考え、何日間か上がっている株を買うが、そういった株はスマートマネーがすでに噂で買って、ニュースで売るのを待っている状態であることに気づかないのだ。ほとんど場合、ニュースによって生じた最初の非効率は、あなたがそのニュースを知るころには動きの早いアルゴリズムが搾り取っているのだ。本章で以前見たキャタピラーのケースはまさにこれに当たる。

では、サバイバリストトレーダーがバッグホルダーになることなくニュース関連の機会をとらえるにはどうすればよいのだろうか。まず、ニュース発表の間はサイドラインに下がって待機するか、予定されたニュースが発表される直前に手仕舞う。もっとよいのは、現在予測から大きく外れたショックな出来事が発生したときのために力を蓄えておくことだ。ニュース発表後のボラティリティが上昇する前に仕掛ける場合の最高のタイミングは、ニュース発表があった日の午後か２～

３日後である。

その理屈はこうだ。ニュースで売買したい人はみんな、ニュースが発表されてから数時間以内にポジションを取る。彼らがサイドラインから一斉に飛びついたら、市場のそのサイドにはだれも残っていないため、たちまちのうちに買いと売りの不均衡が発生する。これによって市場は反転し、一斉に飛びついた連中は損切りせざるを得ない。眠れる獅子はこのときに目を覚まし、仕事に取り掛かれ、というわけだ。60分足チャートを見て、最も明確な支持線・抵抗線を探す。反転した株価がその支持線・抵抗線（50期間EMA）に達したら、それに逆行する大きなカウンタースイングが発生することが予想される。価格が予定より速くカウンタースイングした場合に備えて、指値注文を段階的に入れる。注文を入れ終わったら、たとえ含み損が出ても、再び元のトレンドに戻るか、ストップに引っかかるまでポジションを保持する。

もっと保守的なトレーダーは、ニュースによる上昇後に大きく押した場合は、もっと長くサイドラインにとどまる。押している間は辛抱強く待ち、低リスクの買いシグナルが出るのを待つ。例えば、売り圧力は60分足の上昇フラッグのような短い時間枠のパターンがブレイクアウトすると終わることが多い。大きなニュース後の数日間はリスクを覚悟しなければならないが、日中のチャートを見ればリスク・リワード比の計算と仕掛け価格を見つけるのに必要な情報の大部分は得られる。ポジションを取ったら、ニュース発表日の高値に注意しながら、ダブルトップパターンが形成され始めたらすぐに手仕舞う。

こうしたニュースを利用した仕掛けテクニックを知っていれば、あなたのお気に入りの会社が次に予想を上回る決算発表をしたときや、新たなｉの付く商品を発表したときに自信を持って市場に参入することができるはずだ。では、世界の市場を動かす経済指標の発表にはどう対応すればよいのだろうか。まずは、時刻をよく観察することが

図10.4

予想を大きく外れたニュースは買いと売りの不均衡を生み、その不均衡は収まるまでに数日間かかる。このチャートは、アムジェンが自社開発の抗がん剤が競合企業のそれよりも優れていることを示すデータを発表したときのものだ。発表後、株価は９ポイントもギャップアップするが、そのあとおよそ４日間にわたって下落し、これによって短期的な買われ過ぎ状態を脱する。その後、株価は50期間EMAに沿って動いたあと、安値が切り上げられていく。ここが仕掛け時で、価格はこのあとブレイクアウトして60ドル台半ばまで上昇する。

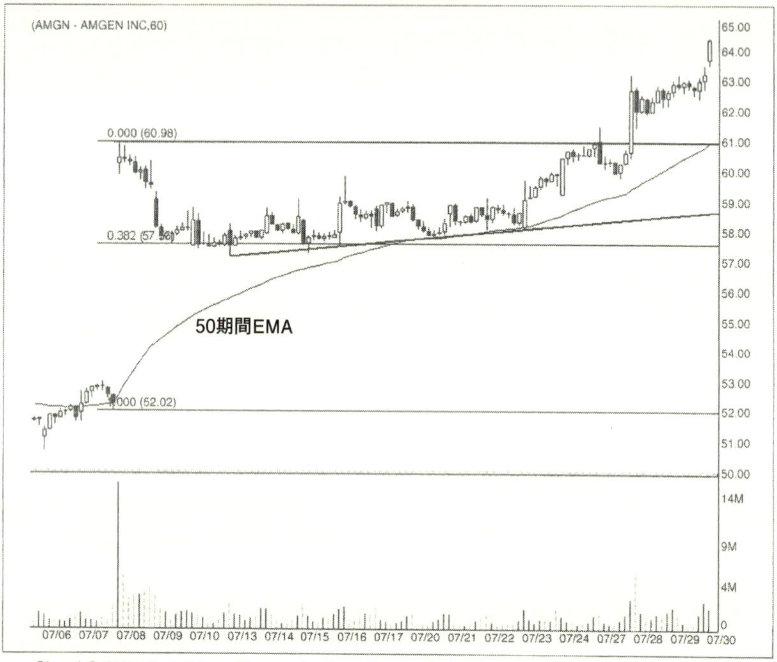

重要だ。例えば、毎月発表される失業率などの政府による経済指標は、ニューヨークが開く１時間前に発表されることが多い。こうした指標が発表されるときには、目をスクリーンに釘づけにしてしっかり観察することが重要だ。もっとよいのは、発表前の１～２時間にわたる指数先物の動きを観察し、発表内容によって強められたり弱められる可能性のある不均衡を探すのだ。

経済指標の発表を直接トレードしてはならない。それよりも、ニュース発表後の指数先物の動きを観察し、そのあとの数分間で到達しそうな境界線を見つける。これは決算発表のときと同じだ。つまり、価格が明確な支持線・抵抗線を超えるか超えないかを観察するのである。そうした大きなバリアを超えないときは、市場は寄り付き直後に反転する可能性が高い。逆に超えたときは、試しを経たあと、寄り付き後の最初の１時間以内にトレンド日になる可能性が高い。

強いトレンド日になるのは、発表前の不均衡とニュース発表との間で相乗効果が生まれたときだ。これら２つの力が同期したとき、主要な指数は２％以上ギャップアップで寄り付き、そのまま寄り付き価格が維持される。逆に、毎月発表される雇用統計などの主要な指標がどちらの側にも有利に働かないときにはちゃぶつく可能性が高い。こうしたちゃぶつき日は、複数日ポジションを取るのに絶好のチャンスだ。ちゃぶつき始めたら、仕掛け水準を早めに見つけ、市場が自分の仕掛け目標水準になったら仕掛ける。目標水準で仕掛けたら、ちゃぶつきが続く１～３日間はポジションを保持する。

重要なのは、チャートをしっかり観察し、テクニカルでプレーすることだ。ニュース発表が強気あるいは弱気に「見える」からといってそれに惑わされて自分の判断を疑えば、最高のトレードが目の前に差し出されていてもそのチャンスを逃すことになる。ニュースが何を意味するのか、あるいはそれが経済的展望について何を語っているのかを理解できるほどわれわれは賢くはないが、ほかの人がそれをどう解釈しているのかを知り、適切なアクションを取ることはできる。また、自分はトレーダーであって、ギャンブラーではないことを認識することも重要だ。経済指標の発表前に売買する、つまりニュースでトレードするようなことをしてはならない。それは宝くじを買うようなものであり、健全なトレーディング戦略ではない。こうしたギャンブルで偶然何度か儲かったりするともっと悲惨だ。ギャンブラーのメンタリティーが植えつけられ、崩壊への道をたどることになるからだ。

ティッカーテープは経済指標の発表前に大きく上昇し、発表後は下落することも少なくない。この動きの背後にいるのがビッグマネーだ。彼らはニュースを利用して、空売りしたり、発表後に買った大衆を振るい落とす機会を狙っているのである。こうした不愉快な反転を予測するには、コンバージェンス－ダイバージェンス関係を見るのがよい。前日の終値はいくらだったか、そのとき市場心理はどちらに偏っていたかをチェックするのだ。例えば、ある売り日がその日の安値近くで引けるとする。翌朝起きたとき、おそらくはレッドスクリーンで大きくギャップダウンしているとあなたは思う。ところが驚いたことに、その指数先物は数ティックまたは数ポイント上昇している。そこであなたは、10時に大きな経済指標の発表があることを思い出す。発表まで緩やかに上昇するが、発表後は良いニュース発表であったにもかかわらず、大きく下げる。結局、相場を押し上げていたのはダマシの買い注文で、ビッグマネーは高い価格で空売りすることができた。残念ながら、経済指標の発表もビジネスの対象なのである。一般トレーダーは経済指標のことを市場を動かすものであると信じているが、ファンドや機関投資家は同じデータを古くて欠陥だらけの取るに足らないデータとしてしか見ていないのである。

最後に、発表された数字が標準偏差を大きく外れているときには注意が必要だ。市場がめったにないような数字を吐き出したときには、すべての賭けは間違っていたことになる。幸いなのは、こうしたことが起こったときには、あなたもビッグボーイも同じ立場にあるということだ。なぜなら、これは彼らにとっても予想外のことだからだ。

日中の買いスイングと売りスイング

大部分の株は日中のスイングに沿って動く。とはいえ、市場平均よりも強いものもあれば、弱いものもある。市場のこうした性質を考えたとき、サバイバリストトレーダーがやらなければならない重要な仕事が２つある。ひとつは、その日に日中のスイングにうまく便乗している株を探すことだ。もうひとつは、その日のうちでどこで仕掛け、どこで手仕舞うのが一番良いのか、そのタイミングを探すことだ。ここではちょっとした常識が役立つ。例えば、上昇日の最初の１時間で最も強い株をプレーするのは論理にかなっている。ところが、われわれは考えすぎて目を使うのを忘れてしまうため、まったく逆のことをやってしまう。そこで提案したいのが、指数先物が上昇日になりそうな日は、何も考えずトレーディングスクリーンを見て、最も緑色に輝いている銘柄をトレードするというものだ。要するに、これらの銘柄は最初の上昇インパルスを見た人々が最も引きつけられる銘柄ということである。

しかし、最初の60分が過ぎたら戦術を進化させなければならない。なぜなら、強い銘柄はその日の最初は上昇するが、昼ごろには下落する傾向があるからだ。そして、その日の遅く、あるいは翌朝、買いの第二の波を引きつけ、再び上昇トレンドに戻るというのがお決まりのコースだ。したがって、最初の60分が過ぎたら強い銘柄を追いかけるのはやめて、逆張りトレードのチャンスを待つ。通常、これが発生するのは、押しがテクニカルでは考えられないような水準以下にまで深まったときだ。この小さな失敗は、最後のストップ群を一掃し、手っ取り早く利益を得ようとする愚かな空売り筋を引きつける。彼らの我慢のなさは市場に上昇燃料を与えるだけだ。その結果、株価はブレイクした水準を上抜けて新たな上昇スイングに入る。

第１章で述べたように、指数先物のスイングは周期性を持つ。これが日中のスイングだ。しかし、スイングの解釈は上昇トレンドや下降トレンドを眺めていればできるといった簡単なものではない。もっと頭脳を必要とする作業である。オープニングプライスの原理やファー

図10.5

強く寄り付いた日は昼ごろに振るい落としが発生することが多い。ジョイ・グローバルは４日連続して寄り付きでスイングハイを更新。毎日、最初の90分で日中の高値を付けたあと、その日の残りの時間帯は朝方に付けたレンジ内で動く。こういった相場では、モメンタムプレーの大衆が最初の１時間の上昇トレンドに飛びついて振るい落とされ、安くなったところでサバイバリストトレーダーが買い、翌朝の寄り付きで売って利益を手にするというのがよく見られるパターンだ。最初の３日間においては、スイングローがブレイクされた（1、2、3）ところが逆張りでの買いシグナルになっていることに注目しよう。

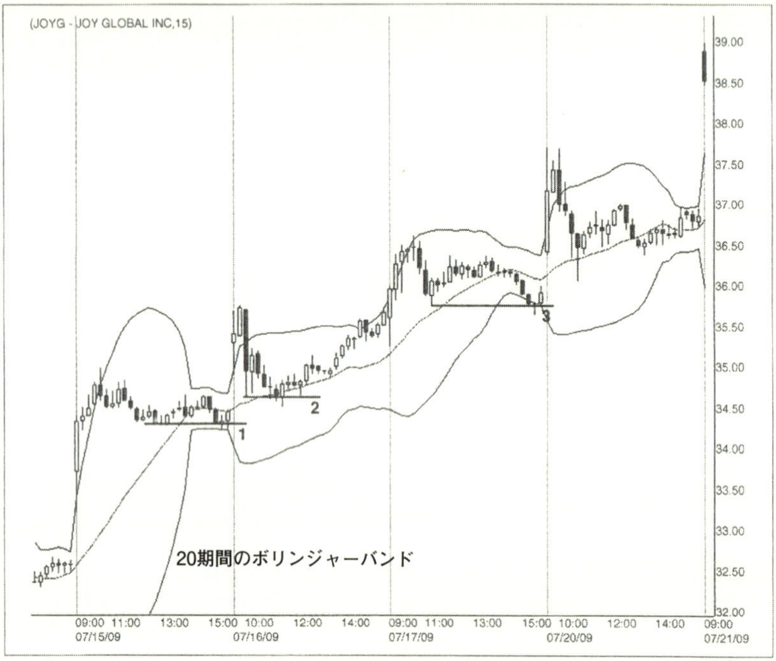

スト・アワー・レンジが日中のマーケット分析に欠かせない要素になったのはおそらくはこのためだ。こうしたテクニカルツールの有用性は火を見るよりも明らかだ。マーケットプレーヤーたちは、新しい取引日が始まると、まず買い圧力と売り圧力の相対的な力関係を「語ってくれるもの」を探す。寄り付き価格は試し水準となり、ファースト・アワー・レンジは最初の60分におけるデータ点をさらに２つ提供して

くれる（最初の１時間における高値と安値）。短期トレンドの発生はこれら３つの水準から判断される。

買い日には、指数先物は最初の１時間におけるオープニングプライスからのブレイクアウトと押しを跳躍台としてさらに上昇する。売り日はこの逆だ。売り圧力と買い圧力が対立する取引日はちゃぶつくため、これらの水準はその日の意思決定には役に立たない。こうした変曲点における長大線に注意しなければならないのはこのためだ。つまり、市場が最初の１時間の高値や安値や寄り付き価格から大きく離れれば、それらの水準がその日の遅い時間帯や次の日における意思決定を行うための水準になるということである。値動きとこうしたピボットポイントとの相互関係は複雑だったり、ひねくれていたり、あるいは解釈が難しいこともある。例えば、大きな下降スイングは、指数先物がファースト・アワー・レンジを上にブレイクアウトし、数分間小さく横ばい状態になったあと、再びレンジ内まで戻ってきたあとで発生することが多い。この小規模のパターンの失敗によってトレーダーたちは買いポジションを手仕舞い、空売りし、ダウンサイドのモメンタム戦略で売りポジションを増し玉していく。この逆転現象は、「本当の」上昇は一度ブレイクダウンしたあとで始まり、「本当の」下落は一度ブレイクアウトしたあとで始まるという市場の悪魔的な性質そのものである。

図10.6を見てみよう。15分足ストキャスティックスは値動きに同期していることが分かる。したがって、これを見れば日中のスイングを簡単に把握することができるが、この古典的ツールに関しては正しい解釈が重要になる。初心者が注意すべきことは、指標が買われ過ぎや売られ過ぎに達したからといって、それが反転のサインになると思い込まないことである。価格パターンや、指標の逆方向への加速で確認することが重要だ。新しいスイングが始まったら、１－２－３パターンや１－２－３－４－５パターンが発生するかどうかじっくり観察

図10.6

S&P500の日中スイング

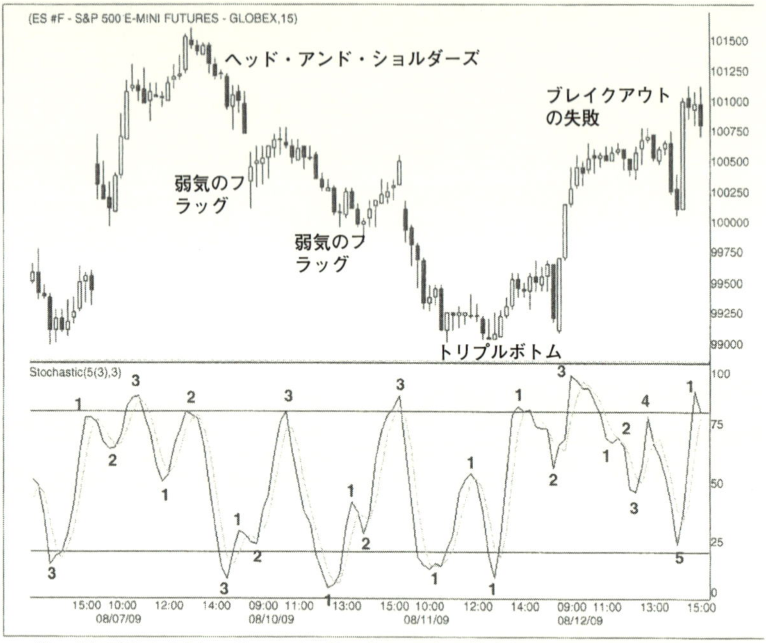

する。このパターンが観測されたら、次に逆行するカウンタースイングが始まると考えてよい。指標が買われ過ぎと売られ過ぎの中間で反転したときには、カウンタートレンドが発生するかどうかは分からないのでサイドラインに下がって様子を見る。こうした動きは、頭に血が上ったトレーダーたちをワナにはめるダマシであることが多いからだ。

4日間にわたるS&P500指数先物のスイングは、ストキャスティックスのサイクル分析の重要性を物語るものだ。チャートを見ると分かるように、S&P500指数先物は１－２－３スイング（途中で崩れたものもいくつかある）や１－２－３－４－５スイングに対応して動いている。各スイングと、絶対的な値動きではなく相対的な値動きとの間には、コンバージェンス－ダイバージェンス関係が存在する。つまり、スイングはそれが発生する場所が高値や安値になるのかどうかは教えてくれないが、日中の市場で典型的なテクニカルパターンを解釈する手助けにはなるということである。例えば、ストキャスティックスの下降スイングは、２つの下降フラッグと８月７日のヘッド・アンド・ショルダーズ・パターンに対する売りシグナルの確認に役立つ。また、８月12日にブレイクアウトが失敗したとき、ストキャスティックスは１－２－３－４－５の下降スイングになっているのに対し、指数は上昇するという大きなダイバージェンスが発生している。

ギャップ戦略

ギャップは直前の足の値幅と重ならず、窓を空けることを言い、価格の急騰や急落によって発生する衝撃的な出来事である。チャートにおけるこの重要な現象については詳しくは『**スイングトレード入門**』の第３章を参照されたい。ギャップのトレーディングについては市場に昔から伝わる話は参考にはなるが、「ギャップはゆくゆくは埋まる」と言われても、チャート上にギャップがいきなり現れたとき、どういった意思決定をすればよいのかは分からない。では、サイドラインから市場を観察しているときにギャップが現れたら、それを有効に活用するにはどうすればよいのだろうか。また、オープニングベルが鳴ったときに大きな穴の間違った側にいるとき、自分をどう保護すればよいのだろうか。

まずやらなければならないのは、そのギャップがどういったタイプのギャップなのかを見極めることである。それぞれのギャップにはうまく対応できるトレード方法がある。したがって、まずはギャップのタイプを知ることが重要である。ギャップはその相対的な位置によって次の３つのタイプに分けられる。

●**ブレイクアウエーギャップ**　市場が新しいトレンドに向けてブレイクアウトしたときに発生するギャップ
●**コンティニュエーションギャップ**　熱狂や恐れが理性を超えたときにトレンドの途中で発生するギャップ
●**エグゾースチョンギャップ**　感情や値動きが最後に一気に高まり、ギャップが終焉を迎えるときに発生するギャップ

これら３つのギャップはそれぞれに異なる感情を伴う。

●ブレイクアウエーギャップは突然発生するため「驚き」を伴う
●コンティニュエーションギャップはモメンタムが加速するにつれて大きな利益を生むため「高揚感」を伴う
●エグゾースチョンギャップは、反転ポイントと思ったときに上向きに発生するため「フラストレーション」を伴う

ブレイクアウエーギャップはモメンタムを生むため、価格はギャップが空いた新しいトレンドの向きに動いていくことが多い。こうした動きの早い市場では仕掛けるタイミングを計るのが難しい。サバイバリストトレーダーにとっては特にそうだ。特定のシナリオで機能する戦略は２つあるが、こうしたボラティリティの高いギャップの多くはモメンタムを追う大衆に任せておくのが一番だ。少なくとも、カウンタートレンドが発生するまではそうするのがよい。まず最初のテクニックは、ギャップ後のレンジが確立するまで待ち、新しいトレンド方向にブレイクアウトしたら仕掛けるという簡単なものだ。

図10.7

ダウンサイドのブレイクアウエーギャップが発生したときには、そのあとも下落し続けることが予想できるため、戻りを売る。アナディジックスはおよそ3カ月にわたって上昇を続けたあと、大きなブレイクアウエーギャップで上昇トレンドラインを下にブレイク（1）。そのまま13.75ドルまで下落したあと、弱気のフラッグで戻す（2）が、ギャップを付けた足の高値である38%リトレースメント水準までは戻らない。フラッグのブレイクダウンは信頼のおける売りシグナルになる。なぜなら、フラッグをブレイクダウンすれば、そのまま下落し続け、最初に付けた安値まで達する（3）ことはほぼ確実だからだ。

2番目のテクニックは、古典的な押し・戻りプレーをベースとするものだ。ブレイクアウエーギャップが発生すると、そのあとで前のトレンドの向きにギャップを少しだけ埋める程度のカウンタースイングが発生することが多い。したがって、大きくブレイクアウトしたあと出来高を伴わない押しで買うか、大きくブレイクダウンしたあとの出来高を伴わない戻りで売るのがよい。ブレイクアウエーギャップのあ

とで発生するカウンタートレンドは、フラッグパターンを描くことが多く、そのときの価格の戻りはギャップを含むトレンド波の50％以下というのが普通だ。それ以上戻してギャップが埋まったらそこで仕掛けるか、フラッグパターンをブレイクアウトまたはブレイクダウンするのを待つ。この場合、反転の初期の段階でポジションを取るのがコツだ。なぜなら、いったん前のトレンドに戻るとそのまま一気に動いていってしまうからだ。

ブレイクアウエーギャップは発生後、すぐに試されることが多いが、コンティニュエーションギャップの場合は試されるまでには時間がかかることが多い。また、コンティニュエーションギャップは、それがコンティニュエーションギャップであることが分からなければトレードすることはできない。テクニカルアナリストがコンティニューエーションギャップの確認に昔からよく使ってきた方法は、３つの異なるトレンド波（上昇波または下降波）が発生するまで待ち、トレンド波の発生から終了までどれくらい上昇または下落したかを測定し、その50％辺りでギャップが発生していれば、コンティニュエーションギャップとみなすというものだ。３つの連続する上昇波または下降波が観測されさえすれば、ギャップの位置は必ずしも50％の位置でなくてもよい。コンティニュエーションギャップが見つかったら、そのギャップが試される方向に動くのを待ち、試しの境界で指値注文を入れる。前のトレンドに逆行する動き、つまりリトレースメントはギャップ近くの障壁の前まで行ってからいきなり反転することが多いが、２～３本の足だけコンティニュエーションギャップを埋めてから反転する場合もある。これを念頭に入れれば、価格がギャップ内に入ったあと大きく反転するまで待って仕掛けたほうがより安全かもしれない。この典型的なコンティニュエーションギャップ戦略については第１章を参照してもらいたい。

エグゾースチョンギャップが長期にわたる上昇または下落のあとい

図10.8

エグゾースチョンギャップは利益の出る空売りの機会を生む。ATPオイル・アンド・ガスは2週間足らずで価格が2倍になる。5月7日、大きなギャップを付けて上昇トレンドが加速するが、このギャップはその日の最初の1時間で埋まる。放物線状の上昇とそれに続く上昇の失敗は、エグゾースチョンギャップが発生したことを示しており、これによってそれまでのトレンドは終焉する。ギャップ（1）が発生する前の最後のスイングハイの途中で空売りするか、5月11日のギャップダウン（2）のような目立つ反転を待ってから空売りするのがよい。

きなり発生したときには、サイドラインから成り行きを見守り、ギャップ発生前のトレンドと逆の方向に仕掛ける。こういった最後の大きなインパルスは放物線を描くことが多く、そのあと発生する反転も元のトレンドと同じ迎角を持つ。こうした大きな穴はいったん埋まれば元のトレンドは終焉することが多い。そのとき、最後にエネルギーを大爆発させるが、これが大きなカウンタースイング発生のサインとな

る。さらに、エグゾースチョンギャップはすでにポジションを持っているトレーダーにとっては、買いポジションの場合は利食いの、売りポジションの場合は買い戻しの絶好のチャンスとなる。

場が開く前の価格が前日の終値の上または下にあるときは、ちょっとばかり常識を使う。サバイバリストトレーダーが問うべき最も重要な質問は、オープニングベルが鳴ったときに現れるギャップはニュースやティッカーテープで正当化できるものなのかどうかということである。感情的なトレーダーは勢いに乗ろうと、寄り付き前に成り行き注文を入れるといった無謀なギャッププレーに走る。残念ながら、こうした反動的な行動は最悪の価格での執行を生むだけだ。それよりも、オープニングベルではサイドラインに控え、ファースト・アワー・レンジのブレイクアウト・ブレイクダウン戦略を使ったほうがよい。ただし、ギャップは独特のパターンを生むため、この戦略はそれに合わせて調整する必要がある。この仕掛けテクニックの実例については、本章の最後の「現実世界」のところで出てくるので参考にしてもらいたい。

リンスジョブ

リンスジョブとは、**レンジで動いていた価格が突然支持線や抵抗線を超え、そのあとすぐに反転してレンジ内で引けること**をいう。スパイク状の動きはストップロスを一掃し、あらゆる種類の逆張りシグナルを出してくる。リンスジョブはいろいろな形で発生するが、悪魔的な現代の市場で最もよく見られる形は２つだ。

●**ブルトラップとベアトラップ**　オープニングベルとともに15分足や60分足チャートでギャップが発生し、ブレイクアウトトレーダーやブレイクダウントレーダーを引きつけたあと、大きく反転してギャップを埋める。

●**ストップガンニング**　数時間にわたって横ばいを続け、保ち合いトレーダーを引きつけたあと、突然レンジをブレイクして、数ティックその方向に動いたら、いきなり大きく反転する。

トラップが最もよく発生するのは、市場の一方の側がテープを制御しているトレンドの最終局面においてだ。一般に、上昇トレンドが長く続くと、トレーダーの安心感によってプット価格やコール価格が異常に安くなるといった現象が発生する。下降トレンドが長く続いたときはこの逆で、慢性的な恐怖心によってプット価格やコール価格が急騰する。いずれの場合も、トレンドと逆方向のギャップが発生する理想的な状態であり、これによって愚かなトレーダーは振るい落とされ、偏っていた市場心理は均衡状態に戻る。ほとんどの場合、こうしたギャップはすぐに埋まって前のトレンドに戻り、不均衡が再び新たなワナを仕掛けるまでそのトレンドは続く。

大きなニュースショックが強気または弱気すぎるとき、トレーダーたちはそれに過剰に反応して一方の戦略を積極的に追いかけすぎる傾向がある。このように市場の一方の側が混雑しすぎる状況もまた市場がワナを仕掛ける絶好の条件となる。2003年のサダム・フセインの逮捕と2005年のロンドンの同時爆破テロもトレーダーたちの過剰反応を生み、大きなギャップが発生した。このギャップはすぐに埋まり、2003年は強気筋がワナにはまり、2005年は弱気筋がワナにはまった。これほど大規模ではないにしろ、それまでの良識をくつがえすような経済指標や決算発表もまたこうした対立する力学を生む。

図10.9を見てみよう。５月４日、ナスダック100トラスト（元パワーシェアーズQQQトラスト）は高値で引ける（１）。翌日は下落し、前日の高値のすぐ下で引け、５月６日には適度な大きさのギャップアップで寄り付く。間髪を入れず空売りが入ったため、ファンドは２

図10.9

ナスダック100トラストではリンスジョブが3回発生

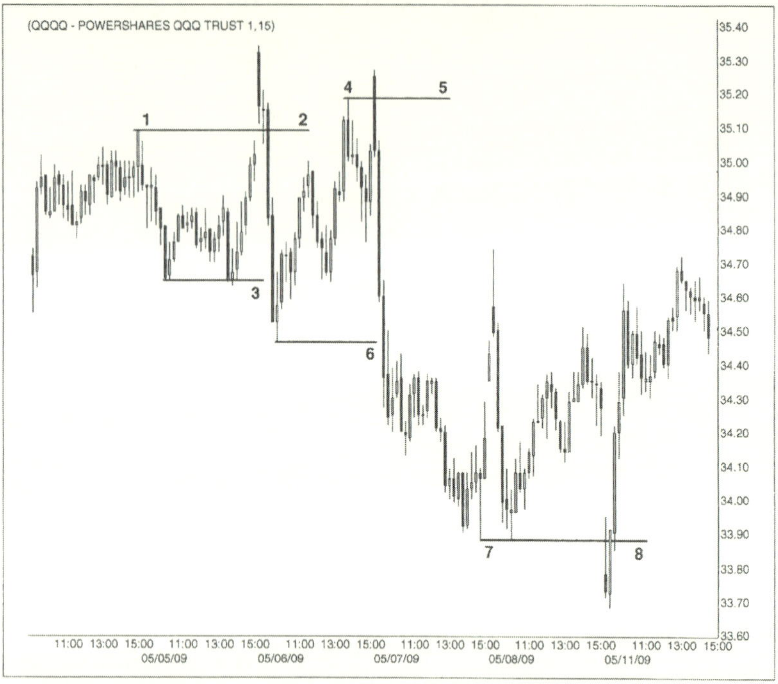

日の高値の下まで下落（2）。このリンスジョブによる急落で前日の安値を下抜く（3）が、すぐに大きく上昇して、寄り付き高値からおよそ35セント下で引ける。翌朝は前日の上昇時の高値を上回る水準まで上昇（4）するが、再びリンスジョブで下落（5）し、前日の安値を下抜く（6）。翌日は過去数日間の安値を試した（7）あと、上げて引ける。翌朝、再びリンスジョブが発生。ギャップダウンで寄り付

いた（8）あと、過去数日間の安値を下抜き、そのあと突然急騰して、早期に仕掛けた空売り筋をワナにはめる。

われわれが最も注目するのは主要な指数における夜間のリンスジョブだが、リンスジョブは、動きが鈍いときや横ばい相場では昼ごろ発生することも多い。これらのリンスジョブは発生のシナリオがそれぞれに異なる。

●朝方のトレンドが反転して、通常の支持線や抵抗線まで戻す。押し・戻りトレーダーがこれに飛びつくため、価格はその水準を一気にブレイクして、彼らを振るい落とす。その後、反転して前のトレンドに戻る。
●数日から数週間続いたレンジがいきなりブレイクされて垂直状に上昇または下落。トレーダーはこれに飛びつき、仕掛けたり手仕舞ったりする。市場は彼らをのみ込んだあと反転して、それまでのレンジ内で引ける。

最初のシナリオの例が、本章で前に出てきたジョイ・グローバルのケースだ。この現象が指数先物で発生するとそれは大きな予測効果を持つ。なぜなら、日中の株価は同じようなパターンで反転する傾向があるからだ。さらに、これらの小さなパターンはそのたびごとにトレードセットアップを生む。つまり、突出高や突出安の外にストップロスを置いて仕掛ければ翌朝のトレンドに乗れるため、低リスクのトレードが可能になるということである。仕掛けたあと、価格は次の15分足の足の終わりまでには「突然反発」して、支持線または抵抗線を抜けるはずだ。反転までにこれ以上時間がかかった場合、カウンタートレンドが発生すれば、それはモメンタムプレーヤーを引きつけるため、再び急上昇または急下落してストップに引っかかってしまうこともある。

図10.10

リンスジョブはレンジの高値や安値が試されるときに発生することが多い。カビウム・ネットワークスは16ドルと17.50ドルの間でレンジを形成する（1と2）。7月7日、レンジの支持線に向けて下落し始め、その日は16.30ドル近くで引ける（3）。翌日の寄り付きから最初の1時間でブレイクダウンしてレンジを50セント近く下げるが、そこから上昇（4）して、強気のハンマーの反転で16ドルを上回る位置で引ける。次の3日間にわたってそのまま上昇を続け、最終的にはレンジを大きくブレイクアウトする（5）。

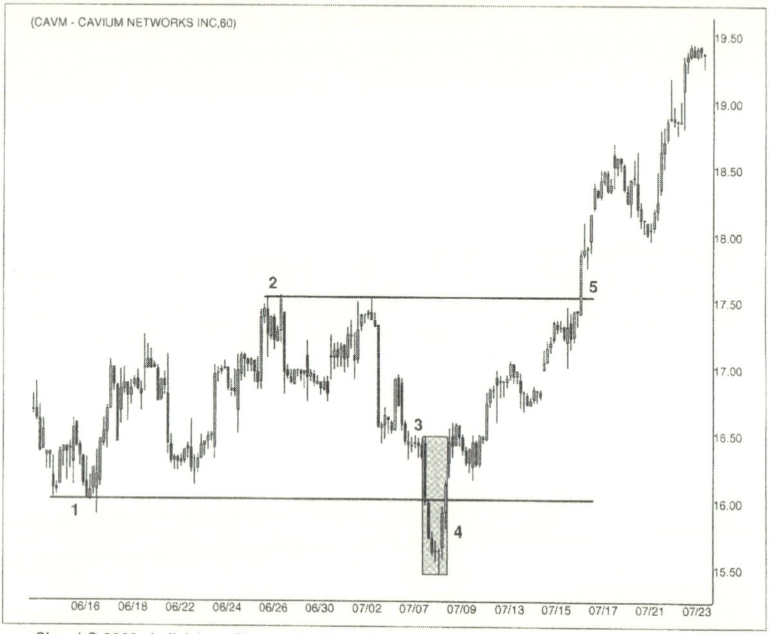

２番目のシナリオは、毎日その日が終わったあとで行うリサーチを行うまで発見するのは難しいかもしれない。こうしたパターンにはハンマーや同事線が現れるため、このパターンを見つけるには『**スイングトレード入門**』で述べたセブンベルのフィンガーファインダー・スキャンがお勧めだ。このリンスジョブは、供給と需要の方程式の一方の側を一掃し、買い手と売り手の不均衡を生みだすため、トレーディ

ングレンジの反対サイドに強いトレンドが形成される理想的な状況を生む。こうした状況が発生すれば、あとはその方向に少しだけプレッシャーをかけるだけで、価格はその向きに大きく動く。このリンスジョブリバーサルの最中にバッグホルダーの立場にいる人は大変だが、それまでサイドラインにいた人にとってはビッグチャンスだ。ただし、こうしたイベントによって引き起こされる市場力学は時間に敏感であることに注意しなければならない。買いと売りの不均衡が続くのは３～５日間のみで、そのあとは新しいマネーが流入して買いと売りは再び均衡する。

リンスジョブは必ずしも１日で完成するわけではなく、数日間かけて完成することもある。典型例は、数日間下落して、50日EMAのような主要な支持線に達したあと、次の日にブレイクダウンして下げて引ける。その後反転して支持線を突破して遅くに仕掛けた空売り筋をワナにはめるか、１週間ほどその支持線の下にとどまったあと、急上昇して長期にわたって同じような効果を及ぼすといったケースだ。いずれの場合も、愚かなトレーダーを振るい落としてから大きく反転するというパターンは同じだ。

イベントリスク

価格パターンを学習し、最新ニュースをひとつ残さず読んだとしても、イベントリスクは避けることはできない。したがって、パフォーマンス予測にはこの負の影響力も含める必要がある。ところで、イベントリスクとは何だろう。これは、われわれのポジションにマイナスの影響を与える不測の事態のことをいう。イベントリスクは、例えば、大幅な格下げといった企業固有のものや、ハリケーン・カトリーナや9.11テロ事件のような世界に影響を及ぼすショックな出来事を含むカオス要素だ。企業固有のイベントリスクの発生源は大きく３つに分けられる。

- 金融機関による格上げ、格下げ、価格目標の変更
- 企業による業績予想の発表、解雇予告、証券の売り出し、重役の辞任の発表
- FDAによる認可・非認可、SECの調査と規制、議会の決定など政府によるもの

数年前までは短期的な値動きに対して大きな影響力を持つのは一流ブローカーだけだったが、いまや小規模な専門会社も、タイミングが正しければ、価格の上昇や下落を引き起こせるだけの力を持ってきた。例えば、ヘッジファンドがいきなり参入し、便乗したターゲットを一網打尽にするといったケースも珍しくはない。格下げに対する恐怖が最も高まるのは、株価が大きく上昇しているときだ。そもそもトレーダーは神経質な生き物で、彼らの恐怖心はアップスティックごとに指数関数的に増加するのが普通だ。そこで格下げされればその恐怖は一気に高まる。一方、空売り筋たちにとって格下げは、気を抜いた買い手をワナにはめて市場を反転させる絶好の機会となる。

バイオテクノロジー会社にはイベントリスクがもう一層上乗せされる。それはひとつには、バイオテクノロジー会社はFDAによる新薬の承認・非承認に常にさらされているという事情がある。重大な決定は事前に発表されるが、ほとんどの場合、決定は何の前触れもなくいきなり発表される。さらに食料医薬品監督官は、使用方法や宣伝文句、警告表示といったあまり重要ではないことも発表する。こうしたニュースは、静かな朝を悪夢に変える力を持つ。当然ながら、場が開く前の取引で研究データがいきなり発表されてもテープに同じような影響を及ぼす。幸いなことに、企業は研究データに関しては情報管理をしっかり行い、イベントリスクの上乗せを防ぐ最大限の努力を行ってい

る。結局、医薬品や研究開発が病気の人々を助けることができなければ、彼らは資金調達はできないのだ。

トレーダーは収益性に関する仮定にイベントリスクを含める必要がある。初心者は、１年に３回か４回はショックな出来事に遭遇し、そのたびに大金を失うことを覚悟すべきであり、年間パフォーマンス予測にはそうした損失を含める必要がある。イベントリスクを事前に認めることによって、それが発生したときのショックを和らげることができ、最終結果に対する影響も軽減することができる。絶対にやってはならないことは、パニックに陥り、影響を受けたポジションを最悪の価格で手仕舞ってしまうことだ。それよりも、事前に脱出プランを練っておき、ショッキングな出来事が発生したら感情を廃してそれを実行することだ。

場が開く前に発生したショックな出来事は、観察眼の鋭いトレーダーにとっては、本章でこれまでに述べた戦略を用いることでエッジ（優位性）を得る絶好の機会となる。痛みを和らげるのにはこれらの戦略で十分だが、早期に手仕舞いできないときに痛みを和らげてくれるテクニックがある。まず、支持線と抵抗線はすでにビッグプレーヤーたちによって確立されているはずなので、それを基に影響を受けた銘柄の場が開く前のレンジを調べる。市場が開いたらカウンターリアクションの発生を待ち、できればこのスイングの前にポジションを手仕舞う。このテクニックは常にうまくいくとはいえない。愚かなプレーヤーたちがニュースショックに反応して大挙して押し寄せるため、状況が変わることもあるからだ。彼らが大挙して押し寄せれば買いと売りは一時的に不均衡状態となり、彼らは痛みの標的になる。

イベントリスクは、トレーダーも投資家も市場ではスリに合う危険性と常に隣り合わせであることを忘れてはならないことを警告するものだ。これはまた、ポジション管理をしっかり行った者とポジション管理を行わずにショックな出来事に巻き込まれる者との違いを浮き彫りにするものでもある。カードプレーヤーは手をしっかりと管理する優れた技術を持っていたとしても、どのカードを引くかは運である。運に逆らえないという意味ではわれわれも同じである。しかし、ショックな出来事はいったん発生すれば数週間続くドローダウンの発生シグナルになることが多い。なぜなら、ショックな出来事で損を出せば、それは後ろ向きな心理状態を生みだし、イベントそのものよりもパフォーマンスに大きな影響を及ぼすからだ。イベントリスクに襲われたあと精神的な「打撃」を感じたら、傷口が広がる前に立ち去ることだ。

ある賢人は次のように言った。変えられるものは変えるべきだが、変えられないものは受け入れるしかない。この教えは、イベントリスクへのエクスポージャーを最小化するうえで役立つ。つまり、リスクはリスクとして受け入れ、不測の事態に打ちのめされないように保護手段を講じることが重要だということである。ショックな出来事による損失は、多くの警告サインを無視した結果生じることが多い。われわれはチャートの分析には時間をかけるが、引き金を引いたあとは、どんなに危険信号が出ていてもそれを無視してしまうのである。

ショックな出来事は何の警告もなくいきなりわれわれを襲う。われわれのトレーディング技術が未熟だったせいでもなければ、トレード管理を効率的に行わなかったせいでもないのがせめてもの慰めだ。こうした突風に襲われたときにわれわれにできることは、その場から避難することだけである。傷を癒し、次のトレードをそれまでで最高のトレードにするのである。

ちゃぶつきブロック

活発に動いている市場でお金を儲けることは簡単だ。だがトレンドが消え、何週間もあるいは何カ月も横ばい状態が続けばどうなるだろう。それでもお金を儲け続けることはできるだろうか。残念ながら、ホットな市場ではお金を儲けられる人も、テープが凍りついた途端に損をし始めることが多いのが現実だ。人生とはこんなものである。一方、サバイバリストトレーダーは市場の動きが止まる警告サインに注意し、頭を垂れた果実が再び現れるまでサイドラインに下がって資産を守る。緑色の印字が輝きを増すのを見ることほど気持ちの良いものはないが、財布が膨らんでくるとわれわれは健忘症になりがちだ。資産曲線の上昇は、運良くトレンドの波に乗れただけのことであるにもかかわらず、自分の才能のおかげだと思ってしまうのだ。

われわれが陥りやすいこの幻想のことを「ブル・マーケット・ジーニアス」（上げ相場の天才）という。この幻想は上昇するモメンタム市場で育まれ、幻想に陥った多くのトレーダーたちは完全なる失敗の嵐に向かってますますその幻想を膨らませる。彼らが現実に目覚めるのは、大きなショックに襲われたときだ。それもそのはず。彼らには最初から実力などないのだから。思い当たる節のある人がいるかもしれないが、パニックに陥る必要はない。こうした悪魔的な市場は、実力のないプレーヤーには酷だが、才能あるトレーダーにとっては絶好の機会を与えてくれるからだ。つまり、市場で最も怠惰なレミング集団は、大多数の帆船が風を失ったときこそが、キャリアを存続できる戦略を見つけるチャンスだということである。

確かなのは、モメンタム市場には必ず終わりがあり、あなたは過去に犯した大きな過ちを正さなければならないときが来るということである。あなたが富を蓄えた上昇トレンドや下降トレンドはいつかは数カ月間にわたって続く買いと売りの圧力の対立に取って代わられ、あなたの柔軟性、収益性、健全性は試される。時間の浪費はやめ、あらゆる市場状態で利益が出せるように今すぐに自己改革に着手しよう。まずは、ちゃぶつきがテープを支配し始めたら、大物相場師的行動をやめることから始めよう。あなたが損をしなくなったのは、市場が与えてくれたちょっとした贈り物のおかげにすぎないのだ。失敗と成功を交互に繰り返す悪循環には今すぐに終止符を打つことが重要だ。とはいえ、これは非常に難しい作業で、謙虚であると同時に、市場状態をしっかり監視することが必要になる。そして、口を閉じ、ギアチェンジして、謙虚な生徒に戻ることも必要だ。市場があなたに教えてくれようとしている新しい教訓に熱心に耳を傾けるのだ。

市場がちゃぶつくと、オーバートレードに走ったり、フォームフィッティングに陥ったりする。そして、こういう時期は退屈になることが多い。せっかく得た利益もこれで水の泡だ。こうした振るい落としの時期には、じっと座って何もしないのが一番だ。しかし、これは口で言うほど簡単ではない。われわれ人間は一風変わった動物で、常に何かしていないと落ち着かない。ちゃぶつきブロックが形成されると、大衆は市場から一斉に引き上げ、不毛の地となった市場にはプロたちしか残らない。巨人たちが角を突き合わせているこの時期は、ホームトレーダーにとっては辛い時期だ。支持線や抵抗線は売買の機会の場というよりも、奇襲攻撃の場でしかないからだ。こういった時期は、アクション－リアクション－レゾリューション・サイクルにもゆがみが生じる。市場が活発に動いているときは、高値や安値までブレイクアウトしたあと、押したり戻したりして支持線や抵抗線が試され、それから高値や安値を突破してトレンドが確立される。しかし、ちゃぶつきブロックが形成されると、最初のブレイク（アクション）は通常どおり発生するが、試し（リアクション）がカオス的振る舞いとなり、モメンタムポジションや押し・戻りポジションは振るい落とされる。最後のフェーズ（レゾリューション）は発生するにはするが、ブレイクアウトする場合もあれば、ブレイクアウトに失敗する場合もある。しかし、今となってはこんなことはどうだってよい。市場にはもうだれも残っていないのだから。

ちゃぶつきブロックの始まりを察知したら予防措置が必要だ。毎日のように反転する可能性があるため、保有期間は短くし、オーバーナイトポジションは避ける。これをレッドバー・グリーンバー（陽線・陰線）症候群というが、特に説明の必要はないだろう。面白いのは、デイトレーダーは金融メディアにこっぴどく叩かれるが、ちゃぶつき相場では最も効果的な戦略のひとつを実行しているということだ。もちろん、われわれの多くは彼らのようにトレードする時間も素質もないが、彼らの熱心さからは学ぶべきことがある。とりあえずは、むずむずする指を常に手仕舞いボタンの上に置き、負けトレードを手仕舞えという合図が出たらためらうことなくボタンを押すことから始めるとよいだろう。

ちゃぶつき相場に対処するもうひとつの方法は、その渦に巻き込まれなかった低位株を見つけることだ。割安株はリスクは高いが、こういった時期は値動きを支配しているのが一般投資家なので優良株よりもうまくいく。こうした大衆はヘッジファンドや機関投資家とは違って隠れてごそごそやることがあまりないので、トレンドは信用できることが多い。ただし、ちゃぶつき相場で小型株をトレードするときは、有名銘柄は避け、ありがた迷惑な注目を引きつけない目立たない銘柄を選ぶのがよい。また、値動きの安定した銘柄を選ぶことも重要だ。

ちゃぶつきブロックではほとんどのギャップは埋まり反転する。この傾向をトレードに有効に活用することが重要だ。本章の最後によくある実例を紹介しているので、それを参考にしてもらいたい。ギャップで寄り付いたのを見るとすぐに腹痛を起こすような人は、深呼吸して、まずほかのトレーダーに餌に食らいつかせる。そして、価格が自分の予想どおりに動き始めたら、そこで乗り出す。逆に、ギャップが埋まらずそのままトレンド相場になったら、それは市場がちゃぶつきブロックを脱してもっと良い状態になることを示すサインとなる。

ちゃぶつき相場は対立と無関心の表れであり、トレーダーたちは反対の戦略や時間枠で互いを出し抜こうとする。例えば、ブレイクアウトで逆張りする、オーバーナイトモメンタムの逆を行く、ギャップやトレンドラインといった従来の常識に抵抗する、といった具合だ。テクニカル分析を絶対的真理とする人にとって、ちゃぶつきブロックほどいらだつものはない。なぜなら、ちゃぶつきブロックの大きな目的のひとつは、パターンや指標を過剰に信じるトレーダーを痛めつけることにあるからだ。しかし皮肉なことに、ワナやちゃぶつきはテクニカル分析の価値を減じるどころか、むしろその有効性を証明することになる。なぜなら、ワナやちゃぶつきは、チャートを見るときには通常の定義は忘れ、大衆をだますような方法で対立した水準をトレードすることをわれわれに促してくるからだ。

ちゃぶつきブロックで利益を出す方法はそれほど多くはない。方法その１。無数のゲームが繰り広げられ、みんなが振るい落とされたあと、ブロックの端でトレードする。方法その２。相手と同じように逆張りプレーをする。本書でこれまでに見てきたいろいろな例を振り返ると、ワナが仕掛けられる前にそれを見つけだすことが重要であることが分かる。市場をしっかり観察していると、市場は市場心理や値動きを通してきれいな絵を描いてくることが分かる。次に、軍事戦略家のように鋭い眼で、その地形図（市場）を入念に調べ、あなたにとって最も有利な奇襲ポイントを探す。大衆がそのワナに気づかずに飛び込んできたら、あなたはすぐにそこから逃げ出す。

こういった逆張り的な考え方は、労多くして実少なし、とは言えないだろうか。イエスでもあるし、ノーでもある。逆張りプレーは通常の上げ相場や下げ相場の天才たちとは異なる技術を必要とするが、大リーグで生き残り、しかも大きな利益を得るにはこの方法しかないのが現実だ。

現実世界――危ない橋を渡る

　その日、市場はギャップアップで寄り付き、ブレイクアウトする。あなたはサイドラインから行動を起こすタイミングを見計らっているが、いつどこで行動を起こせばよいのか分からない。

　７月20日の朝、それまで17日間にわたって17ドル近くの抵抗線で横ばいを続けてきたダウ・ケミカルは、場が開く前の取引で一流ブローカーによる格上げが発表されたのを受け、17.25ドルでギャップアップで寄り付く。あなたは15分足チャートでファースト・アワー・レンジが確立されるのを待つ。価格がレンジの高値を上回ったところが買いシグナルだ。ギャップダウンの場合は、価格がレンジの安値を抜けたところが売りシグナルになる。ファースト・アワー・レンジは、どちらの向きであろうと、試しの段階を経てから上昇または下落へとブレイクするのが普通だ。通常は、最初の試しには失敗し、２回目に成功して高値や安値を超えることが多い。この動きは、日中のチャートでは小さなカップ・アンド・ハンドル・パターンや逆カップ・アンド・ハンドル・パターンとなって現れる。

　前日の終値水準のところにラインを引く。これは「ギャップフィル」ラインで、ファースト・アワー・レンジからギャップの向きにブレイクしたときに重要な役割を果たすラインだ。次にレンジの高値と安値の位置にもラインを引く。ギャップに近いほうのラインが「反転ブレイク」ラインで、もう一方のラインが「ブレイクアウト・トリガー」ラインになる。

　ファースト・アワー・レンジは一般的なガイドラインにすぎないため、自分のトレーディングプラン、トレードしている市場、日々のカラーリング戦略に合わせて調整する必要がある。これは試行錯誤でや

図10.11　ダウ・ケミカルのギャップ分析

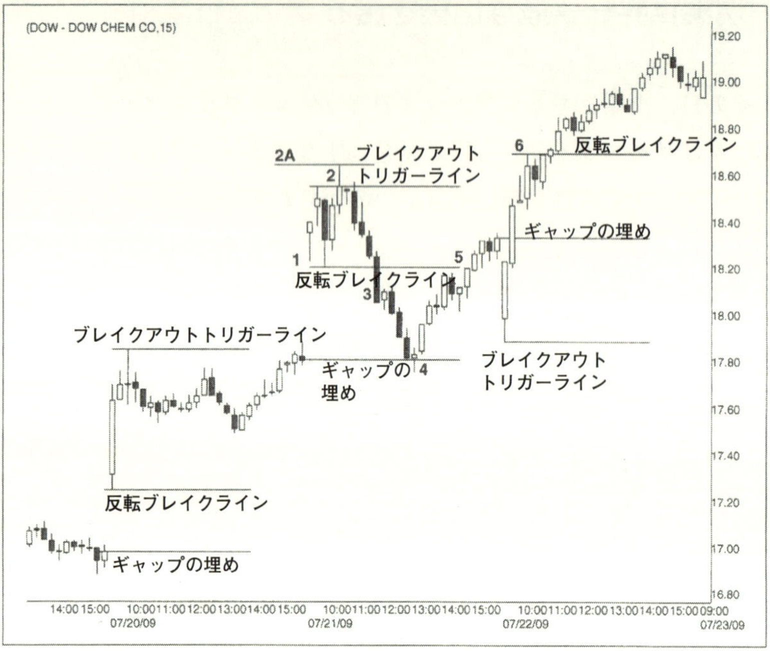

るしかない。例えば、積極的なトレーダーは１時間も待つことなく、３～４本の５分足でファースト・アワー・レンジを決めるだろうし、ディフェンシブなトレーダーは、ギャップ後の１日だけを見るのではなく、２～４日レンジからのブレイクアウトやブレイクダウンを探すだろう。ファーストアワー戦略といえども、柔軟性と多少の常識は必要である。例えば、自分のトレーディングシグナルに使えるレンジが形成されるまでには、45分しかかからない場合もあれば、２時間かかる場合もあるだろう。また、15分足チャートではノイズが高いこ

とを考慮する必要がある。さらに、わずか１～２ティックのブレイクアウトは反転する可能性が高いため、日中のトレンドが形成されるまではっきりとした仕掛け水準は判断できない。

次に、相対的な位置を見る。寄り付きの足は長期的な支持線や抵抗線近くまで行っているか、あるいはそれを超えているか。ギャップアップで寄り付いたときは、価格はいくつかの抵抗線を超えて新たな抵抗線まで上昇するか、超えられないバリアまで一気に上昇して、そこからは最も抵抗の少ない経路をたどる場合が多い。ダウ・ケミカルの最初と２番目のギャップでは、株価は抵抗線を超え、ファースト・アワー・レンジ（ブレイクアウト・トリガー・ライン）を超えたところが買いシグナルになっている。

価格が反対方向に動いた場合はどうなるのだろうか。ギャップアップのときの支持線やギャップダウンのときの抵抗線は反転ブレイクラインとも呼ばれる。一般に、反転ブレイクラインをブレイクしたら、価格はギャップを埋めるラインまで一気に加速する可能性が高い。ギャップを埋めるラインは前日からの不変の水準だ。なぜこうなるのだろうか。価格が反転ブレイクラインをブレイクすれば、ギャップの向きにポジションを取った人は損をする。そして、ストップロスがドミノ倒し状に次々と引っかかるため、価格は彼らのポジションとは逆方向に動いていくというわけだ。

ギャップを埋めるラインはギャップアップのときは支持線になり、ギャップダウンのときは抵抗線になる。価格がこのラインに達した途端にオープニングトレンドの方向に反転する可能性が高いのはこのためだ。矛盾するかもしれないが、ギャップを埋めるラインはトレーダーにとっては新しいポジションを取るのには好ましくない場所だ。なぜなら、価格がこのラインから反転しても、反転ブレイクラインに邪魔されて価格はファースト・アワー・レンジに再び入ることができないからだ。価格はギャップを埋めるラインから反転ブレイクラインまで行ったら、ピンボールのように再びギャップを埋めるラインまで戻ってくることが多い。これは失敗シグナルで、大きな反転を示唆するものだ。

反転ブレイクラインまで行った価格が、再びギャップを埋めるラインまで戻ってくることなく、そのまま反転ブレイクラインをブレイクして、ギャップアップ後の高値やギャップダウン後の安値を再び試した場合は失敗の失敗シグナルとなる。反転ブレイクラインを超えて、ギャップアップ後やギャップダウン後の高値や安値を再び試したときは、ギャップの向きにポジションを取れという信頼のおけるシグナルになる。つまりはこうだ。上昇トレンドにあるとき、価格が上昇すればそれはバイイングパワーが強いことを意味し、それによって価格はさらに上昇し日中の高値を更新する。この買いシグナルによるトレードは良いトレードになる。なぜなら、ポジションを取ると同時に、反転ブレイクラインのすぐ下にストップロスを置くことでリスクをうまく制御できるからだ。

ここで、図10.11のダウ・ケミカルの最初のブレイクアウトを再び見てみることにしよう。ファースト・アワー・レンジが形成されたあと、その日の残りの時間帯は横ばいで推移し、買いシグナルも売りシグナルも出ない。買いシグナルが出たのは、２日連続でギャップアップで寄り付いた２日目の寄り付き時点（１）である。２日目も１日目に続いてギャップ力学が再び繰り返されることになる。２日目は、最初の１時間は18.20ドルと18.58ドルの間のレンジで動く。レンジのブレイクアウト（２）で増し玉したため、そのあとの反転で損切りを余儀なくされる。あなたはちゃぶつきを認めて、ブレイクアウト・トリガー・ラインを引き直す（2A）。早い時間帯での失敗は売り手を引きつけ、価格は朝方の遅い時間帯には反転ブレイクラインまで下落する。価格は反転ブレイクラインをそのままブレイクダウン（３）し、昼すぎにはギャップを埋めるライン（４）まで下落。ここでギャップを埋めるラインが支持線として機能し、価格は抵抗線の反転ブレイクラインまで上昇し（5）、1時間ほどその水準にとどまったあと、ファースト・アワー・レンジの中に戻る。この失敗の失敗の買いシグナルによって価格はレンジ内に入ってからも上昇するが、レンジの上のラインに到達する前にその日は引ける。

３日目もギャップで寄り付くが、今度はギャップダウンで寄り付き、前日のギャップを埋めるラインのすぐ上が支持線となる。ギャップダウンの寄り付きに買い手が飛びついたため市場は動きが速く、寄り付きから20分でギャップが埋まる。回復した株価はそのまま上昇を続け、18.70ドルでいったん上げ止まる。この上昇スパイクはさらなる買いシグナルを生みだす。この場合の反転ブレイクラインはギャップを埋めるラインのはるか上にあるため、失敗ラインというよりも新たな仕掛け場所となる（6）。２分足チャートではファーストアワーの前にギャップが埋まるため、困惑は少ないだろう。

３日連続してギャップで寄り付いたにもかかわらず、この間に簡単な買いシグナルがほとんどないのは皮肉だ。ハードワークの割には儲けはなく、むしろ少し損を出すかもしれない。しかし、ギャップ後の価格はそれぞれの日で予想どおりであることに注目しよう。こうした信頼のおける動きを頭の中に叩き込んでおけば、ギャップパターンの引き出しは増え、次にこういったパターンを見たときに困惑せずにすむはずだ。

第6部

リスクとリワードの管理

MANAGING RISK AND REWARD

第11章 THE NATURE OF LOSING

負けの本質

新米トレーダーはただひとつの目標を胸に市場にやってくる。その目標とは、大金を儲けることである。残念ながら、あなたが市場にやってくることも、あなたの貪欲さも、市場はすべてお見通しで、あなたが目標を達成できないように完璧なまでに悪魔的なメカニズムであなたを迎え撃つ準備ができている。市場の抹消プロセスは徹底したものであるため、およそ90％のトレーダーは最後には賭け金のすべてを失って市場から排斥される。ベテランでさえもこの完全なる破壊エンジンの怒りに触れ、長年の勤労と蓄積した知識が泡と消えることもある。2008年の株価大暴落によって米国ではおよそ40兆ドルの退職用の貯蓄が消滅したことを考えると、富の破壊は投機家やそのほかの短期市場プレーヤーの小集団に限定されるわけではないことが分かる。長期投資家は非常に長い時間枠でプレーするトレーダーにほかならないのだ。また、どの市場も好況と不況のサイクルで動く。したがって、どんな戦略であろうと、どんな考え方であろうと、その運命のサイクルから逃れることはできない。これはデイトレーダーであろうと、裕福なバリュー投資家であろうと同じである。

一方、損失は市場から安定的に利益を取り出すための絶対的必須条件でもある。事実、最も優れた戦略でもごくわずかな数学的エッジを持つだけであり、富の創造過程においてはストップに引っかかるという憂き目に何度も遭遇する。われわれには損失を避けようとする意識が潜在的に働いている。損失は利益を得る過程における単なる異常事態にすぎないと考えがちだが、それは間違いだ。われわれは損失を受け入れ、今の市場の振る舞いについてそれが教えてくれる貴重な教訓を学ぶべきである。小さい子供が熱いストーブに触って熱さを知るように、われわれもまた損失から学ばなければならない。お金を稼ぐためには、失敗からティッカーテープの質について役立つデータを引き出し、それに基づいて戦略を変える必要がある。

利益には必ず損失が伴うという事実を受け入れるのは、多くのトレーダーにとっては難しいことである。われわれには、損を出すたびに自分を責め、自分の性格の負の側面を誇張するという心理が生まれつき備わっている。これは、人生の試練に立ち向かう能力を備えた精神的に安定した人にとってはそれほど大きな問題ではないが、自分に自信のない人や、逆境に弱い人にとってはゲームの継続を困難にするほどの大問題である。さらに、ほとんどのトレーダーには配偶者や兄弟姉妹、隣人、仕事上のボスなどがおり、彼らはトレーディング活動を快く思っていない。これはメディアが描くトレーディングの否定的なイメージや、家の財産が危険にさらされることに対する恐怖が原因だ。こうした内因性と外因性の痛みとの板ばさみのなかで、多くのトレーダーは居心地の悪い状況でトレーディングをせざるを得ないというのが現状だろう。損を出すたびに自分の力不足を認識させられ、家族からは夕食時に責められる。内因性の痛みであろうと外因性の痛みであろうと、痛みを終わらせるにはあきらめて前進するしか方法はないが、こうした状況では夢は遠のくばかりだ。

市場で成功するためには十分な資金がいかに重要であるかは第４部で述べたとおりだ。つまり、新米トレーダーが直面する多くの障害は、次の２つの条件がそろえば緩和されるということである。その条件とは、①大きなドローダウンを乗り越えられるだけの大きさのトレーディング口座、②トレーディングリスクの全資産に対する比率が小さいこと――である。市場の良き指導者たちが、失ってもよい資金でのみトレードすることを勧めるのはそのためだ。これをくだらないアドバイスだと一蹴してはならない。そして、逆説的に聞こえるかもしれないが、トレーディングゲームにはそれで生計を立てようと思って参加すべきではない。あなたがトレーディングでお金を稼ぐことができることを、しかもそれが長期的に可能なことを自分自身に対してもほかのだれに対しても証明できるときがきたら、そのときがトレーディングで生計を立てられるようになったときである。その日が来るまで、トレーディングで請求書を払おうといったことは考えず、ひたすらトレーディングにまい進するのみである。

私がサバイバリストトレーダーに与えられる唯一の貴重なアドバイスは、**トレーディングで長期的な成功を収めるには、利益を追いかけるよりも損切りに徹せよ、**ということである。市場の考察からあなたが学ぶことができる最大の技術は、自分が間違ったらそれをすぐに察知することである。そのためには次の３つのことが重要だ。

- 方程式の損失サイドに鋭く目を光らせる。これをリスク管理という。
- 利益は、得ようとして得られるものではなく、リスクに基づいた活動の結果として生まれるものである。
- 間違ったトレードを行ったとき、それにすぐに気づくことができなければ効率的な損切りはできない。

トレーダーはさまざまな理由で市場に参加するが、残念ながら収益性とは無関係の理由が多い。これは、われわれが市場に引き付けられるのは利益を得るためというよりも、二次強化によるところが強いという人間心理に関係する。例えば、市場に参入するとアドレナリンが体中を駆け巡る、自分の思いどおりにいくと爽快な気分になる、大きな損失を出すと押しつぶされたような感覚に陥るといった具合に、市場に参加すると肉体的にはっきりとした変化が現れる。これは遊園地でジェットコースターに乗ったときの感覚に似ている。もちろん、トレーディングの目的は長期にわたって利益を得ることだ。しかし、それと同時にお金とは無関係の衝動に駆られ、そのため規律を守れなくなる。その最たるものが、リスクをとったときの高揚感だ。それが利益に結びつこうがつくまいが関係ない。だから、機会のないときにもリスクをとりたがる。これがオーバートレーディングと冴えないパフォーマンスを生む主たる原因であることは言うまでもない。

利益が出ないときでもわれわれがトレーディングをしたがる原因はさらに３つある。ひとつは、トレーディングがわれわれの社会生活をサポートする要素を持つ点だ。友人や隣人と話をするとき、あるいは最初のデートで、トレーディングはエキサイティングな話題づくりに貢献してくれる。２番目は、たとえ生活のほかの部分では完全なる敗者であったとしても、トレーディングは自分をパワフルな気分にさせてくれるという点だ。３番目は、トレーディングはわれわれを大きな希望と夢で満たしてくれるため、退屈から救ってくれるという点だ。

繰り返すが、ほとんどのトレーダーは知識不足というよりも規律の欠如によって最終的には失敗する。これがトレーディングの基本原理だ。私はこれまで長年にわたって多くの生徒にこのことを教えてきたが、新米トレーダーにとってこれは最も理解の難しいことのようだ。彼らは、市場には聖杯が存在し、それを見つけさえすれば、市場の謎はすべて解き明かすことができると信じて疑わない。しかし、これほど事実から程遠いものはない。アインシュタインの言葉をもじれば、成功するトレーディングは１％のインスピレーションと99％の努力なのである。

長期的な収益性を達成するには、金融界の不公平さとも平和的に共存する必要がある。例えば、仲介者システムはわれわれのような弱者にとっては不利なシステムだ。こうした事実を受け入れれば、年を追うごとにパフォーマンスは向上するだろう。しかし、市場はときどき集中力を研ぎ澄ませばよいというものではない。市場から金を取り出すには、混乱した月曜日の寄り付きから金曜日のクロージングベルが鳴るまで、あなたのすべての行動には絶対的な正確さが求められる。一瞬たりとも集中力を欠けば、恐ろしい結果が待ち受けているのだ。いかなる経験水準のトレーダーでも容赦はしないという現代の市場環境では特にそうである。

パフォーマンスサイクル

いかなる市場参加者も勝つ時期もあれば、負ける時期もある。下降サイクルでは、月並みなトレーダーは上昇サイクルで得るのと同じかそれ以上の損失を出す。これに対して、優れたトレーダーは下降サイクルでは防御的手段を講じ、上昇サイクルで得た利益を保護する。保護した利益は次の上昇サイクルの資金源となり、その資金を元手に次の下降サイクルがやってくる前にさらに利益を積み増す。もちろん、月並みなトレーダーが飛ぶ鳥を落とす勢いで驚くべき連勝を謳歌しているときに、優れたトレーダーが大きなドローダウンに見舞われる、といったこともときにはある。しかし、こうした連勝は平凡なプレーヤーにとってはむしろ有害だ。自分には実力があると勘違いするからだ。こうした幻想によって下降サイクルの振幅は増大し、結果的には壊滅的な損失を被ることになる。下降サイクルの振幅はサイクルごとに増大するため、月並みなトレーダーは最後には破産する。その一方で、優れたトレーダーは安定した収益を上げ続ける。

チャートが複数の時間枠で同時に存在するように、パフォーマンスサイクルも複数の時間枠で同時に存在する。私の例で言えば、リスクが青天井となり、悪いポジションが高コストの悪夢と化す日が２週間に１～２日発生する。私が取り得る唯一の防御策は、これらの日をできるだけ早く見つけだし、エクスポージャーを徹底的に減らして電動丸ノコでずたずたにされるのを避けることだ。私のコーヒーを満たしてくれる有利なトレードと、こうした高リスクの日に私をいらだたせるトレードは同じものなので、これは心理的な問題であると同時に戦略的な問題でもある。アグレッシブにトレードする私の性格を考えると、自分が熟知し好みとするセットアップが現れたときにはむしろギアチェンジして何もしないほうがよいかもしれない。

パフォーマンスサイクルは全体的に見ると市場全体の方向に一致することが多い。例えば、あなたが買いに偏ったトレーダーだとすると、相場の修正時期ではあなたのトレードは片っ端から負けトレードになる。なぜなら、あなたはこんなときでも買うことしかしないからだ。逆に、空売り筋はテープと永遠に戦いそのツケを払わされるが、いったん市場が下落し始めれば大きな利益を得る。個人的な偏り（買いに偏ったり、売りに偏ったり）とパフォーマンスサイクルとは密接な関係にある。この関係を絶たないかぎり、市場で長期的に生き残り、稼ぎ続けることは不可能だ。一般に、スイングトレーダーは日和見主義者が多く、どちらの向きであろうと良いパターンを見つけたらそれに飛びつく。しかし、われわれの大部分は買いか売りに偏る傾向がある。こうした偏りをなくすためには、①自分が買いか売りのいずれかに偏っていることを認識すること、②市場が自分の偏りと逆方向に動いたときの戦略を考えておくこと――が必要だ。

買いや売りに偏ったトレーダーは、有利なセットアップで思いがけない損失を出すまで、市場が自分に不利な方向に動き始めたことに気づかない。こんなときは、ただちにトレード回数を減らすと同時に、自分のバイアスに対してまだ有利に動いているセクターを探す。例えば、米国の指数が長期にわたって上昇したあと下落に転じれば、株式市場全体もそれにつられて下落するか、オーバーヒートした２～３のセクターだけそれにつられて下落する。また、商品市場や外国市場は反対方向に動くため、指数が下落している間は絶好の買い対象となる。市場の下落に巻き込まれないようにするためには、保有期間の調整も必要だ。そのためには、まず週足チャートで強い上昇トレンドにおける押し水準を確認する。必要なら数週間にわたってトレード候補を追跡し、週足チャートで確認した押し水準のうち大きな支持線まで価格が下落するのを待つ。最後に、第４部で述べたナンピンテクニックを使って段階的に買い、指数全体が上昇に転じそれにつられて上昇したら売る。

買いに偏ったマーケットプレーヤーの修正時期における２番目の保有期間戦略は、デイトレーダーになって、市場全体の下降サイクル期間中にときどき現れる小さな上昇トレンドでトレードすることだ。デイトレーディングは逆行する市場に対処するための非常に効果的な防御的戦略である。

パフォーマンスサイクルをうまく管理するための次のステップはあまりにも退屈すぎるため、ほとんどのトレーダーは嫌がる。要するに、何もしないで、自分に有利な状態になるのを待つのである。われわれの大部分は、得意とする方向を持っているものだ。だから、市場がギアチェンジしたからといって戦略を逆転させても失敗することが多い。一番よいのは、市場が自分の得意とする方向に戻るまで何もしないで待つことだ。だが、これは口で言うほど簡単なことではなく、克服しなければならない大きなテーマのひとつでもある。何もしないでじっとしていなければならないときにそれができないとき、大失敗して二度と再び市場でプレーできなくなる。トレーダーにとってこれほど恐ろしいことはなく、どんなトレーダーに対しても規律を守らせるだけの効力を持つ。

市場は価格と時間の主要な交点で良いトレードセットアップを生みだす非効率エンジンによって動いている。こうした交点以外の場所は、ボラティリティが高く、方向感もなく、多くの危険が潜んでいる。資本と感情を最も効果的に活用するには、大きな機会を与えてくれるこうした交点に焦点を絞ってトレーディングすることである。グレーゾーンでのトレーディングはコストはかからないが、規律を守ることを忘れさせ、感覚を鈍らせる。少なくとも、次に本物の機会が訪れたときに迷うことなくその機会をとらえることはできなくなるだろう。私はこの20年間、影を追いかけたがために、突然現れた絶好の機会を逃したことは数え切れないほどある。それはいつも、悪いトレードを追いかけ続け、その間の時間を台無しにされたことで市場を恨んだときに現れた。そんなとき、頭の中を整理して新たなリスクをとることはなかなか難しく、結局何もせず、あとで大きな機会を逃したことを嘆いたものだ。

悪いトレードを喫したときにはサイドラインに下がることだ。それで物の見方は大きく変わるはずだ。方程式からリスクがとり除かれた今、頭の中のもやもやは晴れて、元気を取り戻した気持ちになるはずだ。これこそが、サイドラインに下がる最大のメリットなのだ。ときには、利益の出ているトレードも手仕舞ったほうがよいこともある。これは、ポジションリスクによって発生したバイアスを取り除いたときに物事がどう見えるかを知るためだ。利害関係がないときに市場を読むことがいかに簡単であるかに驚くはずだ。おそらくあなたは長年にわたって何千というシグナルを見落としてきたはずだ。あなたの持っているポジションが、目の前にあるものを見えなくしてしまっていたのである。

大きなドローダウンを喫したあとサイドラインに下がるのはもっと効果がある。損失を出したとき、われわれの本能は、すぐに馬に飛び乗って損失を取り戻せと命令する。しかし、これは一番やってはならないことだ。これはイーブンに持っていくことを目的とするものであって、機会を管理することではないからだ。論理的に言えば、大きな損失はわれわれが間違ったときに間違ったリスクをとったことを教えてくれるものだ。こんなときはサイドラインに下がって状況を詳細に検証し、損失を拡大させないことが最良の策だ。こうすることで、損失をもっと客観的な目で評価することもできる。当然ながら、このデータマイニングの結果によっては、再充電のために長期にわたって活動を休止せざるを得ない場合もある。

サイドラインに下がることで経済的メリットを得たい人のためのアドバイスをひとつ紹介しよう。これは短期間で結果を改善するのに有効な方法だ。前年のトレーディング結果を調べ、取ったポジションの数を週ごとに集計し、平均値を計算する。そして翌月は、その数の半分だけポジションを取るのである。この小さな意思決定があなたの機会に対する考え方を大きく変えることに驚くはずだ。なぜなら、ポジションの数を半分に減らすということは、これまで自分の尻尾を追いかけている間に見逃してきた絶好の機会をしっかりとらえると同時に、選択眼を持たなければならないことを意味するからである。

オーバートレーディング

市場は人をおぼれさせる麻薬のような性質を持つ。だから、われわれは利益のためではなく、アドレナリンが体中を駆け巡る興奮を感じたくてトレードすることも少なくない。何かに取り付かれたようなこの行為はトレードのしすぎであるオーバートレーディングへとつながる。これは指１本で簡単に売買できる今の市場でよく見られる、一種の病と言ってもよいだろう。これは経験を積んでも治らないため、克服が最も難しいトレーダーの欠点のひとつでもある。つまり、オーバートレーディングに関しては、新米トレーダーもベテラントレーダーも同じということである。どんなトレーダーでもときとして次のような状態に陥ることがある。通常の２～３倍のポジションを取ると、そんなときに限って連勝が止まる。こういったフラストレーションのたまる状況に陥ったとき、われわれが進むべき経路は次の２つのうちのいずれかだ。ひとつは、危険を察知して元のサイズに戻す。もうひとつは、フィードバックを無視し、制御不能に陥り、さらに大きな損失を出して破産する。

規律を守ることが大事なことは分かってはいるが、その瞬間の勢いに負けてしまうことが多い。終わりのない単調な作業に明けくれて集中力を失い、トレーディングにおける最も基本的な教訓を忘れてしまうのだ。特に、朝方の損失は破壊的な力を持つ。事実、月曜日の朝にいくつかの損失を出せば、ドミノ効果によってその週はオーバートレーディングに陥り、資産は目減りするうえ、自信も失う。オーバートレーディングによってあまりにも多くの損失を出せば、そのうちに「無感覚」になって損をしても何も感じなくなる。これは恐れの感覚を麻痺させてしまうため非常に危険だ。つまり、規律を取り戻し、正しい軌道に戻ろうとはしなくなるということである。感覚が鈍り、迫りくる大惨事を察知できなくなれば、もはや市場にとどまることは不可能だ。

オーバートレーディングというモンスターを克服するにはどうすればよいのだろうか。そのためには、市場に徹底的に打ち負かされて、悪夢から目覚めるしかない。悪夢から目覚めたら、オーバートレーディングを二度と繰り返さないようにするために、トレーディングスタイルを直ちに変える必要がある。まずは、日記をつけることから始めるとよい。取るポジションとその理由をすべて記録する。損失からは常に目を離さず、日々のまたは週ごとの最大損失許容量に達したらコンピューターのスイッチを切り、その場を立ち去る。トレンド相場のときよりもちゃぶつき相場のときのほうがオーバートレーディングに陥りやすいのは言うまでもないだろう。したがって、その日が始まる前に、今の市場状態を見極めることが重要だ。このカラーリング・プロセスについては詳しくは本章でこのあと説明するが、カラーリングを行うことで、トレーディング戦略を変更し、規律を見直すことができ、ひいてはパフォーマンスの大幅な向上につながる。カラーリングがうまくいく理由を知るには、日記を開いて、最悪だった日とその日のトレンドを見比べてみるとよい。そんな日は不適切なカラーリングでテープと喧嘩していたことが分かるはずだ。

仕掛けと手仕舞いのルールを書くことは簡単だ。問題が発生するのは、そのルールがうまくいかなくなったときだ。たとえ短期間でもルールがうまくいかなくなると、問題が生じる。なぜなら、われわれはすぐに満足感が得られないと気がすまず、毎日報われることを期待しているからだ。だから、少しでも損をすると、自分のルールを責め、新しいルールを見つけようとオーバートレーディングに走る。オーバートレーディングで儲かったときはもっと悪い。これはギャンブルで勝つのと同じであり、偶然の勝ちが慢心を生み、ますます規律を失わせるからだ。しかし、悪魔的な市場は必ず報復してくる。そして、間違って与えたものは必ず取り返す。これだけでは終わらない。われわれの無謀さを利用して、今度は元手を狙ってくるのだ。何回か幸運が続いても、悪乗りすれば、１回の連敗で被る以上の損失を被ることになるのである。

オーバートレーディングの失敗から学ぶことができない人は、結局はそれを繰り返すことになる。この悪循環に終止符を打つには、真摯な態度で過去を見直すことだ。オーバートレーディングには共通点があるはずであり、またその引き金になった出来事もあるはずだ。こういったことを丹念に調べるのである。あなたがオーバートレーディングに走ったのは、おそらくは、大きく賭けて大失敗したあと、あるいは大きな利益が大きな損失に転じたあとではないだろうか。また、絶好の機会を続けて逃したときのフラストレーションがオーバートレーディングにつながることもある。この絶望感は負のスパイラルを生む。

つまり、引き金を引けなかったがために逃したものを取り戻そうとしてオーバートレーディングに走るが結局は失敗に終わるという悪循環に陥るということである。市場にはあなたをやっつけようという気などさらさらない。上昇したり下落したりするだけであり、あなたのことなどまったく気にしていない。トレーディングには報復など存在しないことに気がつけば、規律を取り戻し、オーバートレーディングというモンスターに取りつかれることはなくなるはずだ。偏見のない心で市場を見ることができるようになれば、本物のシグナルが現れたときだけトレードすることができるようになるはずだ。

トレーディングにおける過ち

トレーディングの初心者は十分な経験を積めば過ちはしなくなると考えがちだが、これは間違いだ。経験を積んだプロでも高くつく過ちを犯すことはあるのだ。トレーディングにおける過ちは、心理的な過ちから間違った意見に至るまで、いろいろある。最もよく見られる過ちは、最大の損害を引き起こすものでもある。例えば、過去２年間の下げ相場で、あなたの強気がどれほどの損失を生みだしたか考えてみてもらいたい。

トレーディングにおける過ちは完全に排除することは不可能だが、影響を抑えることはできる。まず、あなたのなかの小さな声に耳を傾け、あなたが意思決定を行うたびに疑問を投げかけさせる。もっともな理由もなく損をする理由はすぐに分かってくるはずだ。

幸いにも、ほとんどの場合、われわれは自分の運命をコントロールすることができる。そのためには、自分はどんな状況のときに最悪の意思決定をするのかを知ることが不可欠だ。われわれの口座を枯渇させるシナリオは次に述べるとおりだが、そういった状況に陥りそうなことを事前に察知し、防御策を講じることでその影響を少なくすることができる。

1. **市場状態に合わないプレーをする**　ちゃぶついた相場でトレンドプレーを行い、トレンド相場でちゃぶつきプレーを行うことほど最悪なことはない。引き金を引く前に、今の市場状態を知ることが重要。
2. **悪いボタンを押す**　だれしも自分の間違いは認めたくないもの。レモンをレモネードにしようと、損切りすべきところで、悪いポジションのボタンを押すのはそのためだ。
3. **良いトレードを早く手仕舞いすぎる**　素晴らしいトレードなのに、あなたのなかの何かがそれを拒絶する。それであなたは利が伸びる前に小利で利食う。
4. **早く仕掛けすぎる**　機が熟さないうちに先走って飛びつき、あなたの予想どおりのパターンになる前に振るい落とされる。
5. **仕掛けるタイミングが遅すぎる**　絶好の機会が訪れているにもかかわらず、ほかの人が動いてから動こうとして引き金を引けない。あなたが仕掛けるころには、他人は手仕舞う準備をしている。
6. **強気**　下落のあとは必ず上昇するものと信じて疑わない。買い手が本気なのかどうかを見極めるのは、時として難しいこともある。
7. **弱気**　びんたをくらっているにもかかわらず、あなたはチャートを見るよりも預言者の話に耳を傾ける。そのためチャンスを逃す。
8. **引力を無視する**　売り手がほとんどいなくても、買い手を見つけることができなければ市場は下落する。
9. **大局を見失う**　目の前の出来事に気を取られすぎるあまり、一歩下がって週足や月足チャートをチェックするのを忘れる。
10. **細部を見ない**　大きな出来事と小さな出来事を区別することなく、全体像だけ見て、目の前の出来事を無視する。
11. **スクイーズに対する恐れ**　下降トレンドの初期の段階で発生す

るスクイーズは空売り筋にとっては脅威だが、方向感のない状態から負のモメンタム状態になれば、スクイーズを心配する必要はない。

12. **最後の愚か者になる**　トレードを逃したくないという思いが正しい判断を邪魔して、あなたはその機会に飛びつく。しかし、あなたが仕掛けた途端にトレンドは終わり、あなたはバッグホルダーになる。

13. **信用取引に熱中**　口座は小さいのに、ビッグプレーヤーになりたいあなたは、信用取引でトレードしすぎて大きなトラブルに巻き込まれる。

14. **イーブンを目指す**　損失を出したあなたは、翌日あるいは翌週には必ず損を取り戻すと自分に誓う。こう思った瞬間に、あなたは自分のトレーディングプランを捨てたことになる。

15. **評論家の意見に耳を傾ける**　他人の意見に従って売買すれば、墓穴を掘るだけ。

16. **苦悩と恍惚感**　喜びは人をあたかもミスターマーケットになったような気分にさせるが、それは奈落の底に落ちる階段に足をかけるようなもの。一方、痛みは人に取りたくないポジションや制御できないようなポジションを取らせる。

17. **寄り付きを追う**　ベッドに入ったものの、明日のオープニングベルが待ち遠しくてたまらない。これであなたは市場の大きな標的になったも同然。

18. **相場ソフトに熱中**　きれいな色はあなたを今より悪いトレーダーにすることはできても、良いトレーダーにすることはできない。残念ながら、どんなに優れたコンピューターも技術不足を補うことはできない。

19. **宝くじ**　決算発表後の上昇を期待して、ポジションを持ち続けて失敗したことが何度あったか思い出してもらいたい。そういえば、私もかつてはそうだった。

20. **捕らぬタヌキの皮算用**　含み益は実現益になるまで本当の利益とは言えない。

ドローダウン

ドローダウンはあらゆる種類の心理的問題や論理的問題を引き起こす。初心者の場合、連続的に損を出すとトレードできなくなる。自信をなくし、それまでうまくいっていた戦略を信じられなくなるからだ。だれもが経験するこの痛みは、自分のアプローチを修正し、リスクエクスポージャーを減らせという警鐘なのである。どんなに優れたトレーダーでもドローダウンから逃れることはできない。なぜなら、連敗は市場でプレーするときには必ず発生するものだからである。もちろん、これが分かっていても、次回市場に打ち負かされたときの気分がよくなるわけではないが。

ドローダウンに陥ったときには、感情をしっかりコントロールし、損失に対して前向きな姿勢を維持することが重要だ。リアルタイムでこれをやるのは難しいことは分かっているが、落胆した気持ちが利益を生みだすことはなく、落ち込んでいれば、そこそこの大きさの連敗を壊滅的な損失に転じさせてしまうこともある。自分のアプローチを戦略的に調整することは、感情を静めることにも役立つ。最も重要なのは、ポジションサイズを減らし、1回の高リスクのトレードで損失をすべて取り戻そうとしないことだ。ポジションサイズを減らすことで、自分の気持ちを市場の流れと再び調和させることができるようになる。当然ながら利益は減るため、前に被った損失を完全に穴埋めすることはできないが、過去にうまくいっていた方法やワークフローを再構築するのには役立つはずだ。

ドローダウンに陥ると、トレーダーは一種の無能感に襲われる。これはトレーダーにとっては大きな恐怖だ。自分が利益を出していた時期は、ほかのだれもが利益を出していた時期にほかならず、その幸運な時期が自己満足を生み、自分を市場の達人と錯覚させたことに気づかせてくれるのがドローダウンだ。ドローダウンはトレーダーたちの行く先を決める分岐路と言ってもよいかもしれない。平凡なトレーダーには市場に見切りをつけさせ、ほかの安全な趣味に向かわせる。本気のトレーダーには市場のメカニズムを理解させ、あらゆる市場状態で生き残るために必要なことを学習させる。

トレーディングを始めたら早い時期に「安全限界」のドローダウン水準を設定することをぜひお勧めしたい。安全限界のドローダウン水準とは、損失がその水準に達したらスクリーンを消して市場から立ち去る最大許容損失額のことをいう。これは損失がこの額に達したらトレードを永遠にやめろということではなく、何らかの間違いを犯した可能性があるため、新たなリスクをとる前に自己分析期間を設けよという意味である。この休暇は日々のバトルに明け暮れてなおざりにしてきた個人的な問題を見直すよい機会でもある。また、新たに抱え込んだ損失を気にすることなく安心してベッドに入ることができる。この節制期が終わるころにはドローダウンサイクルも終わり、市場に戻ったらいきなり成功することも少なくない。

ドローダウンで被った痛みは、それに真摯に耳を傾け、それが伝えるメッセージに従って自分を変えることができれば、トレーダーとして飛躍するチャンスになる。しかし、この警告を無視すれば、この痛みはトレーダーとして成功するという野心を打ち砕くものになる。要するに、市場や自分の人格と戦うことを選ぶか、儲けることを選ぶか、である。良いトレーダーと悪いトレーダーの違いは、ドローダウンを自分の力に変えるか、不幸に変えるか、である。形勢が逆転して、大きく損切りをし始めたとき、自分は所詮は人間であることを知ってショックを受けるのはだれも同じだ。しかし、この経験こそが、われわれにとって必要なのは長期にわたって生き残り成功することであるという真実に気づかせてくれるのである。

多くのトレーダーはドローダウンを、変化する市場環境に気づかず、適切に反応できなかった自分以外のすべてのもののせいにする。自分の連敗については多くのデータがあるわけだから、これはその事実をただ単に受け入れることができないだけである。自分に有利な状況が戻ってくるまで、ポジションサイズを減らし、トレード回数を減らし、あるいは何もしないでいることはいつでもできる。しかし、危険を顧みず、すでに機能しなくなった戦略にお金を投じ続ける人は多い。こうした自らが招いた痛みは、現実がその鈍い頭に入ってきて最悪の事態に陥ったのだと教えてくれるまで消えることはない。皮肉にも、彼らはパフォーマンスサイクルのことを完璧に理解しているが、利益を市場に戻す期間はそのうちに魔法のように消えると信じて疑わない。しかし、ヨーヨートレーダーの例でも見たように、これは残りのキャリアにおける収益性を限定してしまう大きなつまずきの原因になることに気づいていないのだ。これは自分で気づかなければ、トレーディングの神々にどんなに救いを求めても改善することはない。

自己破壊

隠れた力によって毎日お金を盗まれながら、トレーディングで成功するのは至難の業であるが、自己破壊癖によって脱線させられれば、成功はさらに遠のく。トレード日になると顔を出してわれわれを失敗へと導く不適切な行いを見つけだし、それを制御することが重要なのはそのためだ。この浄化プロセスは、日々の思考において幻想を捨て現実に目を向け始めたときに始まる。例えば、自分が損をするのは市場が操作されているからだとは思っていないだろうか。ブローカー、コンピュータープログラム、ヘッジファンドに邪魔されなくなれば儲けられるようになるとは思っていないだろうか。自分が損をするのは、自分自身の行動が原因ではなく、マーケットのグル、アナリスト、テレビの評論家たちの意見が原因だとは思っていないだろうか。こうした幻想は捨て、現実を直視しなければ自己破壊癖からはいつまでたっても抜けられない。

結局、トレーディングとは自分の力を認識するプロセスなのである。これまでずっと自分の失敗を、きっとだれかの陰謀のせいに違いない、市場が操作されているからだとほかに責任転嫁してきた人が、一朝一夕に自分を変えることは不可能だ。こうした自己破壊癖は心身の隅々まで浸透している。この暗い穴から抜け出すための唯一の方法は、徹底的に自己反省することである。そのためにはまず、あとでトレードを行った動機を見直すことができるように詳細な記録をつけることから始める。破壊的なトレーディングを行う人に見られる顕著な特徴のひとつは、行ったトレードを記録しないことである。過去のトレード履歴がないため、壊滅的結果を導いた行動をいつまでも続けてしまうのだ。この悪い行動はありとあらゆる二次強化因子を生みだすため、彼らの大部分は無意識的に今のやり方を変えたくないと考えるようになる。つまり、いつまでも損失を出し続けることがむしろ普通になってしまうのである。

破壊的なトレーディングスタイルは知らないうちにじわじわと進行していくのが普通だ。最初は何日か利益の出る日が続き、損失分も徐々に取り戻していく。精神状態は改善され、自信も取り戻す。そこで再び危機に見舞われる。一見良さそうなトレードだが、実は毒を秘めたポジションを取ってしまうのだ。改善された精神状態があだとなり、隠れたリスクに気づかないのである。最悪のシナリオの幕開きだ。このポジションのせいで、断崖の上で振り回されて地面にたたきつけられるような壊滅的な損失を被ることになる。

自己破壊というこのモンスターに打ち勝つもうひとつの方法は、利益のことは考えず、方程式の損失サイドにのみ注目することだ。つまり、セルフチェックと損失を避けることだけに集中して取り組むということである。これには、仕掛けの数を最小限にし、各トレードのポジションサイズを減らし、ストップを正確に置くことが含まれる。これに加えて、戦略全体に共通する活動中止水準を設定する。例えば、その日の総損失が250ドルに達したら、その日のトレードは終わりにする、といった具合だ。損失がこの水準に達したら、すべてのポジションを手仕舞って、その日はもうトレードしない。これは自分に対する愛のムチである。自己破壊的なトレーダーは資産曲線が下降するたびに、自分の至らなさを認識させられ、無意識のうちにもっと損をしたいというひねくれた願望を持つようになるからである。

市場で成功する人は、すでに成功している人をまねる。安定して利益を出し続けるトレーダーとは一体どんな人なのだろうか。彼らはトレーディングの良いところも、悪いところも知り尽くし、正常で、バランスが取れた、満ち足りた人々だ。損をしても落ち込まず、儲けても大はしゃぎしない。想像を絶するほど冷酷な厳しさで規律を守る。何よりも、彼らは自分のゲームに徹し、他人がやっていることは気にしない。これは、自分が何をやりたいのかを知っているからだ。彼らはトレーディングの悪魔と平和的に共存する術を学び、うまくいかなくてもほかに責任転嫁することはない。

潮時を知る

トレーディングで生計を立てるのは容易なことではないが、それに魅力を感じるのは、自宅でパジャマ姿のまま働くという資本家の夢をかなえさせてくれるからである。しかし、トレーディングはだれにでも向いているわけではない。だれも勝手にお金を造ることはできず、大部分のトレーダーは優雅なパジャマ生活を堪能する前に夢をあきらめ、ほかの趣味を見つけなければならなくなる。

トレーディングを断念するかどうか悩んでいる人は、自分の精神状態、健康状態、財布の中身を見てみるのが一番よい。トレーディングは本当に過酷な作業だ。血圧は上がり、怒りを抑えるのに苦労し、自信喪失スパイラルにはまる。多少のストレスは仕方ないとしても、病気などの身体症状が出始めたら、別の趣味を見つけよという合図だと思ったほうがよい。トレーディングを断念するのに、資産がどれくらいまで減ったら、あるいはどれくらいの大きさのドローダウンが発生したらといったような基準はないため、損失額は判断材料にはならないかもしれない。１ドル稼ぐのに大金を失っても平然とトレーディングを続ける人もいれば、数ペニーあるいは数十セントの損を出しただけでギブアップしてトレーディングを断念する人もいる。

市場でプレーする理由は人それぞれに異なるため、成功しないトレーダーにトレーディングを断念させる決定的な理由はない。潮時を教えてくれるものは、結局は、正直さと自己反省である。そのころには、自分にトレーディングの「才能」があるかどうかは分かっているはずだ。これは最終的な結果がうんぬんといった問題とはまったく異なる問題だ。偉大なトレーダーといえども、トレーディングを始めて数年で偉大なトレーダーになれるわけではないが、彼らは学習曲線の初期の段階でマーケットセンスというものを身につける。

トレーディングをやめる潮時を知るためのそのほかの方法は以下のとおりだ。

1. トレーディングを行うときにはトレーディングルールというものが必要だ。そのルールには、これだけの損失を出したらトレーディングを永久にやめるという損失額を決めておく必要がある。その損失の限界に達したらトレーディングは潔くあきらめる。
2. 負けトレードをひとつずつ調べ、そこから新たなことを何も学べないときはトレーディングはすぐにやめる。

3. 自分の伴侶、子供、ペットにトレーディングで出した損失のことを話してみる。彼らがショックを受けたら、『ウォール・ストリート・ジャーナル』の定期購読をただちに解約する。
4. トレーディングを楽しいものだと思ってはいないだろうか。でもほとんどの場合、トレーディングは楽しいものなんかではない。楽しみを求めるのであれば、トレーディングはやめて、ロックバンドに加わったほうがよい。
5. どれくらいひどいトレードをしたいか自問自答する。残りの人生の間ずっとそういったトレードをしたいのなら、市場にとどまり痛みを感じればよい。
6. 自分のルールに従ってトレードしても依然として損をし続ける場合、自分のルールを破棄するか、トレーディングをやめる。
7. 今すぐにトレーディングをやめて市場のことは忘れる。それでイライラするようだったら、トレーディングはあなたに合っていることになるので、再開する。
8. 許容できる損失額はいくらか。闇夜を照らすヘッドライトのように、損失がその数字に近づいてきたら出口に向かう。
9. トレーディングをやめる潮時を教えてくれるのは正直さと自己反省。今年はたまたま悪い年なのか、それとも毎年が悪い年なのか。
10. これまでに成功した経験はあるか。それとも、これまでずっと、不運と間違った行いと不本意な結果の連続だったか。後者の場合、破滅する前に撤退する。

第12章 CAPITAL PRESERVATION

資産の保全

お粗末なセットアップでもうまくいくことがあれば、素晴らしいセットアップでも失敗することがあるのはなぜだろう。答えは簡単だ。それはトレーディングが確率のゲームであり、いつどこで何が起こるか分からないからだ。つまり、われわれがどれほど熱心に本を調べようと、チャートを勉強しようと、神々に祈ろうと、市場は行きたいところに行くということである。これほどフラストレーションを感じさせるものはない。したがって、100％の確率でうまくいく完璧なトレードを探すよりも、一歩下がってリスク管理の方法を学んだほうがよい。しかし、そもそもリスクの本質を理解していないわれわれにとって、リスク管理はそれほど容易なものではない。次の項目を見てみよう。

●何年もトレーディングをやっているにもかかわらず、まだハウツー本を買っている
●間違うのが嫌なために損ばかり出している
●ずっと前に相場の格言に従って数ドル損をしたので、もう相場の格言には従わない

いずれかひとつでも当てはまる人は、おそらくはリスクが損益計算書に与える影響を理解していない人だ。

トレードをする前に必ずリスク・リワード比を計算して、仕掛けてから手仕舞うまでその数字にしたがってポジションを管理することが重要だ。第3部で述べた要点を繰り返すと、重要な支持線に近い価格は低リスクの買いのセットアップになり、重要な抵抗線に近い価格は低リスクの売りのセットアップになる。仕掛けた位置と保有期間内の次のバリアとの距離を測定したものがリワードで、そこが意図した手仕舞い位置になる。逆に、仕掛けた位置とセットアップ水準をブレイクする価格との距離がリスクで、そこが意図しない手仕舞い位置になる。サバイバリストトレーダーは、リワードが高くリスクが低いトレードを選ぶことで、勝算の見込みの高いトレードを行う。

最良のスイングトレードは、トレンドが強いバリアに近づいていく動きの激しい時期に手仕舞うトレードだ。どこで手仕舞うのが最適かを決定するのがリワードのプランニングで、これはポジションを取る前に行う。この利益目標はトレンドが到達すればリスクが劇的に上昇する位置に設定する。価格がこの利益目標に達したら直ちに手仕舞うか、少なくとも反転した場合に備えて利益の一部を確保するためのストップを置いておく必要がある。逆に言えば、どのセットアップにも損切り、つまりそのトレードを台無しにする価格があるということである。価格が小刻みに揺れたあと、その揺れを脱して一気に伸びていくような位置で仕掛けるのが最高の仕掛けだ。ブレイクされた移動平均線、ブレイクされたトライアングルパターン、埋まったギャップのように、価格が支持線や抵抗線に収束した直後が仕掛けポイントになることが多い。損切りの位置はポジションを取ったあとで大きく変わってくるため、最後の足がリスク・リワード比に与える影響を考えながら、それに応じてプランを調整する必要がある。

図12.1のシニア・ハウジング・プロパティーズ・トラストのチャートを見てみよう。力強く上昇したあと、18ドルまで下落。その後、50％戻し（1）、60分足チャートの上昇フラッグパターンで徐々に下

図12.1

シニア・ハウジング・プロパティーズ・トラストのブレイクアウト

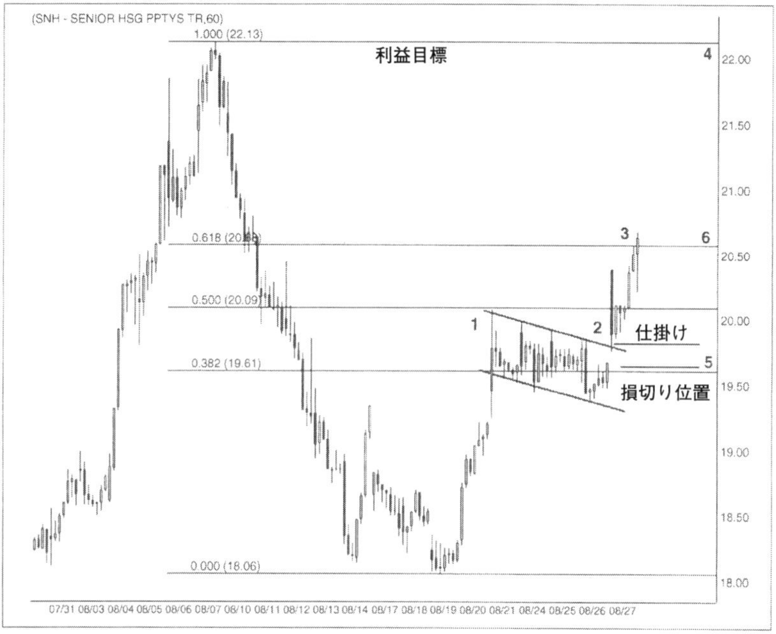

げていく。８月27日の寄り付き前に格上げが発表されたため、フラッグパターンをブレイクアウトするが、再びフラッグパターンの支持線まで下落し（２)、そのあと再び上昇してその日の高値を更新する（３)。このシナリオでは利益目標は下落幅の100％の戻しの位置（４）に設定され、損切りの位置は上昇フラッグ内のギャップが埋まる位置（５）に置かれる。なぜなら、この水準まで下げればブレイクアウトの失敗になるからだ。リスク・リワード比は９：１とかなり高い。もちろん、弱い抵抗線である62％の戻しの位置（６）で反転する可能性

はあるが、日々のパターンを見ると、21.75ドルのボリンジャーバンドまでかなりの余裕があるため、８月の高値まで上昇する可能性は十分ある。いずれの場合も、仕掛けたあとのリアルタイムのフィードバックを基に効果的なポジション管理が可能だ。

リスク管理においてまず重要なのは、市場は非常に危険な場所であることを認識することである。この事実を認識すれば、市場で生き残るためにやるべきことはおのずと分かってくるはずだ。まずリスクをとる前に、鏡を見て、もしこれがうまくいかなかったらどれくらい損をするかを自分に問うてみる。たったこれだけのことで、方程式の利益サイドしか見ないときには見えてこない機会への扉が開かれることに驚くはずだ。例えば、実質的にリスクがゼロであれば、一見月並みなトレードも素晴らしいトレードに変わる。

１回のトレードで許容できる最大損失を事前に金額で設定し、ショックな出来事が発生した場合を除き、エクスポージャーがこのマジックナンバーを超えないようにする。エクスポージャーがこの数字を超えたときは、サイドラインに下がりリスクが低くなるのを待つか、ポジションサイズを減らす。それがどういったタイプのリスクかが分からないときは、まず小さなポジションで試してみて、利益が出たら増し玉する。最初のパターンがどうであれ、あとはトータルポジションに「自由にやらせる」だけだ。素晴らしいことは、お金を失う心配がないときに起こるのだ。

利益目標と損切りの位置はあくまで理想であり、トレードは現実に即して行う必要がある。多くを望みすぎて、せっかくの素晴らしいポジションをダメにしてしまうことはよくある。したがって、市場状態が変わったら目標はためらわずに断念する。例えば、最後の数ペニーのために、そこまでの利益をリスクにさらすのはバカげている。もうひとつ覚えておきたいことは、市場は毎月数日間はトレンドモードになるということである。一方向に動く日では、価格は支持線や抵抗線をいとも簡単に突破し、もぐらたたきゲーム以上の速さでストップに達する。トレンド日に間違った側にいるときは、利益目標に達していようがいまいが、良識に従いすぐに手仕舞う。

トレードを手仕舞う理由は、利食い、損切り、月並みなポジションの手仕舞いのいずれかであるべきだ。利益目標や損切りの位置に達すると感情がたかぶるが、ポジションを手仕舞いする前に、深呼吸して頭の中を整理することが重要だ。利食いは早く行うか、遅く行い、その中間では行わない。例えば、トレンドの波に乗って利を伸ばしているが、いきなり動きが止まって反転した場合、２つの選択肢がある――①すぐに利食いする、②再び前のトレンドに戻るのを待つ。ところが、多くの人は役に立たない３番目の選択をする。押しや戻りでパニックに陥り、ポジションが順行する前に最悪のタイミングで手仕舞うのである。ほとんどのトレーダーは自分の考えの妥当性をチェックするために、他人のやっていることを見てから行動する。バッグホルダーになるためのこれ以上の方法はない。タイム・アンド・セールス・スクリーンを閉じて、自分が仕掛けるべき位置、手仕舞うべき位置に全神経を集中させることが重要だ。

リスクは個々のポジションごとに考えるのではなく、ポジション全体で考えることが重要だ。勝ちトレードや負けトレードを個別に心配するよりも、ポジション全体をひとつのグループとして管理することでリスクの管理能力は劇的に向上する。まず、その日にとろうと思っているトータルエクスポージャーを設定する。つまり、カラーの設定だ。そして、トータルエクスポージャーがその目標値を超えないように常にポジションと口座の管理を行いながらトレーディングを進める。

カラーリング

金融市場は機会フェーズと危険フェーズを交互に繰り返しながら動く。市場のパターンサイクルを知ることで、今がどういったフェーズにあるのかが分かり、その本質も見えてくる。これを踏まえれば、ちゃぶついたレンジ相場で用いる戦略を、トレンド相場で用いてもうまくいかないことが分かるはずだ。カラーリングとは、市場の振る舞いの変化を察知し、トレーディングプランを短期リスク特性に合うように調整することをいう。

トレードカラーは、犬を制御するためのリードのようなものである。

●リスクが高く、機会を見つけるのが難しいときはリードを引き締める
●ひとつの価格水準から別の価格水準に向かってわき目もふらずに動くトレンド相場ではリードを緩めて「利を伸ばす」

一言でいうならば、絶好の機会が存在するときは積極的になり、大きな危険が存在するときは防御的になれ、ということである。カラーリングは、毎朝その日のリスク・リワード比に合わせて微調整を行うときに最も効果を発揮するが、大きなポジショントレードや多年にわたる投資ポートフォリオの正しいエクスポージャーを決めるときにも重要な役割を果たす。カラーは利を伸ばすべきときと、そうすべきでないときを教えてくれるだけでなく、任意の時点において何をトレードするのが一番よいのかも教えてくれる。例えば、カラーが緩み、市場がお金を紡ぎだしているようなときはボラティリティの高い小型株をトレードしたほうがよいが、先行きが不透明で、反転が頻繁に発生しているような日は、ベータの低い高配当銘柄に徹したほうがよい。

多くの機会が存在する市場では、積極的なカラーリングが求められ

る。指数先物を見て、上昇か下降かいずれかの方向にトレンドが形成されているときがそうだ。日々のパフォーマンスには多少のバラツキがあるかもしれないが、現在のパターンサイクルにおける位置はほぼ同じはずだ。前にも言ったように、市場では文脈がすべてだ。これらの指数の現在価格は、大きな高値や安値に対してどういった位置にあるか、またギャップ、ハンマー、押し・戻り水準といったチャート上の主要な水準に対してどういった位置にあるかをチェックしてみよう。指数先物の次の抵抗線や次の支持線までの間に、例えば利益目標のようなバリアがほとんどなければ、抵抗線や支持線のようなマグネット水準に向けて強いトレンドが形成される可能性は高い。

次に、指数先物間の動きの一致度を見てみよう。近くのバリアの上や下に一斉に押し上げられたり押し下げられたりしているか。それとも、ひとつだけ遅れをとっているものがあるか。2008年の後半に、ベア・スターンズがその年の３月に付けた安値に近づいたときの指数先物の動きを思い出してみよう。まず、７月にS&P500がその水準をブレイクダウンした。ナスダック100は９月まではその水準の上で推移していたが、９月になってその水準をブレイクダウンした。S&P500に引き続きナスダックも下げたことで、これらの２市場はマーケット史上最悪の下げ幅のひとつを記録し、S&P500はわずか２カ月で40％も下落した。こうした相乗的な動きは、必ずしも何十年に一度といった大暴落やバブルの形で現れるわけではない。こうした変曲点はむしろもっと小さな規模で連続的に発生することが多い。乖離していた指数先物が収束し、チャート上の主要な水準を一斉に突破すると、ほとんどちゃぶつくことなく急速に動いていくといった形で現れる。

VIX指数（Market Volatility Index）は、機会と危険を絶対価格水準とトレンドの方向で示す指数だ。この指標は多年サイクルでスイングアップとスイングダウンを繰り返す。各サイクルは、フロアと天井の間の比較的限定されたレンジで上下動を繰り返すといった動きにな

図12.2
VIX指数のサイクル

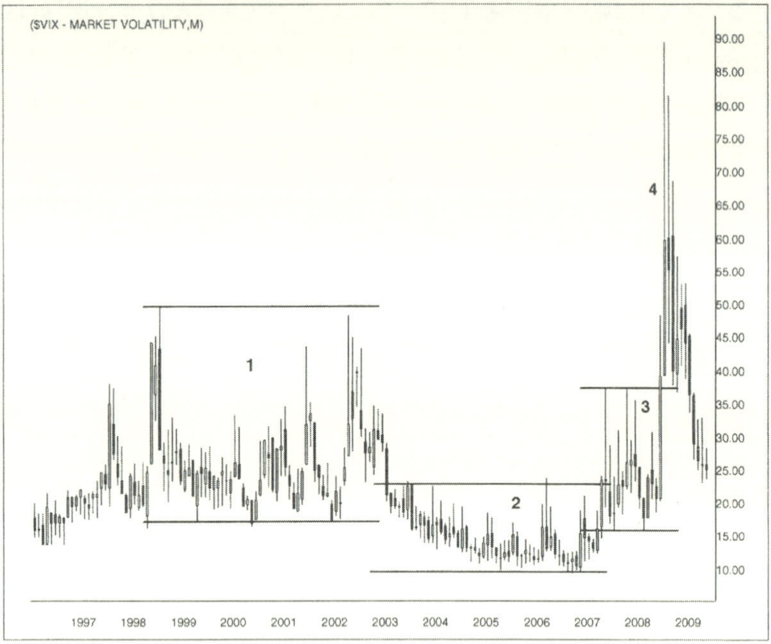

る。**図12.2**を見てみよう。1998年から2002年の４年間でひとつのサイクル（１）が形成されているが、これはITバブルからその崩壊に伴う大暴落までの時期に相当する。2002年に安値を付けたあとは何年にもわたって10と25の間のレンジで推移している（２）が、この時期は比較的低いリスクでのトレーディングが可能な時期であることを示している。2007年に上昇して、短期間だけ15と35の間のレンジ（３）で上下動を繰り返したあと、2008年の株価大暴落では89まで急上昇している（４）。

トレーディングリスクが幾何学的に上昇したのは、VIX指数が25を突破したときと、35を突破したときだ。2008年における35のブレイクアウトは、大暴落に先立つ９月に発生した指数のコンバージェンスに一致する。この時期は大きな機会の時期であるだけでなく、リスクも高いため、カラーリングは一筋縄ではいかないことが分かる。このように機会とリスクが共存する市場ではかなり引き締めたカラーの設定が必要になる。つまり、ゲームから完全に身を引くということである。しかし、高ボラティリティ環境を有効に活用できるエッジを持った少数派にとっては大きな利益機会となる。サイジング、スケーリング、ストップロス管理、あるいはVIX先物によるエッジを持ったトレーダーは、高リスク特性を克服して、歴史的な利益機会をうまく利用することができたはずである。

そこで、このアグレッシブ・ディフェンシブ・アプローチを日中のトレードに応用する方法を考えてみよう。指数先物は今、過去３日間の高値と安値を試しているか、モーニングギャップを埋めようとしている状態だとする。この場合も同じ原理を適用することができる。つまり、価格が試しのバリアの間で動いている場合はカラーを引き締め、指数先物がこれらの水準を一斉にブレイクした場合はカラーを緩める。こうした小さなブレイクアウト、ブレイクダウン、ギャップの埋めではトレンドの相対性が重要になる。なぜなら、重要なのは価格の日々のパターンや週のパターン内における相対的な位置だからである。例えば、S&P500とナスダック100の指数先物が過去３日間の抵抗線を超えて上昇した場合でも、２カ月のスイングハイがそのブレイクアウトポイントの１～２ポイント上にあれば、買いポジションは依然としてリスクにされされていることになる。

市場のほかの多くのことと同じように、その日あるいはその月における正しいカラーを見つけるには複数の入力を正しく解釈する必要があるため、パズルのように複雑な作業になる。この作業に役立つのが、

図12.3

イーベイのショートサイドのディフェンシブなカラー

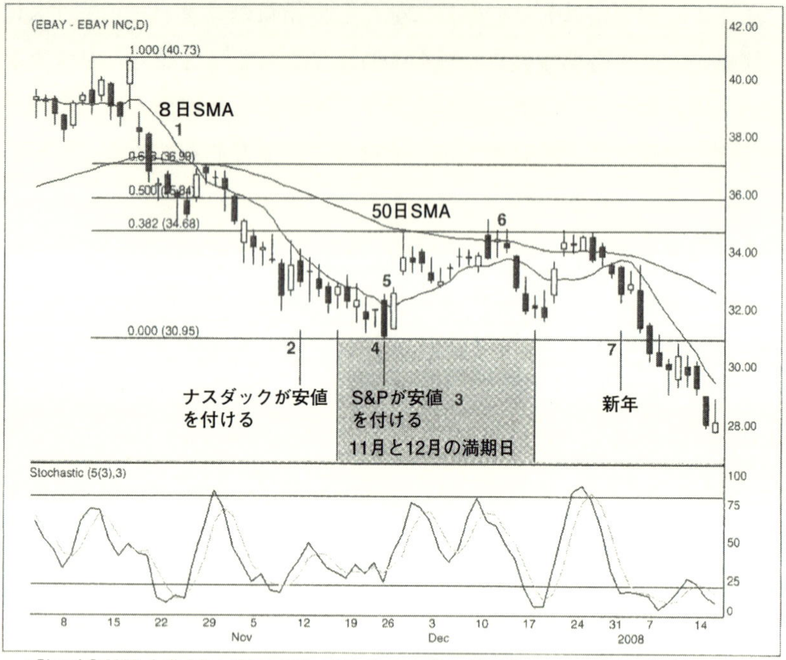

指数チャートの一連の高値や安値に注目するダウ理論である。ただし、用いる指数はチャールズ・ダウが100年前に発表したダウ理論のなかで用いた指数ではなく、現代の市場環境の神経中枢とも言える２つの指数先物である。

買いや売りに偏ったトレーダーにとって、指数の方向も重要だ。トレンドがそのバイアスと逆方向に形成されたときにはカラーを引き締める必要があるからだ。その方法は簡単だ。優秀な買い手は下落日にはサイドラインに下がる。また、優秀な売り手は急激な上昇相場ではトレード対象を確定利付証券に変更する。彼らと同じように振る舞えばよいのだ。もちろん、逆行相場でももっと有利な価格での仕掛け機会が得られることもある。これもまたカラーリングの問題点のひとつと言ってよいだろう。

例えば、あなたが売りに偏ったトレーダーだとしよう。あなたは今、10月に付けた41ドルの高値からの下降トレンドでイーベイをトレードしている（**図12.3**を参照）。これはカラーを緩めるべき状況だ。そこであなたはポジションサイズを増やし保有期間を長くすることで、この動きに乗って利を伸ばすことにする。あなたは８日SMA（１）を抵抗線とする良好なモメンタムの動きをとらえる。11月12日、ナスダック100が安値を付けたため（２）、カラーを引き締める。なぜなら、イーベイはハイテク株であり、その指数の組み込み銘柄でもあるからだ。さらに、11月のオプションの満期日も近づいている。満期日から12月のトリプルウイッチング最終日までの５～６週間（３）は、年末報告書の数字をよく見せたいマネーマネジャーたちによるウインドウドレッシングで株価がつり上げられるため、季節的に株価が上昇する時期だ。この上昇基調はクリスマス休暇の間中続くが、１月１日に突然終焉を迎える。

11月のオプションの満期の週の始まりに向けて、株価は下がり続ける。S&P500が安値を付け（４）、コンバージェンスが発生。これはショートスクイーズが発生するサインだ。危険を察知したあなたは、買い戻すと同時に、空売りしたときのようなブレイクダウンパターンにはまらないようにするために、すぐにディフェンシブなカラーに変更する。指数の上昇に反応してイーベイも上昇に転じ、ほぼ１カ月ぶりに８日SMAの上で引ける（５）。その後ギャップアップでさらに上昇。売りに偏ったトレーダーとしては、買いでのプレーにはエッジがないため関心がない。したがって、12月の満期日までは何もしない。この間、株価は50日EMAと38％のリトレースメント水準を３回超えようとするが、いずれも失敗する。年が明けると季節的な力はなくなるため、クリスマス休暇の週にディフェンシブなカラーを徐々に緩めていく。つまり、このあとの大きな下落波を予想して、戻すたびに抵抗線でポジションを取るということだ。1月初め、下降トレンドサイクルの様相を再び明確に呈してくる。ここであなたはアグレッシブなカラーに変更。底値を割って再び下落し始めたのを確認して、空売りポジションを増し玉していく。

あなたはアグレッシブ・ディフェンシブ・サイクルを正しく解釈することで、市場が自分の戦略にとって有利な動きをしているときはエクスポージャーを増やし、不利な動きになったらサイドラインに下がって読書やビデオゲームをして過ごした。ここで、カラーリングがパフォーマンスサイクルに与える影響力を考えてみよう。損失の大部分はエッジがないときにリスクをとることが原因だ。したがって、カラーリングというシンプルなフィルター機構は、ヨーヨートレーディングを繰り返すことで月並みな年間リターンしか達成できないという問題点を解決するのに大いに役立つ。

その日ごとに正しいカラーを適用することのほうが、指数分析よりもはるかに役立つ。例えば、時間前市場を見ると自分のエクスポージャーと逆方向の大きなギャップで寄り付きそうなとき、初心者はどうすべきだろうか。たとえほかのすべてがうまくいっていたとしても、夜間の動きによって損失が出たときには、その日はディフェンシブなカラーを設定する必要がある。少なくとも、赤色に印字された数字はあなたが間違っていることを示しており、その日は出した損失に対する処理に忙しくなり、ほかに良い機会が現れてもそこまでは手が回らなくなるはずだ。こうしたことはしょっちゅう起こる。このような場合は、深呼吸して、まずは目の前の問題を片づけてしまうことが重要だ。そして、落ち着いたら、その日の残りの部分に対するカラーリングを考える。

ニュースもカラーリングに影響を与える。FOMC（連邦公開市場委員会）会議や月次雇用統計などのビッグイベントがある場合は、あなたが見ている指数ティッカーの数字とは無関係に、ディフェンシブなカラーリングが必要になる。要するに、指数価格は愚かなトレーダーたちにポジションを取らせるために、市場を動かすような大きなニュースが発表される前に操作されるということである。例えば、市場はFRB（連邦準備制度理事会）の金利発表前には上昇する傾向があるが、これは価格操作の典型例のひとつだ。一般プレーヤーはこれにだまされて、その価格情報は未発表のニュースに対する反応だと思ってしまうが、それはスキャルピングを誘発して彼らをワナにはめるための操作にすぎないのである。

カラーリング戦略

カラーリング戦略は３つの要素からなる。ポジションサイズの調整、スケーリング、保有期間の変更の３つだ。急激な上昇相場から夏の終わりに発生するちゃぶつきブロックまで、いかなる市場環境にもこの３つの要素でほぼ完璧に対処できる。例えば、危険な時期には保有期間を短くし、ポジションサイズを減らし、市場が惜しみなくお金を与えてくれるときにはポジションサイズを増やす。また、ポジションを段階的に建てることは、市場が逆行しているときに最も効果を発揮する。こうすることで、状況を確認しながらリスクを徐々に増やすことができるからだ。逆に、順行しているときはポジションは一気に取り、手仕舞いは段階的に行うことで利益を最大化する。

リスクは市場における滞在時間の関数である。つまり、ポジションの保有期間が長くなるほど、損失を出すリスクは高まるということである。第３部で述べたように、保有期間に対する最も速やかな意思決定が求められるのは１日の終わりの時間帯である。つまり、ポジションをオーバーナイトするか、手仕舞うかを決めなければならないということである。意思決定は１日のどの時間帯でポジションを取るかを決めるときにも必要になる。例えば、はっきりとしたトレンドが形成され、すべてがあなたに有利に動いている場合は、寄り付きから１時間以内にポジションを取るのがよい。寄り付きから最初の１時間はボラティリティが高いが、このボラティリティを利用して増し玉していくのである。これは『**スイングトレード入門**』の戦略とは若干異なる。しかし、時代は変わり、いまや最初の１時間の間何もしないで金融市場で生計を立てることは難しい時代になった。とはいえ、対立相場や逆行相場では最初の１時間は避けたほうがよい。特にレンジが広いときには不利だ。なぜなら、こうした値動きほど、市場参加者にその日が「合理的」であると思わせる動きはないからだ。つまり、自分にとって不利な動きをしているにもかかわらず、最初の１時間で何か面白いものを見つけると、いとも簡単にだまされ、悪い意思決定をしてしまうということである。

ランチタイムと最後の時間帯も重要な変曲点となるため、カラーリング戦略が物を言う。トレンド日はランチタイムに動きが止まりカウンタートレンドになる傾向がある。この逆行はときとしてその日のトレンドをひっくり返すほどの力を持ち、大きな押し・戻りが発生したり、あるいはそのまま反転したりすることもある。こういった日は、指数の日足チャート上に大きな強気ハンマーや流れ星パターンが現れるのが特徴だ。しかし、やはりトレンド日は、ランチタイムのカウンタートレンドが失敗して、再び前のトレンドに戻り、その日の最後の２時間に高値や安値が試されることのほうが多い。したがって、あなたが買いのトレーダーで、市場が下落しているのでディフェンシブなカラーを設定したとすると、ランチタイムのカウンタートレンドの間は何もしないで、クロージングベルまで自分の戦略でやり通すことが重要だ。

カラーリング戦略の最後の出番は最後の時間帯だ。このときは先を読む必要がある。終値が次の日の寄り付きにどう影響するかを考えるのである。例えば、指数先物で売りが一巡し、下降トレンドのあと２～４時間にわたって椀状パターンが形成されるとする。この丸みを帯びたパターンは、売り手がやりたいことをすべてやり終えたことを意味し、次の１～２日間は買い圧力が強まることが予想される。したがって、買いを考えているトレーダーはカラーを緩め、やがて現れる上昇を有効に活用することができる。

サイジングやスケーリングはそのときのカラーに基づいて調整する。例えば、逆行時でディフェンシブなカラーを使っているときは、エクスポージャーを口座サイズの３分の１に減らす。このときのあなたの目標は、わずかばかりの利益を出すことと、大きな損失を避けることだ。逆に、市場があなたに有利な状態にあるときは、トータルエクスポージャーを資産の90％まで上げると同時に、保有期間も延ばす。有利な状態にあるときには、エクスポージャーを増やすと同時に保有期間も延ばして「チャンスを物にする」のである。信用取引は、すべての惑星が平和的に配列し、あらゆることがあなたの戦略に味方してくれるという極めてまれな時期がやってくるまで行わない。また、数年間にわたって利益を出した実績のある戦略がなければ、信用取引には手を出すべきではない。ただし、利益の出る時期は現れるのと同じくらい突然に消滅する傾向があるため、こういった時期の終わりには十分に用心する必要がある。

仕掛けを段階的に行うつもりなら、緩いカラーのときに有効なテクニックが２つある。

●少しずつサイズを減らしながら３～４回に分けて段階的に仕掛ける。これによって平均仕掛け価格が損切りの位置に近くなるため、間違ったときでも損失を抑えることができる。

図12.4

日中の値動きを見直し、各取引日の最後の1時間にカラーを調整する。ラッセル2000指数トラストはギャップダウンで寄り付いたあと、56.80の支持線をブレイク。午前中はそのまま下落し続け、昼ごろ横ばいに入りダブルボトムパターンを形成し、最後の1時間で緩やかに上昇する。売り圧力が消滅したことを察知したトレーダーはカラーを緩め少しだけオーバーナイトエクスポージャをとる。

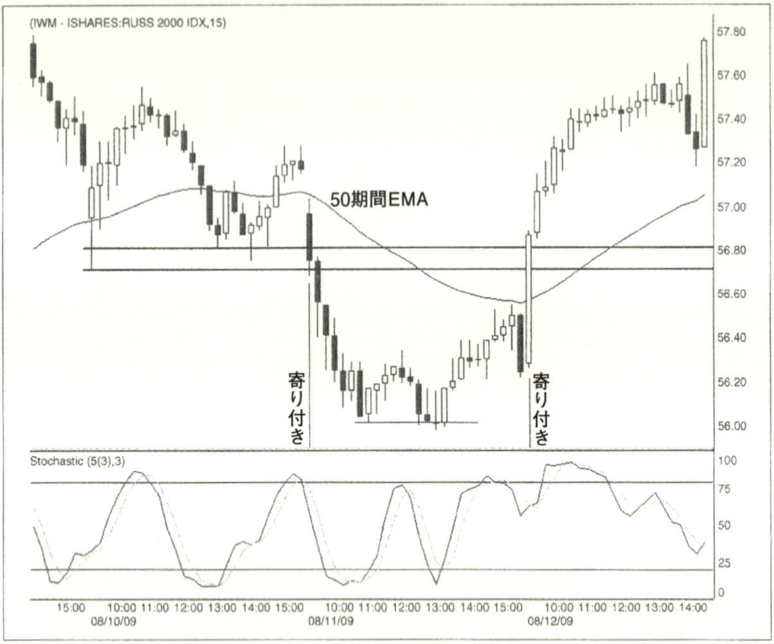

●同じサイズで3～4回に分けて段階的に仕掛ける。ただし、その前に目標とする平均仕掛け価格と最大損失許容量を計算する必要がある。

2番目の方法は、平均仕掛け価格を事前に決めるため、最初の方法より制御が難しくなる。均等サイズで仕掛けるのは、執行プロセスの進行中に市場が動いているかどうかによって、２つのシナリオに分かれる。市場が静かなとき、価格はレンジで動くことが多く、押しや戻りの途中で仕掛ければよいためスケーリングは比較的スムーズにいく。しかし、最初に仕掛けた分から利益が得られたことに対する謝礼として、少なくとも１回はレンジからのブレイクアウトやブレイクダウンで仕掛けるのが一番良い。

市場が動いているときの均等サイズで仕掛ける戦略は管理が難しい。いずれかの方向に勢いよく動いているときには、トレーダーは増し玉する傾向があるが、もしいきなり反転して損切りに達すれば損失が大きくなるというリスクがあるからだ。このリスクはトレーリングストップでうまく対処することができるが、トレーリングストップを置くのはすべてのポジションを取り終えるまで待ったほうがよい。つまり、当面は最初のポジションを取ったあとに置いた最初のストップを信用するということである。なぜなら、それは平均仕掛け価格について立てた仮定に一致するからだ。そして、最後のポジションを取り終えたら、予想した価格の動きと現実の動きとの違いをチェックしたうえでエクスポージャーを見直し、それに応じてストップを調整する。

市場が動いているときには、サイズを徐々に減らす戦略のほうがリスクが少ない。これは、ストップに引っかかった場合の損失をできるだけ少なくするためだ。しかし、この場合もモメンタムで仕掛けるのではなく、小規模のカウンタートレンドを使ってより有利な価格で増し玉していったほうがよい。日足チャートでトレードしているのであれば、こうした押し・戻りは15分足チャートや60分足チャートで見つける。この戦略を**図12.5**のアップルの例で見てみることにしよう。ハイテク銘柄のサマーラリーを受けて、アップルも大きく上昇する。過去２週間の高値である145ドルをブレイクアウトしたときが最初の買いシグナルになる。ここで500株買う（１）。この時点における平均仕掛け価格は145ドルだ。その後、10ポイント上昇したあと、62％戻す。

図12.5

アップルでのスケールイン

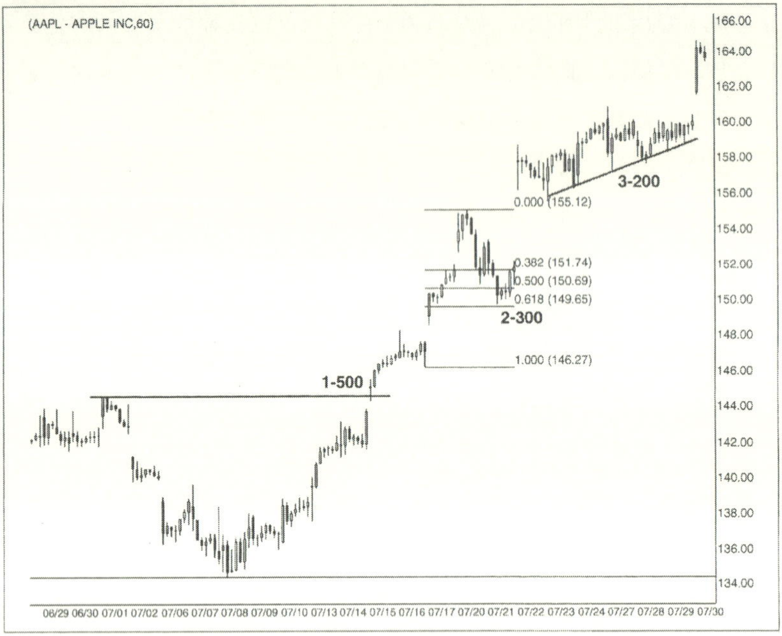

ここが第２の仕掛けポイントになる。ここ（150ドル）で300株買う（２）。したがって、この時点での平均仕掛け価格は146.87ドルになる。その後、株価は再び上昇し、高値を更新してからはゆっくりと上昇を続け、60分足チャートでトレンドラインが形成される。トレンドラインである支持線の157ドルまで押した時点で200株買い増しする（３）。この時点での総株数は1000株で、平均仕掛け価格は148.90ドルになる。株価は145ドルのブレイクアウト・ポイントから12ポイント上昇したが、平均仕掛け価格は3.90ポイントしか上昇していない。

ディフェンシブなカラーを適用すれば、逆行時でもエクスポージャーの増加を防ぐことができるため、スケーリング戦略は比較的簡単だ。この場合、仕掛けは2回に制限し、リスクが高いことを考慮してそれぞれのポジションのサイズは通常よりも小さくする。最初の仕掛けはパターンに従って行う。つまり、狭いレンジ、押し・戻り、モメンタムで売買するということである。2番目の仕掛けは機会が与えられたら仕掛ける。つまり、勝ちトレードになることが確認できたら、最初と同じ株数だけ買うか売る。しかし、たとえ市場があなたに有利な向きに動き続けていたとしても、パブロフの犬のように条件反射的にこれ以上増し玉はしない（ここが難しいところなのだ）。ディフェンシブなカラーリングの下では、あなたのプレーするゲームは資産の保全ゲームだ。余計な増し玉でせっかくの勝ちトレードを負けトレードに変える必要などない。

最後に、キャッシュもひとつのポジションであることを忘れてはならない。トレーディングをやっていると、歴史に残るほどの危険な市場状態に遭遇することが必ずある。ボラティリティが急騰した2008年第4四半期がその良い例だ。こういった時期は、特にリスク管理戦略が稚拙であれば、1時間で大金を稼ぎ、次の1時間で無一文になるということも実際に起こり得る。こんなときは、サイドラインに下がり、押入れに隠れ、ほかのトレーダーに好きにリスクをとらせておけばよい。

手仕舞い戦略

トレーディングは相場の格言にあるように「安値で買って、高値で売る」に尽きる。一見簡単そうに思える助言だが、戦いの最中にこれに従うのはそれほどたやすいことではない。一見調子よく動いていたポジションがいきなり大きく反転して、ショックロスに陥った経験は数え切れないほどあるはずだ。こんなときは愕然とする。頭の中では捕らぬタヌキの皮算用がすでに始まっていたのだから。

ポジションが行き詰ったときにはどう手仕舞うのがよいのだろうか。もちろん、どういったトレードでも成果が出るまでには時間がかかるものだ。しかし、期待していた大きな上昇や下落が発生せず、ポジションが死んだ状態になることもときにはある。こんなとき、そのまま持ち続けたほうがよいのか、いったんサイドラインに下がり新たな機会を待ったほうがよいのかを決めなければならない。これは機会費用の問題だ。つまり、今のポジションをあきらめた場合、それに投じた資本とそれに要した労力と時間は無駄になるが、別のポジションはそれを補ってあまりあるほど価値があるかどうかということである。

どうにもならないトレードにしがみつくのは、その機会を見つけるのに費やしたエネルギーが報われるまではあきらめきれないという気持ちがあるからだ。しかし、これは敗者の考え方だ。なぜなら、うまくいくともいかないとも分からないその機会を見つけるのにわれわれがどれほど額に汗したかなど、市場は露ほども気にかけてはくれないからだ。また、機能しないポジションをあきらめるとき、もしかしたらチャンスを逃すかもしれないという恐怖がある。だから、捨てられない。しかし、結局はわれわれのほうが見捨てられ、呆然と立ち尽くすことになる。チャンスを逃すかもしれないというこの恐怖を克服するのは非常に簡単だ。日記をつけ、こうしたポジションが手仕舞ったあとでどうなるかを記録すればよい。ほとんどの場合は手仕舞って正解だったことが分かるはずだから、この作業は非常に役に立つ。しかし、逆の場合は、手仕舞う前にもう少し時間的な余裕を与えるようにする。

トレンド相場はトレーダーに催眠をかけ、ポジションを取った理由を忘れさせる。次に、脳をけいれんさせ、手仕舞うべきときが来たときにありとあらゆる衝動的な行動を取らせ、悪い意思決定をさせる。

ポジションを手仕舞う理由は3つある――利食い、損切り、そして市場の性質変化に対処するため。いずれの理由にせよ、それぞれのシナリオの独特の特性に対処するためには複数の戦略が必要になる。そしてトレーダーは、手仕舞いプランを頭の中で何度もリハーサルし、実際にそのときがやってきたら適切な行動ができるように準備しておかなければならない。こうした役割演技練習は、効果的なリスク管理の技術を身につけるうえで極めて重要だ。

損切りは3つの戦略のなかで学ぶのは一番簡単だが、リアルタイムトレーディングで実行するとなると最も難しい。一言で言えば、自分が間違っていることが分かったら手仕舞わなければならないわけだが、これはほとんどの場合、市場分析をしたときには維持できると思った支持線をブレイクした買いポジションを投げることを意味する。本書を通じて述べてきたように、サバイバリストトレーダーはリンスジョブの影響を考慮したうえで、こうした水準のすぐ後ろに最初のストップを置き、価格がこの水準に達したら自動的に手仕舞う。ところが、ほかの人を見てみると、支持線までほとんど余裕のない位置で買いポジションを建てることが多い。このような場合、支持線のすぐ下にストップロスを置けばコストは高くつく。第5部で述べたように、こうした場合のリスク管理としては、①仕掛け価格の下にリスク許容量にしたがって2％、5％、あるいは10％のパーセンテージストップロスを置き、価格がその水準に達したら損切りする、②トレードしているチャートよりひとつ短い時間枠のチャートを見て、そのチャート上の小規模パターンで支持線を見つけ、その下にストップロスを置く――のいずれかを行う必要がある。

もうひとつ覚えておいてもらいたいのは、負けトレードをいったん手仕舞ったあとでも、一定のリスク条件を満たせば仕掛け直しても構わないということである。あきらめてサイドラインに下がった途端に反転したときには、これが最も懸命な方法だろう。例えば、上昇トレ

図12.6

シュルンベルジェの仕掛け直し

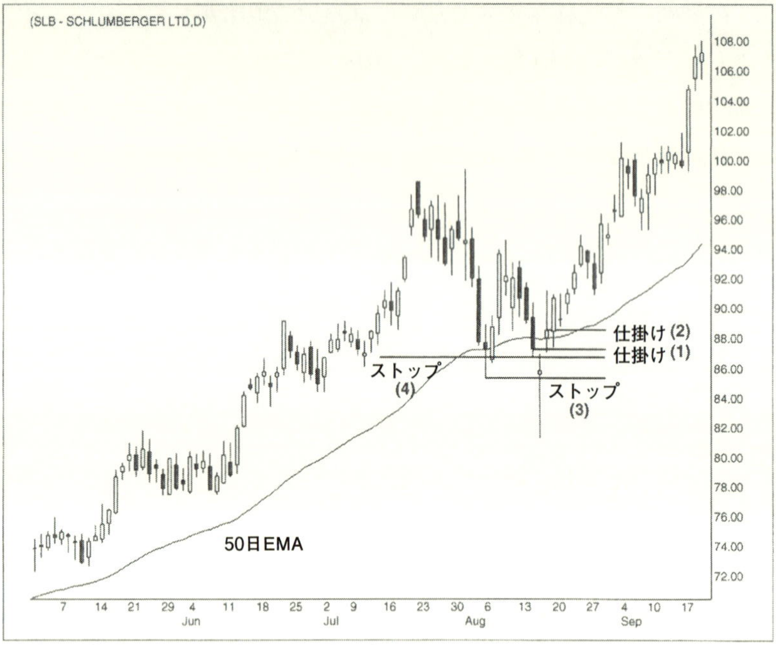

ンドにあるとき、モメンタムブレイクアウトで振るい落とされたあと、支持線まで押したところで買うといったケースがこの良い例だ。

図12.6を見てみよう。シュルンベルジェはエネルギーセクター全体の上昇の波に乗って上昇している。この上昇は100ドル近くでいったん止まり、中程度の押しで８月の初めに50日EMAまで下落する。その後数日間上昇したあと、再び下落して支持線を試す。このトレーダーは50日EMAまで下げた時点で買い（1）、最初に押したときの安値の下にストップロスを置く（3）。ダブルボトムの反転を期待し

たものの、翌日のギャップダウンで過去２週間の安値を下抜いたため、ストップに引っかかる。価格はさらに３ポイント下げたあと上昇に転じ、長い強気ハンマーで引ける。わずか１日後には価格は再び50日EMAを上抜き、失敗の失敗の買いシグナルが発生。トレーダーはここで仕掛け直し（２)、回復した足の安値の下にストップロスを置く（４)。今回はそのまま上昇して長期トレンドに入り、７月の高値を超えて上昇する。

ストップに引っかかったあとはその傷をいやすことに忙しく、新たな仕掛けシグナルが出ているにもかかわらず、仕掛け直さないトレーダーが多い。最初に失敗すれば自信をなくすため、新たに仕掛け直すことは心理的に難しいということはあるだろう。しかし、最良の機会は正しく損切りした直後に現れることが多い。最初の仕掛けは間違っていたわけではなく、早すぎただけなのである。現代の市場環境ではこういったことはよく起こる。

タイミングよく利食いするのもまた難しい。引き金を引くべきときに欲が出てきてしまうからだ。トレーディングはタイミングがすべてだ。価格が最初の分析で決めた目標、つまり利益目標に達したらすぐに手仕舞う。この時間に対する感度がトレーディングでは重要なのだ。市場は、過去の高値や安値、ブルとベアのせめぎあいで発生したがれきの山にぶつかりながら動いている。市場はこうしたピボットポイントにぶつかると敏感に反応して、激しい突出高や突出安や反転が発生する。こうした市場を生き抜くには、規律に従った一貫したトレーディングが不可欠だ。つまり、利益目標に達したら何も考えずに売るということである。このサバイバリストアプローチは、反転の可能性が高いときには、大衆の興奮を巧みに利用することを可能にするだけでなく、ポジションから解放されることで新たな機会に向けて気持ちの切り替えがスムーズに行えるという利点もある。

皮肉なのは、あきらめて損切りした直後に、まるできびすを返すように支持線や抵抗線まで戻り、新たな仕掛けシグナルを出してくることが多いことだ。

手仕舞い戦略の経験を積むにつれ、トレンドは方向転換するまえに「ホットスポット」に引き寄せられる傾向があることが分かってくるはずだ。このパターン構造はいったん理解すれば、生涯にわたるエッジとなり、手仕舞いを事前に計画することで、その場のスリルに身を任せることはなくなる。トレンドは主要な支持線や抵抗線に近づくとき、徐々に近づくのではなく一気に近づく傾向があるが、これはこのパターン構造の良い例だ。

では、価格が利益目標に達しなかったとき、あるいは予想より早く反転したときに利益を保護するにはどうすればよいのだろうか。最も良い方法は、価格が利益目標に向かって加速し始めたらすぐにトレーリングストップ戦略を適用することだ。方法は２つある。

●現在の価格から10、15、あるいは20セント離れた位置にトレーリングストップを置き、価格がそのストップに達するまで、あるいは利益目標に達するまでストップを移動し続ける。
●現在価格の後ろに手仕舞い注文を置き、レベル２スクリーンで買い気配値側と売り気配値側の注文状況を見る。価格が高値から10、15、あるいは20セント下がったら注文ボタンを押す。

手仕舞いするときの利益を左右するもうひとつの要素が保有期間だ。重要なのは、市場における自分の時間にマッチする利益目標を設定することである。つまり、株式、通貨ペア、先物の売買に使っている時間枠における仕掛けから利益目標までの動きのなかで最も利益の出る動きをトレードするということである。これは、時間ベースの手仕舞い戦略と価格ベースの手仕舞い戦略の両方を適用することを意味する。時間ベースの手仕舞い戦略については説明の必要はほとんどないだろ

図12.7

ギャップの埋めは利益の出ているポジションを機械的に手仕舞って利益を確保する位置を教えてくれる。サンディスクは７カ月のうちに大きなギャップが５回発生している（1、2、3、4、5）。10月のギャップ（4）が埋まるまでには３カ月以上かかっているが、2月のギャップ（5）はわずか１週間で埋まっている。５つのギャップのうち４つは、ギャップ発生直後に反転してギャップは埋まっている（A、B、C、D）。９月の大きなギャップ（3）だけは完全なる反転に失敗し、新たな下落トレンドに取って代わられた。ギャップを埋めた（C）あとで３ポイント少々戻しただけだった。

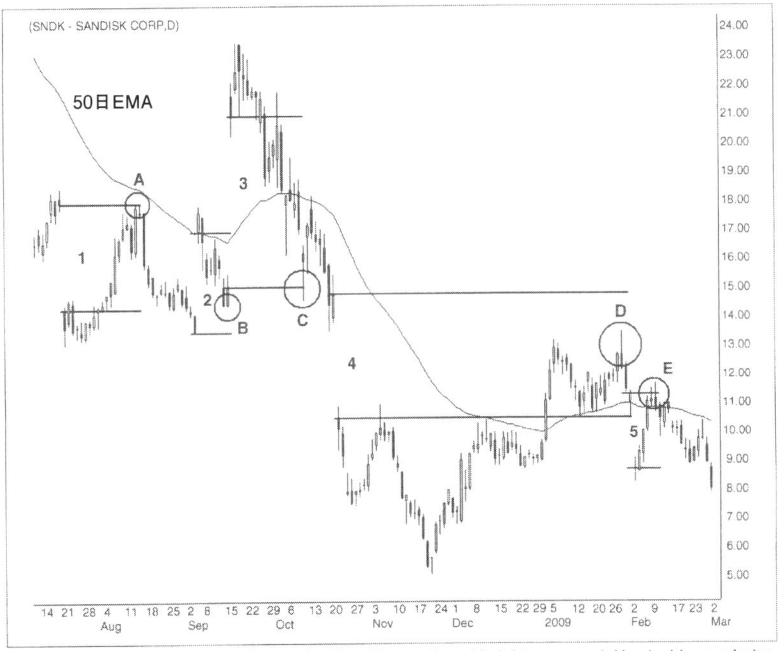

う。値動きよりも保有期間の時間ウインドウに注目して手仕舞いするということである。要するに、タイミングよく利益目標に達したら直ちに手仕舞うということである。ウィンドウが閉じ始めたら、利益目標に達していなくてもすぐに手仕舞う。時間ベースの手仕舞い戦略の目的は、選んだ機会の窓のなかで最良の価格を見つけることである。

株価は古いギャップを埋めたがる傾向があり、それには数カ月かかることもあれば、数年かかることもある。これを念頭に入れれば、今のトレンドが過去の大きなギャップに近づいてきたら、ギャップを埋めたところで手仕舞うというのは理にかなったやり方だ。しかし、これだと動きの一部を取り損なうのではないかと思う人もいるかもしれない。そう思う人は、ギャップが埋まったところでポジションの後ろにトレーリングストップを置けばよい。そうすれば、反転しても損失は最小限に抑えられる。しかし、ギャップが大きな上昇や下落の途中で発生したときは、ギャップを埋めようとする力がギャップを埋めたあとそのまま勢いを維持することは難しく、途中で反転することも多いため、ギャップを埋める水準に達したら何も考えずに手仕舞うのが最良の策だ。

健全な手仕舞い戦略を考えているときに、２段階のセットアップを使えば頭が混乱するだけだ。よくあるシナリオを見てみよう。上昇フラッグのブレイクアウトで買いポジションを建てる。しかし、価格がフラッグの高値に達すると、カップ・アンド・ハンドル・パターンのような気がしてきた。このように、見るパターンの規模を広げてしまうと、カップ・アンド・ハンドルのブレイクアウトをとらえようとして、フラッグのブレイクアウトで得られたはずの利益を失ってしまうことになる。これは悪い戦略だ。これよりも、価格が上昇フラッグの抵抗線に達したら、とりあえず利食いしてサイドラインに下がり、カップ・アンド・ハンドルはまた別の機会として扱い、そのパターンの買いシグナルが出たら再び仕掛けるほうがよい。そうすれば、カップ・アンド・ハンドル・パターンが崩れても、上昇フラッグのブレイクアウトで上昇の一部をとらえ、その分の利益はすでにポケットに入れているので安心だ。

長大線も、重要な手仕舞いシグナルになる。しかし、ここで手仕舞うのは心理的に難しい。加速するトレンドに乗ったときにわれわれの頭に最初に浮かぶのは、自分の背中をたたいてポジションを２倍、３

図12.8

ほかのテクニカルツールとのクロス検証が確認されたら、フィボナッチリトレースメント水準を使って手仕舞う。ラスベガス・サンズは下げ相場で大きく下げたあと回復し、2カ月足らずで10ポイント上昇。5月に下落幅の62%まで上昇したところで反転。この反転ポイントは11月6日のギャップを埋める水準にも一致。反転後、上昇トレンドとなる前の50%リトレースメント水準以下まで下落した。

倍にすることだからだ。だが、ここは素早く手仕舞うのがよい。なぜなら、こうした現象は逆のテクニカルシグナル（買われ過ぎ、売られ過ぎ、標準偏差）を誘発し、急激な、ときとして激しいカウンタースイングにつながることがあるからだ。こういった局面では、私は個人的には、突然の反転で利益をすべて市場に返してしまうことを心配するよりも、利食いして、幸運に感謝することを選ぶ。

フィボナッチも利益の出る手仕舞いポイントを見つけるのに使える。例えば、下降トレンドの修正局面のあとには、最後の下落スイングの62％の戻りが発生することが多い。これは、急落中に買ったポジションを手仕舞うマジックナンバーとなるが、実際に手仕舞うのは、天井のブレイク、ギャップが埋まる、移動平均線のブレイクといったクロス検証で確認してからのほうが確実だ。こうした水準とフィボナッチ水準が一致すれば、そこから再び売り圧力が発生する可能性が高いため、フィボナッチ水準はそうした場所を予測する際の信頼のおける予測子として使える。標準的なリトレースメント水準だけを使って利食いするのは心理的に難しいものがある。なぜなら、それは価格が上昇しているときに手仕舞うことになるからだ。しかし、リトレースメント水準と同じ価格水準で収束するほかのバリアを見つけることができれば、安心して手仕舞うことができる。

手仕舞い戦略には、良いトレード、悪いトレード、醜いトレードを取り扱うための戦略を含める必要がある。つまり、勝ちトレードの手仕舞いには利益保護戦略を使い、悪いトレードの手仕舞いにはストップロス戦略を使い、最悪の事態が発生したら退避するということである。発注ボタンを押した後は何が起こるか分からない。したがって、どのトレードに対しても、３つの戦略をいつでも使えるように準備しておくことが重要だ。特に、思いもよらない悪いニュースやショックイベントに対しては詳細な計画が必要だ。いろいろなパニックシナリオを想定し、それが実際に発生したときにどう対処するかを頭の中で何度もリハーサルする。パニックシナリオが発生したときの手仕舞いには常識を使う。つまり、大衆に先んじて燃えさかる劇場から逃げ出すことができるときは、すぐにそうする。できないときは、場が開く前、場が引けた後、日中のカウンターリアクションとスケーリングを使ってできるだけ最良の価格で手仕舞う。もちろん、悪いニュースに襲われたあと、市場は何をするか分からないため、痛みを伴う大きな損失を受け入れざるを得ない場合もある。そんなときは、突然やってくるときとして壊滅的な損失は、トレーディングビジネスに伴うコストの一部なのだからと、自分を慰めるしかない。

リスク管理についての最終考

サバイバリストトレーダーは良い機会を日単位で見つける方法を知っている。ひとつのプレーがうまくいかなければ、次のプレーへと自動的に移行する。いかなるアイデアも利益に変えることができなければ彼らにとっては無意味なのである。トレーディングで成功するためには、パターン認識よりも内部プロセスのほうが重要だ。本屋の金融・相場コーナーには、パターン、指標、トレーディングシステムに関する本が所狭しと並んでいるが、こうしたカーブフィッティングの教科書を書いているのは、実際にトレーディングしているトレーダーではなく、テクニカルアナリストたちである。しかし、現実世界では、ティッカーテープはテクニカル指標が示すとおりに動くことはめったにない。そのため、トレーダーたちは価格チャートに依存しない、事前に決めた内部制御メカニズム、つまりリスク管理を行わざるを得なくなる。

われわれがトレンドに乗れるのは、乗るトレンドが存在するときだけである。禅問答のように聞こえるかもしれないが、けっしてそういう意図はない。簡単に言えば、大部分のマーケットプレーヤーは実際には存在しないトレンドをいつも探しているということである。こうしたことを考えれば、５ポイントか10ポイントのためにトレンドを追いかけるよりも、価格が大きく動いたときに利食いするほうがよい。しかし、こういった大きなリターンを手にするには、克服しなければならない問題点が２つある。実は、トレーダーにとっての真の問題点はリスク管理ではなく、これらの問題点なのだ。

第一の問題点は、『**スイングトレード入門**』で繰り返し述べた、トレンドの相対性エラーである。例えば、パターンからはひとつ先の地点は正しく予測できるかもしれないが、次の５地点、あるいは10地点となると完全に間違った予測しかできない。予測の正しさは時間の関数であり、先の予測になればなるほど予測の信頼度は低下する。第二の問題点は最初の問題点より重大だ。トレンドに乗るにはある程度のリスク許容力が必要だが、ほとんどのトレーダーはこのリスクを極端に嫌がる。市場から５ポイント、あるいは10ポイント取り出すためには、カウンタースイングのたびごとに２～４ポイントのリスクを覚悟しなければならないが、資金不足で利益の出ていないトレーディングコミュニティーの大部分のメンバーにとって、この条件は彼らの資金力、あるいは精神力を大きく上回る。

これまで本書を通じて繰り返し述べてきたように、リスク管理を効果的に行ううえで重要なのは、タイミングよく手仕舞うことである。これは、ストップロスを使って手仕舞う場合でも、自分の意志で手仕舞う場合でも同じである。そこで問題となるのが、「今の勝ちトレードを負けトレードにしないようにするために、あるいは今の負けトレードを壊滅的な損失に拡大しないようにするために、心理的なものであれ物理的なものであれ、なぜストップを置かなかったのか」ということである。ストップを置かないのは、リスク管理テクニックにおける最大の問題だ。ストップを置かなければリスク管理など不可能なのである。リスク管理に秘訣などない。リスク管理とは規律の問題であり、存在しない魔法の聖杯を追いかけることではないのだ。

ポジションの選択、トレードの執行、エクスポージャーの管理についてやらなければならないことについては、本書をここまで読んできたあなたにはすでに分かっているはずだ。問題は、失敗したいという無意識の願望を振り払い、目を覚ましてやるべきことをやるかどうかである。

サバイバリストトレードをマスターする

長期的収益性という目標に向かって自分が進歩しているのかどうかを知るにはどうすればよいのだろうか。それは簡単だ。トレード結果をチェックしてみればよい。安定的に利益を出し続けているのなら、確実に進歩していると思って間違いないだろう。しかし、長期的収益性への道には多くの紆余曲折があり、月次計算書が結果を測定する最良の尺度とはならないこともあるため、稼ぎ出した現金の額があなたの成長を判断する最良の尺度ではない場合もある。例えば、学習途中にあり、ドローダウンなどの試練に見舞われたときには、目の前の利益を追いかけるよりも技術を磨くことのほうがはるかに重要だ。自分の進歩の度合いが稼ぎ出したお金の大小から判断できないのであれば、それはどうやって知ればよいのだろうか。マーケットの魔術師を目指すあなたがその目標に向かって着実に進歩しているかどうかをチェックするための項目は以下のとおりだ。当てはまる項目が多いほど進歩していることになる。

1. マネーマネジメントはいまや生命線であり、戦略を決めるときのかなめでもある。そして、ポジション管理で最も重視するのはリスク管理だ。利益を追いかけるよりも、損失を抑えることのほうがパフォーマンスを向上させるうえで重要であることがようやく分かってきた。
2. 本やグルや他人の意見に頼るのではなく、独自の戦略を開発するようになった。トレード前の準備の重要性を認識し、チャートからより多くの機会を見つけることに多くの時間を割くようになったおかげで、今では自信を持ってトレードに臨むことができるようになった。
3. 自分はマーケットの魔術師というよりも、常に学び続ける生徒である。毎日新しいことを学び、それをリアルタイムで試してみたくてたまらない。聞こえてくるものに耳を傾け、そのなかからパフォーマンスの向上に役立ちそうなヒントや概念を探すことに余念がない。経済、ファンダメンタル、バランスシートなど、市場に関することなら何でも学ぼうと意欲満々だ。

4．ストックボードやチャットルームはパフォーマンスの向上には役立たないことが分かった。だから、もう訪れることはない。だれもが隠された動機を持っていることも分かってきた。だから、会社、組織、ほかのトレーダーに対して健全な懐疑心を持つようになった。結局、自分の成功に興味を持っているのは自分以外にはいないのだ。

5．市場について家族や友人と話をするとき、秘密にすることが多くなった。意見が重視されるのは、現金によって裏付けられたときだけである。自分のポジションは人には話さないし、他人にも何をしているのかは聞かない。

6．トレーディングが成功する職業のひとつに思えてきた。平均利益は増加し、損失は減少。資産を減らし自信を喪失させるドローダウンも少なくなった。トレード日は少し退屈だが、感情の起伏が大きいよりはまし。

7．毎日自分のパフォーマンスを採点することで、どういったときに上昇する標準に満たない結果しか得られないかが分かるようになった。１日の時間帯のなかには、自分のトレーディングスタイルにとって危険な時間帯と有利な時間帯があることが分かってきた。自分の長所と短所を詳細に記録するための心理日記をつけている。

8．１日が終わってどんなに疲れていても、分析で手抜きはしない。その日のトレード結果を見直し、新しいデータをダウンロードし、次の日のテーマを探すための時間は必ず確保する。市場とは無関係の問題によって毎晩行う準備を終えることができなかったときはトレードはしない。

9．自分がトレードしていない市場も含め、すべての市場を見ている。次の機会はどこから現れるかは分からない。どこから現れてもよいように準備だけはしておきたい。関心は時間とともに変化する。だから、次の大きなチャンスを逃さないように準備する。

10．詳細な記録をつけ、定期的に更新している。利益と損失は冷静な目で見、自己改善も怠らない。思い出したくないようなトレードも忘れた「ふり」をすることはしない。

現実世界――優れたスイングトレーダー

トレーディングの技術、市場に関する知識、ティッカーテープの観察はいつでも起動できる状態にある。

あなたは早起きしてトレーディング画面のスイッチを入れる。市場はこの２週間さえなかった。３カ月間上昇したあと、ずっと下げ続けたのだ。この状況に対処するために、あなたはディフェンシブなカラーを適用。オーバーナイトポジションは最小限にし、１時間から３時間で利益が出そうなデイトレードの機会を探す。ミスターマーケットといえども、今朝の状況は厳しい。夜間のうちにS&P500先物はおよそ1.5%、ナスダック先物は１%弱下げている。

指数先物のパフォーマンスの違いに気づいたあなたは、画面を見てみる。すると、アマゾンは材料もないのに数セント上昇している。したがって、昼ごろからハイテク株が上昇し、それに続いてブルーチップも上昇するかもしれない。しかし、もしナスダック100の下降の勢いがS&P500に追いつけば、２つの指数先物間のダイバージェンスは解消され、この日は下降トレンド日になる可能性が高い。

オープニングベルとともにこれらの指数先物にプログラムアルゴリズムが仕掛けられる。あなたのトレーディング画面にはウオッチリストの30銘柄が表示され、アップティックの場合は緑色、ダウンティックの場合は赤色で印字されるように設定している。指数先物が激しく動き始めると、あなたのウオッチリストにあるほぼすべての銘柄がそれに合わせて赤と緑に交互に点滅し始め、乱高下の様相を見せてくる。これはプログラムアルゴリズムが活発化している証拠だ。大暴れするアルゴリズムに対処する最良の策――それは、戦わないことである。

あなたは複数日にわたるディフェンシブカラーに従って、夜間はサイドラインにいた。価格の動きをいち早く客観的に見ることができたのは、このように市場と距離をおいていたおかげだ。ポジションをオーバーナイトしていれば、今ごろは負けポジションの安全な手仕舞いポイントを求めて、頭を切り落とされた鶏のように右往左往するはめになっただろう。中立状態でいたおかげで、その日の朝は優位に立てる。突然の反転に動揺することなく、それをうまく利用することができるからだ。

S&P500とナスダック100は数日間下落したあと、１日前では、短期の支持線で少しだけ反発したが、オープニングベルでギャップダウンして再びこの水準を下回る。考えられるシナリオは２つだ。

●これで下げ止まり、このあとすぐにギャップが埋まり、スクイーズプレーで空売り筋が振るい落とされる。
●このあとも下降トレンドが続き、価格はさらに下がる。

あなたは指数先物の寄り付き価格をチェックしたあとは何もしないで成り行きを見守ることにする。オープニングベルとともに赤と緑の点滅が始まり、市場がランダムな動きをしているときに、何もしないでいるのは辛いものだ。しかし、あなたの仕事はハンティングのスリルを味わうことではなく、お金を儲けることだ。あなたは規律を守ることに徹する。深呼吸して、市場を注意深く観察する。仕掛けシグナルがいつ出るかは、ニュースの流れや今日のエッジを模索するトレーダーたちの心理状態によって違ってくる。数分後に出るかもしれないし、数時間後になるかもしれない。あるいは出ないかもしれない。そのときあなたは、今日は２つの経済指標が発表される日であることを思い出す。トレーディングレンジをブレイクして、過去数日間の安値に達した下げ相場は、ニュースを引き金とするベアトラップが仕掛けられる絶好の状態だ。こんなときは発表を待ってから動くよりも、発表が一般予測に反したときに有利になるような銘柄やセクターを見つけたほうがよいと決めておいたあなたは、早速調査を始める。

すると、２つの興味深い選択肢が見つかる。その１。インフレ懸念によって数週間にわたって金先物が買われてきたが、最近のデータを見ると、インフレになるともならないとも分からない状況だ。発表されるデータのなかのインフレに敏感なデータが、インフレ議論の行方を決めることになるだろう。発表されるデータのなかには、市場を動かす大きな要素となる小売り売上高データも含まれる。小売りセクターはずっと下げ続けているため、良いニュースでも大きな効果は期待できないかもしれないが、いくつかの人気株はチャットルームの「ストーリー銘柄」となりセクター全体とは逆の動きをしている。あなたはニュース発表のあとの上昇を期待して、これらの銘柄をウオッチリストに追加する。

インフレ下で頼りになるのが金だ。そこで、あなたは金ETFと金セクターの大型優良株のいくつかのチャートを見て、インフレを示す数字が発表されたあとで上昇が予想される強気パターンを探す。チャートをめくってみるが、２カ月前の下落で空いたセクターの大きなギャップがまだ埋まらず、リスク・リワード比がよくないため、良い候補が見つからない。でも、あなたはあきらめず、小型株を見てみることにする。すると２つの小さな金鉱山会社が目に留まる。いずれも、その月の高値近くで取引されており、その上には２～４ポイントの「空白地帯」がある。テクニカル指標の動きが完全に一致しているため、ニュース発表によって貴金属グループが上昇すれば、これらの銘柄も大きく上昇する可能性は高い。また、金セクターは指数と逆の動きをするためあなたの複数日にわたるディフェンシブカラーにもマッチする。いつも逆の動きをするとは限らないが、こうした動きをすることが圧倒的に多いため、株式にディフェンシブカラーを設定した場合は、金と銀のカラーはアグレッシブにするのが普通だ。

経済指標が発表されると、指数先物は買われていきなり急上昇する。しかし、前日の抵抗線で頭打ちとなって、ニュース売りのリアクションが発生する可能性が高い。逆に言えば、あなたは空売りした大衆の立場になって、どんな値動きになったら彼らは自分が市場の間違った側にいることに気づくかを考えているということである。ベアトラップが発生するとするならばこの水準だ。またこの水準は、あなたが朝方考えていた２つのトレードセットアップを執行する水準でもあるため、この水準がどこになるのかが分かればあなたにとってはかなり有利だ。

実際に発表された経済指標はあなたが行おうとしている戦略にとっては、良くもあるし、悪くもある。インフレ指数はインフレを示すものではなく、金先物の反応もいまいちだ。しかし、小売り売上高はやや上昇したため、小売りセクターのトップETFは買われ続け、S&P500やナスダック100を尻目に前日の安値を上回る水準で取引されている。現代の市場は常にリーダーを求める傾向がある。その視点から言えば、今朝の注目セクターは小売りセクターだ。なぜなら、指数先物を売っているプログラムアルゴリズムは、小売りセクターの上昇とそれに続くショートスクイーズを見て、小売りセクターのロングサイドにギアチェンジすることは確実だからだ。

一方、あなたはニュース発表後に３日間の抵抗線まで上昇した２つの小売りストーリー銘柄に買い注文を入れた。しかし、あなたは市場全体の下降トレンドに対応して設定した複数日のディフェンシブカラーに加え、指数先物が支持線をブレイクした寄り付きで日中のディフェンシブカラーも設定した。この短期のリスク管理フィルターを適用すれば、指数先物が抵抗線の下にあるかぎり、これら２つの小売り銘柄の価格がブレイクアウトしてもあなたは買い注文は執行しないはずだ。理屈はこうだ。これらの銘柄は市場を動かす売り手やプログラムアルゴリズムを引き付けているため、これらの銘柄はブレイクアウトしても失敗する確率が非常に高い。なぜなら、市場を動かす売り手やプログラムアルゴリズムはバスケット戦略でセクター全体をETFを通して売るため、セクターの個別銘柄も下落するからだ。

指数先物が空売り筋の「パニックライン」を超えて上昇し、ベアトリップを引き起こせば、市場心理が大きく動くことは、今のあなたには簡単に予想がつく。これは、リアクションに走ることなく、予測に集中してきたおかげだ。もしこうした前向きな出来事が発生すれば、あなたは日中のディフェンシブカラーから、上昇相場にマッチするアグレッシブなカラーに変更するだろう。これは小売りの買いのセットアップに対して２つの効果がある。ひとつは、ブレイクアウトが発生したら、そのブレイクアウトで買えること。もうひとつは、抵抗線で早めの仕掛けが可能になること。なぜなら、市場心理の変化によって、指数先物銘柄の需要よりも、小売り銘柄の需要が高まり、したがって小売りは抵抗線をブレイクアウトする可能性が高いからだ。大衆がシグナルを得る前に仕掛けることで、指数先物からその日のトップパフォーマーへと流れる正のドミノ効果をうまく利用することもできる。

その数分後にベアトラップが発生し、指数先物は前日の安値の上まで上昇。あなたが今テープから読み取ろうとしているのは、非常に特殊な二次的なリアクションだ。つまり、空売り筋がパニックに陥るというあなたの考えが正しければ、価格が抵抗線を超えて上昇すれば空売り筋は買い戻しを始めるため、さらなる上昇を生むはずだ。しかし、あなたがその日最初のトレードを仕掛けるのに、そこまで待つ必要はない。あなたが買う予定の小売り銘柄はまだブレイクアウトしていないが、各銘柄とも予定ポジションの半分を買う。そして、ブレイクアウトしたら、二次的なリアクションの発生を待ち、それが発生したら、残りの半分を買う。このとき、価格がまだ抵抗線にあろうと、すでにブレイクアウトモードに入っていようと、それは問題ではない。

昼ごろにかけて市場の動きが鈍ってくる。あなたは一方の目で指数先物を見ながらも、トレード管理は個別銘柄にシフトし、利益目標から目を離さず、突然の反転に備えて注意を怠らない。朝方のベアトラップによって市場全体が下降トレンドから横ばい、または新たな上昇トレンドへとシフトしていなければ、複数日のディフェンシブカラーはそのままなので、ポジションをオーバーナイトするには、たとえそれが利益につながりそうに思えても、相応の理由が必要になる。もし相応の理由がなければ、各トレードから最大利益を引き出すことに再び集中するのが賢明だ。あなたはまず最初に、指数先物がその日の高値近辺で引ける可能性がどれくらいあるかを考える。次に、各取引所の騰落レシオ（市場の幅データ）と、騰落出来高レシオを見る。どちらの数字も正のほうに大きく偏っているときは、最後の時間帯の買いによる上昇を利用するために、ポジションをできるだけ長く保有する。そうでなければ、昼ごろの反転に注意する。この反転ポイントはその日の高値になる可能性が高く、午後になってそこからカウンタースイングが発生することが多いからだ。

あなたの小売りポジションのひとつは、切りのよい数字の３日のスイングハイに向かって上昇し、もうひとつのポジションは先週のギャップダウンを埋める。指数先物は依然として上昇しているが、勢いはかなり弱まり、市場の内部要因はかろうじて正の状態だ。あなたの内なる声は、静かに、しかし毅然とあなたに語りかける――利食いして、逃げろ。その声に従って、あなたはすぐに利食いする。世界一周の旅はムリだが、家賃を払えるだけの利益は確保した。

逆行時でも最善を尽くしてレモネードを１杯搾り出せたのだから、あなたに不満はない。

用語集

１月効果（January Effect）　年末の税金対策売りが一巡したあと、１月に相場が上昇する傾向があること。

４点クロス検証（cross-verification x 4、CV×4）　４つ以上の方法を使った分析からひとつの価格と時間を割り出す高確率トレード。

５－８－１３（5-8-13）　日中チャートにおいて短期のフィボナッチサイクルをとらえるのに有効に使える、ボリンジャーバンドと移動平均線の設定。ボリンジャーバンドは13期間と２標準偏差に設定し、移動平均線（SMA）は５期間と８期間に設定する。

５波動下落（five-wave decline）　３つの急激な下降波と２つの弱い上昇波からなる典型的な下降パターン。

６－18スイング（6-18スイング）　日中の買い圧力と売り圧力の追跡に用いられる移動平均線の交差システム。

MACD（Moving Average Convergence-Divergence）　移動平均収束拡散法。ゼロラインを中心に描かれた２本の指数平滑移動平均線の上下の振れからトレンドを読み取るトレンドフォロー型指標。

NR（narrow range bar）　前の足より値幅が狭い足。

NR7（narrowest range of the last seven bars）　過去６本の足よりも値幅が狭い足。時間と価格が収束する低ボラティリティの状態を表しており、値幅が急拡大する前によく見られる。

NR7-2（NR7-2）　連続して現れる２番目のNR7。値幅が時間の経過にともなって収縮していく低ボラティリティの状態を表しており、値幅が急拡大する前によく見られる。

OBV、累積騰落出来高、オン・バランス・ボリューム（On Balance Volume）　アキュミュレーション－ディストリビューションの状態を見るための出来高指標。

VIX指数（Market Volatility Index） ボラティリティを表す指数で、オプション市場では価格の方向性を示す直接的な先行指数として使われ、株式市場では間接的な先行指数として使われる。

アキュミュレーション－ディストリビューション（accumulation-distribution, acc-dis） 個々の銘柄において背後でだれかが株を買い集めている状態（買い圧力）と株を売り抜けている状態（売り圧力）の相対的な強さを表す指標。

アダムとイブ（Adam and Eve, A&E） 天井圏や底値圏で見られる反転パターンで、最初に突出的に鋭い高値（安値）（これをアダムという）を付けたあと、次にゆっくりと丸みを帯びた高値（安値）（これをイブという）を付けるのが特徴。

移動平均線の交差（moving average crossover） 移動平均線がほかの移動平均線や価格と交差するポイント。

移動平均リボン（moving average ribbons, MARs） 数学的に関連づけられ、色分けした多数の移動平均線からなる指標。全体的に見るとリボンのように見える。

イレブン・エーエム・カウンタートレンド（11.a.m. countertrend） 日中価格は寄り付きからおよそ90分後に反転する傾向があること。

インサイドデイ（inside day） 高値が前日の高値よりも安く、安値が前日の安値よりも高い足。

ウインドウドレッシング（window dressing） 発表する数字を実際よりも良く見せかけるために機関投資家が月末、四半期末、年末に行う買いや売り。

売られ過ぎ（oversold） 売り圧力が尽きる状態になるまで価格が行き過ぎること。

エグゾースチョンギャップ（exhaustion gap） 活発なトレンドが終焉を迎えるとき、熱狂や恐怖が一気に高まることで発生するギャップ。エドワーズとマギーの『マーケットのテクニカル百科　入門・実践編』

（パンローリング）で一般に知られるようになった。
エリオットの５波動上昇・５波動下落（Elliott five-wave rally/selloff set） 上昇トレンドや下降トレンドはそれぞれ５波で構成される。
エリオット波動理論（Elliott Wave Theory, EWT） 1939年にラルフ・ネルソン・エリオットによって発表されたパターン認識テクニック。すべての市場はメジャートレンドの向きに動くときは５波で動き、メジャートレンドに対する調整期は３波で動くことを述べた理論。
オープニングプライス原理（opening price principle） 先物市場では寄り付き価格がそのセッション全体の支持線や抵抗線になる傾向がある。
オシレーター（oscillator） 買われ過ぎと売られ過ぎの価格水準を設定することによって、保ち合い相場を正確に測定するテクニカル指標の総称。
落ちるナイフ（falling knife） 急落してはいるが買い対象として魅力のある株式や金融商品。
下降トライアングル（descending triangle） よくある反転パターンのひとつで、上方の下降トレンドラインと下方の水平な支持線からなる（高値は切り下がるが安値は切り下がらない）。
カップ・アンド・ツー・ハンドル（cup and two handles, C&2H） カップ・アンド・ハンドルの変形。力強くブレイクアウトする前に揉み合い圏が２つ形成されるのが特徴。
カップ・アンド・ハンドル（cup and handle, C&H） トリプルトップからのブレイクアウトを示唆する典型的なパターン。当面の高値を付けたあと深くて長い底値圏を形成し、前の高値まで上昇するも、そこで頭打ちとなり「カップ」を形成。このあと小幅な曲線状の調整で「ハンドル」が形成され、そこから急騰して新高値を付ける。
かぶせ足（dark cloud cover） ２本のローソク足からなる反転パタ

ーン。大陽線のあと、次の足はギャップアップで寄り付くが、前の足のレンジ内で引ける。

買われ過ぎ（**overbought**）　買い圧力が尽きる状態になるまで価格が行き過ぎること。

季節性（**seasonality**）　毎年同じ時期に発生する出来事を通じて、その時期の市場の特徴を予測することができる。

逆ヘッド・アンド・ショルダーズ（**inverse head and shoulders**）
深い谷とその両側の２つの浅い谷からなる典型的な反転パターン。３つの谷より高い部分をつないだものがトレンドラインで、これをネックラインという。ネックラインを上回ると上昇トレンドに転じるとされる。

ギャップエコー（**gap echo**）　前に発生したギャップとブレイクする水準は同じだが、向きが逆方向のギャップ。

空白ゾーン（**empty zone, EZ**）　静かなレンジ相場が終わり、ダイナミックなトレンド相場が始まるときの境界領域。

空白地帯（**clear air, CA**）　出来高や保有高の少ないエアポケットのような価格帯で、このすぐあとに長大線が発生することが多い。

クライミング・ザ・ラダー（**climbing the ladder**）　強力で持続的な上昇を示すボリンジャーバンドのパターン。

クロス検証（**cross-verification, CV**）　方向性を示す無関係の情報がひとつの価格水準で収束すること。

コイルド・スプリング（**coiled spring**）　レンジ相場とトレンド相場の境界でポジションを建てるトレーディング戦略。

コンティニュエーションギャップ（**continuation gap**）　継続中のトレンドの途中で発生する大きなギャップ。エドワーズとマギーの『**マーケットのテクニカル百科　入門編・実践編**』（パンローリング）で一般に知られるようになった。

コンバージェンス－ダイバージェンス（**convergence-divergence,**

C-D）　２つ以上のチャート地形の特徴の一致（コンバージェンス）、不一致（ダイバージェンス）によって、予想される値動きが確認、否定されること。

サード・オブ・ア・サード（third of a third）　エリオットの５波動上昇や５波動下落のなかで最も大きい真ん中の第３波。

サードウオッチ（3rd watch）　トリプルトップのブレイクアウトで買うトレーディング戦略。

サイレントアラーム、静かな警報（silent alarm）　間近に迫ったブレイクアウトを知らせるシグナルとなる足。値幅が狭く、出来高を伴うのが特徴。まれにしか発生しない。

サインポスト（signpost）　間近に迫ったトレーディング機会を知らせるチャート地形上のポイント。

サンタクロースラリー（Santa Claus rally）　12月になると株価が上昇する傾向があること。年末になると機関投資家がポートフォリオの数字をよく見せかけるためにウインドウドレッシングに走るため、株価は上昇する傾向がある。

支持線・抵抗線（support-resistance, S/R）　その方向に十分な力が働かなければ突破することができない水平または非水平なバリア。

執行ゾーン（execution zone, EZ）　トレードを仕掛けるのが妥当かどうかを判断するために注意深く監視しなければならない執行目標近辺の時間と価格。

執行目標（execution target, ET）　トレードを仕掛ける前にあらかじめ決めておく、仕掛け価格、時間、そのときのリスク。

失敗の失敗（failure of a failure）　一度はブレイクされるものの、ブレイクアウトやブレイクダウンの失敗によって再び価格が抵抗線や支持線に戻ってくる価格スイング。

失敗目標（failure target）　負けトレードを手仕舞う目標価格。そのトレードはその時点で間違っていたことが証明されたことになる。

十字線（Shooting star）　１～３本のローソク足からなるトレンドの反転パターン。中間的な高値や安値で非常に小さい実体（始値と終値が同じであるため、１本の横線で表される）と長いヒゲからなるローソク足が１～３本現れると、反転のサインとなる。

上昇ウエッジ（rising wedge）　上昇トレンドに乗って緩やかに上昇したあと突然下落する反転パターン。

上昇トライアングル（ascending triangle）　トレンドが継続する可能性の高い保ち合いパターンのひとつで、下方の上昇トレンドラインと上方の水平な抵抗線からなる（安値は切り上がるが高値は更新されない）。

勝率（%WIN）　パフォーマンス尺度のひとつで、勝ちトレード数を総トレード数で割ったもの。

スイングトレーディング（swing trading）　チャート地形分析による市場機会の発見に依存する複雑な執行戦略。

捨て子（abandoned baby）　３本のローソク足からなる反転パターン。ギャップアップかギャップダウンしたあと、次のローソク足で最初のギャップと反対方向にギャップが空く。真ん中のローソク足のヒゲはその前後のローソク足のヒゲとは重ならず、ぽつんとひとり取り残されたように見えることから、この名前が付けられた。

ストキャスティックス（Stochastics）　今日の終値、過去数日間の高値と安値を使って作成される買われ過ぎや売られ過ぎ指標。０から100までの値でグラフ化される。

ストップガンニング（stop gunning）　揉み合い相場からいきなりブレイクして抵抗線を上抜くか支持線を下抜き、その水準に仕掛けられたストップを一掃したあと方向転換して、再び揉み合い圏に戻る日中の振るい落とし。「リンスジョブ」と同じ。

スリッパリースロープ、滑る坂（slippery slope）　持続的な下落を示唆するボリンジャーバンドのパターン。

スリッページ（slippage）　予想取引コストと実際の取引コストとの差。

税金対策売り（tax loss selling）　年度末の10月31日に向けて各ファンドが負けポジションを損切りすることで10月に発生する売り圧力。

セットアップ（setup）　将来の値動きの方向やタイミングを暗示する足、パターンなどのチャート地形要素の一連の動き。

セブンベル（Seven-bells）　目標とする仕掛けの裏づけとなる、特定の特徴を持った７つの価格パターン。

相対力指数、RSI（Relative Strength Index）　一定の期間内において株価がどれくらい上げて引ける力を持っているかを測定するテクニカル指標。Ｊ・ウエルズ・ワイルダーによって開発された。買われ過ぎ、売られ過ぎ、逆行現象などを見るための指標。

ダークプール（dark pools）　公開取引所を通さず、気配値が公開されない場で当事者同士が直接交渉によって取引を成立させる取引形態。参加者は主としてファンドなどの機関投資家で、個人投資家は参加しない。

対称トライアングル（symmetrical triangle）　上昇トレンドラインと下降トレンドラインからなる保ち合いパターン。上または下にブレイクアウトする確率は五分五分。

ダウ理論（Dow Theory）　20世紀初めにチャールズ・ダウがトレンドの観察を基に導き出した理論で、３つの主たる市場平均が同じ方向に動いて初めて、市場全体のトレンドがその方向に向かっていることが実証されることを説いたもの。

ダブルトップ（DT）　よく見られる反転パターンのひとつで、高値を更新したあと下落に転じるが、再びその高値を試したあと下落する。

ダブルボトム（DB）　よく見られる反転パターンのひとつで、安値を更新したあと上昇に転じるが、再びその安値を試したあと上昇する。

チャート地形（charting landscape）　複雑な値動きを、ひとつの価格チャート上の複数層の情報を通して３次元的に見ること。

ちゃぶつき（whipsaw） ダマシのシグナルを発することで損失を生む不規則な値動き。

ディップトリップ（dip trip） 活発な上げ相場の押し目で買うトレーディング戦略。

テクニカル分析（technical analysis） 価格や出来高を通して大衆の行動を研究する市場予測テクニック。

電子証券取引ネットワーク（electronic communication networks, ECNs） コンピューターネットワークを利用して顧客の指値注文を迅速にマッチング、執行、報告する私設証券取引所の総称。

トライアングル（triangles） トライアングルの保ち合いパターン。

トレンドの相対性エラー（trend relativity error） 分析と執行を異なる時間枠で行うというトレーダーがよく犯す過ち。

トレンドミラー（trend mirrors, TM） 現在のトレンドやレンジの方向に影響を与える過去の値動き。

トレンドライン（trendline） 一連の高値や安値を結んだライン。上昇トレンドでは支持線となり、下降トレンドでは抵抗線となる。平行なトレンドラインは支持線と抵抗線に囲まれたレンジ相場を形成する。

トレンドレット（trendlet） チャート上に現れる短命のマイナートレンド。

ネガティブフィードバック（negative feedback） 価格が明確な境界線の間を行き来する方向感のない値動き。

ネックライン（neckline） ヘッド・アンド・ショルダーズ・パターンの支持線の下、または逆ヘッド・アンド・ショルダーズ・パターンの抵抗線の上に引いたトレンドライン。

ハード・ライト・エッジ（hard right edge） 次の足が現れるチャートの右側領域。スイングトレーダーが将来を予測しなければならない領域。

バケットショップ（bucket shops） 20世紀初頭に暗躍したもぐりの

株屋。扱っていたのは短期投機。伝説の投機王ジェシー・リバモアはバケットショップでの取引経験を『欲望と幻想の市場』（東洋経済新報社）のなかで語っている。

パターンサイクル（pattern cycles） 市場はどの時間枠においても、異なる発達過程において同じ価格フォーメーションを繰り返す傾向がある。パターンサイクルはいわば市場の基本的な設計図のようなもの。チャートパターンというものが存在するのは、市場のもつこの性質による。

パターン分析（pattern analysis） 繰り返し現れるチャートフォーメーションのなかに見られる群衆の行動を解釈することで価格を予測すること。

波動（wave） 高値や安値で反転を繰り返しながら一方向に進む持続的な値動き。

はらみ線（harami） ローソク足１本からなる反転パターン。値幅がひとつ前の長いローソク足の実体内や値幅にすっぽり収まる。

バロンズ効果（Barron's Effect） 金融紙『バロンズ』の週末コラムが強気か弱気かによって月曜日の値動きに影響が出ること。

パワースパイク（power spike） 出来高を伴うイベントを見つけ、その特徴を生かして利益を稼ぎだすためのトレーディング戦略。

反転の火曜日（turnaround Tuesday） 火曜日は月曜日のトレンドとは反対方向に行く傾向があること。

ハンマー（hammer） ローソク足１本からなる反転パターン。実体が非常に小さく、上か下のいずれかのヒゲが非常に長く、反対側のヒゲは非常に短いかまったくない。

ヒストリカルボラティリティ（historical volatility） 過去の株価の変動率。

標準偏差（standard deviation, stddev, SD） 確率変数とその平均との差の２乗和の正の平方根。

ファーストライズ・ファーストファイリャー（first rise/first failure, FR/FF）　長く続いたトレンド相場のあと、直近のダイナミックな動きを100％戻すこと。

ファーレイのADA、ファーレイのアキュミュレーション－ディストリビューション加速指標（Farley's Accumulation-Distribution Accelerator）　アキュミュレーション－ディストリビューションのトレンドを見るためのテクニカル指標。

フィボナッチ（Fibonacci, Fibs）　直近のダイナミックな動きを38％、50％、62％戻した水準で支持線が見つかるトレンドの数学的傾向。

フィンガーファインダー（finger finder）　ローソク足１本による反転に基づいてさまざまな戦術を開始するトレーディング戦略。

フェード（fade）　抵抗線で売り、支持線で買うスイングトレード戦略。

フット・イン・フロア（foot in floor）　短期の支持水準からの反転を示唆するボリンジャーバンドのパターン。

フラクタル（fractals）　次第に大きな間隔で繰り返し現れる小さな予兆パターン。

フラッグ（flag）　メジャートレンドと逆向きの小規模保ち合いパターン。

ブルトラップ（bull trap）　上げて寄り付くことで強気筋に買いを促し、その直後に大きく反転すること。

ブレイクアウエーギャップ（breakaway gap）　長い時間をかけて底値圏が形成されたあと発生するギャップで、新しいトレンドの始まりを示す。エドワーズとマギーの『**マーケットのテクニカル百科　入門編・実践編**』（パンローリング）で一般に知られるようになった。

ベアトラップ（bear trap）　下げて寄り付くことで弱気筋に空売りを促し、その直後に大きく反転すること。

ベアハッグ（bear hug）　上昇しても抵抗線で頭打ちになるか、レンジが狭まってブレイクダウン寸前の弱い市場で、空売り機会を見つけるトレーディング戦略。

平均損失（avgLOSS） パフォーマンス尺度のひとつで、損失の合計を負けトレード数で割ったもの。

平均利益（avgWIN） パフォーマンス尺度のひとつで、利益の合計を勝ちトレード数で割ったもの。

ヘッド・アンド・ショルダーズ（head and shoulders） 高い山（ヘッド）とその両側の２つの低い山（ショルダー）からなる典型的な反転パターン。谷の部分をつないだものがトレンドラインで、これをネックラインという。ネックラインをブレイクすると下降トレンドに転じるとされる。

ヘッド・イン・シーリング（head in ceiling） 短期の抵抗水準からの反転を示唆するボリンジャーバンドのパターン。

ペナント（pennants） メジャートレンドと逆向きの小規模保ち合いパターン。

ホール・イン・ザ・ウォール（hole in the wall） 大きく上昇したあと急落してギャップを空けること。

ポジティブフィードバック（positive feedback） 市場が勢いを増し、ひとつの水準から別の水準に移行する方向感のある値動き。

ボックス（rectangle） メジャートレンドの途中で発生する小さな横ばいの保ち合いパターン。

ボリンジャーバンド（Bollinger Bands, BB） 株価は上下いずれかの方向に大きく動くと中心に戻ってくる傾向があるが、その動きに対応して価格の足の上下で収縮・拡散を繰り返す支持線と抵抗線からなるチャネル。ボリンジャーバンドの中心線は株価の移動平均線。

マックスペイン（Max Pain） オプション商品が、ほとんどのオプションポジションが無価値で満期日を迎える価格に引き寄せられる傾向をいう。

満期マグネティズム（expiration magnetism） オプション満期の週、

株価は建玉が最も多い価格水準に引き寄せられる傾向がある。

メサトップ（mesa top） 最初の上げと同じ角度で下げるダブルトップの反転パターン。

寄引同事線（doji） ローソク足１本による反転パターンで、始値と終値が同じ（かほぼ同じ）で、高値－安値レンジがその市場の平均よりも広い。

ランダムウォーク（Random Walk） 市場の動きは無秩序によって支配されているため、値動きを予測することはできないとする古典的理論。

利益目標（profit target） 勝ちトレードを手仕舞う目標価格。そのトレードが最初に出合うと思われる抵抗線の位置に設定される。

リフレクション（reflection） ２～４本のローソク足からなるパターン。最初に大きく反転し、そのフォーメーションを抜けた直後に今度は反対方向に同じ大きさだけ反転する。

リボンクロスポイント（ribbon crosspoint） 移動平均線の交差によって作りだされる水平な支持ゾーンや抵抗ゾーン。

リンスジョブ（rinse job） 揉み合い相場からいきなりブレイクして抵抗線を上抜くか支持線を下抜き、その水準に仕掛けられたストップを一掃したあと方向転換して、再び揉み合い圏に戻る日中の振るい落とし。「ストップガンニング」と同じ。

参考文献

ジョー・ディナポリ著『**ディナポリの秘数 フィボナッチ売買法**』(パンローリング)
マーク・ダグラス著『**規律とトレーダー**』(パンローリング)
アレキサンダー・エルダー著『**投資苑**』(パンローリング)
ロバート・D・エドワーズ、ジョン・マギー著『**マーケットのテクニカル百科　入門編**』『**マーケットのテクニカル百科　実践編**』(パンローリング)
ジョセフ・E・グランビル著『グランビルの投資戦略』(ダイヤモンド社)
エドウィン・ルフェーブル著『欲望と幻想の市場』(東洋経済新報社)
チャールズ・マッケイ著『**狂気とバブル**』(パンローリング)
バートン・マルキール著『ウォール街のランダム・ウォーカー』(日本経済新聞社)
ウィリアム・オニール著『**オニールの成長株発掘法**』(パンローリング)
ローレンス・コナーズ&リンダ・ブラッドフォード・ラシュキ著『**魔術師リンダ・ラリーの短期売買入門**』(パンローリング)
ジャック・D・シュワッガー著『**新マーケットの魔術師**』(パンローリング)
ナシーム・ニコラス・タレブ著『まぐれ』(ダイヤモンド社)
ナシーム・ニコラス・タレブ著『ブラック・スワン』(ダイヤモンド社)
ジョージ・テイラー著『**テイラーの場帳トレーダー入門**』(パンローリング)
スタン・ウエンスタイン著『**テクニカル投資の基礎講座**』(パンローリング)
ウエルズ・J・ワイルダー著『**ワイルダーのテクニカル分析入門**』(パンローリング)
マーティン・ツバイク著『**ツバイク　ウォール街を行く**』(パンローリング)

Tony Crabel『Day Trading with Short Term Price Patterns and Opening Range Breakout』(Traders Press, 1990)
Robert Fisher『Fibonacci Applications and Strategies for Traders』(John Wiley & Sons, 1993)
H. M. Gartley『Profits in the Stock Market』(Lambert Gann Publihers, 1935)
John J. Murphy『Intermarket Technical Analysis』(John Wiley & Sons, 1991)
John J. Murphy『Technical Analysis of the Financial Markets』(Prentice Hall, 1999)

Steve Nison『Japanese Candlestick Charting Techniques』(New York Institute of Finance, 1991)
Larry Pesavento『Opening Price Principle』(Traders Press, 2000)
Tony Plummer『The Psychology of Technical Analysis』(Probus Publishing, 1993)
Victor Sperandeo『Methods of a Wall Street Master』(John Wiley & Sons, 1991)

■著者紹介

アラン・S・ファーレイ（Alan S. Farley）

テクニカル分析や短期トレードの情報サイトとしてトレーダーや投資家の間で人気の高い「ハード・ライト・エッジ・ドット・コム」（http://www.hardrightedge.com/）の発行人かつ編集者として知られており、プロトレーダーとしても20年以上の経験を持つ。ザ・ストリート・ドット・コム（TheStreet.com）ではおよそ10年にわたってコメンテーターとして活躍。バロンズ、スマートマネー、テクウイーク、フィデリティアウトルック、シュワブのオン・インベスティング、フォーブス、テクニカル・アナリシス・オブ・ストック・アンド・コモディティー、フューチャーズ、テクニカルインベスター、ロサンゼルス・タイムズ、トレーディング・マーケットで特集を組まれたこともある。著書に『スイングトレード入門――短期トレードを成功に導く最高のテクニック』、DVDに『アラン・ファーレイの収益を拡大する「仕掛け」と「仕切り」の法則』などがある。アリゾナ州フェニックス在住。

■監修者紹介

長尾慎太郎（ながお・しんたろう）

東京大学工学部原子力工学科卒。日米の銀行、投資顧問会社、ヘッジファンドなどを経て、現在は大手運用会社勤務。訳書に『魔術師リンダ・ラリーの短期売買入門』『タートルズの秘密』『新マーケットの魔術師』『マーケットの魔術師【株式編】』（いずれもパンローリング、共訳）、監修に『ゲイリー・スミスの短期売買入門』『バーンスタインのデイトレード入門』『マーケットのテクニカル秘録』『高勝率トレード学のススメ』『フルタイムトレーダー完全マニュアル』『新版　魔術師たちの心理学』『トレーディングエッジ入門』『スイングトレードの法則』『ロジカルトレーダー』『タープ博士のトレード学校　ポジションサイジング入門』『チャートで見る株式市場200年の歴史』『フィボナッチブレイクアウト売買法』『アルゴリズムトレーディング入門』『コナーズの短期売買入門』『クオンツトレーディング入門』『投資価値理論』『逆張りトレーダー』『イベントトレーディング入門』（いずれもパンローリング）など、多数。

■訳者紹介

山下恵美子（やました・えみこ）

電気通信大学・電子工学科卒。エレクトロニクス専門商社で社内翻訳スタッフとして勤務したあと、現在はフリーランスで特許翻訳、ノンフィクションを中心に翻訳活動を展開中。主な訳書に『EXCELとVBAで学ぶ先端ファイナンスの世界』『リスクバジェッティングのためのVaR』『ロケット工学投資法』『投資家のためのマネーマネジメント』『高勝率トレード学のススメ』『勝利の売買システム』『フルタイムトレーダー完全マニュアル』『新版　魔術師たちの心理学』『資産価値測定総論1、2、3』『テイラーの場帳トレーダー入門』『ラルフ・ビンスの資金管理大全』『テクニカル分析の迷信』『タープ博士のトレード学校　ポジションサイジング入門』『アルゴリズムトレーディング入門』『クオンツトレーディング入門』（以上、パンローリング）、『FORBEGINNERSシリーズ90　数学』（現代書館）、『ゲーム開発のための数学・物理学入門』（ソフトバンク・パブリッシング）がある。

2011年4月2日　初版第1刷発行

ウィザードブックシリーズ⑰⑧

スイングトレード大学
――あらゆる状況にも対応できる低リスクの戦略とテクニック

著　者　アラン・ファーレイ
監修者　長尾慎太郎
訳　者　山下恵美子
発行者　後藤康徳
発行所　パンローリング株式会社
〒160-0023　東京都新宿区西新宿7-9-18-6F
TEL 03-5386-7391　FAX 03-5386-7393
http://www.panrolling.com/
E-mail　info@panrolling.com
編　集　エフ・ジー・アイ（Factory of Gnomic Three Monkeys Investment）合資会社
装　丁　パンローリング装丁室
組　版　パンローリング制作室
印刷・製本　株式会社シナノ

ISBN978-4-7759-7145-1

関連書

ウィザードブックシリーズ78

スイングトレード入門

著者：アラン・ファーレイ

定価 本体 7,800 円 +税 ISBN:9784775970409

本書は、短期トレードからギャンブル的要素を完全に排除している画期的な書籍である。冷静な分析とリアルタイムのトレード結果にも裏付けされており、読者を一段階上の短期トレーダーに導き、同時にリスクマネジメント方法を身につけさせてくれ、本書を読んだあとは今日のボラティリティの高いマーケットに自信を持って立ち向かうことができるだろう。

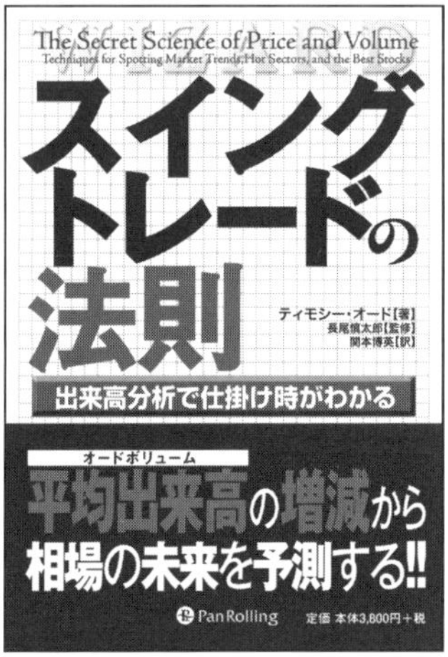

ウィザードブックシリーズ153

スイングトレードの法則

著者：ティモシー・オード

定価 本体 3,800円+税 ISBN:9784775971208

25年以上にわたりアメリカ証券界の第一人者であるティモシー・オードは、ワイコフの出来高分析による売買テクニックにさらに磨きをかけ、極めて勝率の高いトレーディングプログラムを開発した。本書はその貴重なトレーディングアプローチの奥義を公開し、皆さんと共有しようとして執筆されたものである。

ウィザードブックシリーズ 76・77

マーケットのテクニカル百科 入門・実践編

著者ロバート・D・エドワーズ、ジョン・マギー、W・H・C・バセッティ
定価 本体5,800円+税
ISBN:9784775970386・9784775970393

アメリカで50年支持され続けているテクニカル分析の最高峰が大幅刷新！　チャート分析家必携の名著が読みやすくなって完全復刊！　数量分析（クオンツ）のバイブル！

ウィザードブックシリーズ 146

フィボナッチ逆張り売買法

著者：ラリー・ペサベント、レスリー・ジョウフラス
定価 本体 5,800円＋税
ISBN:9784775971130

テクニカルパターンの分析を扱った本書には、今まであまり知られていなかったいろいろなパターンの形成を見極め、それを効果的にトレードする方法が述べられている。

ウィザードブックシリーズ 80

ディナポリの秘数 フィボナッチ売買法

著者：ジョー・ディナポリ
定価 本体 16,000円＋税
ISBN:9784775970423

“黄金率”0.382、0.618が売買のカギ！ 押し・戻り売買の極意！　本書は、投資市場における「押しや戻り」を正確に当てるフィボナッチを基本したトレーディング手法を紹介したものである。

DVD アラン・ファーレイの収益を拡大する「仕掛け」と「仕切り」の法則

講師：アラン・ファーレイ
定価 本体 7,800円＋税
ISBN:9784775960646

抵抗線から支持線まで、一気に相場をモノにするスイング・トレードの巨人、アラン・ファーレイが、「仕掛け」と「仕切り」の極意を解説します。

マーケットの魔術師シリーズ

ウィザードブックシリーズ19
マーケットの魔術師
著者：ジャック・D・シュワッガー

オーディオブックも絶賛発売中!!

定価 本体 2,800 円＋税　ISBN:9784939103407

【いつ読んでも発見がある】
トレーダー・投資家は、そのとき、その成長過程で、さまざまな悩みや問題意識を抱えているもの。本書はその答えの糸口を「常に」提示してくれる「トレーダーのバイブル」だ。「本書を読まずして、投資をすることなかれ」とは世界的トレーダーたちが口をそろえて言う「投資業界の常識」だ！

ウィザードブックシリーズ13
新マーケットの魔術師
著者：ジャック・D・シュワッガー

オーディオブックも絶賛発売中!!

定価 本体 2,800 円＋税　ISBN:9784939103346

【世にこれほどすごいヤツらがいるのか!!】
株式、先物、為替、オプション、それぞれの市場で勝ち続けている魔術師たちが、成功の秘訣を語る。またトレード・投資の本質である「心理」をはじめ、勝者の条件について鋭い分析がなされている。関心のあるトレーダー・投資家から読み始めてかまわない。自分のスタイルづくりに役立ててほしい。

ウィザードブックシリーズ 14
マーケットの魔術師 株式編《増補版》
著者：ジャック・D・シュワッガー
定価 本体 2,800 円＋税　ISBN:9784775970232

投資家待望のシリーズ第三弾、フォローアップインタビューを加えて新登場!!　90年代の米株の上げ相場でとてつもないリターンをたたき出した新世代の「魔術師＝ウィザード」たち。彼らは、その後の下落局面でも、その称号にふさわしい成果を残しているのだろうか？

◎アート・コリンズ著 マーケットの魔術師シリーズ

ウィザードブックシリーズ 90
マーケットの魔術師 システムトレーダー編
オーディオブックも絶賛発売中!!
著者：アート・コリンズ
定価 本体 2,800 円＋税　ISBN:9784775970522

システムトレードで市場に勝っている職人たちが明かす機械的売買のすべて。相場分析から発見した優位性を最大限に発揮するため、どのようなシステムを構築しているのだろうか？　14人の傑出したトレーダーたちから、システムトレードに対する正しい姿勢を学ぼう！

ウィザードブックシリーズ 111
マーケットの魔術師 大損失編
著者：アート・コリンズ
定価 本体 2,800 円＋税　ISBN:9784775970775
オーディオブックも絶賛発売中!!

スーパートレーダーたちはいかにして危機を脱したか？　局地的な損失はトレーダーならだれでも経験する不可避なもの。また人間のすることである以上、ミスはつきものだ。35人のスーパートレーダーたちは、窮地に立ったときどのように取り組み、対処したのだろうか？

Pan Rolling オーディオブックシリーズ

規律とトレーダー

マーク・ダグラス
パンローリング 約 440 分
DL 版 3,000 円 (税込)
CD 版 3,990 円 (税込)

常識を捨てろ！　手法や戦略よりも規律と心を磨け！　相場の世界での一般常識は百害あって一利なし！　ロングセラー『ゾーン』の著者の名著がついにオーディオ化!!

ゾーン
相場心理学入門

マーク・ダグラス
パンローリング　約 530 分
DL 版 3,000 円 (税込)
CD 版 3,990 円 (税込)

待望のオーディオブック新発売 !!　恐怖心ゼロ、悩みゼロで、結果は気にせず、淡々と直感的に行動し、反応し、ただその瞬間に「するだけ」の境地、つまり、「ゾーン」に達した者が勝つ投資家になる！

その他の売れ筋

バビロンの大富豪
「繁栄と富と幸福」はいかにして築かれるのか

ジョージ・S・クレイソン
パンローリング　約 400 分
DL 版 2,200 円 (税込)
CD 版 2,940 円 (税込)

不滅の名著！　人生の指針と勇気を与えてくれる「黄金の知恵」と感動のストーリー！

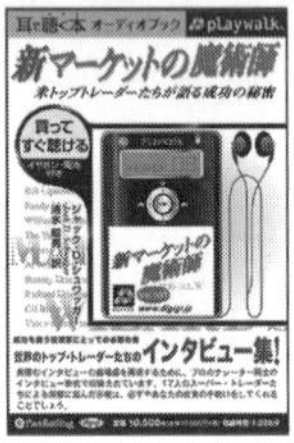

playwalk 版
新マーケットの魔術師

ジャック・D・シュワッガー
パンローリング約 1286 分
DL 版 5,000 円 (税込)

ロングセラー「新マーケットの魔術師」(パンローリング刊) のオーディオブック !!

マーケットの魔術師

ジャック・D・シュワッガー
パンローリング　約 1075 分
各章 2,800 円 (税込)

――米トップトレーダーが語る成功の秘訣――
世界中から絶賛されたあの名著がオーディオブックで登場！

マーケットの魔術師
システムトレーダー編

アート・コリンズ
パンローリング約 760 分
DL 版 5,000 円 (税込)
CD-R 版 6,090 円 (税込)

市場に勝った男たちが明かすメカニカルトレーディングのすべて

私は株で 200 万ドル儲けた

ニコラス・ダーバス
パンローリング約 306 分
DL 版 1,200 円 (税込)
CD-R 版 2,415 円 (税込)

営業マンの「うまい話」で損をしたトレーダーが、自らの意思とスタイルを貫いて 巨万の富を築くまで――

孤高の相場師
リバモア流投機術

ジェシー・ローリストン・リバモア
パンローリング約 161 分
DL 版 1,500 円 (税込)
CD-R 版 2,415 円 (税込)

アメリカ屈指の投資家ウィリアム・オニールの教本！　稀代の相場師が自ら書き残した投機の聖典がついに明らかに！

マーケットの魔術師～日出る国の勝者たち～
Vo.01 ～ Vo.43 続々発売中 !!　インタビュアー：清水昭男

- Vo.22 今からでも遅くない資産計画：品格ある投資家であるためのライフプラン／岡本和久
- Vo.23 ゴキゲンで買い向かう暴落相場：長期投資にある余裕のロジック／澤上篤人
- Vo.24 他人任せにしない私の資産形成：FXで開眼したトレーディングの極意／山根亜希子
- Vo.25 経済紙を読んでも勝てない相場：継続で勝利するシステム・トレーディング／岩本祐介
- Vo.26 生きるテーマと目標達成：昨日より成長した自分を積み重ねる日々／米田隆
- Vo.27 オプション取引：その極意と戦略のロジック／増田丞美
- Vo.28 ロハスな視点：人生の目標と投資が交差する場所／田中久美子
- Vo.29 過渡期相場の企業決算：生き残り銘柄の決算報告書／平林亮子
- Vo.30 投資戦略と相場の潮流：大口資金の潮流カレンダーを押さえろ／大岩川源太
- Vo.31 意外とすごい サラリーマン投資家／平田啓
- Vo.32 テクニカル＋α：相場心理を映すシステムトレードの極意／一角太郎
- Vo.33 底打ち宣言後の相場展開：国際的な視線で乗り越えろ！／不動修太郎
- Vo.34 主要戦略の交差点：トレンドを知り、タイミングを知る！／鈴木隆一
- Vo.35 月額5000円からの長期投資：複利と時間を味方に付けた資産構築／中野晴啓
- Vo.36 ワンランク上のFX：創成期の為替ディーリングと修羅場から体得したもの／三沢誠
- Vo.37 相場のカギ2010年：産業構造の変化と相場の頭打ち／青柳孝直
- Vo.38 FX取引の魅力：賢い個人投資家と自己責任／林康史
- Vo.39 杉田流タートルズ：日本のFXを救え!!!／杉田勝
- Vo.40 FXと恋愛普及で投資家を救え!!!／池田ゆい
- Vo.41 負けない、楽しい、長く付き合えるFX／西原宏一
- Vo.42 FX投資とプロの視点／YEN 蔵
- Vo.43 相場の虚実と狭窄／矢口新